高等院校经济管理类专业"互联网+"创新规划教材

企业内部控制

主　编　郭　群

副主编　包经纬　张轲珍

内 容 简 介

为适应国内外内部控制理论与实务的最新发展和我国高等教育教学改革的需要,本书在吸收最新研究成果的基础上,结合典型案例,系统地介绍了内部控制理论和方法。本书以《企业内部控制基本规范》为主线,由基本理论、业务活动控制及内部控制评价与审计构成,共 10 章。理论部分阐述企业内部控制的概念、本质和原则,以及以五要素为基础的内部控制理论框架;业务活动内部控制部分阐述企业资金、采购、资产、销售、研发、工程项目、担保、业务外包和财务报告等业务活动的内部控制;评价和审计部分阐述来自企业内部的自我评价和聘请外部注册会计师执行的内部控制审计。

本书既可作为会计学、审计学、财务管理类专业的本科生教材,也可以作为实务界人士自学参考用书。

图书在版编目(CIP)数据

企业内部控制 / 郭群主编 . —北京:北京大学出版社,2024.8
高等院校经济管理类专业"互联网+"创新规划教材
ISBN 978-7-301-34715-7

Ⅰ. ①企⋯ Ⅱ. ①郭⋯ Ⅲ. ①企业内部管理 – 高等学校 – 教材 Ⅳ. ① F270

中国国家版本馆 CIP 数据核字(2023)第 231923 号

书　　　名	企业内部控制 QIYE NEIBU KONGZHI
著作责任者	郭　群　主编
策 划 编 辑	李娉婷
责 任 编 辑	李娉婷
数 字 编 辑	金常伟
标 准 书 号	ISBN 978-7-301-34715-7
出 版 发 行	北京大学出版社
地　　　址	北京市海淀区成府路 205 号　100871
网　　　址	http://www.pup.cn　新浪微博:@ 北京大学出版社
电 子 邮 箱	编辑部 pup6@pup.cn　总编室 zpup@pup.cn
电　　　话	邮购部 010-62752015　发行部 010-62750672　编辑部 010-62750667
印 刷 者	河北博文科技印务有限公司
经 销 者	新华书店
	787 毫米 ×1092 毫米　16 开本　20.75 印张　486 千字 2024 年 8 月第 1 版　2024 年 8 月第 1 次印刷
定　　　价	59.00 元

未经许可,不得以任何方式复制或抄袭本书之部分或全部内容。
版权所有,侵权必究
举报电话:010-62752024　电子邮箱:fd@pup.cn
图书如有印装质量问题,请与出版部联系,电话:010-62756370

前　言

党的二十大报告指出："我们提出并贯彻新发展理念，着力推进高质量发展，推动构建新发展格局，实施供给侧结构性改革，制定一系列具有全局性意义的区域重大战略，我国经济实力实现历史性跃升。"在全球化、数字化、信息化的时代，企业面临的发展机会逐渐增多，但同时影响企业发展的不确定性因素也随之而来。企业要想在复杂的市场环境中抓住机遇，实现持续发展，必须强化内功，从内部控制视角提升自身应对风险和抵御危机的能力，建立健全以风险为导向的内部控制体系，为企业发展建造一道防火墙和免疫系统。内部控制是为实现企业目标而实施的覆盖企业经营管理全过程的管控活动。从最基本的会计系统、生产经营活动，再到信息系统，无不是内部控制所涵盖的领域。

《企业内部控制基本规范》是我国第一部加强和完善企业内部控制体系，提高企业经营管理水平和强化风险防范能力，维护社会主义市场经济秩序和社会公众利益的主要法规。本书以《企业内部控制基本规范》为主线，结合配套指引，系统地介绍了内部控制理论和方法，以帮助读者更好地掌握企业内部控制的核心内容。

本书共10章，涵盖了内部控制基本理论、业务活动控制及内部控制评价与审计。其中，理论部分阐述了企业内部控制的概念、本质和原则，以及以五要素为基础的内部控制理论框架；业务活动控制部分详细介绍了企业资金、采购、资产、销售、研发、工程项目、担保、业务外包和财务报告等业务活动的内部控制；评价与审计部分则涵盖了来自企业内部的自我评价和聘请注册会计师执行的内部控制审计。同时，本书是在充分考虑了我国高等教育教学改革需要的基础上，结合编者多年的教学和研究体会编写而成的。

本书作为企业内部控制的入门教材，知识体系完整，结构清晰，内容丰富，适合大学本科会计、审计、财务管理专业必修课使用，同时也可作为MBA/MPAcc/MAud等专业硕士学习内部控制的参考资料。

本书的主要特色如下。

第一，反映国内外内部控制理论与实务的最新发展和变化，解析了我国新的内部控制规范，结合具有本土特色的企业内部控制成功与失败的案例，引导读者深入理解内部控制的实质。

第二，本书每章章前配有"学习目标"，明确本章的内容结构和学习要求，章后配有论述题和自测题，帮助读者梳理所学内容并深入思考、复习巩固每章的重点内容。

第三，案例先行，采用"现象到本质"的思路。本书每章从案例导入，以实例的形式引出本章内容，让读者带着问题学习。通过案例分析，加深对内容的理解，将理论与实务融会贯通。

本书由郭群主编，提出全书的总体规划并负责部分章节的写作和对各章节的补充、修改，最终完成统稿。各章执笔人分别如下：郭群（第1章、第2章、第4章），包经纬（第6章、第8章、第9章、第10章），张轲珍（第3章、第5章、第7章）。

最后，感谢中山大学本科教学质量工程类项目的资助，感谢北京大学出版社编辑部和审稿人对本书的大力支持和帮助。希望读者在阅读本书的过程中，能够深入理解内部控制的重要性和实践方法，从而更好地应对日益复杂的内部控制挑战。

由于编者水平有限，不足之处在所难免，恳请读者批评指正，以便下一次修订时加以完善。

编 者

2023 年 8 月

目　　录

第1章　企业内部控制概论 … 1
1.1　内部控制的产生与发展 … 2
1.2　我国企业内部控制规范体系 … 9
1.3　内部控制的含义、本质和作用 … 12
1.4　内部控制的目标、原则和要素 … 15
1.5　内部控制的局限性 … 20

第2章　内部环境 … 26
2.1　内部环境概述 … 28
2.2　组织架构 … 35
2.3　发展战略 … 45
2.4　人力资源 … 52
2.5　社会责任 … 58
2.6　企业文化 … 66

第3章　风险评估 … 73
3.1　风险评估概述 … 76
3.2　目标设定 … 81
3.3　风险识别 … 84
3.4　风险分析 … 89
3.5　风险应对 … 94

第4章　控制活动 … 102
4.1　控制活动概述 … 105
4.2　不相容职务分离控制 … 108
4.3　授权审批控制 … 111
4.4　会计系统控制 … 115
4.5　财产保护控制 … 117
4.6　运营分析控制 … 119
4.7　绩效考评控制 … 122
4.8　全面预算控制 … 125
4.9　合同管理控制 … 133

第5章　信息与沟通 … 145
5.1　内部信息传递 … 146

| 5.2 | 信息系统 | 155 |
| 5.3 | 沟通 | 164 |

第6章 主要业务活动内部控制 ... 177

6.1	资金活动内部控制	179
6.2	采购业务内部控制	188
6.3	资产管理内部控制	194
6.4	销售业务内部控制	203

第7章 其他业务活动内部控制 ... 213

7.1	研究与开发业务内部控制	214
7.2	工程项目内部控制	220
7.3	担保业务内部控制	228
7.4	业务外包内部控制	234
7.5	财务报告内部控制	240

第8章 内部监督 ... 252

8.1	内部监督概述	253
8.2	内部监督的机构和职责	256
8.3	内部监督的方式	261
8.4	内部监督的程序	265

第9章 内部控制评价 ... 272

9.1	内部控制评价概述	274
9.2	内部控制评价的内容与程序	277
9.3	内部控制缺陷的认定	282
9.4	内部控制评价报告	287

第10章 内部控制审计 ... 297

10.1	内部控制审计概述	298
10.2	计划审计工作	302
10.3	实施审计工作	306
10.4	评价内部控制缺陷	311
10.5	完成审计工作	313

第1章

企业内部控制概论

学习目标

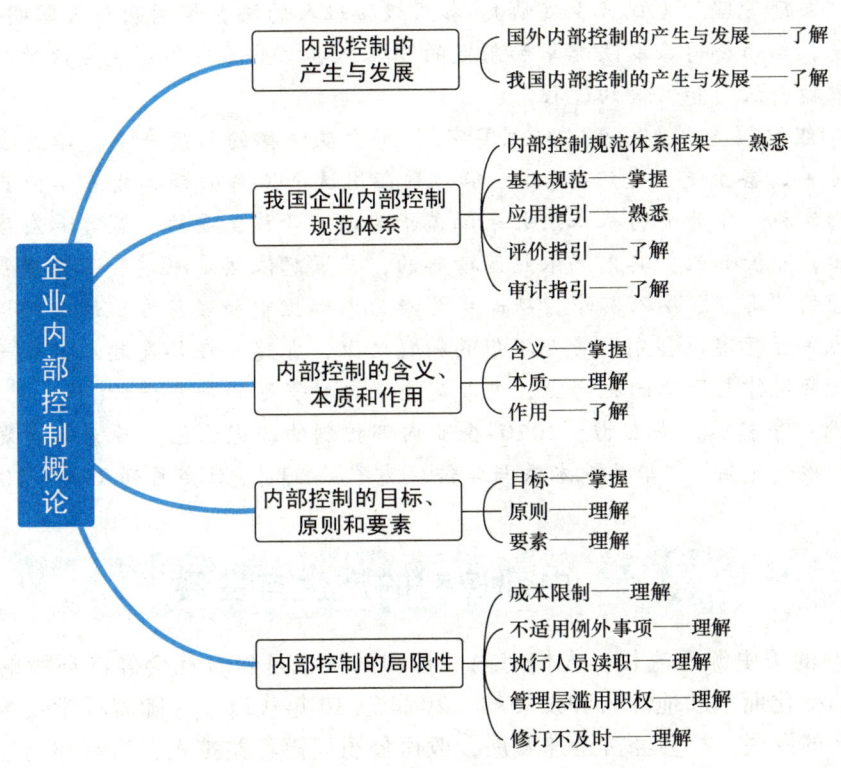

华为公司基本法

1994年,在渐渐赢得外界赞誉的同时,为了走出经营混沌状态,华为开始思考三个问题:为什么能成功?支撑成功的要素是什么?要取得可持续的更大成功还需要哪些要素?在思考这些问题的基础上,华为参考自身的发展逻辑及国内外先进管理理念,开始了"基本法"的起草工作。作为引导企业中长期发展的纲领性文件,华为公司基本法历时八年才定稿。

华为公司基本法界定了华为基本管理哲学、发展模式和经营理念等最本质、最重要的问题,尤其是突出了真正重视人才的人本主义理念及相关配套措施,诸如民主管理、价值分配、对人的"灰度管理"(宽容、妥协)、各层级接班人的培养等阐明与未阐明制度的确立。值得一提的是,华为公司基本法起草和制定的过程,堪比美国当年制宪会议的精彩历程,是一个沟通、灌输、认同和信仰的过程。

假若把"组织"类比为一个"独立国家",那么从法律的角度来看,华为公司基本法便是一个法则体系,甚至是"宪法体系",华为旨在用这个体系引领和指导华为其他具体规则的制定和贯彻实施。华为公司基本法并未涵盖华为以"开放、妥协、宽容和灰度"为主的思想的所有方面,即便如此,其内涵依然是磅礴的,其思想依然是深邃和高屋建瓴的,把无限接近企业经营的"真理"纳入其中,从而成为华为内部控制和经营管理的纲领性文件。它既建立在华为历年经营实践和先进管理思想的精髓之上,也建立在其发起人自成一体的管理哲学和对历史兴衰规律与逻辑的把握上,并非完全来自对规则的刻意设计。

资料来源:牛艺琳,高发雷,2020.企业内部控制的"宪法化"隐喻与自发社会秩序研究——基于"鞍钢宪法""华为基本法与华侨城宪章"[J].财会月刊(7):109-115.

1.1　内部控制的产生与发展

内部控制的历史源远流长,人们对内部控制的认识是随着社会经济环境的发展以及企业经营管理的变化而不断地深入和发展的。20世纪30年代以来,随着科学技术的进步和社会生产力水平的发展,社会经济迅速发展,股份公司规模日益扩大,所有权与经营权进一步分离。为了防范错误和舞弊,逐步出现了一些组织、调节、制约和监督企业经营管理活动的方法,现代企业内部控制开始形成。

1.1.1　国外内部控制的产生与发展

美国对现代企业内部控制研究得较早并取得了显著的研究成果,因此,研究美国内部控制的发展对我们认识内部控制有一定的借鉴作用。按照发展历程,现代企业内部控制主要经历了五个发展阶段,如图1-1所示。

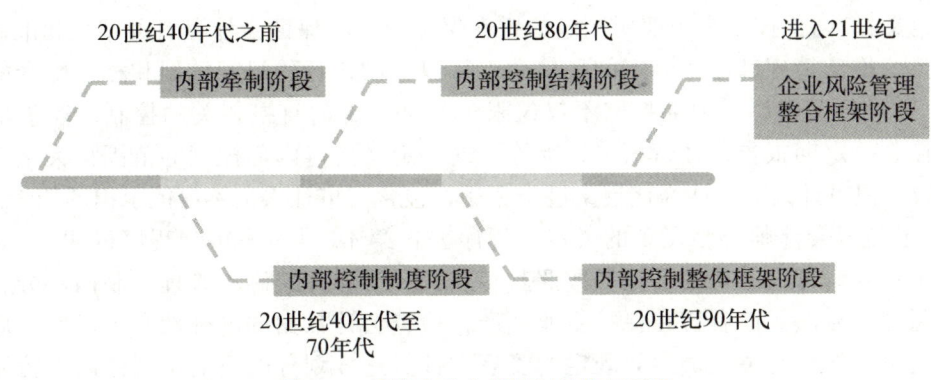

图 1-1　现代企业内部控制的发展历程

1. 内部牵制阶段

20 世纪 40 年代之前，人们习惯使用内部牵制这一概念。内部牵制是早期内部控制的基本思想和初级形式。早在古罗马时代，就对会计账簿实施"双人记账制"，这便是典型的内部牵制措施。《柯氏会计辞典》对内部牵制的解释："内部牵制是指为提供有效的组织和经营，并防止错误和其他非法业务发生而设计的业务流程。其主要特点是以任何个人或部门不能单独控制任何一项或一部分业务权力的方式进行组织上的责任分工，每项业务通过正常发挥其他个人或部门的功能进行交叉检查或交叉控制。设计有效的内部牵制可使各项业务完整且正确地经过规定的处理程序，而在这个规定的处理程序中，内部牵制是一个不可缺少的组成部分。"类似的解释还有很多，但它们有一个共同的特点：强调一个部门或一个人不能完成一项业务活动的全过程，需要进行适当的职责划分。职责划分的目的是通过增加操作的难度，减少个人挪用公款或从事其他非法行为的潜在机会。

内部牵制主要是基于以下两个基本设想。

（1）两个或以上的人或部门无意识地犯同样错误的机会是很小的。

（2）两个或以上的人或部门有意识地合伙舞弊的可能性大大低于单独一个人或部门舞弊的可能性。

内部牵制阶段基本以查错防弊为目的，通过实物牵制、物理牵制、体制牵制和簿记牵制等方式，运用职务分离、账目核对等方法，以钱、账、物等会计事项为主要控制对象，有效地减少了企业中错误和舞弊行为的发生。因此在现代内部控制理论中，内部牵制仍然占有十分重要的地位，是组织机构控制、职务分离控制的基础，是内部控制的雏形。

与此同时，内部牵制开始与审计业务相结合。蒙哥马利在《审计：理论与实践》一书中指出，如果企业存在良好的内部牵制制度，审计人员就无须进行详细审计。1936 年，美国会计师协会（AIA）颁布《独立会计师对财务报表的审查》，首先提出了内部控制的概念。可见，当时的注册会计师职业界已经意识到内部控制对审计工作的重要性。

2. 内部控制制度阶段

一般认为，20 世纪 40 年代至 70 年代为内部控制制度阶段。1949 年，美国会计师协会（该协会于 1957 年改名为美国注册会计师协会，简称 AICPA）下属的审计程序委员会在《内部控制：系统协调的要素及其对管理部门和独立注册会计师的重要性》中对内部控制首次做出了权威定义:"内部控制是企业所制定的旨在保护资产、保证会计资料可靠性和准确性、提高经营效率、推动管理部门所制定的各项政策得以贯彻执行的组织计划和相互配套的各种方法及措施。"此定义强调,内部控制不仅仅限于与会计部门直接相关的控制,还包括预算控制、成本控制、定期报告、经营情况,等等。这一定义使得内部控制的范围扩大至企业内部的各个领域,但审计人员则认为该定义过于宽泛,包含了审计人员不可能承担的职责。

1953年美国会计师协会发布的《审计程序公告第19号——审计程序说明》,对内部控制定义做了正式修订,并将内部控制按照其特点,分为会计控制和管理控制两部分,这就是内部控制制度二分法。前者旨在保护企业资产,检查会计数据的准确性和可靠性;后者旨在提高经营效率,促使有关人员遵守既定的管理方针。这样划分的目的是规范内部控制检查和评价的范围,缩小注册会计师的责任范围,降低审计成本并提高审计效率。但是在实践中,审计人员逐渐发现二者很难区分,而且后者对前者又有着很大的影响,无法在审计时完全忽略。内部控制制度二分法将完整的内部控制割裂开来,使不同职责的人只关心与自己相关的控制,忽略或不能很好地利用其他控制,其弊端是明显的。例如,会计人员和审计人员只关注内部会计控制,对内部管理控制则不闻不问。内部控制制度二分法被认为是将一块美玉击成了碎片,遭到越来越多的批评和质疑。

3. 内部控制结构阶段

20世纪80年代以后,美国会计审计界对内部控制的研究重点逐步从一般内涵向具体内容深化。1988年,美国注册会计师协会发布了《审计准则公告第55号:会计报表审计中对内部控制结构的关注》(SAS 55),该公告首次以"内部控制结构"一词取代了原有的"内部控制"一词。该公告指出,"企业的内部控制结构包括为合理保证企业特定目标的实现而建立的各种政策和程序",并且明确了内部控制结构的内容:内部控制结构是指为了对实现特定公司目标提供合理保证而建立的一系列政策和程序所构成的有机整体,包括控制环境、会计系统及控制程序三个部分。该公告正式将控制环境纳入内部控制范畴,并且不再区分会计控制和管理控制。这一阶段的内部控制开始关注组织整体层面的控制,侧重于研究组织决策、执行、监督以及相互之间的关系,并以此为依据来设计组织的控制体系。内部控制结构概念的提出是内部控制理论研究的一个突破性成果,代表着内部控制发展进入第三阶段。

4. 内部控制整体框架阶段

20世纪90年代,内部控制理论研究进入了一个新的阶段。由美国注册会计师协会、美国会计学会、财务经理协会、国际内部审计师协会以及管理会计师协会共同组成的反对虚假财务报告全国委员会,其所探讨的重要问题之一就是舞弊性财务报告产生的原因。经过调查与研究,发现舞弊性财务报告有50%源于内部控制的失效。为此,该委员会成立发起组织委员会(Committee of Sponsoring Organization,COSO),专门研究内部控制问题。

二维码1

二维码1　背景资料　Treadway Commission 的由来

1992年,COSO发布了指导内部控制实践的纲领性文件:《内部控制——整体框架》,并于1994年进行修改。该文件是内部控制发展过程中的一个重要的里程碑,其主要贡献是对内部控制进行权威定义:"内部控制是由主体的董事会、管理层和其他员工实施的,旨在为经营的效率和有效性、财务报告的可靠性、遵守法律法规等目标的实现提供合理保证的过程。"

内部控制整体框架由控制环境、风险评估、控制活动、信息与沟通以及监控五个要素构成。这五个要素相互关联，构成了随环境变化做出动态反应的内部控制整体框架。

内部控制整体框架从企业整体视角出发，以风险为导向，注重执行层面、决策层面，以及决策、执行与监督等层面的关系。此外，对内部控制的表述已不再是"制度"，而采用"框架"。在该框架中，控制环境、风险评估和监控成为内部控制的要素，这些也正是早期内部控制理论和实务所忽视的内容。《内部控制——整体框架》将内部控制理论与实践有机结合，在业内备受推崇，已成为世界范围通用的内部控制权威标准，被各国审计准则制定机构、资本市场和金融监管机构广泛采纳。美国注册会计师协会接受了COSO报告的内容，并于1995年发布了《审计准则公告第78号：财务报表审计中对内部控制的考虑》（SAS 78），该公告自1997年1月起取代了《审计准则公告第55号：会计报表审计中对内部控制结构的关注》（SAS 55）。

随着经营环境的急剧变化和商业模式的不断创新，COSO经过多年的调研和修订，于2013年5月发布了新的内部控制整合框架，该框架取代了1992年发布的框架。2013年发布的内部控制框架与1992年发布的框架存在很多相似之处，保留了内部控制的核心定义、内部控制目标、内部控制五要素和有效的内部控制对每一要素的要求。2013版内部控制框架的重要变化是将内部控制的财务报告目标扩展为报告目标并在五要素的基础上提炼了17项原则，见表1-1。

表 1-1 COSO 内部控制原则

控制环境
1. 企业对诚信和道德价值观的承诺；
2. 董事会独立于管理层，并对内部控制的制定与实施情况进行监督；
3. 管理层在董事会的监督下确定组织结构、报告路径和适当的权利与责任；
4. 吸引、发展和留任优秀人才；
5. 企业建立内部控制责任人的问责制度；
风险评估
6. 企业制订清晰的目标；
7. 识别实现目标所涉及的风险；
8. 考虑潜在的舞弊行为；
9. 识别并评估内部控制的重大变化；
控制活动
10. 选择并设定控制活动；
11. 选择并设定一般IT控制活动；
12. 通过政策和程序来部署控制活动；
信息与沟通
13. 获取或生成并使用高质量的信息；
14. 对内部控制信息进行内部沟通；
15. 对内部控制信息进行外部沟通；
监控
16. 进行持续并且（或者）单独的内部控制评估；
17. 对内部控制缺陷进行评估和沟通。

2013版内部控制框架，把内部控制要素和原则汇总起来，组成内部控制的实施标准和管理层的关注点，能够帮助和指导管理层评估这些内部控制要素是否存在、是否有效以及这些要素是否在企业层面共同发挥作用。

5. 企业风险管理整合框架阶段

进入21世纪，随着市场竞争的加剧与新的衍生金融工具的不断产生，内部控制整体框架对于企业风险的防范和化解强调得远远不够，无法满足企业对风险管理日益增长的需求。特别是2002年，美国资本市场安然、世界通信等一系列重大财务舞弊案件的先后曝光，大量投资者、债权人、企业员工和其他利益相关者因此遭受巨大损失。在此背景下，为了提高民众对美国金融市场及政府经济政策的信心，美国国会在2002年7月出台了《公众公司会计改革与投资者保护法案》，该法案又称《萨班斯-奥克斯利法案》，旨在加强会计监督、强化信息披露、完善公司治理、防止内幕交易。该法案是自1933年美国《证券法》和1934年《证券交易法》颁布以来，对证券市场和证券监管影响最为深远的一部法律，也是美国证监会由传统的信息披露监管转向信息披露和公司治理监管并重的转折点。该法案404条款要求上市公司全面关注风险，加强企业风险管理，除要求上市公司的年报中应当包含一份"内部控制报告"，并明确规定该报告应包含的内容外，还要求外部审计师审计管理层报告的准确性，这在客观上促进了内部控制研究的进一步发展。

二维码2　背景资料　萨班斯法案第404条款——内部会计控制审计

2004年9月，COSO正式发布了《企业风险管理：整合框架》，正式提出全面风险管理的基本概念和框架体系。该框架指出，全面风险管理是一个过程，它由一个主体的董事会、管理层和其他人员实施，应用于战略制定并贯穿于企业之中，旨在识别可能影响主体的潜在事项、管理风险，以使其在主体的风险容量之内，并为主体目标的实现提供合理的保证。

企业风险管理整合框架由三个维度构成。一是企业风险管理目标，包括战略目标、经营目标、报告目标和合规目标；二是企业风险管理要素，包括内部环境、目标设定、事项识别、风险评估、风险应对、控制活动、信息与沟通以及监控；三是企业风险管理的各个层级，包括企业主体、各职能部门、各业务单元及下属子公司。

2017年，COSO发布了最新版企业风险管理整合框架——《企业风险管理：与战略和绩效协同》。2017版企业风险管理整合框架以组织战略作为理论基础，强调企业整体价值创造视角的战略目标，识别企业在经营中所面临的风险，采取风险应对措施，提高企业抵御风险的能力。

2017版企业风险管理整合框架在风险管理的定义、要素和原则、风险管理运行方式、企业目标方面对2004版企业风险管理整合框架进行了更新：主要以五个基本要素为基础，以原则为导向，以实现企业绩效为目标，以风险管理与战略相整合为路径，强调价值创造与增值。

需要特别说明的是，企业风险管理整合框架，并不是要完全取代内部控制整体框架。尽管两个框架在内容上存在重叠之处，但关注的重点不同。内部控制整体框架主要聚焦在主体的运营和对相关法律法规的遵从性上；企业风险管理整合框架旨在帮助管理当局在实现目标的过程中更好地处理风险，其与内部控制整体框架相互补充，同时也强调了内部控制整体框架作为一种经历时间考验的企业控制体系，是企业风险管理工作的基础。

1.1.2 我国内部控制的产生和发展

1. 以《会计法》为代表的起步阶段

中华人民共和国成立之初，我国实行高度集中的社会主义计划经济，企业内部控制近乎空白。党的十一届三中全会以后，我国开始实行改革开放政策，国家对国有企业放权让利，进行产权制度改革，实行公司制，激发了经济活力。随着社会主义市场经济体系的确立，企业面临的风险也逐步显现，企业内部控制也开始受到重视，内部控制的规章制度从无到有，得到迅速发展。

1985年，我国颁布《中华人民共和国会计法》（简称会计法），要求会计机构内部应当建立稽核制度，并规定出纳人员不得兼管稽核，以及会计档案保管和收入、费用、债权债务账目的登记工作。这是我国首次在法律中对内部牵制提出明确的规定。

2. 分部门制定法规的发展阶段

随着改革的深入和经济的迅猛发展，我国企业会计工作也面临着新的问题，特别是震惊全国的"琼民源事件"和"郑百文事件"等财务造假案的发生，暴露出我国企业会计基础薄弱的弊端。为进一步规范资本市场秩序，提高公司治理水平，1996年6月，财政部发布《会计基础工作规范》，对会计基础工作的管理、会计机构和会计人员、会计人员职业道德、会计核算、会计监督、单位内部会计管理制度建设等问题做出了全面规范，这是我国企业早期的内部控制。

1996年12月，中国注册会计师协会公布了《独立审计具体准则第9号——内部控制与审计风险》，对内部控制的定义和内容都做了具体规定，并要求注册会计师从制度基础审计的角度审查企业的内部控制，进行企业内部控制评价。中国注册会计师独立审计准则对内部控制的描述和要求，既是注册会计师执业基准的一部分，又是对企业内部控制工作的推动，提高了企业对内部控制的关注程度，促进了我国企业内部控制制度的初步建成。

1997年5月，中国人民银行公布了《中国人民银行加强金融机构内部控制的指导原则》，这是我国第一个专门针对内部控制的行政规定。该规定就银行、保险公司等金融机构内部控制的目标、原则、要素、基本要求等做出了规范，要求各金融机构建立健全有效的内部控制运行机制，对金融机构内部控制的建设意义重大，为我国金融机构内部控制制度建设奠定了基础。

1999年修订的会计法，首次以法律的形式明确对内部控制尤其是内部会计控制的建设提出原则性要求，将企业内部控制制度作为保障会计信息真实和完整的基本手段之一。为落实会计法精神，自2001年开始，财政部公布了《内部会计控制规范——基本规范（试行）》《内部会计控制规范——货币资金（试行）》《内部会计控制规范——采购与付款（试行）》《内部会计控制规范——销售与收款（试行）》《内部会计控制规范——工程项目（试行）》《内部会计控制规范——担保（试行）》和《内部会计控制规范——对外投资（试行）》等具体规范，这是我国内部会计控制规范建设迈入一个新阶段的重要标志。

2001年，中国证券监督管理委员会（简称证监会）公布《证券公司内部控制指引》，要求证券公司从内部控制机制和内部控制制度两方面规范自身的发展，以有效防范风险，维护证券市场的安全。2003年，证监会修订了《证券公司内部控制指引》，对我国证券公司内部控制制度进行了进一步的规范。2005年10月，国务院批转了证监会公布的《关于提高上市公司质量的意见》，要求上市公司对内部控制制度的完整性、合理性及其实施的有效性进行定期检查和评估，同时要通过外部审计对公司的内部控制制度及公司的自我评价报告进行评价，并披露相关信息。

2002年，中国人民银行公布《商业银行内部控制指引》，对商业银行内部控制的各个方面进行了规定，要求商业银行内部控制应该贯彻"全面、审慎、有效、独立"的原则，促进商业银行建立健全内部控制体系，防范金融风险，保障银行体系安全稳健运行。该指引是指导商业银行制定内部控制制度的基本手册。

2006年，国务院国有资产监督管理委员会（简称国务院国资委）公布《中央企业全面风险管理指引》，详细解释了内部控制、全面风险管理工作的总体原则，制定了风险管理基本流程，提出风险管理组织体系，即以职能部门和业务单位为第一道防线，以风险管理职能部门和董事会下设的风险管理委员会为第二道防线，以内部审计部门和董事会下设的审计委员会为第三道防线等内容。此外，还强调企业应重视利用信息技术，建成涵盖风险管理基本流程和内部控制系统各个环节的风险管理信息系统，并根据实际需要不断完善和更新。

3. 各部门联合制定内部控制法规的建设阶段

2006年7月，受国务院委托，由财政部发起，联合证监会、审计署、银监会和保监会，成立了企业内部控制标准委员会，这标志着我国企业内部控制标准体系建设进入了有组织、有规划、跨部门、讲协作、求实效的新阶段。

2008年6月，财政部、审计署、证监会、银监会、保监会联合发布了《企业内部控制基本规范》，该规范定于2009年7月1日起在上市公司范围内正式施行，同时鼓励非上市的大中型企业也按照其要求执行。《企业内部控制基本规范》在借鉴国际先进的内控管理经验的基础上，结合我国国情的具体实际需要，为我国企业提供了建立健全内部控制并进行实施的基础框架。

2010年4月，财政部等五部门出台《企业内部控制应用指引第1号——组织架构》等18项应用指引、《企业内部控制评价指引》和《企业内部控制审计指引》，要求2011年1月1日起在境内外同时上市的公司中执行；自2012年1月1日起，在上海证券交易所、深圳证券交易所主板上市的公司中实施；并择机在中小板和创业板上市的公司中实施，同时也鼓励非上市大中型企业提前执行。

为贯彻落实党的十八大提出的"健全权力运行制约和监督体系，让权力在阳光下运行"的工作任务，配合深化行政体制改革的迫切需要，积极推动与建设职能科学、结构优化、廉洁高效、人民满意的服务型政府，2012年，财政部发布《行政事业单位内部控制规范（试行）》，并定于2014年1月1日起正式施行。这说明国家开始正视行政事业单位的内部控制规范问题，以期进一步推进廉政机制建设，提高行政事业单位的内部管理水平和风险防控能力。

为引导和推动小企业加强内部控制建设,提高经营管理水平和风险防范能力,促进小企业健康可持续发展,财政部于 2017 年 6 月印发了《小企业内部控制规范(试行)》,该规范主要明确了小企业内部控制的监督机制,包括实施监督的方式、监督人员要求、日常监督的重点、内部控制存在的问题及整改、定期评价频率、内部控制报告、监督与评价结果的使用等内容。

二维码 3

二维码 3　法规速递　小企业内部控制规范(试行)

1.2　我国企业内部控制规范体系

1.2.1　我国企业内部控制规范体系框架

我国企业内部控制规范体系框架主要包括基本规范、配套指引、解释公告与操作指南三个层次。其中,基本规范是内部控制体系的最高层次,属于总纲,起统驭作用;配套指引包括应用指引、评价指引和审计指引,是内部控制体系的主要内容,是为了促进企业建立实施和评价内部控制、规范会计师事务所内部控制审计行为所提供的指引;解释公告与操作指南是对内部控制规范体系实施中普遍反映和亟须解决的问题进行的解释说明,是对内部控制规范体系的重要补充,如图 1-2 所示。

我国财政部等五部门联合制定并发布《企业内部控制基本规范》及《企业内部控制配套指引》,标志着我国企业内部控制规范体系的建成,具有里程碑意义。

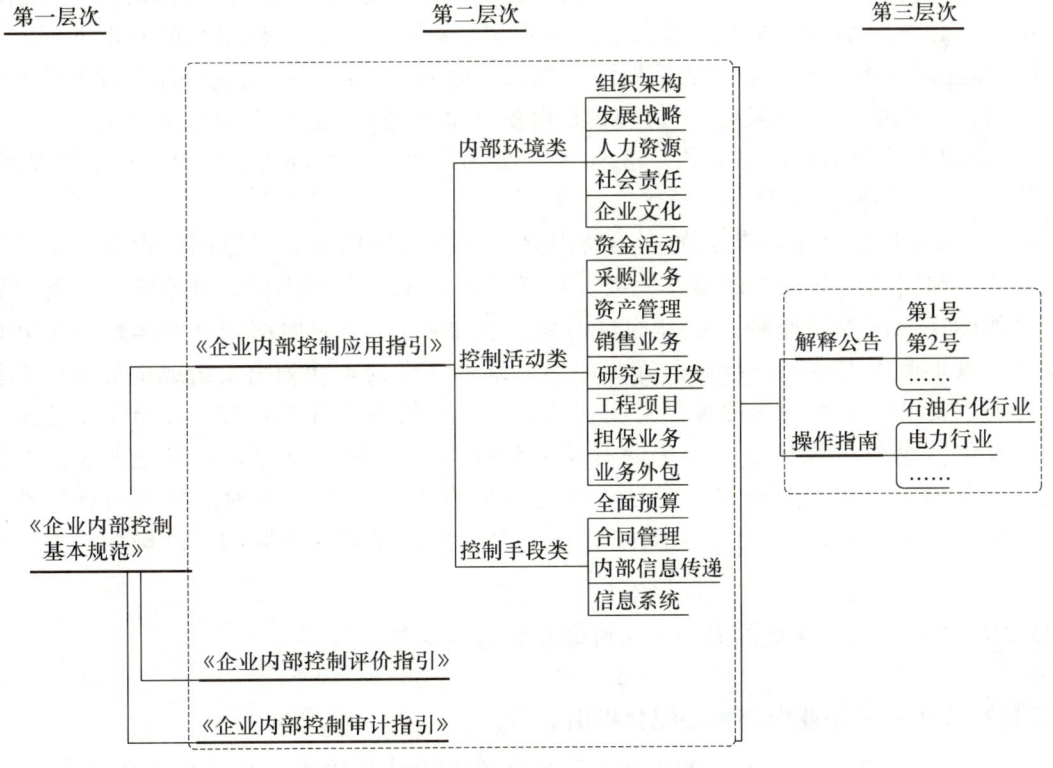

图 1-2　我国企业内部控制规范体系框架

我国企业内部控制规范体系具有如下特征。

1. 五部门联合，增加影响力

我国企业内部控制规范体系由财政部、审计署、证监会、银监会和保监会五部门联合建立，这是世界上第一套由政府主导完成的内部控制规范体系，同时以两种文字发布，实际上也是向全世界发布，让世界了解我国在内部控制方面的进展，以扩大我国内部控制在世界范围内的影响力。

2. 内容丰富，覆盖全流程

从企业内部控制实施角度看，《企业内部控制配套指引》涵盖了三大领域，包括内部控制设计、内部控制评价与内部控制审计，全面指引企业构建内部控制体系。从企业内部控制内容角度看，《企业内部控制配套指引》覆盖企业资金流、实物流、信息流和人力资源流，实现全流程覆盖。

3. 借鉴经验，融入新理念

充分借鉴国际经验和现有研究成果，并结合我国实际国情，坚持自主创新。我国企业内部控制规范体系的新理念主要体现在以下方面：从制约观念到发展观念，由结果控制到过程控制，由执行层面到决策层面，由会计控制到综合控制，由查错防弊到全面风险控制，由条块分割到一体化推进，由强制遵循到内化融合，由宽松披露到双重评价。

1.2.2 《企业内部控制基本规范》

《企业内部控制基本规范》确立了我国企业建立和实施内部控制的基础框架，是我国企业内部控制建设的纲领性文件，是制定配套指引、解释公告和操作指南的基本依据。制定《企业内部控制基本规范》的目的是加强和规范企业内部控制，提高企业经营管理水平和风险防范能力，促进企业可持续发展，维护社会主义市场经济秩序和社会公众利益。

《企业内部控制基本规范》共 7 章 50 条，分为总则、内部环境、风险评估、控制活动、信息与沟通、内部监督和附则。

《企业内部控制基本规范》的突出特点是，立足我国国情，借鉴国际惯例，确立了我国企业建立和实施内部控制的基本框架，科学界定内部控制的内涵，准确定位内部控制目标，合理确定内部控制原则，统筹构建内部控制要素。《企业内部控制基本规范》开创性地建立了以企业为主体、以政府监管为促进、以中介机构审计为重要组成部分的内部控制实施机制，要求企业实行内部控制自我评价制度，并将各责任单位和全体员工实施的内部控制情况纳入绩效考评体系。国务院有关监管部门有权对企业建立并实施内部控制的情况进行监督检查，明确企业可以依法委托会计师事务所对本企业内部控制的有效性进行审计，并出具审计报告。《企业内部控制基本规范》被称为中国版的《萨班斯－奥克斯利法案》。

二维码 4

二维码 4　　法规速递　　企业内部控制基本规范

1.2.3 《企业内部控制配套指引》

《企业内部控制配套指引》以《企业内部控制基本规范》中的定义、目标、原则和要素为基础，为企业提供清晰的、具有可操作性的指导标准，是对《企业内部控制基本规范》的进一步说明和补充，具有指导性和示范性。《企业内部控制配套指引》由《企业内部控制应用指引》《企业内部控制评价指引》和《企业内部控制审计指引》组成。其中，《企业内部控制应用指引》是对企业按照内部控制原则和内部控制五要素，建立健全本企业内部控制所提供的指引，在整个内部控制规范体系中占据重要地位；《企业内部控制评价指引》是为企业管理层对本企业内部控制有效性进行自我评价提供的指引；《企业内部控制审计指引》是为注册会计师执行内部控制审计业务提供的指引。三者之间既相互独立，又相互联系，形成一个有机整体。

1.《企业内部控制应用指引》

《企业内部控制应用指引》共 18 项，可以划分为 3 类，即内部环境类指引、控制活动类指引和控制手段类指引，基本涵盖了企业的内部环境、资金流、实物流和信息流等各项业务和事项。

内部环境是企业实施内部控制的基础，支配着企业全体员工的控制意识，影响着全体员工实施控制活动和履行控制责任的态度、认识和行为。内部环境类指引包括组织架构、发展战略、人力资源、企业文化和社会责任。

控制活动类指引是对企业各类具体业务活动实施的控制指引，包括资金活动、采购业务、资产管理、销售业务、研究与开发、工程项目、担保业务、业务外包和财务报告。

控制手段类指引偏重"工具"性质，与企业整体业务活动和管理活动密切相关，具体包括全面预算、合同管理、内部信息传递和信息系统。

2.《企业内部控制评价指引》

《企业内部控制评价指引》主要为企业董事会或类似权力机构对内部控制有效性进行全面评价、形成评价结论、出具评价报告的过程提供指引。《企业内部控制评价指引》的主要内容包括内部控制评价的内容、内部控制评价的组织、内部控制缺陷认定、内部控制评价报告及内部控制评价报告的披露和报送等。

3.《企业内部控制审计指引》

《企业内部控制审计指引》为会计师事务所对特定基准日与财务报告相关内部控制设计与执行有效性进行审计提供指引。《企业内部控制审计指引》的主要内容包括审计责任划分、审计范围、整合审计、利用被审计单位人员的工作、审计方法、评价控制缺陷和出具审计报告。

1.2.4 解释公告和操作指南

解释公告是财政部会同证监会、审计署、银监会、保监会针对企业内部控制规范体系在实施过程中出现的问题给出的解释说明。发布解释公告的目的是进一步解释企业内部控制规范体系实施过程中出现的问题，及时对规范体系进行有益补充，形成政策制定者与政策实施者之间的良性互动，从而推动内部控制规范体系的顺利实施。

目前，我国的解释公告主要是财政部等五部门于 2012 年 2 月印发的《企业内部控制规范体系实施中相关问题解释第 1 号》和 2012 年 9 月印发的《企业内部控制规范体系实施中相关问题解释第 2 号》，主要对企业内部控制规范体系的十个重要问题进行了解释。

由于《企业内部控制基本规范》具有原则性和通用性，《企业内部控制配套指引》也只是对一般生产型工业企业常见的 18 项业务的内部控制加以规范，而对于分布在不同行业、不同业务类型的企业而言，实施企业内部控制规范仍存在一定的困难，需要具体操作指南加以规范和引导。为了满足部分行业企业的个性化需求，对内部控制规范体系的建设方法、控制程序、实施步骤、考核办法等进行行业内的具体规定，财政部启动了分行业的内部控制操作指南的编制工作，为各类企业建立和实施内部控制规范体系，提供具体实务操作指导。财政部选择关乎国家经济命脉的石油石化、电力等行业为试点，根据相关法规，于 2013 年编制并印发了《石油石化行业内部控制操作指南》，于 2014 年印发了《电力行业内部控制操作指南》。需要说明的是，操作指南属于指导性的操作手册，并非用于强制实施。

1.3 内部控制的含义、本质和作用

党的二十大报告指出："未来五年是全面建设社会主义现代化国家开局起步的关键时期，主要目标任务是：经济高质量发展取得新突破，科技自立自强能力显著提升，构建新发展格局和建设现代化经济体系取得重大进展；改革开放迈出新步伐，国家治理体系和治理能力现代化深入推进，社会主义市场经济体制更加完善，更高水平开放型经济新体制基本形成。"内部控制是社会经济发展的必然产物，它的内涵随着历史的演变和相关理论的发展而不断演进，随着外部竞争的加剧和内部强化管理的需要而不断丰富和发展。内部控制的定义经历了从简单到复杂、从静态到动态、从以制度为本到以人为本的一种逻辑演绎，体现了人们对内部控制认识的逐渐深化，加深了人们对内部控制的进一步理解，从而使人们对内部控制这一客观事物的认识更能贴近事物的本原。

1.3.1 内部控制的含义

关于内部控制的含义，国内外有多种表述。内部控制一词通常与注册会计师审计联系在一起，最早出现于 1936 年美国会计师协会发布的《独立会计师对财务报表的审查》报告中。1949 年，美国会计师协会下属的审计程序委员会在《内部控制：系统协调的要素及其对管理部门和独立注册会计师的重要性》中对内部控制首次做出了权威定义：内部控制是企业所制定的旨在保护资产、保证会计资料可靠性和准确性、提高经营效率、推动管理部门所制定的各项政策得以贯彻执行的组织计划和相互配套的各种方法及措施。1992 年 COSO 发布的《内部控制——整体框架》报告对内部控制的定义：内部控制是由主体的董事会、管理层和其他员工实施的，旨在为经营的效率和有效性、财务报告的可靠性、遵守法律法规等目标的实现提供合理保证的过程。

我国《企业内部控制基本规范》对内部控制的定义：由企业董事会、监事会、经理层和全体员工实施的，旨在实现控制目标的过程。内部控制的目标是合理保证企业经营管理合法合规、资产安全、财务报告及相关信息真实完整，提高经营效率和效果，促进企业实现发展战略。

我们可以从以下几方面理解内部控制的含义。

1. 内部控制是一种全程控制

内部控制是一个动态的管理过程，而不是静态的管理制度。企业不仅要制定完善的内部控制制度，更重要的是通过有效执行内部控制制度来实现企业目标，并根据内外部环境的变化对内部控制进行调整和改进。内部控制并不是孤立的某一个事件或一种情形，而是渗透到企业经营管理活动之中的一系列行为。一般静态的制度是约束人的行为的政策和程序，它并不是一个过程的概念，把内部控制简单理解成"制度"是不恰当的，因此，"内部控制"与"制度"是两个不同性质的概念。内部控制是在整个企业风险管理的大框架下为合理实现企业目标所设计的控制系统，旨在识别可能影响主体的潜在事项，并力求把整体风险控制在风险容量以内。

2. 内部控制是一种全员控制

内部控制是一个受"人"影响的过程，讲求的是达到结果的过程而非结果本身；它持续地流动于主体之内，贯穿企业战略制定和经营运作的方方面面。它由组织内部每一层级的人员共同执行；内部控制的有效执行有赖于全员参与，只有企业内部每个人均清楚地知道自己所拥有的责任和权力，才能认真履行自己的职责，才能提高内部控制的执行力度。内部控制的实施主体，上到企业董事会，中到经理层，下到具体员工，且涉及企业经营活动的方方面面，各个业务流程和环节。内部控制是涵盖企业全部业务流程的控制体系，做到"人人有事做，事事有人管"的全员控制。

3. 内部控制是一种全面控制

内部控制是一种全面控制，强调要覆盖企业供应、生产、销售、研发等所有的业务活动和财务、人力资源、客户关系、信息资源等所有管理事项，并包含每个层级和环节，体现经营管理的合法合规、资产安全、财务报告及信息真实完整、提高经营效率与效果、促进企业实现发展战略等多重控制目标的要求。内部控制的核心是控制风险，而企业在目标实现过程中会面临各种不确定因素即风险的影响，建立健全内部控制有助于企业防范风险，为上述目标的实现提供合理的保证。

需要说明的是，内部控制只能为控制目标的实现提供合理保证，而非绝对保证，这是因为企业目标的实现受制于企业内外部环境的双重影响，而内部控制无法作用于外部环境；另外，由于内部控制存在固有的局限性，它并不能解决企业所有的问题。

1.3.2 内部控制的本质

从契约经济学的角度来看，企业是一个由不同资本、不同偏好、不同技能和信息禀赋的交易主体通过一系列正式契约或非正式契约结合在一起的契约集合。这些组成企业的交易主体在不同情况下会做什么，并没有明确的规定和说明，因而这种不确定性以及参与主体的行为特征从本质上就决定了各参与主体会选择使自己利益最大化的行为，这便在企业内部产生了冲突的可能性。理论上，在企业内部，如果仅存在最初形成企业的契约，而没有其他相应的控制机制出现，那么企业就难以生存和发展。而事实上，企业自产生以来，一直处于不断发展和完善的过程中，因而，在企业内部必定存在一个有效的内部控制机制，用以弥补企业契约的不确定性以及限制参与主体的个人行为，从而达到维持各参与主体之间的持续平衡和均衡以保证企业有效经营和长期发展的目的。

由此可见，企业通过一系列的政策和程序来弥补企业契约的不确定性，实现企业内部的均衡和有效运作，是内部控制的本质。它是与企业契约相关的一套机制，企业中的各种契约处于一种不断变化的过程，相应地，作为实现各种契约的保障机制的内部控制也应当处于一种不断变化发展的动态过程，内部控制应当对企业中契约的变化及时做出反应并进行相应调整。在企业契约相对稳定的时期，内部控制用以保障企业按照契约本身的内在要求运行，进而维护和实现参与主体的利益需求；在企业契约发生变化的不稳定时期，内部控制能够及时地识别促使契约发生变化的因素，并有效地进行调整，进而推动契约向适合当前环境的方向发展。

1.3.3 内部控制的作用

党的二十大报告指出："当前，世界百年未有之大变局加速演进，新一轮科技革命和产业变革深入发展，国际力量对比深刻调整，我国发展面临新的战略机遇。"内部控制是现代企业管理的重要组成部分，是企业持续稳定发展的机制与过程保证。企业必须建立健全内部控制制度，才能有效防范各种财务舞弊和经济犯罪。

内部控制的重要作用表现在以下几个方面。

1. 内部控制有助于提供高质量的会计信息

高质量的会计信息，是企业进行有效经济分析和准确预测与决策的基础。如果会计信息真实、完整且具有相关性，那么就为企业决策提供了较好的信息基础；反之，则不仅对企业管理无利，还对企业管理有害，因为虚假、片面的会计信息可能会起误导作用，将企业的决策行为引导到错误的方向。

内部控制是会计信息真实、可靠的制度保障。因为健全、完善的内部控制可以通过程序控制、职务分离、岗位轮换、内部审计等措施，使会计信息加工中的各个环节相互牵制、相互制约，以避免错误的发生。而且即使是发生了经济业务的错误记录，内部控制也可以自动地发现和纠正这种错误，从而保证最终报送出去的会计信息是完整、真实的。我国近年来的一系列财务舞弊案件，如红光实业、银广夏等，都与企业的内部控制失效密切相关。

2. 内部控制有助于维护资产的安全和完整

在企业经营过程中，企业的财产物资时刻可能被偷盗、被侵占和被挪用，这种偷盗、侵占和挪用可能由外部人士引起，也可能是企业的内部人员所为，而且后者更加具有便利条件和隐蔽性，因而对企业造成的损失可能更大。内部控制就是防范企业内部人员侵占和挪用公司财产物资的一种有效制度。因为在内部控制运行中，它通过授权与执行、执行与记录、总账与明细账等不相容岗位的分离，在企业财产物资的接收、储存和运送过程中形成严密的相互牵制关系，从而能有效防止有关人员侵占或挪用企业的财产物资。

3. 内部控制有助于实现组织的合规运营

内部控制作为内部监控系统，一直将合规性列为基本目标之一。它通过对企业的所有部门与一切环节进行有效的监督和控制，及时制止和纠正偏离法律法规的行为，保证企业经营活动服从程序、规则、政策和法律法规，并有利于国家政策法规及部门监管要求在企业内部的实施。良好有效的内部控制体系对于实现组织的合规运营关系重大。

4. 内部控制有助于提高企业的运营效率

现代企业是一个有着复杂分工体系的经济组织。首先，在企业内部设置有很多部门，如采购部、生产部、财务部、销售部等；其次，每个部门内部又设置有很多个岗位，如财务部中的成本、出纳、工资岗位等，而且每个岗位又可能有几个工作人员。这样，企业中的各个部门和各个岗位之间就沿着企业的业务流程形成了纵向的上下游岗位之间和横向的部门之间的相互交叉和相互衔接的关系。这种交叉和衔接的关系必然会使得相邻岗位之间存在着工作上的重叠，并由此导致相互推诿等现象的出现，从而降低企业的工作效率。内部控制就是基于上述情况而设计的严格划分岗位职责、明确岗位分工、防止相互推诿和不负责任的一种控制制度。因为在健全、完善的内部控制下，每个部门、每个岗位、每个人都有自己的工作职责，而且各个岗位的职责是清晰、明确的，岗位之间的衔接点和衔接方法是事先约定的，部门之间、岗位之间可避免相互推诿和内耗。

5. 内部控制有助于克服人性弱点

在企业中，"人"是最重要、最活跃的因素，是企业发展的源泉与动力，也是风险的制造者和控制者。经济学中的理性经济人假设认为，人是理性的、自利的经济人，总是追求经济利益的最大化。因此，在特定环境下，人的行为可能存在风险隐患。企业运营过程的各环节都离不开人的活动，因此，内部控制不仅是针对物和事的控制，更是针对人的行为的控制。好的内部控制可以使坏人变好，如果没有有效的内部控制，则可能使好人变坏。

二维码 5

二维码 5　扩展阅读　关于加强中央企业内部控制体系建设与监督工作的实施意见

1.4　内部控制的目标、原则和要素

1.4.1　内部控制的目标

《企业内部控制基本规范》规定，内部控制的目标是合理保证企业经营管理合法合规、资产安全、财务报告及相关信息真实完整，提高经营效率和效果，促进企业实现发展战略。上述目标是一个完整的内部控制目标体系不可或缺的组成部分，然而，由于所处的控制层级不同，各个目标在整个目标体系中的地位和作用也存在着差异。

1. 合法合规目标

企业内部控制要合理保证企业在国家法律和法规允许的范围内开展经营活动，严禁违法违规经营。除法律法规外，企业还必须遵守相关部门制定的监管规则，国际组织规定的相关标准，行业组织制定的自律章程，以及企业内部制定的章程和制度等。法律法规为企业设立了最低的行为守则，特别是在法律法规和监管要求发生变化时，企业应与时俱进。因此，合法合规是企业生存和发展的客观前提，是内部控制的基础性目标，是实现其他控制目标的保证。

2. 资产安全目标

资产是企业生产经营的基础，资产安全目标就是防止资产流失。在企业生产经营活动过程中，货币资金或实物资产会因被盗窃、被挪用、被侵占、被转移而遭受损失，无形资产会被侵权、被侵占等，保护资产的安全与完整，是企业开展经营活动的基本要求。同时，要充分提高资产使用率，提升资产管理水平，防止资产价值出现减损，防止资产被低价出售，从而损害企业利益。

3. 财务报告目标

企业通过编制和提供财务报告，向各利益相关方传递财务信息及其他相关信息。企业内部控制要合理保证企业提供真实完整的财务信息及其他相关信息。财务信息及其他相关信息反映了企业经营状况及企业的价值增值过程，主要用于满足企业外部投资者、债权人和监管机构的要求，同时也是企业董事会、管理者进行经营决策、制订经营目标的重要依据。财务报告目标的基本特征是按照企业会计准则的相关要求如实地核算经济业务、编制财务报告，满足会计信息的一般质量要求。保证财务报告真实可靠是管理者的首要责任，也是内部控制的重要目标。

4. 经营目标

提高经营效率和效果是内部控制要达到的最直接的也是最根本的目标，企业所有的管理理念、制度和方法都应该围绕提高经营的效率和效果来设计运行，内部控制也不例外。有人以为，内部控制增加了许多管理制度和审批程序，会影响工作效率。其实不然，内部控制的本质是对于风险的管理和控制，它要求企业组织架构设计合理、权责清晰、优化业务流程，从而使各部门、各环节密切配合、协调一致，实现稳健运行，从整体上提高企业的经营效率和效果。

5. 战略目标

促进企业实现发展战略是内部控制的最高目标，也是终极目标。企业总体发展战略由治理层制定，股东代表大会表决通过。企业战略目标是对企业经营目标、社会使命的高度概括和界定，具有宏观性、长期性等特点。同时，战略目标的制订要充分考虑外部环境和内部条件的变化，根据相应的变化进行适度的调整，按阶段和内容划分为具体的经营目标，进一步分解到具体的经营部门、业务流程及人员，以实现战略目标。内部控制要促进企业战略目标的实现，必须立足于经营目标，防范风险，提高经营效率和效果。

1.4.2 内部控制目标之间的关系

内部控制目标之间是相互联系的，并不是彼此孤立的，它们共同构成了一个完整的内部控制目标体系。其中，战略目标是最高目标，也是与企业使命相关联的终极目标；经营目标是战略目标的分解与落实，是战略目标的短期化和具体化，是内部控制的核心目标；合法合规目标是实现经营目标的有效保证；资产安全目标是实现经营目标的物质前提；报告目标是经营目标的成果体现与反映，如图1-3所示。

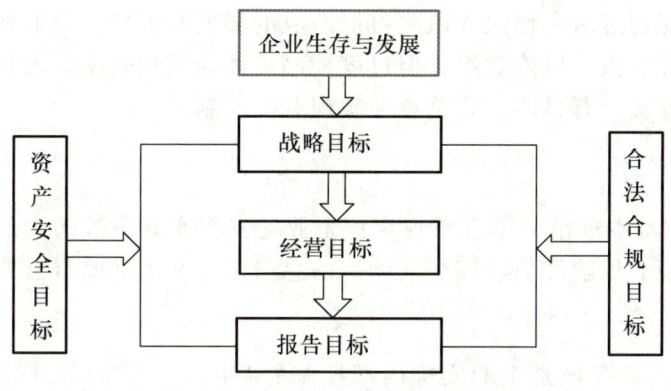

图 1-3　内部控制目标之间的关系

1.4.3　内部控制的原则

企业建立与实施内部控制，应当遵循下列原则。

1. 全面性原则

所谓全面性原则，主要体现在以下三个方面：一是全过程控制，内部控制应当贯穿决策、执行和监督的全过程；二是全方位控制，内部控制应当覆盖企业及其所属单位的各种业务和事项；三是全员控制，内部控制的关键是对人的控制，是对企业全体员工进行的控制，应涵盖企业董事会、管理层及基层执行人员，避免出现空白和漏洞。

2. 重要性原则

重要性原则要求内部控制应当在全面控制的基础上，关注重要业务事项和高风险领域。重要性原则强调企业建立与实施内部控制，应当突出重点，兼顾一般，着力防范可能对企业生产经营产生重大影响的风险，重点关注企业业务流程中的关键控制点和关键岗位。

3. 制衡性原则

制衡性原则要求内部控制应当在治理结构、机构设置及权责分配、业务流程等方面相互制约、相互监督，同时兼顾运营效率。相互制衡是建立和实施内部控制的核心理念，具体表现为不相容职务的相互分离和制约，一项业务不能由一个部门或一个人员单独处理，例如钱账分管。无论是决策、执行环节还是监督环节，企业如果不能实施不相容职务相互分离和制约，则可能导致滥用职权的风险发生，给企业的发展带来重大隐患。

4. 适应性原则

适应性原则要求内部控制应当与企业经营规模、业务范围、竞争状况和风险水平等相适应，并根据情况的变化及时加以调整。企业内部控制的建立并非一劳永逸，它应当与企业的经营规模、业务范围、竞争状况和风险水平相适应，并随着外部环境和内部条件的变化，及时加以调整、修订和完善。

5. 成本效益原则

成本效益原则要求内部控制应当权衡实施成本与预期效益，以适当的成本实现有效控制。企业内部控制应以较少的控制成本，获得较好的控制效果，建立实施各项内部控制的方法和程序的成本不应超过潜在错误或风险可能造成的损失和浪费。企业如果不能有效实施内部控制，则可能存在巨大的风险隐患；但过度控制可能会影响效率，增加成本。因此，企业要运用科学合理的方法，有目的、有重点地实现有效控制。

1.4.4 内部控制的要素

《企业内部控制基本规范》第五条规定：企业建立与实施有效的内部控制，应当包括下列要素——内部环境、风险评估、控制活动、信息与沟通和内部监督五要素。

1. 内部环境

内部控制中的内部环境是企业实施内部控制的基础。企业内部环境始于董事会和管理层，表明企业实施内部控制，应先从治理结构入手，治理结构是重中之重。董事会和管理层为企业确定"基调"，并在企业的不同层级强调和强化这种"基调"。内部环境一般包括治理结构、机构设置及权责分配、内部审计、人力资源政策、企业文化等。

内部控制只有得到企业董事会和管理层的重视，才能取得成功。如果企业管理层滥用职权或者不相容岗位串通舞弊，内部控制也就形同虚设。内部控制是通过人来实施的，而企业文化是企业的灵魂。从某种意义上讲，企业文化可以被看作内部环境的同义词，企业董事会管理层应该意识到企业文化受内部环境的影响，同时也受内部控制其他要素的影响。内部环境是其他控制要素的基础，也将对内部控制的整体实施产生全面影响。

2. 风险评估

企业在经营过程中经常面临各种风险，风险评估是企业及时识别、系统分析和评价经营活动中风险事件发生的可能性及潜在影响，合理确定风险应对策略的过程。风险是指一个潜在事项的发生对目标实现产生的影响。风险评估主要包括目标设定、风险识别、风险分析和风险应对等环节。企业经营过程中制订的生产、销售、财务等相关目标，可能受潜在风险的影响，即设定目标就会有影响目标实现的风险，没有目标也就无所谓风险。因此目标的设定是风险评估的前提，管理层必须先制订目标，然后才能辨别影响该目标实现的风险，并采取必要的管理风险的行动。因此，企业在生产经营中应建立辨别、分析和管理相关风险的机制，以了解企业所面临的来自外部、内部的各种不同风险，从而充分识别各种潜在风险，并采取有效的应对措施。风险评估是实施内部控制的重要环节。

3. 控制活动

控制活动是指在控制目标的引导下，针对风险所采取的政策、方法、程序和行动。控制活动贯穿于企业内部各个层级和所有职能部门，企业通过采取相应的控制措施，将风险控制在可承受范围之内。控制活动一般包括不相容职务分离、授权审批、会计系统、财产保护、预算管理、运营分析、绩效考评、内部报告等。按照控制方式不同，控制活动可以分为手工控制与自动控制、预防性控制与发现性控制等。

4. 信息与沟通

信息与沟通是指企业及时、准确、完整地收集与经营管理相关的各种信息，并使这些信息以适当的方式在企业内部及企业外部之间进行及时传递、有效沟通和正确应用的过程。信息与沟通的重要性在于企业总是在经营管理中产生各种形式的信息，并将其运用于经营管理之中。信息与沟通的概念不仅仅是传统的 IT 流程图里所描述的信息流,它更加强调信息在企业内部各层次之间的有效传递和理解。信息与沟通是内部控制的重要条件,是企业应对情况变化及保证控制有效的神经系统。因此,在内部控制系统中建立信息与沟通机制以识别、采集和传递所有类型的信息,并将信息传达到适当的人员具有重要意义。

我国企业内部控制规范体系还要求企业建立反舞弊机制、举报投诉制度和举报人保护制度,这也是重要的信息与沟通机制。

5. 内部监督

内部监督是企业管理层对内部控制的建立与执行情况进行持续或定期的监督与检查,评价内部控制的有效性,发现内部控制缺陷,并及时加以改进的过程。它是实施内部控制的重要保证,是对内部控制的控制。内部监督包括日常监督和专项监督,监督情况应当形成书面报告,并在报告中揭示内部控制的重要缺陷。同时,企业管理层应当建立内部控制缺陷纠正改进机制,充分发挥内部监督的效力。

二维码 6　扩展阅读　华为的内部控制五要素

二维码 6

1.4.5　内部控制五要素之间的关系

内部控制的五要素相互支持,构成一个立体化的有机体系。内部环境在内部控制结构的底部,是内部控制的基础,内部环境的好坏直接影响内部控制其他要素的运行。企业战略目标的实现会受到内外部环境的影响,需要对面临的风险进行定量和定性的分析,并确定相应的风险应对策略,即风险评估。企业应根据风险应对策略,及时采取有效的控制活动,尽量避免风险的发生,以降低损失。内部监督在内部控制结构的顶部,是自上而下对其他内部控制要素实施的检查与监督。信息与沟通要素起着将其他四要素联系起来的作用,风险评估、控制活动和内部监督的实施需要以信息与沟通为依据,它们的结果也需要通过信息与沟通来反映。如果缺少信息与沟通,那么内部控制的其他要素就可能无法保持紧密的联系,内部控制也就不再是一个有机的整体。内部控制五要素之间的关系如图 1-4 所示。

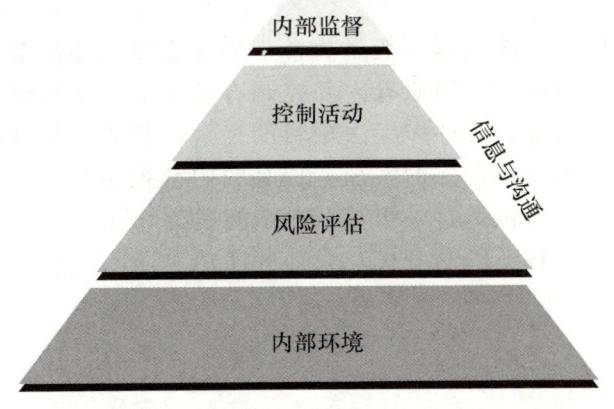

图 1-4　内部控制五要素之间的关系

1.5 内部控制的局限性

毋庸置疑，企业应遵循《企业内部控制基本规范》设计并实施内部控制体系，但现实中并不存在一个适用于所有企业的内部控制模式，且无论内部控制的设计和运作多么妥当，它也仅能就企业目标的实现为管理层提供合理的保证，所有内部控制制度均受到先天限制，即存在局限性。COSO 报告也承认，内部控制并不是"包治百病的灵药"。有效的内部控制只能帮助管理层了解企业的经营状况，或者了解企业所面临的风险程度，但并不能保证企业目标的实现。合理保证也并不意味着内部控制会经常失败，企业通过采取多种控制措施可以强化合理保证，并降低企业无法实现其目标的风险。内部控制的局限性主要来自以下方面。

1.5.1 成本限制

所谓成本效益原则，是指企业各种内部控制程序和方法的设计与实施成本不应超过如不实施该控制所产生的错误或存在的潜在风险可能造成的损失和浪费。内部控制成本通常包括设计成本和运行成本，内部控制收益是某项控制实施、运行后产生的效益和好处。成本效益原则要求内部控制的设计与实施成本，不得超过预期的效益。成本效益原则是企业从事一切经济活动的基本原则，内部控制的设计和实施也不例外。企业出于控制成本的考虑，可能会忽略某些内部控制。例如，要求一家小企业像上市公司一样，实施全套的内部控制方案，就不符合成本效益原则。企业进行内部控制建设，必须统筹考虑投入成本和产出效益之比，在合理保证有效性的前提下，权衡实施成本与预期收益的关系，争取以合理的成本实现更有效的控制。如果企业控制过度，则会导致成本昂贵，得不偿失；如果企业控制不足，则风险太高，导致内部控制失败。

实践中，控制成本量化比较容易，但控制效益量化则相当复杂，且难以确定，往往需要主观判断。在高度竞争的环境下，企业需要从整体利益出发，从更长远的角度进行综合评估，寻找一个恰当的成本与收益的平衡点。如果实施某些控制会影响工作效率，但可以避免整个企业面临更大的损失，则此时仍应实施相应的控制。

1.5.2 不适用例外事项

基于成本效益原则，内部控制一般是为常规的、重复发生的业务而制定的，一旦发生异常变化或未预计到的业务，则原有内部控制有可能失效或不再适用。企业面对瞬息万变的经营环境和监管要求，有许多无法预料的经济、技术、社会等方面的因素，会直接影响企业的经营决策和战略目标的实现。现有的内部控制只适于常规且反复出现的业务，对非常规的例外事项（包括意外事故）则不能发挥作用。内部控制体系要能够更灵活地应对业务、运营和监管环境的变化。设计并实施一个有效的内部控制体系，具有很大的挑战性。

1.5.3 执行人员渎职

企业活动的核心是人的活动，内部控制是由人设计的，也是由人执行的，内部控制的许多局限归根结底是人性的局限，执行人员的素质是影响内部控制的关键因素。内部控制执行人员玩忽职守，或不按制度要求执行或操作疏忽，都将大大降低内部控制的效果。

内部控制起源于内部牵制和权力制衡。不相容职务相分离是内部控制的基本原则。如果关键岗位的员工有道德问题或者犯罪动机，通过串通或合谋进行舞弊，则很容易规避控制，并导致企业的内部控制失效。内部控制可以降低单个员工犯错误的概率，但很难防范数个关键岗位的员工串通作弊。因此，在实际工作中，如果处于不相容职务上的有关人员相互串通，相互勾结，失去了不相容职务之间相互制约的基本前提，则内部控制就很难发挥作用。例如，某银行金库有 5100 万元现金被转移，除了 1 名银行现金管理中心主任，其余 4 名能够出入金库的员工都参与了犯罪。

1.5.4 管理层滥用授权

在现代企业的治理结构中，管理层受股东（大）会、董事会的委托，负责企业的生产经营和管理工作并获得相应的报酬。如果承担管理职责的管理层缺乏职业道德，或因个人利益、外界压力等滥用职权，规避、逾越规定的政策或程序，或者指使下属规避或逾越政策或程序，则会导致内部控制失效。现实中，管理层的干预一直是导致许多重大财务报告舞弊的重要原因之一。

1.5.5 修订不及时

企业已有的内部控制一般都是为了那些经常发生的业务设计的，但是，在瞬息万变的环境中，极有可能会由于经营环境、业务性质的变化而使内部控制的程序和方法变得不适当。特别是快速发展的企业，即使外部环境不变，经营范围、业务规模的变化也会对内部控制提出新的要求。可见，任何内部控制并非一劳永逸，企业应根据内外部环境变化、管理要求的提高、业务职能调整等方面的需求，不断修正和改进企业内部控制。

本章小结

国外内部控制的发展经历了内部牵制、内部控制制度、内部控制结构、内部控制整体框架和企业风险管理整合框架五个阶段。

我国内部控制的发展分为三个阶段：以会计法为代表的起步阶段、分部门制定法规的发展阶段和各部门联合制定内部控制法规的建设阶段。

我国内部控制规范体系框架由基本规范、配套指引、解释公告与操作指南三个层次组成。基本规范是内部控制体系的最高层次，属于总纲，起统驭作用。

内部控制是由企业董事会、监事会、管理层和全体员工共同实施的，旨在实现控制目标的过程。内部控制目标包括企业经营管理的合法合规，资产安全，财务报告及相关信息真实完整，提高经营效率和效果及促进企业实现发展战略。五个目标相互联系，共同构成内部控制目标体系。

企业建立与实施内部控制应遵循全面性原则、重要性原则、制衡性原则、适应性原则和成本效益原则。

企业内部控制要素包括内部环境、风险评估、控制活动、信息与沟通和内部监督。

企业内部控制的局限性表现为成本限制、不适用例外事项、执行人员渎职、管理层滥用授权和修订不及时。

论述题

1. 国外内部控制的产生与发展主要经历了哪几个阶段？各阶段有什么特点？
2. 我国内部控制的发展分为哪几个阶段？各阶段的特点是什么？
3. 我国内部控制规范体系框架包括哪几个层次？各层次的关系如何？
4. 我国《企业内部控制基本规范》的特点是什么？
5. 如何理解内部控制的定义？
6. 如何从契约经济学角度理解内部控制的本质？
7. 简述企业内部控制的作用。
8. 内部控制有哪些目标？这些目标的关系如何？
9. 企业建立和实施内部控制应遵循哪些原则？
10. 我国《企业内部控制基本规范》规定内部控制包括哪些要素？它们之间存在什么联系？
11. 企业内部控制存在哪些固有局限性？

自测题

一、单项选择题

1. 内部牵制是早期内部控制的基本思想和初级形式，以下属于典型的内部牵制措施是（　　）。
   A. 结绳记事　　　B. 双人记账制　　　C. 绩效考评　　　D. 全面预算
2. COSO于（　　）首次发布了指导内部控制实践的纲领性文件：《内部控制——整体框架》，该报告是内部控制发展过程中的一个重要的里程碑，其主要贡献是对内部控制进行权威定义。
   A. 20世纪40年代　　　　　　　B. 20世纪80年代
   C. 1992年　　　　　　　　　　D. 2013年
3. 我国1999年修订的会计法，首次以法律的形式明确将（　　）作为保障会计信息真实和完整的基本手段之一。
   A. 企业内部控制制度　　　　　B. 企业会计制度
   C. 企业会计准则　　　　　　　D. 企业财务管理制度
4. 下列关于内部控制的描述，错误的是（　　）。
   A. 内部控制是一个动态的管理过程，而不是静态的管理制度
   B. 内部控制是一个受"人"影响的过程，讲求的是达到结果的过程而非结果本身
   C. 内部控制并不是某一个制度，而是渗透到企业经营和管理活动之中的一系列行为
   D. 内部控制能够为控制目标的实现提供绝对的保证

5. 内部环境在内部控制结构的底部，是内部控制的基础，下列不属于内部环境的是（　　）。
   A. 治理结构、机构设置及权责分配
   B. 系统分析经营活动中与实现内部控制目标相关的风险
   C. 内部审计、人力资源政策
   D. 企业文化

6. 根据《企业内部控制基本规范》规定，下列不属于内部控制要素的是（　　）。
   A. 内部环境　　B. 风险评估　　C. 经营活动　　D. 信息与沟通

7. 下列关于内部控制的作用，不正确的是（　　）。
   A. 内部控制有助于提供高质量的会计信息
   B. 内部控制有助于维护资产的安全和完整
   C. 内部控制有助于实现组织的合规运营
   D. 内部控制有助于调动基层员工的积极性

8. 内部控制通常适于（　　）的业务。
   A. 例外事项　　　　　　　　B. 意外事故
   C. 常规且反复出现　　　　　D. 不经常发生的业务

9. 在内部控制构成要素中，属于对其他要素进行再控制的是（　　）。
   A. 控制环境　　B. 控制活动　　C. 信息与沟通　　D. 内部监督

10. 对内部控制五要素关系描述错误的是（　　）。
    A. 在内部控制结构中，内部环境是其他要素的基础
    B. 合理确定风险应对策略是实施内部控制的重要环节
    C. 控制活动就是采用相应的控制措施将风险消除
    D. 信息与沟通强调信息在内部控制各方之间的有效传递和理解

二、多项选择题

1. 我国内部控制规范体系框架主要包括（　　）等层次。
   A. 基本规范　　　　B. 配套指引　　　　C. 解释公告
   D. 操作指南　　　　E. 实施细则

2. 内部牵制阶段基本以查错防弊为目的，以（　　）等方式，通过职务分离、账目核对等方法，有效地减少了企业中错误和舞弊的行为。
   A. 实物牵制　　　　B. 物理牵制　　　　C. 体制牵制
   D. 簿记牵制　　　　E. 程序牵制

3. 企业内部控制配套指引是以《企业内部控制基本规范》中的定义、目标、原则和要素为基础，为企业提供清晰的、具有可操作性的指导标准，其主要包括（　　）。
   A. 企业内部控制应用指引　　　　B. 企业内部控制报告指引
   C. 企业内部控制评价指引　　　　D. 企业内部控制审计指引
   E. 企业内部控制业务指引

4. 内部控制目标之间的关系是（　　）。
   A. 战略目标是最高目标，也是与企业使命相关联的终极目标

B. 经营目标是战略目标的分解与落实
C. 资产安全目标是实现经营目标的物质前提
D. 报告目标是经营目标的成果体现与反映
E. 经营目标是战略目标的短期化和具体化

5. 制衡性原则要求内部控制应当在（　　）等方面形成相互制约、相互监督，同时兼顾运营效率。

A. 治理结构　　　　　B. 机构设置　　　　　C. 权责分配
D. 业务流程　　　　　E. 财务报告

6. 企业内部控制应用指引可以划分为（　　），基本涵盖了企业的内部环境、资金流、实物流和信息流等各项业务和事项。

A. 内部环境类指引　　B. 控制活动类指引　　C. 控制手段类指引
D. 内部控制评价指引　E. 内部控制审计指引

7. 企业建立与实施内部控制，应当遵循（　　）。

A. 全面性原则　　　　B. 重要性原则　　　　C. 成本效益原则
D. 制衡性原则　　　　E. 适应性原则

8. 企业内部控制的局限性主要包括（　　）。

A. 管理层滥用职权　　B. 成本限制　　　　　C. 修订不及时
D. 执行人员渎职　　　E. 不适用例外事项

9. 企业建立与实施有效的内部控制，应当包括下列（　　）要素。

A. 内部环境　　　　　B. 风险评估　　　　　C. 控制活动
D. 信息与沟通　　　　E. 内部监督

10. 下列关于内部控制作用的描述，正确的是（　　）。

A. 内部控制有助于提供高质量的会计信息
B. 内部控制有助于维护资产的安全和完整
C. 内部控制有助于实现组织的合规运营
D. 内部控制有助于提高企业的营运效率
E. 内部控制有助于克服人性弱点

三、判断题

1. 内部牵制主要是基于"两个或以上的人或部门无意识地犯同样错误的机会是很大的"基本假设。（　　）

2. 内部控制通常仅限于与会计部门直接相关的控制。（　　）

3. 内部控制整体框架从企业整体视角，以风险为导向，注重执行层面、决策层面，以及决策、执行与监督等层面的关系。（　　）

4. 内部控制是由组织的董事会、管理层实施的，旨在为经营的效率和有效性、财务报告的可靠性、遵守法律法规等目标的实现提供合理保证的过程。（　　）

5. 内部环境是企业实施内部控制的基础，包括组织架构、发展战略、人力资源、企业文化和社会责任。（　　）

6. 控制手段类指引与企业整体业务和管理密切相关，主要包括全面预算、财务报告、

合同管理、内部信息传递和信息系统等。	( )

7. 内部控制解释公告和操作指南与企业内部控制基本规范、配套指引一样，具有原则性和通用性。	( )

8. 内部控制就是企业制订的一系列文件，也可以把内部控制简单理解成"制度"。	( )

9. 成本效益原则要求内部控制应当权衡实施成本与预期效益，以适当的成本实现有效控制。	( )

10. 任何内部控制并非一劳永逸，企业应根据内外部环境变化、管理要求的提高、业务职能调整等方面的需求，不断修正和改进企业内部控制。	( )

第 2 章

内 部 环 境

学习目标

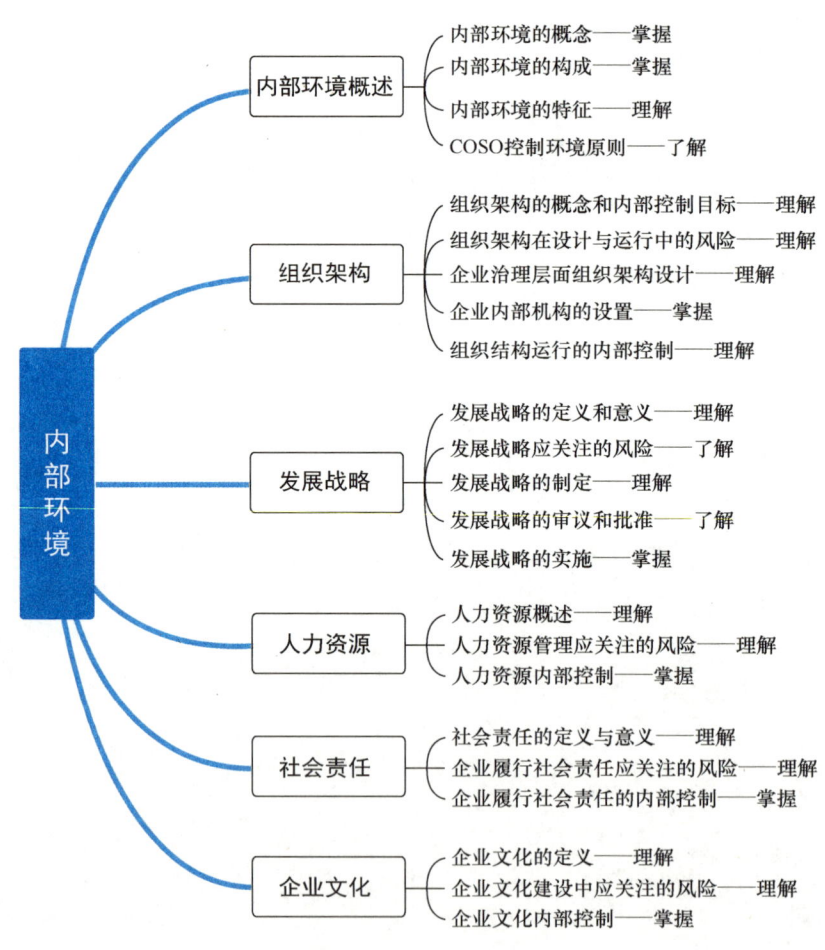

康美之不美

康美药业成立于1997年,起初只是广东一家不知名的地方药企。1998年,康美通过了国家GMP认证,并逐步研制出了利乐、诺莎等新药,迅速在医药市场站稳了脚跟,每年的营业额都超过了一千万元。创始人马兴田仅用四年时间,便于2001年让康美药业挂牌上市。从一个地方小药企,到A股上市公司,这让马兴田和他的康美药业获誉无数。《财富》中国500强、上市企业市值百强……康美药业身上,有诸多的光环。马兴田也先后将全国劳动模范、广东省中医药强省建设人物、广东省医药行业特殊贡献企业家等众多荣誉纳入囊中。2013年和2017年,马兴田更是两度荣登福布斯中国发布的"中国上市公司最佳CEO"榜单。胡润研究院2018年2月发布的《2018胡润全球富豪榜》上,马兴田家族以450亿元的财富,位居国内第61名。靠着西药起家的康美药业,又通过中药饮片迎来发展的第二春。2015年到2017年,康美药业分别实现净利润27.57亿元、33.4亿元及41.01亿元。

不过,在耀眼成绩的背后,还伴随着产品质量黑榜和贿赂案件。2016年到2017年,康美药业因菊皇茶、菊花、人参等产品存在违法添加、农药残留量检测不合格等问题,多次被国家药品监督管理局处罚、通报。

2016年,在江苏省扬州市中级人民法院审理中国证监会投资者保护局原局长受贿案的庭审中,扬州市人民检察院指控:2000年至2012年,被告人李量利用担任中国证监会发行监管部发行审核一处处长、创业板发行监管部副主任等职务上的便利,为康美药业等9家公司申请公开发行股票或上市提供帮助,收受贿赂折合人民币共计约694万元。

2019年3月19日,中国裁判文书网公布蒋建平受贿案的一审刑事判决书,马兴田再次名列其中。自2015年4月以来,马兴田5次因为涉入行贿案件被写进判决书。虽然多次涉入行贿案件,但是马兴田和他的康美药业仍屹立不倒。

2018年年底,康美药业涉嫌财务造假,证监会对其立案调查。康美药业2018年年报直到2019年4月30日才公布,与此同时康美药业发布了一则《关于前期会计差错更正的公告》,自此,康美药业近300亿元资金不翼而飞的"惊天大雷"被爆出。该公告称,由于财务数据出现会计差错,造成2017年营业收入多计入88.98亿元,营业成本多计入76亿元,销售费用少计入5亿元……在这份公告里,最令人震惊的是货币资金多计入299亿元,这也意味着康美药业2017年财报中竟有299亿元虚增货币资金。

2019年5月17日,证监会通报康美药业案调查进展,确定康美药业披露的2016年至2018年度财务报告存在重大虚假,涉嫌违反证券法第63条等相关规定,使用虚假银行单据虚增存款,通过伪造业务凭证进行收入造假,部分资金转入关联方账户买卖本公司股票等。

2020年5月,证监会下达行政处罚决定,发布《证监会对康美药业等作出处罚及禁入告知》,正式通告了康美药业虚增营业收入、货币资金和固定资产等不法行径,属于有预谋、有组织、长期、系统实施财务造假行为。实际控制人马兴田夫妇分别被处以90万元的顶格处罚，终生证券市场禁入。康美药业财务造假涉案金额巨大，成为该年度最大的财务造假案。

从2018年5月29日，康美药业市值破千亿元，达到1390亿元，创下了最高市值，到2020年6月4日收盘，康美药业的最新市值仅剩下131亿元，相比两年前的制高点，已跌去近九成，市值一落千丈。

资料来源：根据网络资料整理，有删减

2.1 内部环境概述

内部环境构成一个企业的基本氛围，直接影响和制约企业内部控制设计、执行和监督的各种内部因素的总和。党的二十大报告指出："完善中国特色现代企业制度，弘扬企业家精神，加快建设世界一流企业。"内部环境奠定了企业的内部控制结构，决定了企业的控制基调，影响了企业内所有人员的控制意识和控制行为。有效的内部环境能够支持企业实现战略目标、风险评估、控制活动、信息与沟通以及内部监督活动。可见，内部环境是企业实施内部控制的基础条件，它决定了一个企业内部控制的特点及其有效性。

2.1.1 内部环境的概念

企业环境可以分为外部环境和内部环境。关于企业内部环境至今并无权威的定义，一种观点我们称之为"因素论"定义，即将企业内部环境定义为企业边界内各种因素的组合；另一种观点我们称之为"构成要素"描述型定义，即企业内部环境指企业在过去的经营活动中积累的知识、行为、组织结构、规范和价值观的集合。内部环境主要是讨论企业内部的氛围、企业组织制度和政策形成的感受系统。

根据我国《企业内部控制基本规范》，内部环境是企业实施内部控制的基础，一般包括治理结构、机构设置及权责分配、内部审计、人力资源政策、企业文化等。

企业内部环境受到包括企业的发展历史、价值观、市场、竞争和监管在内的各种内外部因素的影响，同时内部环境也受到标准、流程和结构的限定。这些标准、流程和结构引导企业不同层级的人员行使内部控制的职责，并依据企业目标进行相应的决策。

保持良好内部环境的企业，在面临内部和外部的压力时，具有较强的应变能力。这种来自企业的应变能力，表现为诚信和道德价值观、严密的监管流程、适当的权责利分配、较高的胜任能力和实现目标的强烈责任感。无论是从短期还是从长期来看，有效的内部环境和其他内部控制要素均应定位于能够在面临内外部压力时更具有应变能力。

2.1.2 内部环境的构成

《企业内部控制应用指引》按照内容划分为内部环境类、控制业务类、控制手段类等三大类，其中，内部环境类指引具体包括：《企业内部控制应用指引第1号——组织架构》《企业内部控制应用指引第2号——发展战略》《企业内部控制应用指引第3号——人力资源》《企业内部控制应用指引第4号——社会责任》《企业内部控制应用指引第5号——

企业文化》，可以说，内部环境类指引进一步规范了我国企业内部环境的内容，并统筹构建了由组织架构、发展战略、人力资源、社会责任、企业文化五方面组成的企业内部环境框架。

1. 组织架构

组织架构是指企业在国家相关法律法规与规章制度的指导下，按照本企业股东（大）会决议和企业章程，结合经营状况，建立董事会、监事会、经理层及内部各层级机构，并综合考虑人员、职责和程序等要求。组织架构是组织维持运行的重要基础，企业的生产、经营和管理活动都受其影响。

组织架构分为治理结构和内部机构两个层面。治理结构存在于企业治理层面，它是企业作为法人与外部主体发生各项经济活动的基础。治理结构应有效制衡股东、董事会、经理层和其他利益相关者之间的关系，并明确其中的权利、责任和利益。内部机构支持着企业经营活动的顺利开展，因此，企业内部应设置合理的机构，使不同管理层次的专业人员形成有效的管理团队，明确其相应权责和相应义务，保障企业的组织效率和运营效果。

2. 发展战略

发展战略是企业制定并实施的符合自身情况的战略规划。企业必须综合现实情况和未来发展趋势，并在此基础上科学预测中长期的发展目标，这具有重要意义。一方面，发展战略为企业全体员工设置了工作目标，影响每位员工的思想和行动，从而对内部控制的实施产生重要影响；另一方面，发展战略提出了企业最高层次的目标，指明了企业未来的发展趋势，进而也指明了内部控制的发展方向。发展战略有助于企业找准市场定位，为企业指明发展方向、明确发展目标，并为企业执行层提供指引。企业发展战略不明确或实施不到位，可能会使企业陷入盲目发展的境地，无法在市场上拥有竞争优势，失去进一步的发展机遇和动力。企业需要对今后的发展方向和目前的实际水平进行合理推定和剖析，拟定符合企业自身情况的发展战略。

3. 人力资源

人力资源是指企业在其生产经营活动中聘用的各级人员，既涵盖了董事会、监事会及高级管理人员，也包括一般员工。人力资源的本质是企业全体员工所具有的脑力和体力的总和。人力资源对内部控制及内部环境具有重要影响，内部控制是一种全员控制，强调全员参与，人人有责，因此内部控制的制定与实施效果都会受员工的素质及能力等因素影响。即使企业设计了科学的制度和合理的组织结构，企业员工若是缺乏专业素质或能力不足，内部控制也无法充分发挥作用。因此，企业各级人员应树立现代管理理念，主动积极地参与到企业内部控制建设的过程中去，强化自身的风险意识和责任意识，改变传统的循规蹈矩的思维。

4. 社会责任

社会责任，是指企业在经营活动过程中应当承担的对员工、消费者、社会和环境的职责和义务。企业社会责任的内容，既包括企业内部的安全生产、产品质量（含服务）、员工权益保护等要求，也涵盖了外部社会提出的环境保护、资源节约等要求，涉及生产经营的全过程。企业履行社会责任，可以降低因安全生产措施及责任不到位而产生事故的风险，也可以减少因产品质量低劣损害消费者利益而造成的巨额赔偿，同时也可以避免因造成环境污染或资源枯竭而受到罚款甚至停业的处罚。企业将社会责任融入产品会给企业带来额外的效益。

5. 企业文化

企业文化形成于经营发展之中，是企业全体员工共同认同并自觉遵循的价值观、经营管理理念、企业精神以及在此基础上形成的相关行为守则。企业文化是建设和完善内部控制的重要因素。内部控制往往体现为规章制度及其落实，优秀的企业文化是这些规章制度乃至企业发展战略实施的重要条件。优秀的企业文化，可以激发全体员工的热情和潜力，增强各级人员对企业的认同感，统一思想，促进企业形成卓越的执行力。因此，为了使内部控制得到有效实施，以提升企业经营管理效率、促进发展战略实现，企业应当积极建设企业文化，培育优秀的企业文化。

2.1.3 内部环境的特征

内部环境由一系列的行为、政策和程序组成，这些行为、政策和程序反映了高级管理层、董事会和企业所有者就控制对企业重要与否的认识，构成企业的一种基本氛围。良好的内部环境应具备以下特征。

1. 良好的内部环境是依法依规办事、对社会高度负责的意识与氛围

良好的内部环境要求企业上下形成一种依法依规办事、对社会高度负责的意识与氛围，企业不应为追求自身或小团体的经济效益和最大管控效率而践踏法律、损害自然环境或他人的合法权益，而应在遵循法律规范和道德标准的前提下追求内部控制的高效率，实现企业与自然、企业与社会的和谐共处。

2. 内部环境是企业实施科学管控的基础与平台

企业将内部控制视为生存与发展的内在需求与保障，进而自觉建立并规范运作。良好的内部环境应当融入正确的价值观念和科学完善的企业治理结构、机构设置、权责分配，以及内部监督体系等元素，企业董事会、监事会和经理层各负其责、各司其职、协调运转并相互制衡，在企业最高层次上保证内部控制的建立和有效运作，形成一种涵盖广泛、组成完整、赏罚分明、公平民主、安定有序的内部生态环境与平台。

3. 内部环境的核心是以人为本

内部环境实际上表现为"人"的关系的集合与联结。企业是一系列契约的联结，也是一系列"人"的关系的联结。"人"既是企业发展的核心动力，也是企业发展的终极目的。离开"人"的内部环境将不复存在，离开"以人为本"的内部环境更会失去其应有的意义。企业良好的内部环境是一种有利于人的主观能动性和创造力充分释放的文化氛围。企业应当具备较为完善的人力资源政策，形成具有特色的企业管理风格、共同的价值观念，诚实守信、尊重人性、尊重人才、知人善任、崇尚先进，人们在这一氛围中，积极性与创造性得到充分的调动与发挥。

2.1.4　COSO 控制环境原则

1. 诚信与道德观

COSO 关于控制环境的第一条原则就是要求企业对诚信和道德观做出承诺。企业的发展历史和文化通常在内部控制环境的形成中扮演着重要角色。来自企业高层管理者的信息就叫作"高层基调",包括高层管理者传递给所有利益相关者的信息。从高层管理者处传递出的信息,不应仅是"我们遵循法律"之类的表述,而应该强调企业在业务经营、产品质量、人力资源等方面的最高的道德观。"高层基调"要求企业高层管理者在诚信和道德方面以身作则,积极的行为是企业建立有效控制环境的基石。

对构建有效的控制环境而言,"高层基调"非常重要,但企业层面的有效行为准则也同样重要。企业行为准则是一套概述企业利益相关者(包括管理者、员工、供应商、顾客或其他人)预期行为的清晰规则或指南。企业行为准则应该基于企业的价值观和相关的法律而建立,它在控制环境中始终占有重要地位。

传统的企业行为准则往往更多的是规范低层员工的行为,而并不重视规范高层管理者的行为。作为有效内部控制体系的重要组成部分的行为准则,应该针对企业的全体员工,包括高层管理者、运营的每个层级员工和其他利益相关者。

二维码 7　扩展阅读　华为公司的合规与诚信

企业行为准则通过对企业所期望的行为进行一系列的规定,要求当发现违法行为时,无论当事人处于何种身份级别,均应对其采取一致的原则进行调查或相应的惩罚。

二维码 7

案例 2-1

比亚迪的商业道德

比亚迪恪守商业道德,任何形式的腐败、贿赂及欺诈都被严格禁止,若有涉事者,则将被依规、依约处理并诉诸法律。比亚迪严格禁止提供、接受及索取贿赂、礼物、招待,以及其他形式的、意在影响或可能影响比亚迪相关业务决定的、获取非正常或不适当优势的做法;严格遵守《联合国反腐败公约》《关于打击国际商业交易中行贿外国公职人员行为的公约》《中华人民共和国刑法》《中华人民共和国反不正当竞争法》《关于禁止商业贿赂行为的暂行规定》等相关法律、法规和条例;报告期内,未出现与贪污、贿赂、欺诈等有关的对集团运营造成重大影响的违法违规情形。

比亚迪多年来在反腐道路上不断努力、探索,设立了审计监察处,专门负责反腐工作。2022 年,审计监察处在组织架构、制度建设、权限管理、沟通渠道等方面,从事前预防、事中监控和事后查处三个环节,对反腐机制和策略做了系统化的调整。

一、组织架构

在持续强化反贪腐调查和内部控制审计的基础上,审计监察处增设了巡察部,开展各工业园、各事业部的巡察和合作单位的走访工作,收集意见和建议,识别风险,发现问题,查处违规行为；增设了采购监督部，并增加人员，对采购订单进行全检，不放过任何一个可疑点和问题点。重点监督内容包括采购订单，供应商现场审核、招募、选定、考核，采购价格、份额、策略，质检、验收、付款等。

二、制度建设

为保障反腐工作标准化、规范化、制度化，比亚迪依据相关法律法规、国际标准并结合业务实践，不断完善制度体系建设，为反腐工作提供全面的制度支持。2022年，比亚迪紧紧围绕"公平、透明、竞争"三大准则，全面梳理和优化规章制度，弥补管理漏洞，去掉人为因素，杜绝寻租空间。比亚迪制定了《涉嫌利益输送行为管理办法》，从过去单纯地采取"证据认定"的模式（只有掌握证据才查处）转变为采取"证据认定＋行为识别"的模式，以便及时识别贪腐信号，抓早抓小，防微杜渐，做好监督，加强管理，把干部保护好，保护"好的干部"。比亚迪总结了采购行业出现的一些负面行为，结合过往查处案例，归纳出像"拆分订单规避招标""邀请资质不符的供应商参与采购项目""向供应商指定二三级供应商""无合理理由否决供应商参与采购项目"这样的涉嫌利益输送的行为，形成负面清单，让员工明确红线，守住底线，莫越雷池。负面清单中的行为一经发现，即便没有贪腐证据，当事员工也会受到比亚迪内部严厉处罚，同时调离岗位，永久取消加薪、晋升、股权分配等资格。优化和改进采购轮岗制度，通过轮岗真正实现两个关系的切断：一是与原供应商的关系，二是与原上下级的关系；制定《廉洁奖励办法》，进一步提升员工主动抵制贿赂的动力。通过奖励的方式，帮助员工拒绝诱惑，主动抵制商业贿赂。

三、权限管理

加强权限管理，"将权力关进笼子"，把采购权限监督作为采购监督工作的重中之重。供应商的导入和退出由采购委员会决定，不再由某个采购人员或使用部门人员控制；生产性物料供应商的现场审核不再由采购部门主导，而是由公司品质处组建审核团队独立、统一开展，供应商审核与选定工作职责分开，品质审核部门、采购部门、使用部门各司其职，各负其责，互相约束和监督；全力整顿"邀请报价或邀请投标"的采购模式，改变"邀请权"掌握在少数采购人员手中的现状，确保合格供应商都有公平参与竞争的机会；招标一锤定音，中标后不再议价，以保证招标的严肃性、公正性。流标后议价的，只有总经理有议价权；将权力上收，总经理以下人员在采购过程中无决策权；取消价格摸底环节，减少报价泄密或者采购人员操控报价的可能；通过系统设置，满足条件自动付款，不再是人工控制，减少寻租空间。

四、沟通渠道

比亚迪倡导"人人反腐、全员监督"。严惩舞弊、贪腐行为，同时问责不作为、滥作为等失职渎职行为。为充分发挥全员和相关方的监督作用，比亚迪建立了畅通的廉洁问题举报渠道，鼓励员工、外单位人员及其他任何知情者参与到比亚迪的廉洁监督体系中，积极举报贪污、腐败等违法违规违纪行为。2022年，除受理举报投诉并及时查处之外，比亚迪还主动出击，巡察事业部和工业园、进行员工访谈、走访和联系供应商，收集意见和建议以及投诉举报信息，发现问题，补短板，堵漏洞；定期开展供应商满意度问卷调查，及时了解供应商的心声和诉求，进而推动采购管理的不断优化和提升。比亚迪全公司范围内的采购会议室、送货平台，都张贴有采购监督反馈渠道的信息，不仅有原来统一的投诉举报渠道，还公布了专职监督人员的联系方式。采购专职监督人员有很多，根据区域分工，由专人专责，确保及时响应和处理供应商的诉求。通过以上一系列措施，比亚迪由原来"被动的、单向沟通"变为"主动的、双向沟通"的多渠道沟通，建立起了更畅通、更及时、更有效的沟通渠道及反馈机制。

五、廉洁自律、阳光交往

廉洁是比亚迪对员工的基本要求，也是员工在公务交往中应遵循的基本原则。在与外单位人员的公务交往中，比亚迪要求员工以保护公司利益为宗旨，坚持公开、透明原则，严格遵守公司廉洁交往的规定，不得基于个人私利与外单位人员进行不当交往，不得以任何名义和方式提供或索要各种利益，不得提供或接受超出法律范围和商业惯例的馈赠和招待。经统计，2022年，比亚迪员工拒腐622人次；自2017年反贪腐备案流程上线以来，拒腐共计3008人次。

对于违反廉洁纪律的员工，比亚迪严格按照规章制度解除劳动合同，将其信息录入除名查询系统并与行业共享，情节严重、涉嫌违法犯罪的，坚决移交司法机关处理。2022年，比亚迪查处不廉洁、严重违规人员167人，已审结贪污诉讼案件4起。比亚迪已加入企业反舞弊联盟，共享职业道德方面违规员工信息，涉及贪腐等违规行为的员工将进入行业黑名单。

比亚迪视合作方为事业伙伴，视廉洁为合作的重要前提，力求共同打造公平、公正、诚信、共赢的良好合作环境。与合作伙伴签订廉洁合作协议，阐明比亚迪的反贪腐立场和要求，希望合作伙伴与比亚迪保持共同的反贪腐态度与决心，廉洁自律，互相监督，共同筑牢"防腐墙"。对违反廉洁合作原则的单位，比亚迪按照合同或者相关协议等追究该合作单位的违约责任，如扣除违约金、取消合作资格、列入合作方黑名单等。2022年，因违反廉洁合作相关协议而被比亚迪追究违约责任的供应商共307家。廉洁问题举报渠道包括邮箱、电话和微信公众号。

资料来源：https://www.bydglobal.com/cn/Investor/InvestorAnnals.html ［2024-07-11］

2. 董事会职能

董事会应独立于管理层，监督内部控制执行的效率和效果。保持独立的董事会是控制环境的关键组成部分。董事会和审计委员会通过制定高层政策，检查整个企业的行为，履行设定"最高层基调"、建立行为标准、评价行为标准的遵循情况、及时纠正偏离行为和监督内部控制的职责，如表2-1所示。

表2-1 董事会职能

职　　能	解　　释
设定"最高层基调"	通过指令、行动和行为来证明诚信和道德观的重要性，以支持内部控制系统的运作
建立行为标准	"最高层基调"应在企业行为准则中予以明确，并被企业全体成员以及外部服务提供者和业务合作伙伴所理解

续表

职　能	解　释
评价行为标准的遵循情况	建立流程来评价个人和团体的业绩是否遵循企业期望的行为标准
及时纠正偏离行为	及时发现并纠正违反企业行为准则或相关标准的行为
监督内部控制	监督管理层建立并执行内部控制

3. 对权力和责任的要求

良好的控制环境是企业内部及所有子公司之间明确责任并提供信息流的基础。董事会和管理层应确立企业的组织结构，并确定计划、执行、控制和定期评估整个企业的业务流程，管理层在董事会的监督下建立实现目标的过程中所需要的报告路径以及适当的授权与责任。

在复杂的商业模式中，董事会和管理层应考虑让企业的各级运营单元、法律实体、地理分布和外部服务提供者来支持企业目标的实现。例如，对在运营单元和外部服务提供者之间拥有多重合约的复杂企业而言，管理层应设计并评估每个实体结构的报告关系，确保管理者能够拥有管理企业行为所需的责任、权力和信息流。

在全面理解企业责任与权力构成的基础上，董事会和管理层应在以下的企业层级中划分权力，明确责任，使用适当的流程和技术来分配责任和义务，如图2-1所示。

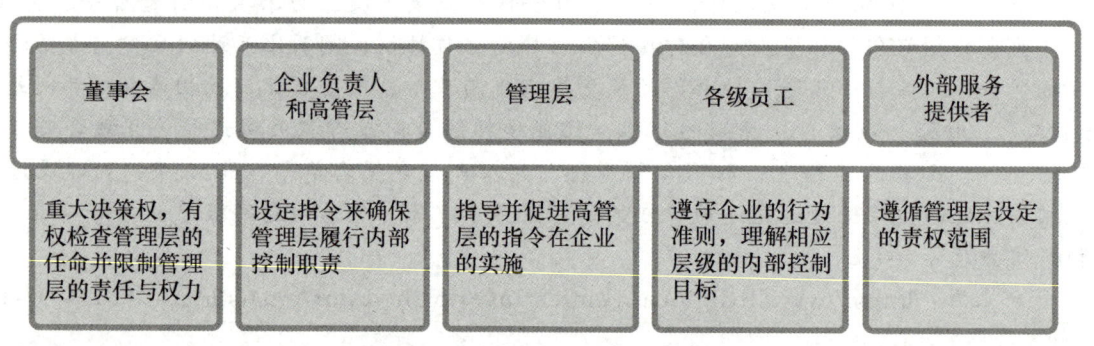

图2-1　控制环境对权力与责任的要求

随着信息技术和互联网的发展，当前不同类型和规模的企业都将其运作流程化，并明确各级岗位员工的职责与权限。在良好的控制环境中，各级岗位的员工应了解并有能力在他们运营的领域做出合理的决策，而不是被要求通过企业渠道来请求上级的决策。随之而来的问题是，虽然管理层授予了各级岗位员工某些权力，但高管层仍需对下属员工所做的决策负最终责任。如果把大量与高管层目标相关的决策权不恰当地分配给低层级员工，而管理层又没有进行充分的检查，那么企业就将处于风险之中。

此外，企业的每个员工都应很好地理解企业目标以及与实现这些目标相关的个体行为，企业的管理层必须认识到，企业中的个体对他们所拥有责任的理解会在很大程度上影响控制环境要素。对于从企业的基层员工到对企业内部控制系统的所有活动负最终责任的高管层的全体成员而言，这一点都适用。

4. 加强人力资源建设

控制环境原则要求企业应基于如下考虑，明确其人员所需要的胜任能力，从而支持内部控制目标的实现：所需的知识、技能和经验；判断具体职位的性质和等级及适用于该职位的权限；对不同层次的技能和经验的成本效益分析；在监管要求和员工必备的胜任能力水平之间的权衡。即只有让正确的人做正确的工作，内部环境才能得到优化。

5. 个人的内部控制责任

企业在实现目标过程中，应设立对内部控制负责人的问责制度，董事会与管理层应建立沟通机制，跟踪企业中个体的内部控制职责的履行情况并采取适当的措施。例如，企业应建立适用于各层级职责的业绩量化指标、激励和奖励等方式，来明确符合企业期望的业绩构成维度和个人行为业绩标准。

企业管理层是内部环境重要的组成部分，如果管理层树立了正确的榜样，员工了解并尊重管理层的价值观、道德和诚信声明，那么这种态度就可以传递给所有员工，企业就会建立起强有力的经营基础。

2.2 组织架构

在内部控制五要素中，内部环境是其他内部控制要素的基础，而组织架构又是内部环境建设的核心。科学合理的组织架构，有助于防范和化解各种舞弊风险，强化企业内部控制建设。组织架构是现代企业治理结构的核心，企业应不断完善治理结构，持续优化机构设置、职责权限，为实现企业目标提供组织保障。

2.2.1 组织架构的概念和内部控制目标

1. 组织架构的概念

企业的组织架构反映着企业的权力和责任的划分，同时企业权力和责任的划分又影响企业内部控制的效果。因此，企业应设置适当的组织架构，以发挥内部控制的作用，实现企业内部控制的目标。

根据《企业内部控制应用指引第1号——组织架构》的定义，组织架构是指企业按照国家有关法律法规、股东（大）会决议和企业章程，结合本企业实际，明确股东（大）会、董事会、监事会、经理层和企业内部各层级机构设置、职责权限、人员编制、工作程序和相关要求的制度安排。

企业组织架构可分为治理结构和内部机构两个层面。

（1）治理结构

治理结构是公司治理层次的组织架构，是与企业外部组织发生各种经济关系时所必备的组织基础。企业根据相关的法律法规，设置不同层次、不同功能的法律实体及其相关的法人治理结构，从而使企业能够在法律许可的框架内拥有特定权利、履行相应义务，以保障各利益相关方的基本权益。

（2）内部机构

内部机构是指企业根据其经营特点，在内部设置不同层次的管理团队，根据具体业务活动分别行使决策、计划、执行、控制、监督和评价等权利并承担相应的义务。内部机构是企业战略和决策的执行单位,是企业中人流、资金流、物流和信息流的重要保障,对企业内部控制有效实施起着至关重要的作用。典型的企业组织架构如图2-2所示。

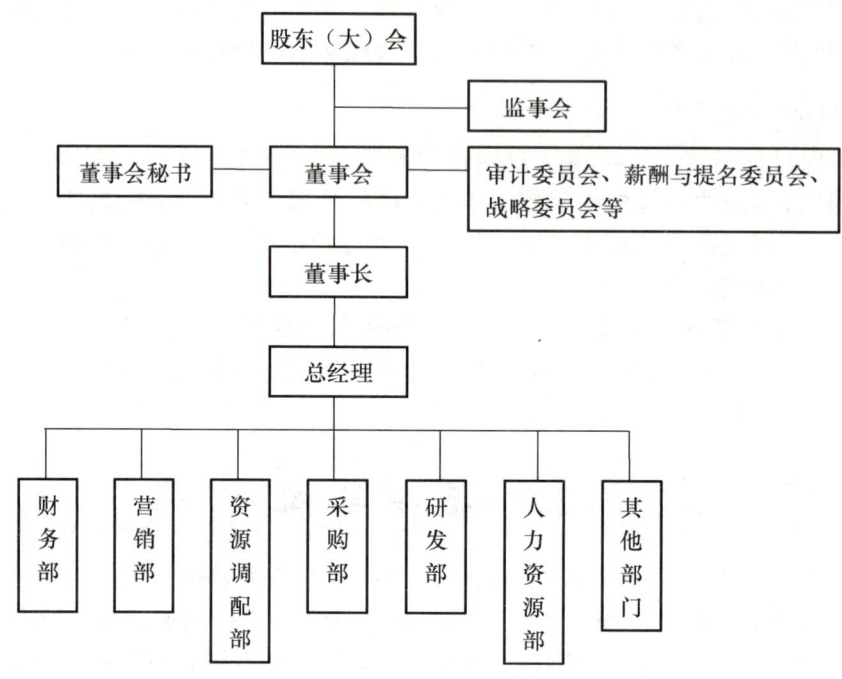

图2-2 典型的企业组织架构

2. 组织架构的内部控制目标

对于一个现代企业而言,无论是处于新建、重组改制还是存续状态,要实现发展战略,优化治理结构、管理体制和运行机制,建立现代企业制度,就必须把建立和完善组织架构放在首位,确定组织架构设计与运行应达成的具体目标,以识别和分析影响预期目标实现的主要风险。

组织架构设计与运行的内部控制目标主要包括以下三个方面。

(1)明确组织架构的设计依据

企业应当根据国家有关法律法规和企业章程,建立规范的企业治理结构,促进企业内部控制的有效运行。组织架构涉及的国家法律法规很多,其中最重要的是《中华人民共和国公司法》(以下简称公司法)。公司是最为重要的市场主体和最基本的市场经济微观基础,公司法的有效实施对于确立现代企业制度,完善企业法人制度,规范公司的组织和行为,保护公司、股东、职工和债权人的合法权益,维护社会经济秩序,促进社会主义市场经济的发展具有十分重要的作用。

(2)建立科学合理的组织架构

组织架构的设计不仅要遵守国家有关法律法规、股东(大)会决议和企业章程,更要结合本企业的实际情况,这体现了组织架构设计的原则性和相对灵活性的统一。不同企业由于性质、规模及经营业务有所不同,要设置与之最适合的组织架构形式,以适应企业生产经营和管理活动的实际需要，提高管理效能，避免机构重叠。

（3）权力与责任划分到具体岗位

根据企业的运营目标、职能划分和管理要求，明确决策、执行、监督等方面的职责权限，形成科学有效的职责分工和制衡机制。企业组织架构应该明确股东（大）会、董事会、监事会、经理层和企业内部各层级机构设置、职责权限、人员编制、工作程序和相关要求等方面的内容；应结合自身业务特点和内部控制要求，明确职责权限，将权力与责任落实到具体岗位，为内部控制的设计和实施创造良好的条件。

2.2.2 组织架构在设计和运行中的风险

风险会影响目标的实现，为了实现组织发展战略和运营目标，企业至少应关注组织架构设计与运行中的下列风险。

1. 治理结构层面的风险

治理结构层面的风险主要包括：治理结构形同虚设，缺乏科学决策、良性运行机制和执行力，可能导致企业经营失败，难以实现发展战略等。具体表现为以下几个方面。

（1）股东大会是否规范而有效地召开，股东是否可以通过股东大会行使自己的权力。

（2）企业与控股股东在资产、财务、人员方面是否实现相互独立，关联交易是否贯彻平等、公开、自愿的原则，与控股股东相关的信息是否及时完整地披露。

（3）企业是否对中小股东权益采取了必要的保护措施，使中小股东能够正常行使相应的权力。

（4）董事会是否独立于管理层和大股东，对于自身的权力、知识、经验是否有明确的认知，并能够勤勉、诚信地履行职责，独立董事是否存在且能有效发挥作用。

（5）监事会的构成是否能够保证其独立性，是否能够规范而有效地行使监督职权，是否与相关领域相匹配。

（6）对管理层的权力是否存在必要的监督和约束机制等。

2. 内部机构层面的风险

内部机构层面的风险主要包括：内部机构设计不科学，权责分配不合理，可能导致机构重叠、职能交叉或缺失、推诿扯皮，运行效率低下等。具体表现为以下几个方面。

（1）对企业内部组织机构进行设置时是否考虑经营业务的性质，管理方式是适当集中还是适当分散的。

（2）企业是否有明确的书面说明和规定来规范各职能部门的职责权限及组织的运行流程。

（3）企业内部组织机构是否与企业发展战略一致，并能够根据环境变化及时做出调整。

（4）企业内部组织机构的设计与运行能否保证各部门、各层级之间信息沟通的渠道顺畅。

（5）企业是否对治理层、管理层及全体员工的权限有明确的制度规定和正式记录。

（6）企业是否能够及时纠正和处理越权或权限缺位等现象。

另外，建立完善的组织架构对于防范和化解各种舞弊风险也有很重要的作用。

2.2.3 企业治理层面组织架构设计

1. 企业治理层面组织架构设计要求

企业治理层面涉及股东（大）会、董事会、监事会和管理层。企业治理层面设计的总体要求：企业应依据国家有关法律法规的规定，按照相互分离、相互独立和相互制衡的原则，明确决策机构、执行机构和监督机构的职责权限、任职条件、议事规则和工作程序等。具体表现如下。

（1）对股东（大）会的要求

股东（大）会享有法律法规和企业章程规定的合法权利，依法行使确定企业经营方针、筹资、投资、利润分配等重大事项的表决权。

（2）对董事会的要求

董事会的负责对象是股东（大）会，并且要依法行使对企业的经营决策权。董事会负责内部控制的建立健全和有效实施。企业应当在董事会下设立专业委员会，作为董事会决策控制的支持机构。企业除根据相关规定设立战略委员会、提名委员会、薪酬与考核委员会、审计委员会外，还应根据自身特点设立相应的委员会，如社会责任委员会等。审计委员会负责审查企业内部控制，监督内部控制的有效实施和内部控制自我评价情况，协调内部控制审计及其他相关事宜等。

二维码8　扩展阅读　珠海格力电器公司董事会的职责与权限

（3）对监事会的要求

监事会的负责对象是股东（大）会，监事会的监督对象是企业董事、经理和其他高级管理人员。监事会与董事会是并立的，监事会对董事会建立与实施内部控制进行监督。为保证监事会和监事的独立性，监事不得兼任董事和经理。监事会的主要职责是对公司的经营管理进行全面的监督，包括：调查和审查公司的业务状况，检查各种财务情况，并向股东大会或董事会提供报告，对公司各级干部的行为实行监督，并对领导干部的任免提出建议，对公司的计划、决策及其实施进行监督等。

（4）对管理层的要求

管理层主持企业的日常生产经营管理工作，并且对董事会负责。管理层和其他高级管理人员的职责分工应当明确。管理层是最重要的企业管理者，管理层的每一个行动、每一项决策和每一个考虑，都会对企业产生重大影响。公司法规定的高级管理人员是指公司的经理、副经理、财务负责人，上市公司董事会秘书，以及公司章程规定的其他人员。

管理层负责组织领导企业内部控制的日常运行，企业应当成立专门机构或者指定适当的机构具体负责组织协调内部控制的建立实施及日常工作。

2. 组织架构设计中的权责分配

企业在建立组织架构过程中，应遵循不相容职务分离、分级授权等内部控制原则，实现不同部门、不同岗位的权责分配。企业应当结合业务特点和内部控制要求设置内部机构，明确职责权限，将权力与责任落实到各责任单位。即企业应当制订组织结构图、业务流程图、岗（职）位说明书和权限指引等内部管理制度或相关文件，使员工了解和掌握组织架构设计及权责分配情况，正确履行职责。企业员工是组织架构正常运行的最终执行者,各机构的权责最终也要通过员工实现。如果员工不能及时、充分了解组织架构的设计及权责分配情况,那么组织架构在运行过程中就会出现问题,组织架构的设计和权责分配就失去了意义。

3. 上市公司治理结构的特殊要求

(1) 上市公司董事会应设独立董事

独立董事是指独立于公司股东且不在公司内部任职,与公司或公司经营管理者不存在直接或者间接利害关系,并对公司事务做出独立判断的董事。独立董事最根本的特征是独立性和专业性。一方面,独立董事必须在人格、经济利益、产生程序、行权等方面独立,不受控股股东和公司管理层的限制;另一方面,独立董事必须具备一定的专业素质和能力,能够凭自己的专业知识和经验对公司的董事和经理以及有关问题独立地做出判断和发表有价值的意见。

二维码9　扩展阅读　国务院办公厅关于上市公司独立董事制度改革的意见

(2) 上市公司董事会下设专业委员会

按照股东(大)会的决议,为董事会科学决策提供支持,董事会下可以设立战略委员会、提名委员会、薪酬与考核委员会、审计委员会等专门委员会,并且各专门委员会的职责权限、任职资格、议事规则和工作程序要进行明确界定。

例如,在审计委员会和薪酬与考核委员会中,独立董事应当占多数并担任负责人,审计委员会中至少还应有一名独立董事是会计专业人士。在董事会各专业委员会中,审计委员会对内部控制的建立健全和有效实施发挥着重要作用。

需要注意的是,对于企业董事会下是否设立专业委员会以及设立哪些专业委员会并没有统一的监管要求,企业要根据相关法律法规和企业实际情况确定。

二维码10　扩展阅读　珠海格力电器公司董事会下设的专业委员会

(3) 上市公司应设立董事会秘书

董事会秘书属于上市公司的高级管理人员,直接对董事会负责,并由董事长提名,董事会任免。在上市公司实务中,董事会秘书是一个重要角色,负责公司股东(大)会和董事会会议的筹备、文件及公司股东资料的保管及信息披露等事务的办理。

案例 2-2

美的集团组织结构的变迁

美的于1968年成立于广东顺德北滘,起初是一家生产电风扇的小企业,组织结构是典型的直线职能型。1981年,"美的"商标的注册,标志着美的品牌的诞生;1992年,美的进行股份制改造,次年在深交所上市,成为中国第一家由乡镇企业改组而成,并拥有现代管理体制的上市公司;1997年,美的开始发展事业部制,为现代组织管理架构奠定基础。随着高速发展,美的旗下已有200多种产品,亟须整合产品运营资源,成立事业部,各事业部独立运营,以把握市场机会。美的决定把组织架构由原来的直线职能型改造成事业部制,设立电风扇、空调、电饭煲、小家电和电机事业部等。企业组织结构的成功转型，促使美的更加快速发展。2010年，美的销售额突破1000亿元，2013年，美的实现集团整体上市。

将直线职能型改造为事业部制，解决了多产品线同时发展的问题，但也带来了其他问题。例如，一个产品成立一个事业部时，它们之间有一部分是通用的，比如风扇和空调的供应链、客户的售后服务、消费金融等，而当它们分散在各个事业部里面，没有集中在平台化组织时，就会导致产品效率低、成本高。

2015年，美的实行了平台化改造。平台化组织就是从原来所有研、产、销及采购都在事业部，转变成把产品的经营、设计放在事业部，把物流、客服、金融及能够统一采集的东西放到公司的平台上，即业务平台，也就是赋能平台。当时美的做了"789"组织改造，即七大平台（物流、电商、售后、创新、金融、国际化和采购）、八大职能（企业发展、人力资源、产品管理、流程工厂、用户与市场、财经、法务和审计）、九大事业部（家用空调、中央空调、冰箱、洗衣机、热水器、厨房电器、环境电器、生活电器及部品事业部）。平台化组织改造明确提出了赋能平台的概念，组织由平台、职能、事业部构成，其中事业部慢慢变成了经营体。

2019年，美的把平台拆成两个部分：一部分是职能平台，偏向创新；另一部分是公共支撑平台，偏向支撑和赋能。如图2-3所示，美的平台化组织结构的上面仍然是职能部门，下面是事业部或者经营体。

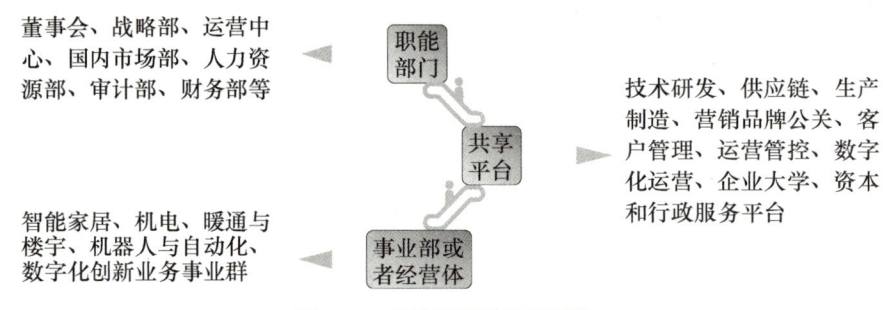

图2-3 美的平台化组织结构

目前，美的实施"全面数字化、全面智能化"的发展战略，事业部看似是做经营的，但实际上支撑整个集团运营的是IT系统和数据。正因为美的有强大的IT数据管理系统，才能支撑组织平台的流畅运行。

资料来源：美的集团官网

4. 国有独资企业治理结构设计的要求

（1）国有资产监督管理机构代行股东（大）会职权

国有独资企业不设股东（大）会，由国有资产监督管理机构行使股东（大）会职权，国有独资企业董事会可以根据授权部分行使股东（大）会的职权，决定企业的重大事项，但企业的合并、分立、解散、增加或者减少注册资本和发行企业债券，必须由国有资产监督管理机构决定。

（2）国有独资企业董事会成员应包括企业职工代表

国有独资企业董事会成员由国有资产监督管理机构委派，但是董事会成员中的职工代表由企业职工代表大会选举产生。国有独资企业董事长、副董事长由国有资产监督管理机构从董事会成员中指定产生。

（3）国有独资企业监事会成员由国有资产监督管理机构委派

国有独资企业监事会成员由国有资产监督管理机构委派，但是监事会成员中的职工代表由企业职工代表大会选举产生，监事会主席由国有资产监督管理机构从监事会成员中指定产生。

（4）国有资产监督管理机构提名推荐外部董事

国有独资企业外部董事由国有资产监督管理机构提名推荐，由外部人士担任。外部董事在任期内不得在任职企业担任其他职务，外部董事制度对于规范国有独资企业的治理结构、提高决策的科学性、防范重大风险具有重要意义。

（5）对"三重一大"问题的要求

为切实加强国有企业反腐倡廉建设，进一步促进国有企业领导人员廉洁从业，规范决策行为，提高决策水平，防范决策风险，保证国有企业科学发展，按照中央规定，凡属重大决策、重要人事任免、重大项目安排和大额度资金运作（简称"三重一大"）事项必须由领导班子集体做出决定，任何个人不得单独进行决策或者擅自改变集体决策意见。

集体决策的优势主要包括：一是可以发挥集体智慧的优势，降低由于个人不全面的判断分析导致的重大决策失误风险；二是可以有效防止个人或少数人营私舞弊、搞权钱交易等。当然，集体决策也存在集体负责导致无人负责以及串通舞弊和走形式的风险。

划分重大决策、重大事项、重要人事任免及大额资金支付业务的具体标准由企业自行确定。这考虑到了各个企业具有不同的特点，从而保证了组织架构的灵活性。一般来说，企业的重大决策事项主要包括：企业贯彻执行党和国家的路线、方针、政策、法律法规和上级重要决定的重大措施，企业发展战略、破产、改制、兼并重组、资产调整、产权转让、对外投资、利益调配、机构调整等方面的重大决策，企业党的建设和安全稳定的重大决策，以及其他重大决策事项。

重要人事任免事项，是指企业直接管理的领导人员以及其他经营管理人员的职务调整事项，主要包括：企业中层以上经营管理人员和下属企业、单位领导班子成员的任免、聘用、解除聘用和后备人选的确定，向控股和参股企业委派股东代表，推荐董事会、监事会成员和经理、财务负责人，以及其他重要人事任免事项。

重大项目安排事项，是指对企业资产规模、资本结构、盈利能力以及生产装备、技术状况等产生重要影响的项目的设立和安排，主要包括：年度投资计划，融资、担保项目，期权、期货等金融衍生业务，重要设备和技术引进，采购大宗物资和购买服务，重大工程建设项目，以及其他重大项目安排事项。

大额度资金运作事项，是指超过由企业或者履行国有资产出资人职责的机构所规定的企业领导人员有权调动、使用的资金限额的资金调动和使用，主要包括：年度预算内大额度资金调动和使用，超预算的资金调动和使用，对外大额捐赠、赞助及其他大额度资金运作事项。

二维码 11

二维码 11　扩展阅读　关于进一步推进国有企业贯彻落实"三重一大"决策制度的意见

2.2.4 企业内部机构的设置

内部机构的设置是企业组织架构设计的关键环节，只有符合企业经营业务特点和内部控制要求的内部机构，才能为实现企业发展目标发挥积极的作用。

1. 内部机构设置的原则

企业在设置内部机构时应当按照科学、精简、高效、透明、制衡的原则。其中，科学是指内部机构的设置要符合企业客观实际，以企业现实状况为依据，不能够生搬硬套；精简是指内部机构的设置要结构合理、功能齐全，不能够庞大臃肿、层次过多；高效是指设置的内部机构运转协调，既有效率又有效果；透明是指企业的利益相关者能够获得尽可能多的关于企业经营状况的知识和信息；制衡是指各内部机构之间能够相互制约、相互监督，防止权力集中和舞弊。

2. 内部机构设置时要考虑的因素

合理设置企业内部机构要综合考虑企业的性质、发展战略、文化理念和管理要求等因素。企业内部机构有直线结构、职能结构、直线职能结构、事业部结构、矩阵结构、网络结构等多种方式，并且各有优缺点。不同企业在企业的性质、发展战略、文化理念和管理要求等方面会存在差异，企业应该按照《企业内部控制应用指引第1号——组织架构》的要求，参照同类企业的经验，结合本企业的实际情况，选择最合适的机构模式。

3. 内部机构设置要达到的目标

合理设置的内部机构应该能够明确各机构的职责权限，避免职能交叉、缺失或权责过于集中，形成各司其职、各负其责、相互制约、相互协调的工作机制。同时，这也是评价内部机构设置是否合理的一个标准。目前，我国企业在内部机构的设置上业务重复和职能交叉的现象仍然存在，各司其职、各负其责、相互制约、相互协调的工作机制还没有形成。

4. 内部机构的职能分解

对企业各内部机构的职能进行科学分解，可从两个方面来理解。

（1）对各内部机构的职能进行科学分解，确定具体岗位的名称、职责和工作要求，明确各个岗位的权限和相互关系。这实际提出了在各个内部机构的权责已经明确的基础上，各个内部机构如何把本机构的权责分配给相关工作人员，使本机构的权责得以实施。

（2）在确定职权和岗位分工的过程中遵循不相容职务要相互分离的原则。不相容职务，是指那些由一个人担任，既有可能弄虚作假，又能够为自己掩盖错弊的职务。不相容职务一般包括：可行性研究与决策审批、决策审批与执行、执行与监督检查、财产保管职务与会计记录、经办职务与会计记录等。例如，如果一名员工既负责签发支票、记录支票登记簿，又负责与银行的对账工作，那么，该员工就有可能通过伪造签名盗取企业的款项，并隐瞒对盗取款项的支票记录，而且又因掌握对账工作，使舞弊行为得以隐瞒而不被发现。这样，上述签发支票、记录支票登记簿与银行对账两种职务就成为不相容职务，这两种职务必须由两名员工分别担任以便进行控制。

2.2.5 组织架构运行的内部控制

1. 组织架构梳理

企业应当根据组织架构的设计规范,对现有治理结构和内部机构设置进行全面梳理,确保本企业的治理结构、内部机构设置和运行机制等符合现代企业制度要求,这是内部控制在组织架构方面的基础性工作之一。

(1) 梳理治理结构

梳理治理结构应重点关注两方面的内容。一方面,关注董事、监事、经理及其他高级管理人员的任职资格和履职情况。就任职资格而言,重点关注行为能力、道德诚信、经营管理素质、任职程序等方面;就履职情况而言,着重关注合规、业绩以及履行忠实、勤勉义务等方面。另一方面,关注董事会、监事会和经理层的运行效果。例如,董事会是否定期或不定期召集股东大会并向股东大会报告,是否严格认真地执行了股东大会的所有决议;监事会是否按照规定对董事、高级管理人员的行为进行监督,是否在发现违反相关法律法规或损害公司利益时,能够对其提出罢免建议或制止纠正其行为;经理层是否认真有效地组织实施董事会关于年度生产经营计划和投资方案的决议,是否能够完成董事会确定的生产经营计划和绩效目标等。治理结构设计存在问题的,应当采取有效措施加以改进。现实中,企业治理结构方面存在的问题很多时候只靠企业自身是很难改进的,还要有外部力量的推动。

(2) 梳理内部机构设置

企业梳理内部机构设置,应当重点关注内部机构设置的合理性和运行的高效性两个方面的内容。从机构设置的合理性角度,应重点关注:内部机构设置是否适应内外部环境的变化,是否明确界定各机构和岗位的权力和责任并且权责对等,是否以发展目标为导向等;从运行的高效性角度,应重点关注:内部各机构的职责分工是否针对市场环境的变化做出及时调整,内部机构运行是否有利于保证信息的及时顺畅流通等。内部机构设置和运行中存在职能交叉、缺失或运行效率低下的,应当及时解决。

我国企业组织架构常存在不符合内部控制要求的不合理、不科学的问题,对其进行全面梳理就成为必然。

2. 特别关注子公司

当企业发展壮大为集团公司时,母子公司结构是企业组织架构的特殊形式,应该对其给予足够重视。为此,组织架构指引强调:企业拥有子公司的,应当建立科学的投资管控制度,通过合法有效的形式履行出资人职责、维护出资人权益,重点关注子公司特别是异地子公司、境外子公司的发展战略、年度财务预决算、重大投融资、重大担保、大额资金使用、主要资产处置、重要人事任免、内部控制体系建设等重要事项。关注子公司呼应了组织架构设计的要求,也是现行企业实务中特别值得注意的问题。

3. 全面评估

(1) 对评估周期和内容的要求

企业要定期对组织架构设计与运行的效率和效果进行全面评估,主要包括两个方面的要求:一是对评估周期的要求,要定期进行,但没有明确具体周期;二是对评估内容的要求,既要评估效率,又要评估效果。在评估中如果发现组织架构设计与运行存在缺陷,应当进行优化调整。

（2）对评估渠道的要求

企业组织架构调整应当充分听取董事、监事、高级管理人员和其他员工的意见，按照规定的权限和程序进行决策审批。这包含两方面的要求：一是进行评估时，要从企业董事、监事、高级管理人员和其他员工等各个方面获取信息，使得评估结果更为全面和准确；二是进行评估时，要按照规定的权限和程序进行，使评估过程更为有序。

对组织架构进行综合评估的目的在于发现可能存在的缺陷，及时优化调整，使企业的组织架构始终处于高效运行状态。组织架构的评估和调整是一项专业性很强的工作，并且评估结果会涉及企业内部人员的利益，因此，很多时候需要外部专家或咨询机构的支持。

 案例 2-3

海尔智家的人单合一模式

海尔智家股份有限公司（简称海尔）是为全球用户定制美好生活解决方案的智慧家庭生态品牌商，总部位于中国青岛。海尔主要从事冰箱、冷柜、洗衣机、空调、热水器、厨房电器、小家电等智能家电产品与智慧家庭场景解决方案的研发、生产和销售，通过丰富的产品、品牌、方案组合，创造全场景智能生活体验，满足用户定制美好生活的需求。

海尔成立至今坚守"以用户为是，以自己为非"的经营理念，秉承"人是目的、有生于无"的企业价值观，通过创业、创新，不断适应时代发展。在海外市场，海尔始终坚持自主创牌战略，通过并购整合，先后收购日本三洋白电业务、美国GE家电业务、新西兰Fisher&Paykel公司、意大利Candy公司，持股墨西哥MABE 48.41%股权，构建起"研发、制造、营销"三位一体的当地市场竞争力；通过不断优化资源配置与平台共享、发挥全球战略协同优势，实现海尔、卡萨帝、Leader、GE Appliances、Fisher&Paykel、AQUA、Candy七大世界级品牌布局与全球化运营。2019年，海尔海外收入占比47%，且近100%为自主品牌收入，业务已覆盖全球，向全球亿万用户群体提供成套家电产品与家庭场景解决方案。

海尔自2005年取消层级管理，开创"人单合一"模式后，迄今已形成了成千上万个小微企业和链群。链群成为不停改造海尔的基本单元，并让海尔成为物联网时代的生态品牌指引者。海尔集团董事局主席、首席执行官张瑞敏指出，第四次工业革命将各项技术融合在一起，消除了物理世界、数字世界和生物世界之间的界限，融合是以指数级而非线性速度展开。去掉层级、赋予个人自由、链群自由的组织和管理模式使海尔成为适应万物互联时代的企业。张瑞敏提出，生态品牌不是一个简单的产品品牌，而是一个物联网范式体系，总结起来就是"三自"和"三新"。"三自"：自主人、自组织、自循环。"三新"：新模式、新生态、新范式。新模式——从工业时代的经济人到物联网时代的自主人；新生态——颠覆科层制的自组织新生态；新范式——创造生态价值自循环的生态品牌。

2020年，海尔推出"烤鸭模式"，即利用美食业务拓宽厨房业务。有用户提出"在家吃烤鸭"想法，张瑜历经了半年时间的实验，一个冷链到家即可送入家用烤箱的方案出现了。在零下18℃的环境下配送，烤鸭无须解冻即可直接送进烤箱烤熟。张瑜还特意给海尔烤箱增加了一种智能设定模式——"烤鸭模式"，即保持温度为200℃、湿度为70%，最大限度地保证烤鸭的口感。这种用海尔烤箱烤100分钟就能烤出堂食口感的"海尔烤鸭"，月售2万多只，相当于一个烤鸭门店2年多的销量。

张瑜"举单"成立了智慧烹饪链群，吸引大厨、美食家、食品厂等加入共创，带来的增值效益也十分明显：烤鸭预制、冷链、鸭场等链群中的参与者整体收益平均增长了5%。伴随这条智慧烹饪链群的发展，张瑜与链群上的十多位投资者一起成立了独立法人公司，成为物联网美食平台CEO。

在这个美食平台上，大厨开发"数字菜谱"，食材企业精选优质的食材，食品加工企业对菜品进行工厂量化落地，包装企业以严密的包装保障食品质量，用户一键下单购买食材，物流企业将食材送入用户家中。海尔智家的烤箱还安装了一个"智家大脑"，为很多食物都设置了专门的烤制程序，用户只需一键操作。

迄今，平台聚合了惠发集团、欣和食品、涵睿食品、新希望六和等上百位生态方和一百多位知名厨师，形成一个具备创新体制的团体，走出了一条自涌现、自裂变、自进化之路，无限延续创新的故事。海尔人在不断挑战自我中成就自己、创新自我，实现了个人价值更大化，践行了"人人都可成为CEO"的精神底色。

企业对旧式组织形态进行颠覆性创新：员工角色由打工者转变为合伙人；组织结构由科层制组织转变为网状组织；管理模式由管控转变为赋能；激励机制由员工做事、企业付薪转变为联合共创、利益共享。

把所有的职能部门取消掉，企业变成自发组成的创业团队。所以海尔变成了创客的中心，全球创业者都可以到这个平台上创业。在海尔，每个人都是创业的主体，每个人都可以充分发挥想象力，发展潜在价值。

资料来源：http://finance.people.com.cn/n1/2021/0927/c432067-32237939.html　[2024-04-26] 有改动

2.3　发展战略

2.3.1　发展战略的定义和意义

1. 发展战略的定义

发展战略是企业在对现实状况和未来发展趋势进行科学预测和系统、综合分析的基础上，制定并实施的中长期发展目标与战略规划。发展战略关系到企业长远发展和总体规划，关系到企业的发展方向，是企业何去何从的行动纲领。党的二十大报告指出："加快实施创新驱动发展战略。坚持面向世界科技前沿、面向经济主战场、面向国家重大需求、面向人民生命健康，加快实现高水平科技自立自强。以国家战略需求为导向，集聚力量进行原创性引领性科技攻关，坚决打赢关键核心技术攻坚战。"制定适合社会需求和企业实际的发展战略，是企业谋求持续发展的不懈追求。

（1）发展战略制定的基础

发展战略的制定要建立在对企业现实状况和未来趋势进行综合分析和科学预测的基础

上,不能主观臆造。首先,要对企业自身状况进行综合分析和科学预测,包括企业目前的经营状况和财务状况以及自身的优势和不足。其次,要对企业面对的外部环境进行综合分析和科学预测,包括本行业的发展前景、外部竞争、法律制度及宏观政治经济形势。

(2)发展战略的内容

企业发展战略包括长远发展目标和战略规划两个方面。长远发展目标是指企业的发展方向和未来预期达到的目标,对企业的发展具有指导作用;战略规划是实现企业长远发展目标的具体途径。从这个角度来看,目标与规划是企业发展战略相辅相成的两个方面,没有目标,就无所谓战略;没有规划,目标也无法实现。

2. 发展战略的意义

促进企业发展战略的实现,是内部控制的最高目标,企业发展战略目标正确,其他内部控制目标才有意义。战略的偏差或失误是导致企业失败的根本原因,甚至会导致企业的消亡。企业制定科学合理的发展战略,具有重要意义。

(1)促进企业增强核心竞争力和可持续发展能力

核心竞争力是指企业所特有的、竞争对手难以模仿的、能够经得起时间考验的、具有延展性并且一个企业能够长期获得竞争优势的技术或能力。可持续发展能力是指企业在追求长久生存与永续发展的过程中,既能实现经营目标、确保市场地位,又能使企业在已经领先的竞争领域和未来的扩展经营环境中保持优势、持续盈利,并在相当长的时间内稳健成长的能力。在现代市场经济条件下,企业面对的竞争越来越激烈,外部环境对企业的影响也越来越大,企业经营面对的不确定性越来越强,企业如果想在这种环境中长期生存和不断发展,就要对企业的发展制定战略层面的规划,并能够根据经营环境的变化进行调整,从而提升企业的核心竞争力和可持续发展力。

(2)遵循国家有关法律法规

在对企业进行经营管理过程中,要遵守国家的一系列法律法规,包括公司法、合同法以及劳动保护法等。企业制定发展战略不能违背这些法律法规,并应能够对影响企业发展战略的相关法律法规的变更做出及时反应。《企业内部控制基本规范》是我国现行的最具权威性的内部控制规范,对企业内部控制的设计和实施,包括企业战略管理的内部控制做出了基本的规范要求。

二维码12

二维码12　扩展阅读　"十四五"数字经济发展规划

2.3.2　发展战略应关注的风险

企业制定和实施发展战略应关注的风险,主要包括以下三个方面的内容。

1. 发展战略制定和落实不足

如果企业缺乏明确的发展战略或发展战略实施不到位,可能导致企业盲目发展,难以形成竞争优势,丧失发展机遇和动力。首先,企业没有制定明确的发展战略。这是许多企业存在的一种现象,包括未来核心业务不明确、发展规划不明确等。其次,发展战略实施不到位。一些企业虽然已经制定了明确的发展战略,但是并没有得到有效执行,这方面的问题主要包括:发展战略细化不足,没有将发展战略具体到各个职能部门,没有根据战略规划进行产业结构和产品结构调整,没有根据具体环境的变化对发展战略进行适当调整,没有对战略的执行情况进行及时总结等。无论是缺乏明确的发展战略,还是发展战略没有得到有效执行,都会导致企业盲目发展,缺乏效率,错失良好的发展机遇,同时也必然导致企业发展的活力不足。

2. 发展战略过于激进

如果企业发展战略制定得过于激进,脱离实际能力或偏离主业,则可能导致企业过度扩张,甚至经营失败。如果企业制定的发展战略没有考虑企业的实际状况,导致企业扩张速度太快,超出了企业人力、物力、财力能够承受的范围,那么将会使企业面临的经营风险和财务风险加大。另外,如果企业实施了多元化发展战略,但是多元化发展战略的实施使得企业原有的核心业务受到限制,而且企业在新的业务领域缺乏相应的技术和人员,那么也可能使企业发展陷入困境。

3. 发展战略调整过于频繁

发展战略因主观原因频繁变动,可能导致资源浪费,甚至危及企业的生存和持续发展。可以从两个方面进行理解:一方面,企业发展战略虽然具有稳定性,但还是要随着环境的变化而进行适当调整;另一方面,如果企业的战略调整过于频繁,且调整幅度很大,则会使企业发展的连续性受到重大影响,并且会使员工的工作积极性降低,导致大量的资源浪费,最终影响企业核心竞争力的提高和可持续发展。

2.3.3 发展战略的制定

1. 建立健全发展战略制定机构

企业发展战略决定着企业未来的发展方向和目标,属于企业的重大事项,应当在董事会的领导下由战略委员会或指定相关机构负责。同时为了使企业发展战略管理工作落到实处,企业除在董事会层面设立战略委员会外,还应在内部机构中设置专门的部门或指定部门承担战略委员会有关具体工作。

战略委员会作为董事会下属专门委员会,其工作涉及的是企业发展战略和相关重大事项,为董事会决策提供支持,其成员要具有较强的综合素质和实践经验。例如,要熟悉公司业务经营运作特点,具有市场敏感性和综合判断能力,了解国家宏观政策走向及国内外经济、行业发展趋势等。同时,委员的任职资格和选任程序应符合有关法律法规和企业章程的规定。一般来说,战略委员会主席应当由董事长担任,委员中应当有一定数量的独立董事,以保证战略委员会更具独立性和专业性。

战略委员会的职责一般包括:组织有关部门对发展目标和战略规划进行可行性研究和科学论证,形成发展战略建议方案。例如,对产品战略、市场战略、营销战略、研发战略、人才战略等经营战略进行研究并提出建议,对企业重大战略性投资、融资方案进行研究并提出建议,对企业重大资本运作、资产经营项目进行研究并提出建议等。必要时,可借助中介机构和外部专家的力量为其履行职责提供专业咨询意见。

此外,企业应当明确战略委员会的议事规则,对战略委员会会议的召开程序、表决方式、提案审议、保密要求和会议记录等做出规定,确保议事过程规范透明、决策程序科学民主。例如,某公司规定:公司董事长、总经理、全体董事的三分之一以上或两名以上(含两名)委员联名可要求召开战略委员会临时会议;战略委员会主任无正当理由,不得拒绝前述董事、委员提出的开会要求;战略委员会会议可采用现场会议形式,也可采用非现场会议的通讯表决方式等。

2. 制订发展战略目标

(1)制订发展战略目标的基础

企业应当在充分调查研究、科学分析预测和广泛征求意见的基础上制订发展战略目标。首先,没有调查就没有发言权,只有充分调查研究才能获得企业发展的目标方向和重点信息;其次,对通过调查研究获得的信息要进行分析预测,进而制订相应的目标方案;最后,制订目标方案后要广泛征求意见,不断完善方案,选择最合适的方案。在进行调查研究时,不仅要调查企业的内部资源状况,包括企业现行的业务构成和产品结构,市场竞争状况及未来发展趋势,企业的组织结构、人力资源、技术和设备等,还要对企业外部环境进行调查分析,包括政治与法律环境、经济环境、社会和文化环境、技术环境等,如图2-4所示。

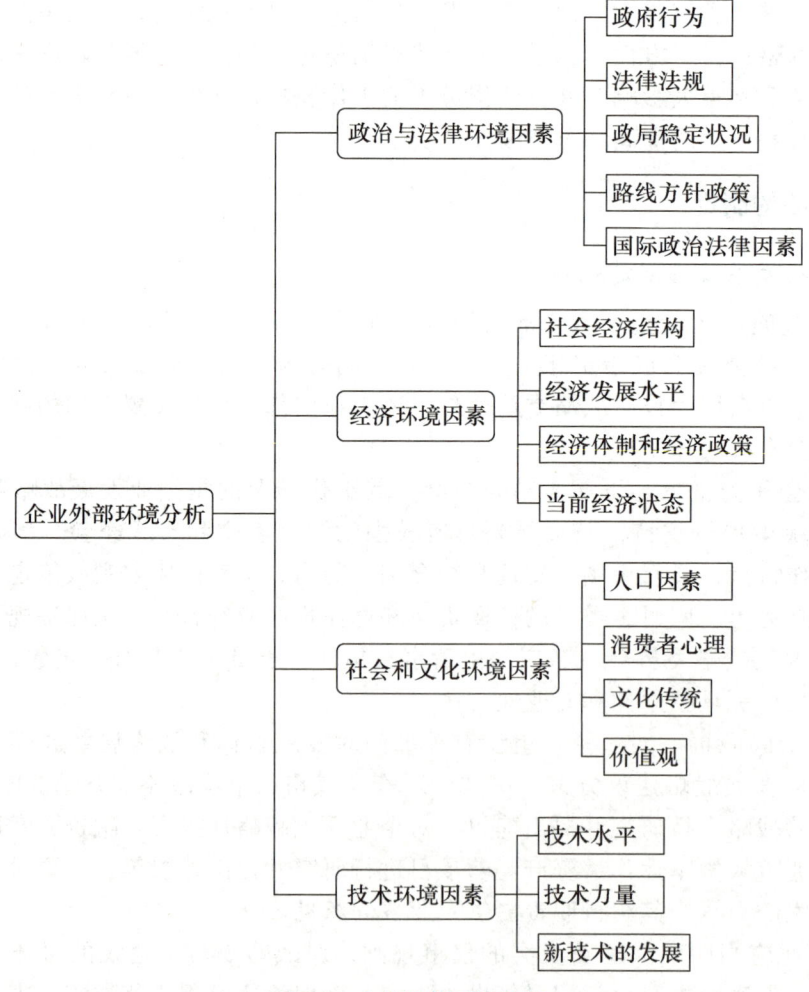

图2-4 企业外部环境分析

（2）制订发展战略目标需要考虑的因素

企业在制订发展战略目标过程中，应当综合考虑宏观经济政策、国内外市场需求变化、技术发展趋势、行业及竞争对手状况、可利用资源水平和自身优势与劣势等影响因素。例如，国家可能制定和出台一些遏制本行业发展的政策，使得企业制订的发展战略目标无法实现；本行业技术的发展趋势会直接影响企业发展方向和产品结构；企业现有的优势，特别是品牌优势、技术优势、经验优势、人力资源和管理优势，无疑也会影响企业的发展方向。

对企业的现状进行分析，最常见的是进行 SWOT 分析。所谓 SWOT 分析，就是分析企业的优势、劣势、竞争对手是谁，以及竞争对手的长处和短处，机会在什么地方，市场状况等，并在此基础上选择最佳发展战略，如图 2-5 所示。

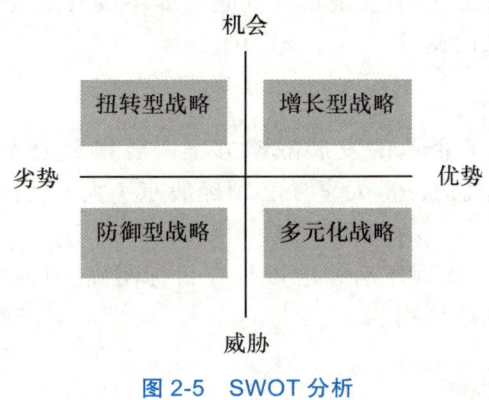

图 2-5　SWOT 分析

3. 科学制定战略规划

（1）制定战略规划的依据

企业应当根据发展战略目标制定战略规划。发展战略目标是企业未来的发展方向和期望达成的目标，而战略规划是战略目标实现的途径。因此，一旦确定了战略目标，战略管理的重心就要转移到制定战略规划上。无论企业战略多么宏大，没有规划都是无本之木。企业战略的精髓是战略规划的过程而不是战略目标本身，战略规划的过程使企业可以预知战略目标能否实现。例如，企业如果想让产品的市场占有率提高 10%，那么必须要规划好先做什么，后做什么，不做什么，遇到问题怎么解决等。

（2）制定战略规划的一般要求

战略规划是要将企业整体战略目标分解为不同的发展阶段，每个阶段都有相应的目标和任务，整体战略目标通过每个阶段目标的实现来最终完成。一方面，对整体战略目标进行分解可以使战略规划的实现更具有计划性；另一方面，可以根据每个阶段战略目标和战略规划的执行情况及时调整后期的战略目标和规划，使企业发展战略不失灵活性。企业发展战略的实现是长期的过程，僵化的发展战略可能不适应将来的环境。

2.3.4　发展战略的审议和批准

1. 发展战略的审议

企业董事会应当严格审议战略委员会提交的发展战略方案，重点关注其全局性、长期性和可行性。董事会在审议方案中如果发现重大问题，应当责成战略委员会对方案做出调整。企业发展战略审议过程中应注意以下几个方面。一是明确发展战略的审议机构是企业董事会。由董事会而非管理层对发展战略进行审议可以在一定程度上保证审议结果的客观性。因为管理层有可能会审议通过一些对自身有利但是不符合企业发展的战略。二是董事会审议时关注的重点是战略方案的全局性、长期性和可行性。全局性是指战略要关注企业总体的发展，能够协调企业各部门、各单位的行动，对企业总体发展有利，而不是只对某个部门或事业部有利。长期性是指企业发展战略是对企业中长期发展的研究与规划，能够在相当长的时期内对企业发展进行指导，并且从长期来看对企业是有利的。可行性是指企业具备或能从外部获得相应的人力、物力、财力来支持战略方案的实施，战略方案对企业来说具有可操作性。三是如果董事会在审议过程中发现重大问题（如不具有全局性、长期性和可行性），应当责成战略委员会对方案做出调整。

2. 发展战略方案的批准

如果董事会审议通过了企业的发展战略方案，要报经股东（大）会批准实施。股东（大）会是企业的最高权力机构，重大事项必须经股东（大）会批准实施，企业制定的发展战略属于企业重大事项。

发展战略方案在经过上述程序后，应该具有目标明确、可执行性良好、灵活性好的特点，能够对企业发展起到推动作用。

2.3.5 发展战略的实施

1. 发展战略的分解落实

（1）制订年度工作计划

在战略实施阶段，首先，要对战略规划中的阶段性目标进行细分，将目标分解为年度目标，并进一步分解为季度目标、月度目标，确保将"文件"上的发展战略落地变为现实的具体目标。其次，要按照上下结合、分级编制、逐级汇总的原则编制全面预算，将发展目标分解并落实到产销水平、资产负债规模、收入及利润增长幅度、投资回报、技术创新、人力资源建设等可操作层面，确保发展战略能够真正有效地指导企业各项生产经营管理活动。

二维码13　扩展阅读　广州医药集团发布"十四五"战略规划

（2）完善发展战略管理制度

企业要明确战略管理相关机构的职责权限，明确战略制定和实施的程序与措施，确保发展战略有效实施。在制定战略后，要优化调整组织结构、业务流程、权责关系等，以适应发展战略的要求；要通过建立发展战略实施的激励约束机制，将各责任单位年度预算目标的完成情况纳入绩效考评体系，提高战略实施的积极性。战略实施过程是一个系统的有机整体，需要研发、生产、营销、财务、人力资源等各个职能部门间的密切配合。

2. 发展战略的宣传

(1) 企业要充分重视发展战略的宣传工作

企业需要对发展战略进行宣传，为推进发展战略实施提供强有力的思想支撑和行为导向。企业要在董事、监事和高级管理人员中树立战略意识和战略思维，充分认识通过宣传进行沟通的重要性。通过宣传工作，使企业各层级管理人员和全体员工充分认清企业发展战略的重要性，了解企业的发展思路、战略目标和具体举措，使员工自觉将发展战略与自己的具体工作结合起来，从而提高战略实施的效率，并减少实施过程中的阻力，促进发展战略的有效实施。

(2) 企业宣传发展战略的方式

企业要通过内部各层级会议和教育培训等有效方式对发展战略进行宣传。此外，还可以采取以下宣传方式：通过宣传栏、局域网等宣传企业的愿景、目标；进行专门的企业发展战略的演讲；单独与员工进行交流等。企业无论采用什么样的宣传方式，关键是要在企业内部形成对企业实施发展战略的强烈认同。

3. 发展战略实施的监控

对企业发展战略的实施情况进行监控的主体是董事会下属的战略委员会。一般来说，承担战略管理职责的相关部门也可以行使部分监控职能。战略委员会监控的是发展战略实施的情况，包括各项发展战略的分解落实情况、发展战略与年度生产经营计划和全面预算的衔接情况、分阶段目标的实施情况等。战略委员会进行监控的方式是定期收集和分析相关信息。对于明显偏离发展战略的情况，战略委员会应当分析造成偏差的原因，及时向董事会进行报告，并提出相应的纠偏意见。

4. 发展战略的调整

(1) 发展战略调整的原因

一般来说，发展战略一经制定就要保持相对稳定，不得随意调整，但不得随意调整并不意味着不能调整。企业进行发展战略调整是由于经济形势、产业政策、技术进步、行业状况以及不可抗力等因素发生重大变化。发展战略最开始是基于当时客观环境并加入了一些合理预测的基础上制定的，但是后来客观环境的变化可能与最开始的预测存在偏差，并且这种偏差有时候还非常大，使得最开始制定的发展战略不再合适，这时就需要对原来的发展战略进行调整以适应新的环境，并且这一过程将贯穿于整个发展战略的实施阶段。

(2) 发展战略调整的程序

企业发展战略应当按照规定权限和程序调整。发展战略调整牵一发而动全身，应当按照规定的权限和程序进行。战略调整的一般程序如下：第一，各战略执行单位提出各自的战略规划评估报告和修订意见；第二，战略管理部门汇总各单位意见，并提出修订后的发展战略规划草案；第三，战略委员会对修订后的发展战略规划草案进行评估论证，向董事会提出发展战略建议方案；第四，企业董事会严格审议战略委员会提交的发展战略建议方案（按公司章程规定，董事会审议通过的方案须报经股东大会批准，还应履行相应的批准程序）；第五，战略管理部门将批准的新发展战略下发到各执行单位，各执行单位遵照执行。

常言道："三年发展靠机遇，十年发展靠战略。"加强战略管理，提高战略管理水平，是企业谋求长远发展的不懈追求。我国正处在世界经济大变革、大转型的重要战略机遇期，企业应当以此为契机，强化发展战略管理，加快发展方式转变，提升企业核心竞争力，实现企业健康可持续发展。

案例 2-4

"腿上有泥"的新电商

作为"腿上有泥"的新电商，拼多多深入最基础产业带及最基层村庄，始终与中国农民、农业一起成长。拼多多的发展充分得益于中国农业的发展。

农产品上行："农地云拼＋产地直发"的模式，以稳定的需求重塑农产品流通链条，以产地直发取代层层分销的模式，从而为农产品上行搭建起一条高速通路。2020年，拼多多成为中国最大的农产品上行平台。

科技普惠：坚持对农业科技领域的长期投入。2021年8月，拼多多设立"百亿农研"专项，由董事长兼CEO陈磊担任一号位。该专项不以追求商业价值和盈利为目的，而是致力于推动农业科技进步，以使农业科技工作者和劳动者有进一步动力和获得感为目标。

助农富农：拼多多直连全国超1000个农产区，助力农副产品出村进城及农民增产增收；多多买菜创新供应链及"田间直达餐桌"模式，进一步提升农副产品流通效率；以市场化及科技普惠引导农业现代化升级，培养新农人，有效赋能农业。

资料来源：https://www.pinduoduo.com/home/about/　[2024-07-11]

2.4　人力资源

2.4.1　人力资源概述

1. 人力资源的概念

人力资源是指企业组织生产经营活动而录用的各种人员，包括董事、监事、高级管理人员和全体员工。人力资源的本质是企业中各种人员所具有的脑力和体力的总和。党的二十大报告指出："培养造就大批德才兼备的高素质人才，是国家和民族长远发展大计。功以才成，业由才广。"企业良好的人力资源管理制度和机制是增强企业活力的源泉，是提升企业核心竞争力的重要基础，是实现企业发展战略的根本动力，企业必须重视人力资源管理，加强人力资源内部控制。

企业录用的各种人员在一定时期内以其拥有的知识、能力、技能、经验、体力等在企业的生产经营活动中发挥作用，为企业创造价值。但是，各种人员只是被企业录用，而不是为企业所有。员工个体具有自主去留的权利，即个体拥有人力资源的所有权。

人力资源与企业的其他资源的区别，是人与物的区别，人力资源是企业管理者必须考虑的"特殊资产"的资源。与企业拥有或控制的其他资源相比，人力资源一般具有能动性

（在价值创造过程中处于主动地位）和增值性（人的体力、知识、技能和经验会因不断使用而增值）等特征。

2. 人力资源的组成

企业人力资源包括董事、监事、高级管理人员、专业技术人员和一般员工。一般我们提到人力资源或人力资源管理时，首先想到的是企业的一般员工。但是，这里特别强调，需要将董事、监事、高级管理人员和专业技术人员也一并纳入人力资源的范畴，从而保证了对人力资源概念理解的全面性。其中，董事是指由公司股东会选举产生的具有实际权力和权威的人员，企业董事长和董事构成企业的董事会，是决定企业发展战略的决策层，也是公司治理的主要力量，对内管理公司事务，对外代表公司进行经济活动。监事是股份公司中常设的监察机关的成员，受监事会主席委托，行使对全公司的监督、检查、考核管理权限，并承担执行公司规章制度、管理规程及工作指令的义务。高级管理人员是指公司的经理、副经理、财务负责人、上市公司董事会秘书和公司章程规定的其他人员，是公司的执行层，对公司的经营管理和业绩效益负有重要的责任。由此可见，董事、监事、高级管理人员对公司的发展具有非常重要的作用。专业技术人员是企业核心技术的创造者和维护者，是企业赖以生存和发展的关键所在。一般员工是企业人力资源的主体。

3. 人力资源管理流程

企业应当围绕整体发展战略，结合人力资源现状和未来需求，建立人力资源发展目标，制定人力资源总体规划和能力框架，以加强人力资源能力建设为核心，优化人才结构为主线，明确人力资源的引进、开发、使用、培养、考核、激励、退出等管理要求，实现人力资源的合理配置。人力资源管理流程如图2-6所示。

图2-6　人力资源管理流程

4. 人力资源的作用

事在人为，业由人创。现代企业的竞争，归根到底是人才的竞争。人力资源是增强企业活力的内在源泉，是提升企业核心竞争力的重要基础，是实现企业发展目标的根本动力。企业内部控制最终要通过人力资源实施控制，人力资源内部控制对于企业来说至关重要，是企业内部控制的基础，也是内部控制的核心内容。在实际工作中，企业只有通过人力资源内部控制，使员工能够人尽其才，事得其人，人事相宜，才能从源头上保证企业有效推进发展战略。否则，企业可持续发展便成为一句空话。

2.4.2　人力资源管理应关注的风险

企业在人力资源管理中至少应关注以下三类风险。

1. 人力资源引进与开发面临的主要风险

企业人力资源规划不科学、不合理，导致人力资源缺乏或过剩、结构不合理、开发机制不健全,不能有效支持各项业务的开展,影响企业战略的实现。例如,高端专业技术人员匮乏或储备不足,可能导致业务持续发展能力弱;关键岗位人员选用不当,可能对整个企业生产经营、持续发展、员工队伍稳定造成不利影响;岗位要求、任职资格和责权范围界定不清晰,导致岗位职责不明,权限不清;人才培养计划、发展规划、晋升机制不够完善或未得到有效执行,员工晋升、调动等管理不规范,导致劳资纠纷,影响员工积极性;培训内容与业务需求不相匹配,无法提升员工的业务能力。

2. 人力资源激励约束的主要风险

人力资源激励约束制度不合理,关键岗位人员管理不完善,可能导致人才流失、经营效率低下或关键技术、商业秘密和国家机密泄露;绩效考核体系不够科学或指标设计不合理,导致达不到考核目的;绩效考核机制不完善或未得到有效执行,考核结果不能及时正确应用,导致员工积极性受挫或人才流失。

3. 人力资源使用与退出的主要风险

岗位变动未进行必要的交接,导致日常工作受影响。人力资源退出机制不当,会对员工生活和精神产生重大的影响,可能导致法律诉讼和企业声誉受损。

2.4.3 人力资源内部控制

1. 人力资源的引进与开发

(1)制订人力资源需求计划

企业应根据发展战略、人力资源现状和未来需要预测,并结合生产经营实际需要,建立人力资源发展目标,制订人力资源需求计划。人力资源需求计划基于企业对未来人力资源数量、结构、素质等进行的分析,用于指导制定人力资源管理相关政策,确保人力资源的数量、结构、配置等方面满足企业战略的需要,全面提升企业核心竞争力。人力资源需求计划实际上是对企业人才引进数量和质量的计划,企业不能盲目引进人才,也不能任人唯亲,随意引进人才。

二维码14　扩展阅读　"揭榜挂帅"柔性引才让人才引得进、留得住、用得好

(2)人员选聘

企业应当根据人力资源能力框架要求,明确各岗位的职责权限、任职条件和工作要求,遵循德才兼备、以德为先和公开、公平、公正的原则,通过公开招聘、竞争上岗等多种方式选聘优秀人才,重点关注选聘对象的价值取向和责任意识。企业选聘的人员不仅要具备良好的专业知识、技能、人际交往能力和心理素质,最重要的是还必须具备良好的品德。特别是在高级管理人员的招聘过程中,品德更要占重要的地位。

企业选拔高级管理人员和聘用中层及以下员工时,应当切实做到因事设岗、以岗选人,避免因人设事或设岗,确保选聘人员能够胜任岗位职责要求。也就是说,企业某个岗位的设定是因为企业业务的需要,企业选聘人才是因为某个岗位缺乏足够或合适的人员,而不是先选聘了人员再去设立合适的岗位或寻找合适的任务。因事设岗使招聘更具有计划性,确保各个岗位、各个员工都有其存在的必要性,防止岗位繁冗、人浮于事。

（3）签订劳动合同

企业应依法与所有员工及时签订正式的劳动合同。企业对于在产品的技术、市场、管理等方面掌握或涉及关键技术、知识产权、商业秘密或国家机密的工作岗位，应当与该岗位员工签订有关岗位保密协议，明确保密义务。保护好企业关键领域和关键技术的秘密是企业保持核心竞争力的重要保证，秘密泄露或遭窃取可能对企业产生致命的打击，特别是在市场竞争和国际竞争日益激烈的背景下，很多企业会通过各种手段获取竞争对手的秘密，强调特殊岗位的保密要求就显得很重要。

（4）建立试用期制度和岗前培训制度

试用期制度是为了对选聘人员进行严格考察，促进选聘人员全面了解岗位职责，掌握岗位基本技能，适应工作要求。由于在人员选聘过程中，特别是在外部公开招聘过程中，存在信息不对称，企业所能了解的只是应聘人员一小部分的内容，应聘人员也对自己所应聘职位的工作没有深刻的体会，通过试用期制度可以使企业更加充分了解员工，防止选聘人员不称职的风险。试用期满考核合格后，应聘人员方可正式上岗；试用期满考核不合格者，应当及时解除劳动关系。

企业应建立岗前培训制度，对新招聘的员工进行必要的岗前培训，使其具备一定的专业技能，以适应工作要求。新员工不仅要熟悉自己的工作岗位、部门，还需要进一步熟悉整个组织，并且适应组织文化，以一种与组织目标相一致的方式来进行工作。通过岗前培训，可以使员工实现由"外部人"向"内部人"的转化。

（5）人力资源开发

人力资源开发是企业依据员工需求与组织发展需求，对员工的潜能开发与职业发展进行系统设计与规划的过程。对员工职业生涯进行指导与培训是企业人力资源开发的重要组成部分。通过培训提升员工能力，促进员工的知识、技能持续更新，不断提升员工的服务效能，强化员工对组织的认同，使员工与企业实现同步成长。

当今社会处于知识爆炸的时代，在企业内部营造尊重知识、尊重人才和关心员工职业发展的文化氛围，建立学习型组织，可以激发员工的学习热情和工作热情，使真正优秀的人才脱颖而出，从感情上增加员工对组织的认同感和忠诚度，留住人才，使企业时刻保持活力和创造力。

2. 人力资源的激励约束机制

企业要建立和完善人力资源的激励约束机制，促使员工愿意付出一定的努力去实现组织目标或者对不符合组织发展目标的行为进行约束。

（1）建立人力资源激励约束机制的保证

对员工进行激励或约束必须设置科学的业绩考核指标体系，也就是说，要有绩效标准来衡量员工是否达到组织期望的绩效水平。常用的绩效评估方法有书面叙述法、关键事件法、评分表法、目标管理法及360度评估法等。

（2）建立人力资源激励约束机制的手段

建立人力资源约束机制的目的是确保员工队伍处于持续优化状态。通过确定员工薪酬、职级调整和解除劳动合同等手段对员工进行激励约束。通过提高员工的薪酬或者职级，使员工获得物质和精神层面的奖励，可以激发员工的工作热情。通过与员工解除劳动合同来约束不符合组织目标实现的行为，可以对一些员工起到鞭策作用。此外，对员工的激励手段还包括提供培训、家庭援助计划及其他福利措施。

（3）薪酬制度

企业应当制定与业绩考核挂钩的薪酬制度。根据按劳分配原则，企业作为一个经济实体，应坚持多劳多得的原则，充分调动员工积极性。特别需要指出的是，此处的"多"，不仅是指数量多，还要保证质量高，"多劳"是指有效的劳动多。

建立基于岗位职责、实际贡献大小和实现持续贡献的任职能力的激励分配机制，倡导团队合作，确保贡献者得到及时有效的回报和激励。

企业薪酬安排要体现出效率优先，兼顾公平。效率是企业生存发展的依据，但单纯强调效率，也可能在企业内部产生过于紧张的气氛或者引发同事之间不正当的攀比竞争，影响企业的文化氛围和创造力，最终影响整个企业的正常发展。因此，要正确处理好效率与公平之间的博弈关系。

3. 人力资源的使用与退出

（1）轮岗制度

企业应制定各级管理人员和关键岗位员工定期轮岗的制度。轮岗的目的是形成相关岗位员工的有序持续流动，全面提升员工素质。企业要把岗位轮换作为企业培训与职业发展的一个重要组成部分来执行，并要清楚地认识到岗位轮换需要发展和培养员工何种技能。合适并且有竞争意识的岗位轮换可以帮助企业更好地根据员工的专长找到其在企业中的位置，从而全面提高员工素质。

如果员工认为自己在企业中个人发展"停顿"的时候不容易被激励，那么他会更倾向于选择跳槽；如果企业中很多岗位都与某些管理人员或员工有密不可分的关系，那么企业的风险就已经暗藏其中了。采用岗位轮换，让员工在企业内部有效流动起来，是解决这一问题的方法之一。

企业要根据自身的实际状况，在轮岗实施前制订一个完善的沟通计划，与被轮岗对象进行面对面的沟通，了解当事人对轮岗的意见或建议，减少硬性安排带来的阻力。最终确定进行轮岗交流的岗位及人员、轮岗的周期以及轮岗的方式。让参与轮岗的人员愉快地接受新的岗位安排，并尽快适应新岗位。

需要注意的是，并不是所有的岗位轮换制度都能起到好的效果，岗位轮换的成功需要系统的计划过程，并且具备以下因素：有具体的、可量化的标准和考评系统；根据企业自身的要求和业务的需求来"量身定做"；更关注员工的核心竞争力；指定明确的目标和发展方向；和奖励机制挂钩；避免在薄弱的部门间进行岗位轮换等。很多岗位轮换失败就是因为没有一个详尽的计划作为指导，或在整个岗位轮换的计划中忽略了员工的发展。

（2）退出机制

企业应当按照有关法律法规规定，结合企业实际，建立健全员工退出（辞职、解除劳动合同、退休等）机制，明确退出的条件和程序，确保员工退出机制得到有效实施。

企业对不能胜任岗位要求的员工，应当及时暂停其工作，安排再培训，或调整工作岗位，安排转岗培训；仍不能满足岗位职责要求的，应当按照规定的权限和程序解除劳动合同。

解雇和裁员很容易引起合同纠纷，被解雇的员工甚至可能采取极端行为，如果处理不当，还会伤害留下来的员工对组织的忠诚度。企业由于解雇员工或裁员面临的法律诉讼风险较为突出，企业一旦因劳资关系陷入法律诉讼，对企业的声誉也会造成重大损失。因此，为了避免和减少此类风险，企业应根据发展战略，在遵循国家有关法律法规的基础上，建立健全良好的人力资源退出机制，采取渐进措施执行退出计划。在具体执行过程中，要充分体现人性化和柔性化，让员工知道解雇或裁员是企业最后的选择，并尽力帮助员工解决一些生活方面的困难。

如果员工已经确定退出企业，企业应与退出员工依法约定保守关键技术、商业秘密、国家机密和竞业限制的期限，确保知识产权、商业秘密和国家机密的安全。

企业关键岗位人员离职前，应根据有关法律法规的规定进行工作交接或离任审计。离任审计，是指对相关人员在整个任职期间所承担的经济责任履行情况所进行的审查、鉴证和总体评价活动。通过实施离任审计，确定其在任职期内的经营行为是否合法、合规，是否完成了各项任期目标。离任审计和工作交接都是保证企业各项业务活动正常有序进行的重要措施。

4. 评估机制

企业应定期对人力资源计划的执行情况进行评估。企业对年度人力资源计划执行情况进行评估，进一步完善人力资源政策，使企业整体团队充满生机和活力，为企业长远发展和价值提升提供充足的人力资源保障。企业年度人力资源计划执行情况评估通常可以与年度业绩考核工作一并进行，评估过程中既要总结人力资源管理经验，又要分析存在的主要缺陷和不足。

 案例 2-5

华为是如何进行薪酬管理的？

企业生存与发展本质上依赖利益驱动机制，而华为在"效率优先、兼顾公平、可持续发展"的价值分配基本原则下，强调全面回报的价值分配理念。

华为实行基于能力的职能工资制。员工实际工资的确定基于岗位责任、实际贡献和实现持续贡献的任职能力。

华为的工资实行的是宽带薪酬制：每一个岗位都有它的职级，每一个职级都有对应的薪酬区间，同一职级的岗位不论属于哪个部门，在公司的贡献与回报大致一致；员工在同一职级的岗位上持续地工作，只要工作绩效持续改进，就可以在这个岗位上逐渐地加工资，直至达到薪酬区间的上限。

华为岗位与薪酬管理的具体过程，可以用16个字来概括：以岗定级，以级定薪，人岗匹配，易岗易薪。对于每一个级别，每一个岗位工资的确定，既要考虑对外的竞争性，也要考虑内部的可支付能力和公平性。

以岗定级，建立岗位和职级的关系。每一个岗位会确定一个对应的职级，这个职级就是这个岗位对公司贡献的价值评估，包括对组织绩效的评估、对岗位价值的评估和对任职者个人的评估。第一，对于每一类岗位确定岗位序列，如研发岗位序列、市场岗位序列等，其中，研发岗位序列又包含助理工程师、工程师、高级工程师等渐进的职位；第二，对岗位序列进行评估，评估的重点在于岗位的应负责任是什么，控制的资源是什么，产出是什么，以及这个岗位面对的客户和环境的复杂性程度是怎样的，并思考承担这个岗位的人需要什么样的知识、技能和经验等，这里面最主要是通过岗位承担的职责和产出来进行衡量，衡量的结果用一个职级的数字来进行描述。做完了这两步，就建立了一个岗位和职级的对应关系。

以级定薪，界定工资范围。以级定薪实际上就是一个职级工资表。华为使用的是宽带薪酬制：对于每一个级别，从最低到最高都有长长的带宽，每一个部门的管理者，可以对自己的员工，根据绩效在这个带宽里面进行工资调整。在同一个级别里面，可以依据员工的绩效表现，在每年的公司例行薪酬审核中，或者当员工做得特别优秀时提出调薪申请。由于不同级别之间的薪酬区间存在重叠，员工即使不升级，只要持续贡献，绩效足够好，工资也可以有提升空间，甚至超过上一级别的工资下限，这样有利于引导员工在一个岗位上做实做深做久，有助于保持岗位的稳定性。因此，以级定薪就是对于每一个级别在公司能拿多少工资进行了一个界定。每一个主管可以根据以岗定级来确定员工的职级，然后对应在级别上，确定员工的工资范围。每个企业都可以设置自己的岗位薪酬管理模式，相对于岗位薪点管理或者窄带薪酬管理模式，这种宽带薪酬的方式，对管理者的管理能力、对员工及调薪的把握，要求比较高。

人岗匹配，人与岗位责任的匹配评估。人岗匹配就是员工与岗位所要求的责任之间的匹配，以确定员工的个人职级及符合度。人岗匹配最核心的是看员工的绩效是不是达到岗位的要求、行为是不是符合岗位责任的要求。另外，还包括一些基本条件，比如知识、技能、素质、经验等。如果出现岗位调动，一般来说，人岗匹配是按照新的岗位要求来做认证。认证往往都是在新岗位工作三个月或半年以后才进行，而不是调动之后立即进行。等到人岗匹配完成后，根据新岗位要求的适应情况确定员工的个人职级及符合度，再决定相应的薪酬调整。

易岗易薪，关注职级和绩效。易岗易薪是针对岗位变化了的情况：一种是晋升，另一种是降级。晋升的情况，如果员工的工资已经达到或超过了新职级薪酬区间的最低值，他的工资可以不变，也可以提升，主要看他的绩效表现；如果员工的工资尚未达到新职级薪酬区间的下限，一般至少可以调整到新职级的工资区间的下限，也可以进入区间里面，具体数额也取决于员工的绩效表现。降级的情况，也是根据员工的绩效情况，在新职级对应的薪酬区间内确定调整后的工资，如果降级前工资高于降级后的职级工资上限，那么需要马上降到降级后对应的职级工资上限或者以下。

资料来源：华为特训营

2.5 社会责任

2.5.1 企业社会责任的定义与意义

1. 企业社会责任的定义

社会责任是指企业在经营发展、创造利润的过程中，应当履行的社会职责和义务。企业的社会责任要求企业必须超越把利润作为唯一目标的传统理念，强调在生产过程中对人的价值的关注，强调对环境、对消费者、对社会的贡献。《企业内部控制应用指引》对社会责任的要求主要包括：安全生产、产品质量（含服务，下同）、环境保护、资源节约、促进就业、员工权益保护等。

2. 企业履行社会责任的意义

党的二十大指出："中国式现代化是人与自然和谐共生的现代化。人与自然是生命共同体，无止境地向自然索取甚至破坏自然必然会遭到大自然的报复。我们坚持可持续发展，坚持节约优先、保护优先、自然恢复为主的方针，像保护眼睛一样保护自然和生态环境，坚定不移走生产发展、生活富裕、生态良好的文明发展道路，实现中华民族永续发展。"企业应当重视履行社会责任，切实做到经济效益与社会效益、短期利益与长远利益、自身发展与社会发展相互协调。企业与社会有着千丝万缕的联系，企业作为社会的经济细胞，不仅要承担并履行好经济责任，为丰富人民的物质生活以及国民经济的快速稳定发展发挥应有的作用，还应该履行社会责任，为劳动者提供安全的生产环境，为消费者提供安全优质的产品或服务，减少环境污染，维护好职工权益。社会对企业同样也负有责任，社会必须要扶持企业的成长，公平地对待不同性质和规模的企业，为企业的发展创造良好的经营环境。企业只有同时履行好经济责任和社会责任，才能真正实现企业与社会的协调发展。企业承担社会责任有利于提升企业形象，增强员工对企业的认同感，有利于企业可持续发展战略的实现。

2.5.2 企业履行社会责任应当关注的风险

企业在履行社会责任方面应该关注以下风险：安全生产措施不到位，责任不落实，可能导致企业发生安全事故；产品质量低劣，侵害消费者利益，可能导致企业巨额赔偿、形象受损，甚至破产；环境保护投入不足，资源耗费大，造成环境污染或资源枯竭，可能导致企业巨额赔偿、缺乏发展后劲，甚至停业；促进就业和员工权益保护不够，可能导致员工积极性受挫，影响企业发展和社会稳定。

2.5.3 企业履行社会责任的内部控制

1. 安全生产

（1）建立健全安全生产规章制度及操作规范

企业应当依据国家有关安全生产方面的法律法规规定，结合本企业生产经营的特点，建立健全安全生产方面的规章制度、操作规范和应急预案。近年来，国家立法部门制定了《中华人民共和国安全生产法》等关于安全生产的专门法律和行政法规，企业必须严格遵守这些法律法规，建立起与生产车间、班组、个人岗位紧密联系的宝塔式的安全生产管理网络，将安全生产管理渗透到生产全过程，使企业的各职能部门、生产的各层次都在管理生产的同时履行其安全职责。

为了加强企业的安全生产管理，有效防范各类安全事故的发生，企业应根据整个生产流程，针对各个生产环节制定出科学合理的操作规范。同时，企业应加强对员工的培训，使员工能够严格按照操作规范从事生产活动，有效地杜绝重大安全事故和人身伤亡事故的发生，把一般事故减少到最低限度，保障企业生产活动的顺利进行。

(2) 制定应急预案

企业应根据国家有关安全生产的规定，结合本企业实际情况，建立有效的安全生产应急管理、指挥和救援计划等。企业制定应急预案有利于提高处置安全生产事故的能力，在事故发生后能够迅速有效、有序地实施应急救援，保障职工的生命和财产安全，减少损失，并且迅速恢复到正常状态。

(3) 建立健全检查监督机制和责任追究制

企业需要建立健全权威的安全检查监督机构，配备合格的专职安全生产管理人员，最大限度发挥其安全监管职能，确保各项安全措施落实到位。在日常监管中一旦发现安全隐患，绝不姑息，只有这样，企业的安全生产才能得以保证。企业发生安全事故往往不是因为企业没有相应的规章制度，而是因为安全生产的规章制度落实不到位或者有关人员在巨大经济利益驱动下无视规章制度。因此，企业不仅要建立完善的安全生产规章制度，还应该狠抓落实，把安全生产责任落实到具体环节和相关人员；一旦发生安全生产事故，要严格追究相关责任人的责任，并且给予相应处罚。

(4) 落实安全生产教育，实行特殊岗位资格认证制度

加强对员工进行安全生产教育至关重要。通过安全生产教育，让员工牢固树立"安全第一、预防为主"的思想，提高员工防范灾害的技能和水平。安全生产教育应当经常化、制度化，做到警钟长鸣，不能有丝毫放松和懈怠。对于特殊作业人员和有特殊资质要求的生产岗位，因工作接触的不安全因素较多，危险性较大，容易发生事故，必须依法实行资格认证制度，严格持证上岗。

(5) 重大安全生产事故报告机制

企业发生重大安全生产事故时必须启动应急预案，建立专门的应急指挥部门，配备专业队伍和必要的专业器材等，做到临危不乱，按照预定程序有条不紊地处理好已发生的安全生产事故，尽快消除事故产生的影响。同时，企业必须按照国家有关规定及时报告，不得迟报、谎报和瞒报。

2. 产品质量

企业从事生产经营活动过程中，应根据国家和行业相关质量的要求，实施全面质量控制，切实提高产品质量和服务水平，努力为社会提供优质安全健康的产品和服务，最大限度地满足消费者的需求。生产出来的产品只有被消费者接受，才能被销售出去，而产品质量是消费者在选择产品过程中考虑的非常重要的因素。

二维码15

二维码15　扩展阅读　让产品更安全——广州白云山医药集团公司2022年度社会责任报告节选

(1) 建立严格的产品质量控制和检验制度

企业应当规范生产流程，建立严格的产品质量控制和检验制度。从原材料进厂，一直到产品销售等各个环节和流程，都必须有严格的质量控制标准做保证。企业应当加强对产品质量的检验，严禁未经检验合格的产品流入市场。如果每个企业都能把好市场准入关口，严防假冒伪劣产品进入市场，那么不仅对企业自身有利，还能够推动社会进步。

（2）完善售后服务

企业通过优质的售后服务，树立企业形象，提高产品信誉，扩大产品影响，促进与消费者的关系，培养消费者的忠诚度。企业应重视和加强售后服务，如果产品存在可能危及人身健康、财产安全的缺陷时，应该依法向政府有关部门报告，并告知消费者，实施召回制度，从消费者手中收回有问题的产品，消除缺陷产品的危害风险，提高企业信誉。实施召回制度可以最大限度地降低或消除存在缺陷、隐患产品的社会危害，而且可以赢得消费者对企业的信赖和支持，维护消费者的合法权益。

当企业接到消费者的投诉时，接待人员的态度要诚恳，并且要耐心地听取消费者的不满或者建议。对于发生的投诉事件，企业一定要认真核实，一旦核定消费者投诉的问题真实存在，必须及时提出改进措施，提高产品和服务质量，并且要对给消费者造成的损失进行合理赔偿。

3. 环境保护与资源节约

（1）建立环境保护与资源节约制度

企业应当按照国家有关环境保护与资源节约的规定，结合本企业实际情况，建立环境保护与资源节约制度。第一，保护环境、节约资源不仅是企业基本的社会责任，也是法律意义上的责任。第二，建立环境保护与资源节约制度要结合本企业实际情况。不同企业生产性质不同，产生的环境问题和资源问题也会有所差异，建立的环境保护与资源节约制度也应有所不同。每个企业都应该建立环境保护与资源节约制度，以制度约束企业相关行为，规范企业的环境保护与资源开发利用活动。

二维码16　扩展阅读　共绘绿水青山——广州白云山药业集团2022年社会责任报告暨ESG（环境、社会及管治）报告节选

二维码16

（2）合理开发利用资源

企业应当重视资源节约和资源保护，着力开发利用可再生资源，防止对不可再生资源进行掠夺性或毁灭性开发。随着社会经济的快速发展，人类对资源的需求大幅增加，会导致大量不可再生资源的过度开发，这对国家的经济安全和社会经济的可持续发展将产生不利影响。因此，企业要认真落实节能减排责任，通过技术手段，合理利用并节约不可再生资源，积极开发和使用节能产品；通过开发利用清洁能源，减少污染源，降低对环境的危害，发展循环经济，降低污染物排放，提高资源的综合利用效率。

（3）发展清洁生产和循环经济

清洁生产的本质是从源头上减少环境污染。企业通过不断改进工艺流程、降低能耗和污染物排放水平，实现清洁生产。清洁生产是将整体预防的环境战略，持续应用于生产过程、产品和服务中，以提高生态效率，减少对人类及环境的危害。清洁生产的思想主要强调三个重点。第一，清洁能源，包括开发节能技术，尽可能开发利用再生能源以及合理利用常规能源。第二，清洁生产过程，包括尽可能不用或少用有毒有害原料和中间产品；对原材料和中间产品进行回收，改善管理，提高效率。第三，清洁产品，包括以不危害人体健康和生态环境为主导因素来考虑产品的制造过程甚至使用之后的回收利用，减少原材料和能源使用。

企业应当加强对废气、废水、废渣的综合治理，建立废料回收和循环利用制度。循环经济是一种以资源的高效利用和循环利用为目标，以"减量化、再利用、资源化"为原则，以物质闭路循环和能量梯次使用为特征，运用生态学规律来指导人类社会的经济活动，按照自然生态系统物质循环和能量流动方式运行的经济模式。其基本特征是：在资源开采环节，大力提高资源综合开发和回收利用率；在资源消耗环节，大力提高资源利用效率；在废弃物产生环节，大力开展资源综合利用；在再生资源产生环节，大力回收和循环利用各种废旧资源；在社会消费环节，大力提倡绿色消费。循环经济是一种新的系统观、经济观、价值观、生产观和消费观，有利于节约资源和保护环境，实现社会、经济与环境的可持续发展。

（4）环境保护与资源节约的监控与应急处理

企业应当建立环境保护和资源节约的监控制度，定期开展监督检查，发现问题，及时采取措施予以纠正；污染物排放超过国家有关规定的，企业应当承担治理或相关法律责任。当前，企业面临的竞争日益激烈，企业为了维持利润要降低成本，经理层也面临业绩考核的压力，企业管理层有可能会违反国家规定或者公司要求，为了追求经济增长而牺牲环境。因此，企业应当建立环境保护和资源节约的监控制度，完善激励与约束机制，明确职责，各司其职，各尽其责，严格监督，落实岗位责任制，一旦发现存在破坏环境、浪费资源的问题，应及时采取相关措施予以纠正，保证环境保护和资源节约等各项工作落到实处，以实现企业履行环境保护和资源节约的社会责任。对于污染物排放超过国家有关规定的，企业应当加大投入，完善污染物治理的设施，确保达到国家规定的排放标准。

建立环境保护与资源节约应急机制。发生紧急、重大环境污染事件时，应当启动应急机制，及时报告和处理，并依法追究相关责任人的责任。可以从两个方面理解：一方面，发生紧急、重大环境污染事件时，要按照规定程序向政府有关部门及时报告，及时进行处理，防止事态扩大，把对环境的破坏降低到最低限度；另一方面，要深入调查事件原因，分清责任，依法追究相关责任人的责任，采取整改措施，杜绝同类事件再次发生。

案例 2-6

字节跳动公布碳中和目标，承诺在 2030 年实现运营碳中和

2023 年 3 月 14 日，字节跳动公布碳中和目标，承诺在 2030 年实现自身运营层面的碳中和。基于这一目标，字节跳动计划在 2030 年前通过主动减排，减少至少 90% 的运营排放，其余 10% 将通过碳抵消的方式完成。

目前，字节跳动大部分的碳排放来自全球数据中心，部分数据中心已开始使用可再生能源。接下来，字节跳动计划逐步提升数据中心的可再生能源使用比例，在 2030 年前实现全球运营 100% 使用可再生能源电力。

字节跳动还将推动实现价值链上下游的减碳工作，并在 2023 年年底前设置具体、科学的减排目标。

同时，字节跳动旗下产品也将助力可持续发展相关内容的传播和普及。2022 年，"可持续发展"相关话题在抖音、今日头条和西瓜视频上获得了数十亿次浏览量。

资料来源：https://www.bytedance.com/zh/new ［2024-07-11］

4. 促进就业与员工权益保护

（1）合理设置工作岗位，促进就业

企业应当依法保护员工的合法权益，贯彻人力资源政策，保护员工依法享有劳动权利和履行劳动义务，保持工作岗位相对稳定，积极促进充分就业，切实履行社会责任。《中华人民共和国宪法》规定："中华人民共和国公民有劳动的权利和义务。"企业应当加强人力资源管理，通过组织结构的优化，先定任务、定职责，后定岗位、定编制，明确岗位职责，实施岗位聘任，积极促进就业。为保证员工合法权益受到保护，促进社会的充分就业，企业应当保持工作岗位的相对稳定，不得随意削减工作岗位。

（2）建立科学的员工薪酬制度和激励机制

企业应当与员工签订并履行劳动合同，遵循按劳分配、同工同酬的原则，建立科学的员工薪酬制度和激励机制，不得克扣或无故拖欠员工薪酬。

企业应当建立高级管理人员与一般员工薪酬的正常增长机制，切实保持合理水平，维护社会公平。高级管理人员与一般员工收入差距过于悬殊，会影响一般员工的工作积极性，也会影响社会的稳定。因此，应避免企业高级管理人员的收入水平与一般员工收入水平之间的差距过于悬殊。

（3）社会保险、健康监护和休息休假制度

企业应当及时办理员工社会保险，足额缴纳社会保险费，保障员工依法享受社会保险待遇。每个员工的生活和工作都会面临各种各样的不确定性，也会面临遭受损失的风险，从而对生存和生活产生重大的威胁，而社会保险是一种为丧失劳动能力、暂时失去劳动岗位或因健康原因造成损失的人口提供收入或补偿的社会和经济制度，为维持员工生存和生活提供了重要保障。

企业应当按照有关规定做好健康管理工作，预防、控制和消除职业危害；按期对员工进行非职业性健康监护，对从事有职业危害作业的员工进行职业性健康监护。可以从两个方面理解。第一，预防、控制和消除职业危害。很多特定的职业，由于在生产工艺方面存在比如有毒物质、粉尘、高温、辐射等有害因素，或者劳动过程中精神紧张、劳动强度过大等有害因素，以及生产组织方面的一些问题等，会对员工形成职业危害。对此，企业应当通过各种途径进行有效预防、控制和消除。第二，通过健康监护对员工健康进行跟踪。主要的手段包括定期健康检查、健康档案建立与分析等。健康监护包括对一般员工进行非职业性健康监护和对从事有职业危害作业的员工进行职业性健康监护。

企业应当遵守法定的劳动时间和休息休假制度，确保员工的休息休假权利。保证员工充分休息，是维持员工自身劳动水平的重要保障，不得随意剥夺。对于因工作需要进行加班的，应当按照国家相关规定向员工支付加班工资。

（4）加强职工代表大会和工会组织建设，维护员工合法权益

企业职工代表大会是企业实行民主管理的基本形式，对本单位的生产经营活动进行民主决策、民主管理和民主监督。工会组织是劳动者利益的代表，是由劳动者组成的特殊的社会组织，以劳动者代表的身份，就劳动关系中的矛盾和劳动问题与雇主进行交涉，维护劳动者的权益。此外，企业可以通过设立内部员工热线、员工建议邮箱、座谈会、午餐会等渠道和方式，保持员工与企业上层的顺畅沟通，有效维护员工的合法权益。

（5）开展员工职业教育培训

积极开展员工职业教育培训，创造平等的发展机会。员工是企业生存发展的内在动力，通过培训不断提高员工的素质，既是企业长远发展的需要，也是社会进步的需要，企业应当建立完善科学的员工培训教育机制，让员工得到尽快发展，并且应当保证培训教育对每个人公平、公正，使每个员工都能主宰自己的命运。

5. 重视产学研用结合，创建实习基地

随着我国社会经济的发展，对应用型人才的需求越来越大。企业、高校和科研机构在实践中应积极探索产学研用结合的有效模式和机制，积极创建实习基地，培养更多的应用型人才。企业应当充分运用市场机制和手段，积极开展与高校和科研院所的战略合作，联合创建国家重点实验室、工程中心等研发和产业化基地，实现优势互补，激发科研机构的创新活力；加速科技成果的转化和产业化，引导技术创新要素聚集到企业创造社会财富过程中来，使企业获得持续创新的能力。

6. 积极支持公益事业

企业应当积极履行社会公益方面的责任和义务，支持慈善事业。中华民族具有深厚的慈善文化传承。乐善好施、扶贫济困、帮残助医、支教助学等慈善爱心活动，是中华民族传统美德和人类社会文明的重要组成部分。近年来，越来越多企业在创造就业机会、促进地方经济发展的同时，积极投身公益事业。

大力推动企业支持社会慈善爱心活动，对于调动社会资源、调节贫富差距、缓解社会矛盾、构建和谐社会具有重要而深远的意义。而且，通过捐赠等慈善公益事业，企业还能获得无与伦比的广告效应，既能享受税收优惠，又能提升企业的形象和消费者的认可度与赞誉度，提高市场占有率，从而有利于企业发展。

案例 2-7

南航社会责任报告（节选）

一、董事会 ESG 管理方针及策略

1. 社会责任管理

南航严格落实国务院国资委、上海证券交易所、香港联合交易所等对社会责任工作的要求，制定《社会责任管理手册》，建立健全社会责任治理架构，进一步细化社会责任管理职能，将 ESG 事宜纳入各级职责，将社会责任指导委员会决策的 ESG 事宜上报董事会，强调董事会参与 ESG 管理工作。南航持续完善社会责任管理机制，常态化开展社会责任报告编制培训，设立社会责任示范基地，制定《南航社会责任示范基地管理办法》，创立社会责任日，每年举办社会责任日活动，同时在航班或地面不定期举办关于绿色飞行、节能减排相关活动，邀请旅客及员工积极参与，增进与利益相关方的沟通。

董事会作为 ESG 管理的最高决策机构，总体领导决策 ESG 管理工作，评估环境、社会及管治事宜对公司业务模式的潜在风险，参与并负责制定公司环境、社会及管治策略和目

标，确保将环境、社会及管治策略纳入业务决策流程；定期监控、检讨目标完成情况，提出改进建议；对ESG报告的重要性、量化、一致性及平衡进行审批。

社会责任指导委员会由董事长、总经理担任组长，社会责任工作分管领导、董事会秘书担任副组长，负责建立有效的社会责任ESG风险管理及内部监控系统，对公司社会责任工作进行决策、领导和推进，并定期向董事会汇报ESG事宜，以获得董事会的支持。ESG相关事宜主要包括监察企业ESG战略、目标、风险、策略等，定期检讨ESG目标进展，提出改进建议。

社会责任工作办公室设在宣传部，主要负责如下事项：落实社会责任指导委员会的各项决议；协调公司社会责任管理体系的建设与实施；编制并推动落实社会责任阶段性规划和年度工作计划，定期研究、总结、提升社会责任工作；统筹管理社会责任信息披露、社会责任示范基地建设、社会责任培训与交流、社会责任课题研究、社会责任评优活动等社会责任专项工作；监督相关职能部门和下属单位开展社会责任工作，并为其提供专业支持。

社会责任工作小组由总部职能部门和下属单位组成，参与编制社会责任报告，负责对应社会责任及ESG议题管理，制订ESG管理目标及工作计划，按照工作计划落实ESG管理，定期汇报ESG目标进展，协助开展ESG信息披露。

2. 重要性议题分析

基于内外部社会经济环境、公司发展战略、利益相关方调查与沟通等，南航在2020年重要性议题识别和分析的基础上，对重要性议题进行了分析和调整，明确2021年安全、环境、服务、员工、社会、经济等重点领域21个重要性议题，并经过董事会厘定审议与管理监督。

3. 利益相关方沟通

南航高度重视各利益相关方的期望和诉求，致力构建多元化沟通机制，采用多渠道与利益相关方进行沟通交流，切实保障各利益相关方的知情权、参与权和监督权，回应利益相关方的期望诉求。

董事会根据香港联合交易所ESG新版指引《咨询总结文件》，结合公司战略、联合国2030可持续发展目标等，识别与公司业务最息息相关、公司能够作出重大贡献的重要范畴，设定节能减排及环保、"双碳"、塑料污染治理等方面ESG年度目标或中长期目标，并定期对其实施及完成情况进行评估与检讨，就公司的ESG表现提出改善建议，以确保ESG政策已确切及持续地执行和实施。

二、夯实安全管理

南航坚决守牢安全底线，持续攻坚"强体系、严作风、控风险"安全硬仗，不断深化安全生产专项整治三年行动，深入推进安全七大体系建设，夯实安全基础，防控安全风险，营造良好的安全文化氛围，从根本上提升安全管控能力。2021年，南航未发生安全生产事故。

1. 安全制度建设

深化安全七大体系建设，坚持系统观念抓安全，以安全责任、规章手册、训练培训、过程控制、风险管控、安全文化、科技创新为核心,推动安全管理向制度化、结构化、体系化、信息化转型,不断提升安全治理体系和治理能力现代化水平。压紧压实安全责任,进一步厘清主体责任、领导责任、监管责任和岗位责任,修订完善和落实主体责任清单和岗位责任清单,确保安全责任不落空、不虚化。

2. 作风纪律建设

弘扬安全文化。启动"三个敬畏"暨安全文化宣讲,促进"三个敬畏"深入人心、见行见效。综合运用文化宣讲、专题讲座、线上微课等手段,切实强化安全宣教。制定并运用"全面从严治安四种形态",持续加强作风建设。

加强空勤队伍思想政治建设。完善专业队伍作风行为规范,构建系统高效的空勤队伍思想政治工作体系,开展"空勤队伍思想政治工作基础夯实年"活动。

实施作风量化。管理强化QAR数据应用、舱音监察、航线安全评估、远程视频监察等手段,推进作风显性化,努力做到作风问题"看得见、管得住"。

3. 安全风险管控

集中攻坚安全生产整治。坚持安全隐患"零容忍",持续推进"问题隐患清零",动态更新和管控"两个清单",修订完善制度规定和程序流程。启动"百日攻坚"活动,确保安全形势平稳。

提升系统风险管控能力,落实安全风险分级管控和隐患排查治理双重预防机制,强化风险联防联控,完善安全管理系统(ESMS)平台,优化应急预案。全面运行i-ORCS风险管控体系,衔接各单位专业风险管控职能,管控跨单位复杂风险。

特别策划

南航自愿报告系统收集来自基层员工关于危险源、安全隐患、安全风险等方面的自愿报告,旨在号召全体南航人关心安全,鼓励全体员工参与公司安全管理,梳理危险源、排查安全隐患、缓解安全风险,表达了"我关心"的含义。2021年,南航持续推广I-CARE系统,践行安全工作群众路线,聆听群众声音,回应群众关切,不断优化用户体验,有机结合"我为安全献真言"活动,根据收集的2.8万余条报告,修订手册、制度、程序170余项,发布安全警示51期,发起技改7次,有效解决员工关切的安全问题,提升安全水平,营造"主动管理、全员参与、团队互助、持续改进"文化氛围。

资料来源:https://www.csairgroup.cn/pdfjs/web/viewer.html?file=/cn/shzr16/shzrbg95/20230428095643290000/0/20230428095636559856.pdf [2024—07—11]

2.6 企业文化

2.6.1 企业文化的定义

党的二十大报告指出:"中华优秀传统文化源远流长、博大精深,是中华文明的智慧结晶,其中蕴含的天下为公、民为邦本、为政以德、革故鼎新、任人唯贤、天人合一、自强不息、厚德载物、讲信修睦、亲仁善邻等,是中国人民在长期生产生活中积累的宇宙观、天下观、社会观、道德观的重要体现，同科学社会主义价值观主张具有高度契合性。"企业文化是企业在生产经营实践中逐步形成的，为全体员工所认同并遵守的带有本组织特点的使命、愿景、精神、价值观和经营理念，以及在这些理念基础上形成的行为规范的总称。

企业文化具有无形的管理功能，这已为众多的管理实践所证实。企业文化用共同的理想、价值观和行为准则等对员工进行管理，发挥的是道德的力量、信念的力量和心理的力量，对企业吸引力、战斗力、公信力等的形成和提高具有重要意义，是现代化管理的高层次选择。其中，吸引力是指一个企业的向心力，它可以让企业内部员工贴得更近，也可以让外界人员向企业靠得更近，这是企业文化的魅力；战斗力是员工的作战能力，优秀的企业文化能让员工思想统一、步调一致，这样的团队才有战斗力；公信力是指健康的企业文化，不但是企业员工的精神支柱，而且能提高企业的公众信誉，给企业带来难以估计的社会效益。

案例 2-8

字节跳动的企业文化

字节范是字节跳动企业文化的重要组成部分，是其员工共同认可的行为准则。

始终创业：保持创业心态，始终开创而不守成，创新而非依赖资源；敏捷有效，最简化流程，避免简单事情复杂化；对外敏锐谦逊，避免自满。

多元兼容：欣赏个性多样化，聚焦人的核心特质；全球视野，理解不同文化、观点和实践；善意假设，默认开放信任，有效合作。

坦诚清晰：表达真实想法，不怕暴露问题，反对"向上管理"；准确、简洁、直接、少用抽象模糊、空泛的词；就事论事，理性沟通，避免主观臆测和情绪化表达。

求真务实：独立思考，刨根问底，找到本质；直接体验，深入事实，拿一手数据或信息；不自嗨，注重实际效果。

敢为极致：敢于为了更好的结果，明智地冒险，注重整体投资回报率；尝试多种可能性，在更大范围里找最优解；追求卓越，高标准，不仅做了，更要做好。

共同成长：相信并认可使命和愿景，基于使命愿景自驱；面对短期波动有耐心、有韧性，共同解决问题；持续学习，不设边界，与组织一起成长。

资料来源：https://www.bytedance.com/zh/　[2027-07-11]

2.6.2　企业文化建设中应关注的风险

企业在加强文化建设中应当关注的风险，主要包括两个方面的内容。

1. 关注企业现有文化中存在的风险

企业现有文化中存在的风险主要有以下几方面：一是缺乏积极向上的企业文化，导致员工丧失对企业的信心和认同感，企业缺乏凝聚力和竞争力；二是缺乏开拓创新、团队协作的精神和风险意识，可能导致企业发展目标难以实现，影响可持续发展；三是缺乏诚实守信的经营理念，导致舞弊事件的发生，给企业造成损失，影响企业信誉。这实际也指出了企业在进行文化建设时应该重点注意的方面。

2. 关注企业在并购重组中的文化风险

忽视企业间的文化差异和理念冲突，可能导致并购重组失败。由于企业文化具有稳定性，具有不同企业文化的企业进行并购重组后，新企业内部不同文化之间可能存在很大的冲突，导致企业不能正常运行，给企业带来损失。因此，企业在进行并购重组可行性分析时，必须考虑重组后组织内部可能存在的文化冲突是否能够解决；企业并购重组之后，文化重组更要谨慎进行。

2.6.3 企业文化内部控制

1. 培育企业特色文化

企业的文化是专属于特定群体的，具有鲜明的个性和特色，具有相对独立性，这是由企业目标、企业传统、企业的生产经营管理特色、企业员工素质以及内外环境不同所决定的。如果每个企业的文化都一样，那么这样的企业文化是没有吸引力的，就变成了一种行业文化或社会文化。因此，企业必须培育具有自身特色的企业文化，以形成整体团队的向心力，促进企业长远发展。

企业文化是价值观、经营理念和企业精神，以及在此基础上形成的行为规范的总称，因此对企业文化内涵的要求是：价值观要积极向上，经营理念要诚实守信，企业精神要开拓创新，行为规范要体现团队协作和风险防范意识，还要能够承担社会责任。另外，在并购重组后，企业应当重视平等对待被并购方的员工，促进并购双方的文化融合。在企业并购重组过程中，实现企业文化的融合是并购重组成功的关键因素。

培育企业文化要总结优良传统，挖掘文化底蕴，提炼核心价值，确定文化建设的目标和内容，形成企业文化规范，使其成为员工行为守则的重要组成部分。也就是说，企业的文化最终要形成书面的规范让员工遵守，不能只是停留在零散的意识层面。

二维码 17

二维码 17　扩展阅读　北京同仁堂企业文化

2. 打造以主业为核心的企业品牌

打造以主业为核心的企业品牌，培育具有自身特色的企业文化。一方面，优秀的企业文化，对于提升企业的品牌形象将发挥巨大的作用。独具特色的优秀企业文化能产生巨大的品牌效应。无论是国外著名的跨国公司，如"微软""福特""可口可乐"，还是国内知名的企业集团，如"海尔""华为"等，它们独特的企业文化在其品牌形象建设过程中都发挥了巨大作用。企业在公众心目中的品牌形象，是一个由以产品服务为主的"硬件"和以企业文化为主的"软件"所组成的复合体。另一方面，企业的品牌价值是时间的积累，也是企业文化的积累，很多时候，品牌已经成为一个企业文化的代名词。因此，企业在文化建设中，打造以主业为核心的企业品牌具有很重要的作用。

3. 高级管理人员在企业文化建设中的作用

企业的董事、监事、经理和其他高级管理人员在企业文化建设中应当发挥主导和垂范作用，以自身的优秀品格和脚踏实地的工作作风，带动影响整个团队，共同营造积极向上的企业文化环境。同时，企业应当促进文化建设在内部各层级的有效沟通，加强企业文化的宣传贯彻，确保全体员工共同遵守。企业文化的形成是企业所有员工的努力，最终也要靠所有员工践行，因此，文化建设中的沟通和宣传就显得尤为重要。

二维码18　扩展阅读　任正非身上的这6个特质，值得每一位创业者学习

二维码18

4. 企业文化的融合

企业文化建设应当融入生产经营全过程，切实做到文化建设与发展战略的有机结合，增强员工的责任感和使命感，规范员工行为方式，使员工自身价值在企业发展中得到充分体现。企业应当加强对员工的文化教育和熏陶，全面提升员工的文化修养和内在素质。加强对员工的文化教育和熏陶，提升员工的文化修养和内在素质可以使员工更快地理解企业文化的真正内涵，并更好地将文化融入自身日常的行为习惯中。

5. 建立企业文化评估制度

企业建立企业文化评估制度，要明确评估的内容、程序和方法，落实评估责任制。企业文化评估应当重点关注以下六个方面：一是董事、监事、经理和其他高级管理人员在企业文化建设中的责任履行情况；二是全体员工对企业价值观的认同感；三是企业经营管理行为与企业文化的一致性；四是企业品牌的社会影响力；五是参与企业并购重组的各方的文化融合度；六是员工对企业未来发展的信心。

案例 2-9

百度的使命和价值观

百度于2000年1月1日创立于中关村，创始人李彦宏，百度公司拥有"超链分析"技术专利，使中国成为美国、俄罗斯和韩国之外，全球仅有的4个拥有搜索引擎核心技术的国家之一。百度每天响应来自100余个国家和地区的数十亿次搜索请求，是网民获取中文信息和服务的最主要入口，服务10亿个互联网用户，是全球最大的中文搜索引擎、最大的中文网站。

百度的使命：用科技让复杂的世界更简单。

百度的愿景：成为最懂用户，并能帮助人们成长的全球顶级高科技公司。

百度的价值观：简单可依赖。

百度一直秉承着"科技为更好"的社会责任理念，坚持运用创新技术，聚焦于解决社会问题，履行企业公民的社会责任，为帮助全球用户创造更加美好的生活而不断努力。百度"AI寻人"项目与民政部进行合作，借助跨年龄人脸识别技术，已帮助12000多名走失者与家人团聚。百度"共益计划"已收到超过300家公益组织机构的入驻申请，帮助200多家公益组织机构在百度上进行了免费推广，涵盖了教育、环保、医疗、扶贫等广阔的社会议题。

资料来源：http://home.baidu.com/home/index/company　[2024-06-25]

本章小结

内部环境是其他内部控制要素的基础，为其他控制要素提供支持，同时也影响企业目标的实现。内部环境受到包括企业价值观、治理结构、机构设置及权责分配、内部审计、人力资源政策、社会责任和企业文化等因素的影响。内部环境有以下特征：遵循法律法规、构建对社会高度负责的意识与氛围；内部环境的核心是以人为本，是企业实施科学管控的基础与平台。有效的内部环境能够起到以下作用：支持实现企业目标的风险评估、执行控制活动，建立信息与沟通及执行监督。建立并保持良好内部环境的企业，能够在面临内外部压力时，更具应变能力。这种应变能力来自企业治理结构体现出的诚信、道德价值观、严密的监管流程、适当的权责利分配、较强的胜任能力和实现目标的强烈责任感。

企业文化可以被看作内部环境的同义词。为企业整体团队所认同并遵守的诚信和价值观、经营理念和企业精神等有效的文化要素都能够使内部环境更有效。企业高管层应该意识到企业文化直接影响着内部环境，同时也影响内部控制的其他要素。

论述题

1. 什么是内部环境？它包括哪些内容？
2. 什么是企业组织架构？它分为哪几个层面？
3. 企业治理结构层面内部控制设计一般有哪些要求？
4. 企业在制定和实施发展战略中应关注哪些风险？
5. 如何理解企业人力资源管理中的风险？
6. 企业人力资源内部控制包括哪些内容？
7. 如何理解企业的社会责任？
8. 什么是企业文化？如何理解企业文化在企业中的作用？

自测题

一、单项选择题

1. 下列属于企业治理结构层面的风险是（　　）。
   A. 股东是否可以通过股东大会行使自己的权利
   B. 企业是否有明确的书面说明和规定来规范各职能部门的职责权限以及组织的运行流程
   C. 企业内部机构是否与企业发展战略一致，并能够根据环境变化及时做出调整
   D. 企业内部机构的设计与运行能否保证各部门、各层级之间信息沟通的渠道顺畅

2. "三重一大"是指企业的重大决策、重大事项、重要人事任免及（　　）等业务。
   A. 大批量采购　　B. 大批量销售　　C. 大额资金支付　　D. 大额贷款

3. 企业对发展战略实施情况进行监控的主体是董事会下属的（　　）。
   A. 审计委员会　　B. 提名委员会　　C. 内部审计部门　　D. 战略委员会
4. 企业制定的发展战略属于企业重大事项，要报经（　　）批准实施。
   A. 股东（大）会　B. 董事会　　C. 战略委员会　　D. 董事长
5. 内部控制要求，企业选聘人员应实行（　　），以有效防范在选聘人员过程中的舞弊风险。
   A. 考试制度　　B. 考核制度　　C. 保密制度　　D. 回避制度
6. 企业在组织生产经营活动中，任用或录用的各种人员，包括董事、监事、高级管理人员和全体员工，被称为企业的（　　）。
   A. 人力资源　　B. 人际关系　　C. 企业员工　　D. 企业劳动力
7. （　　）指明了企业的发展方向、发展目标与实施路径，描绘了企业未来的经营方向和目标纲领。它是企业发展的蓝图，是企业进行市场定位的依据，关系着企业的长远生存与发展。
   A. 企业规划　　B. 发展战略　　C. 战略目标　　D. 发展目标
8. 企业履行社会责任应当关注的风险不包括（　　）。
   A. 安全生产措施不到位，责任不落实，可能导致企业发生安全事故
   B. 产品质量低劣，侵害消费者利益，可能导致企业巨额赔偿、形象受损
   C. 环境保护投入不足，资源耗费大，造成环境污染或资源枯竭
   D. 经营不善，资不抵债，甚至破产
9. 内部环境因素中起保障性作用的是（　　）。
   A. 公司治理结构　B. 发展战略　　C. 企业文化　　D. 社会责任
10. 在企业文化建设中应当发挥主导和垂范作用的是（　　）。
    A. 全体员工　　　　　　　　B. 基层员工
    C. 企业高级管理人员　　　　D. 董事会

二、多项选择题

1. 内部环境类指引进一步规范了我国企业内部环境的内容，并统筹构建了由（　　）组成的企业内部环境框架。
   A. 组织架构　　　　　B. 发展战略　　　　　C. 人力资源
   D. 社会责任　　　　　E. 企业文化
2. 下列关于内部环境的描述正确的是（　　）。
   A. 良好的内部环境是依法依规办事、对社会高度负责的意识与氛围
   B. 内部环境的核心是以人为本
   C. 内部环境是企业实施科学管控的基础与平台
   D. 内部环境构成企业的一种基本氛围
   E. 内部环境是影响和制约企业内部控制建立与实施的各种内部因素的总和
3. 组织架构设计与运行的内部控制目标主要包括（　　）。
   A. 明确组织架构的设计依据　　　　B. 建立科学合理的组织架构
   C. 权利与责任划分到具体岗位　　　D. 执行风险评估程序

E. 形成企业价值观

4. 对于"三重一大"业务，企业应当按照规定的权限和程序实行（   ）。
   A. 董事长负责制   B. 集体决策审批   C. 联签制度
   D. 总经理负责制   E. 项目经理负责制

5. 人力资源的使用与退出的内部控制包括（   ）。
   A. 薪酬制度   B. 激励约束机制   C. 轮岗制度
   D. 退出机制   E. 评估机制

6. 企业应当按照公司章程和相关法规的规定，建立职工代表大会制度和企业工会，通过（   ）等渠道，保证员工与企业上层的信息畅通，维护职工的合法权益。
   A. 企业内部员工热线   B. 企业内部投诉   C. 内部媒体
   D. 员工建议箱   E. 企业领导接待日

7. 社会责任是指企业在经营发展过程中应当履行的社会职责和义务，下列属于企业社会责任的是（   ）。
   A. 安全生产   B. 产品质量或服务   C. 环境保护和资源节约
   D. 促进就业   E. 员工权益保护

8. 企业应急预案通常是指企业面对突发事件如（   ）或其他事件时的应急管理、指挥和救援计划等。
   A. 重大自然灾害   B. 火灾   C. 人员伤亡
   D. 公共卫生事件   E. 恐怖事件

9. 企业文化是企业在生产经营实践中逐步形成，并且为整体团队所认同并遵守的（   ），以及在此基础上形成的行为规范的总称。
   A. 价值观   B. 经营理念   C. 企业精神
   D. 绩效考核指标   E. 员工手册

10. 关于企业文化，下列描述正确的是（   ）。
    A. 企业文化要打造以主业为核心的企业品牌
    B. 企业文化最终要形成书面的规范让员工遵守
    C. 每个企业的企业文化都基本相同，差别不大
    D. 企业文化建设就是规范员工的行为
    E. 企业文化就是企业提出的口号

第 3 章 风险评估

学习目标

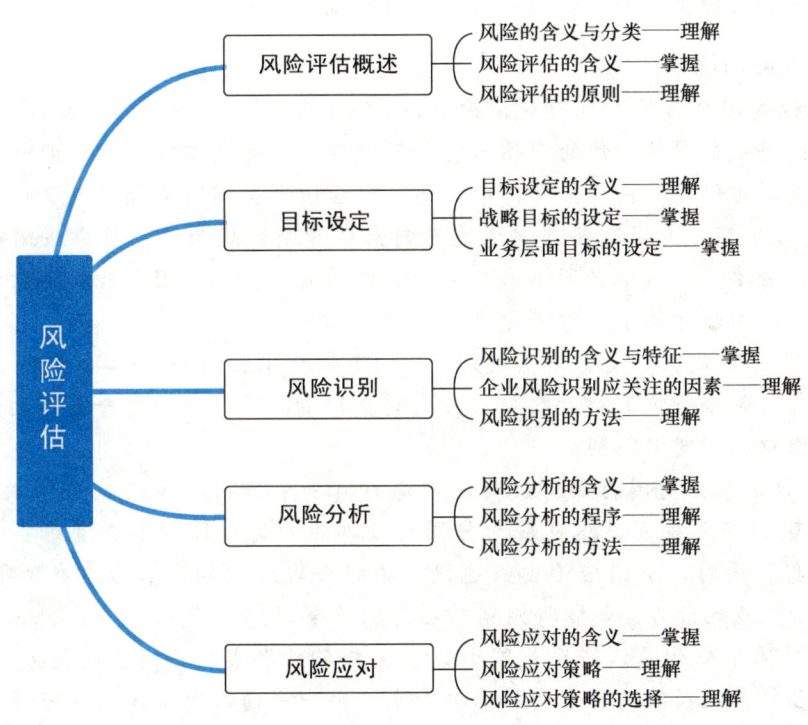

中兴通讯脱困

2022年3月23日午间,通信巨头中兴通讯复盘后,A股瞬间涨停,港股下午开盘最高涨幅超过53%,截至休市上涨23.14%,甚至整个5G通信板块都在走强。中兴股价暴涨源自中兴通讯发布的一则公告。

2022年3月23日午间,中兴通讯发布内幕消息公告及复牌公告。公告称,公司于美国时间2022年3月22日收到法院判决,裁定不予撤销中兴通讯的缓刑期(即缓刑期届满)且不附加任何处罚,并确认监察官任期将于原定的2022年3月22日(美国时间)结束。

美方法院的判决,不仅宣告了美国对于中兴通讯的7年缓刑期终于结束,更意味着中兴通讯终于摆脱了纠缠了7年之久的来自美方的制裁。

1. 中兴事件时间线

中兴通讯被美国制裁的时间可追溯到2010年。当年,中兴通讯通过签订合同的方式,将一批混有美国科技公司软硬件的产品出售给了伊朗最大的电信营运商伊朗电信(TCI)。因为此举违反了美国对伊朗的出口禁令,中兴通讯随后遭到美国商务部调查。

2016年3月7日,美国商务部以违反美国出口管制法规为由,将中兴通讯及其三家关联公司列入实体清单,并对中兴通讯采取限制出口措施,禁止美国企业对其出售包括芯片在内的元器件产品,由此开始了对中兴通讯的制裁。

美国商务部的制裁理由是,中兴通讯自2010年1月至2016年4月期间,在已知美国依据《伊朗交易与制裁条例》对伊朗长期实施制裁的情况下,仍将内含美国制造的受限类配件和软件产品出口到伊朗以获利。

2017年3月7日,美国司法部、财政部海外资产管理办公室与商务部共同做出决定,对中兴通讯罚款11.9亿美元,这也成为美国财政部海外资产控制办公室对非金融机构开出的历史最大罚单。同时,美国给予中兴通讯7年的合规缓刑期,若后者在7年内(含2016年)不再发生任何违规行为,美方将撤销对后者的禁令。

随后,中兴通讯公开承认违反美国出口管制禁令的事实,并同意向美方支付8.92亿美元罚款,另外3亿美元罚款是否支付将依据未来5年中兴通讯对协议的遵守情况而定。而作为认罪条件,中兴通讯当时同意开除4名高级管理人员,并对其他35人进行处罚。

2018年4月16日,美国商务部指称中兴通讯于2016年11月和2017年7月呈交美国政府函件中做出虚假陈述,禁令再次启动。禁令生效后,由于无法采购美国供应商的零部件,中兴通讯陷入停摆。当时的公告称,中兴通讯主要经营活动已无法进行。

2018年6月7日,在中兴通讯陷入停摆近两个月后,美国商务部正式宣布已与中兴通讯达成新和解协议,美方将撤销对中兴通讯的封杀禁令,中兴通讯恢复业务运营。协议里规定了对中兴通讯的处罚措施:中兴通讯支付10亿美元罚款,另外准备4亿美元交由第三方保管。

2018年6月、7月中兴通讯发布公告,数名高管辞职。7月14日,中兴通讯在社交媒体上表示将"满怀信心再出发"。中兴通讯总部 LED 广告牌上挂出了"解禁了！痛定思痛！再踏征程！"的标语。2018 年 10 月 7 日晚，中兴通讯发布公告，得克萨斯州北区美国地方法院延长法院任命的监察官的任期至 2022 年 3 月 22 日（美国时间）。

在全球 5G 发展最关键的时期摆脱了和美方纠缠 7 年的制裁，中兴通讯终于可以"轻装上阵"。中兴通讯 2021 年年报显示，营业收入和净利润均创下历史新高，公司实现营业收入 1145.2 亿元，同比增长 12.9%；归母净利润为 68.1 亿元，同比增长 59.9%。

2. 实体清单中的中国企业

实体清单是美国商务部产业与安全局对特定对象实施出口限制的手段，凡是被列入该名单的实体，必须在获得许可的前提下才能与美国企业进行商业交易。

在中兴通讯之外，华为是美国实体清单中最受关注的中国企业。2019 年 5 月 15 日，美国商务部以"国家安全方面的担忧"为由，将华为及其 68 家非美国关联企业列入其"实体清单"。

2019 年 8 月 19 日，美国商务部宣布将把华为购买美国产品的临时通用许可证（TGL）再次延长 90 天，截止日期是 2019 年 11 月 19 日。同时新增 46 家与华为有关联的企业，被列入"实体清单"。

2020 年 8 月 17 日，美国商务部再次将华为在全球 21 个国家/地区的 38 家华为分支机构列入了"实体清单"。

在中兴通讯、华为之外，2019 年 10 月 7 日，美国商务部将 28 家中国的机构和公司列入了美国出口管制"实体清单"，其中包括海康威视、科大讯飞、商汤科技、旷视科技等企业。

2020 年 5 月 23 日，美国商务部宣布将 33 家中国科技公司及机构列入出口管制名单，这是对美国商务部产业与安全局于 2019 年 10 月宣布的 28 家"实体清单"的补充，其中包括奇虎 360、云从科技等企业。

这些被列入美国"实体清单"的企业，都在技术创新方面发挥着重要的作用，中兴通讯掌握大量 5G 关键专利；华为拥有自主芯片、5G 断码标准等。但由于芯片等"卡脖子"关键技术，进入"实体清单"的中国企业往往面临被断供芯片等难题，而芯片一旦被断供很可能就是生死问题。

2019 年之前，华为手机在全球突飞猛进，其智能手机出货总量为 2.406 亿部，排名全球第二；但"实体清单"事件发生后，芯片断供，华为手机出货量明显下降，根据数据调研机构 Omdia 的最新报告，华为手机出货量仅为 3500 万部，排名全球第九。不过，在通信设备市场上，华为的成绩依然傲人。根据市场调研公司 Dell'Oro 集团的数据，按销售额计算，华为 2021 年占全球通信设备市场 28.7% 的份额，位居全球第一；爱立信以 15% 的份额位居全球第二；诺基亚市场份额为 14.9%，中兴通讯为 10.5%，思科为 5.6%，三星电子为 3.1%。

资料来源：赵东山，中兴通讯脱困，中国企业家杂志官方账号，2022 年 3 月 25 日 11：56，有删减。

3.1 风险评估概述

古语有云:"宜未雨而绸缪,毋临渴而掘井。"党的二十大报告指出:"必须坚持系统观念。万事万物是相互联系、相互依存的。只有用普遍联系的、全面系统的、发展变化的观点观察事物,才能把握事物发展规律。"当前世界经济格局加速演变,全球动荡源日益增多,企业面临的风险也越发复杂多变,因此,企业应根据设定的控制目标,全面系统持续地收集相关信息,结合实际情况,建立行之有效的风险评估机制,有效防范风险,这对企业来说至关重要。

3.1.1 风险的含义与分类

1. 风险的含义

"风险"一词的由来,最为普遍的一种说法是,在远古时期,以捕捞打鱼为生的渔民们在长期的捕捞实践中,深深地体会到"风"给他们带来无法确定的危险,对他们来说,"风"即意味着"险",因此便有了"风险"一词。

学术界对于风险的定义众说纷纭,主要有以下几类观点。

(1) 风险是损失的不确定性

风险,意味着企业目标实现过程中发生损失的可能性,或在一定条件下发生不利的不确定性。这种不确定性又有主观和客观之分,主观的不确定性是指人们由于个人的知识、经验、精神和心理状态等不同,对发生损失的认识或估计有所不同。例如是否发生、何时发生、发生的后果等。客观的不确定性是指损失可以用客观的概率来测定,这使得风险管理领域也引入了概率统计等科学方法。

(2) 风险是实际结果和预期结果的差异

风险是指实际结果与预期目标的差异,这种差异既可以是正面的(机会),也可以是负面的(损失)。例如,某投资者估算 A 项目的预期收益率为 8%,而未来项目的实际收益率可能是 10%,也可能是 -5%,这种实际结果与预期值的差异即为风险。

(3) 风险是指未来可能发生的结果间的差异

有学者提出,风险是指在特定情况和特定时间内,那些可能发生的结果间的差异。如果肯定只有一个结果发生,则差异为零,风险为零;如果有多种可能结果,则有风险,且差异越大,风险越大。统计学上也常用未来结果分布的方差测度,方差越大,意味着风险也越大。

实务界对风险的定义也不全然相同,例如国资委2006年印发的《中央企业全面风险管理指引》提出,企业风险是指"未来的不确定性对企业实现其经营目标的影响"。国际标准化组织(ISO)2009年发布的 ISO 31000—2018标准《风险管理——原则与指南》指出,风险是"不确定性对组织目标的影响"。美国反虚假财务报告委员会下属的发起人委员会(COSO)2017版《企业风险管理框架》认为风险是指"事项发生并影响战略和业务目标之实现的可能性"。这类实务观点兼顾了正面和负面的影响。

以上观点的表述虽有所不同,但都围绕着"不确定性"展开讨论,因此"不确定性"

是风险含义的核心所在。

2. 风险的分类

对风险进行分类有助于更好地认识和管理风险。按照不同的角度，对风险有不同的划分，以下是几种常见的分类方法。

（1）按风险的后果分类

按风险的后果不同，风险可分为纯粹风险和投机风险。纯粹风险是指只可能造成损失而无法获得利益的风险，如火灾、瘟疫、车祸等。投机风险是指既可能带来损失又隐含利益的风险，如买卖股票、研发新技术等。生活中同一个风险可能兼具纯粹风险和投机风险的性质，车祸对车主来说是纯粹风险，但对保险公司来说可以通过大数定律进行预测进而获得一定的收益，属于投机风险。

（2）按损失产生的原因分类

按损失产生的原因不同，风险可分为自然风险和人为风险。自然风险是指由于自然界不可抗力而引起的财产毁损或人员伤亡的风险，如地震、台风、洪水等。自然风险一般无法转移或分散，但可以通过一定措施加以防范。人为风险是指由人的活动带来的风险。人为风险可以细分为行为风险、经济风险、技术风险、政治风险和法律风险等。

（3）按风险形成的原因分类

按风险形成的原因不同，风险可分为主观风险和客观风险。主观风险是由人们心理意识确定的风险，客观风险是客观存在的、不以人的意志为转移的风险。例如同一种投资标的，其客观风险相同，但不同投资者对其风险的主观判断却不尽相同。

（4）按风险的对象分类

按风险的对象不同，风险可分为财产风险、人身风险和责任风险。财产风险是指导致财产发生毁损、灭失和贬值的风险。例如，厂房有因火灾遭受损失的风险，机动车有因车祸而毁损的风险，财产价值因经济因素有贬值的风险。人身风险是指因生、老、病、死、残等导致经济损失的风险。责任风险是指因侵权或违约对他人造成人身伤亡或财产损失，依法应负赔偿责任的风险。例如汽车驾驶员如果因过失致行人受伤则须对受害人或家属给付赔偿金，建筑承包商如果未按合同约定及时完工则要承担违约责任。

（5）按风险的来源分类

按风险的来源不同，风险可分为外部风险和内部风险。除一般意义上的风险类型划分之外，企业在生产经营中也面临诸多风险。企业面临的外部风险包括行业及经济环境的改变、政治事件、信息技术更迭、竞争对手的变化、法律法规变化等；内部风险包括员工的素质与能力、管理层决策水平、股东结构的变更等。

（6）按风险是否可以控制分类

按风险是否可以控制，风险可分为可控风险和不可控风险。可控风险是指可以预测并可以采取相应的措施加以控制的风险，反之则为不可控风险。企业能否控制风险，取决于风险本身的不确定性和企业的管理能力两个方面。要降低风险的不确定性，企业就必须尽可能地掌握有关的信息，积累经验，提高决策水平。随着相关信息的增加及管理水平的提高，有些不可控风险可以变为可控风险。

3.1.2 风险评估的含义

风险评估是指企业在既定的控制目标下，识别出不确定事项发生或产生负面影响的可能性，根据风险承受度评价风险，合理确定风险应对策略。

COSO 发布的《内部控制——整合框架》（2013）将目标设定、风险识别、风险分析和风险应对作为风险评估的四个步骤。同时，企业应在风险评估的整个过程中保持良好的沟通与记录，做好文档记录和管理工作，并将监督和检查工作贯穿始终，风险评估的基本步骤如图 3-1 所示。风险评估是一个动态的过程，企业应使用持续评估和定期评估相结合的方法。

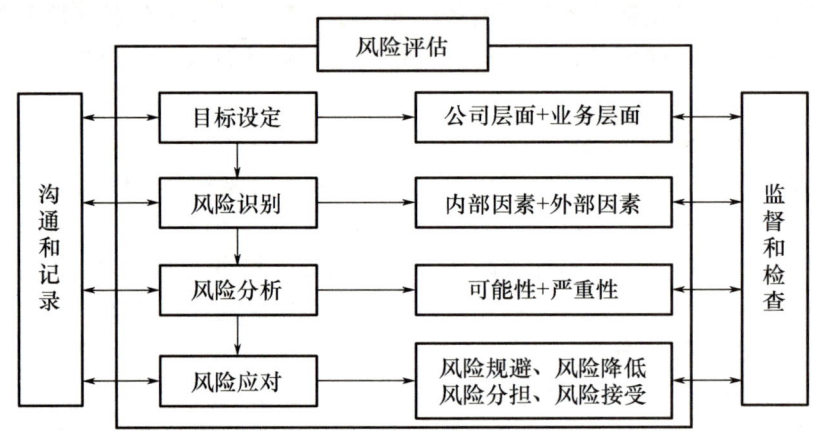

图 3-1 风险评估的基本步骤

风险评估是企业决策的基础，而风险评估的前提是确立企业各个层面的目标，然而，由于企业所遇到的风险类型各不相同，管理层需要具备强大的识别和分析能力，才能辨别和确定经营、财务报告及合规目标中的风险，同时还要考虑这些目标是否恰当。另外，风险评估还要求管理层考虑企业外部环境可能发生的变化以及自身经营模式可能导致内部控制失效的影响。

风险与收益之间存在内在的对应关系，高风险业务可能产生高收益，低风险业务只能带来低收益。企业管理者在为股东创造最大化的财富，提升企业价值的同时，必然也承担一定的风险。因此，为避免企业出现经营决策的错误，并承担可承受的风险，谋求最大化收益，我们必须在风险评估的基础上进行战略决策和选择执行手段。

 案例 3-1

中海外波兰 A2 高速公路项目

2009 年 9 月，中国中铁旗下的两家全资子公司中海外和中铁隧道联合上海建工集团及波兰德科玛有限公司（DECOMA）组成中海外联合体（以下简称中海外），中标波兰 A2 高速公路中最长的 A、C 两个标段，总里程 49km，总报价 13 亿波兰兹罗提（约合 4.72 亿美元/30.49 亿元人民币），工期从 2009 年 10 月 5 日至 2012 年 6 月 4 日（含设计期）。到 2011 年 6 月，工期已经过去一大半，而工程量只完成不到 20%。2011 年 6 月初，中海外决定放弃该工程。

一场原本为打入欧洲市场不惜一切代价也要赢得的工程，为何如此惨淡收场？

1. 超低报价，舆论哗然

中海外不及波兰政府预算一半的报价一度引来低价倾销的指责。针对此现象，中海外曾做出回应：公司将"依靠特殊的管理方式压缩成本，并非亏本经营"。然而，不久后中海外就发现自己低估了困难。2011年5月，因未按时向波兰分包商支付贷款，导致工程自2011年5月18日起停工。工程进展迟缓的背后是项目亏损逐渐浮现。中海外承认，要按13亿波兰兹罗提的报价如期完工是不可能的事。公司最终决定放弃该工程，因为如果坚持做完，中海外可能因此亏损3.94亿美元（约合25.45亿元人民币）。波兰业主则给中海外开出了7.41亿波兰兹罗提（约合2.71亿美元/17.51亿元人民币）的赔偿要求和罚单，外加三年内禁止其在波兰市场参与招标。联合体中的波兰合作伙伴波兰德科玛有限公司，亦可能在业主方的强硬追索下破产。

2. 忽视前期工作，投标体系不规范

中海外制订低价中标策略，希望利用我国廉价劳动力优势降低成本。但是，波兰A2高速公路项目实施过程并不顺利。第一，预想的低劳动力成本优势不存在。很多设备必须在当地租赁，需要当地工人操作。按照波兰劳工法，海外劳工工资必须符合当地工资水平。第二，当中海外以原材料、人工、汇率等成本骤升，施工过程中发生多项重大工程变更等为理由提出变更索赔时，波兰方却自始至终强调"以合同为准"，拒绝给予赔偿，最终导致该项目成本严重超支。

3. 缺乏合同意识，管理不规范

A2项目采用国际工程通用的FIDIC标准合同，中海外中标后和波兰公路管理局签署的是波兰语合同。但是中海外只是请人翻译了部分合同，合同的英文版和中文版只有内容摘要。此外，由于合同涉及大量法律和工程术语，摘要翻译得也不尽如人意。FIDIC标准合同条款规定业主应在开工前向承包商支付启动资金，但在所签订的合同中，关于工程款预付的条款全部被删除，工程没有预付款。

合同规定，咨询工程师每个月根据项目进度开具"中期付款证明"（Interim Payment Certificate），核定本月工程额，承包商则据此开具发票，业主收到发票之后才付款。项目经理部与业主约定30~40天结算工程款项，但是波兰当地分包商的结算周期通常是每周结算，这就让项目经理部面临巨大的资金压力。

中海外与业主签订的合同可以说是一份不平等的合同，与FIDIC标准合同相比，业主删除了很多对承包商有利的条款。

4. 风险控制机制不完善

项目立项进场时，波兰A2高速公路其他三个标段的施工还没有完全展开，波兰当地的原材料供应并不紧张，价格尚处于低谷。波兰驻华大使馆曾经建议中海外尽早和原材料、分包商签订合同，将利益绑在一起。因为波兰市场的价格变化很快，只有签订合同才能将双方的利益绑定。但是，由于不了解波兰建筑市场的特点，加上前期资金紧张，项目经理部没有

采纳波兰驻华大使馆的建议。结果，不到一年时间，波兰经济开始复苏，原材料的价格从 8 波兰兹罗提/吨上涨到 20 波兰兹罗提/吨（约 33.7 元人民币），挖掘设备的租赁价格也同时上涨了 5 倍以上。

5. 忽视环境保护

《C 标段环境影响报告》表明，该路段沿途一共生存 7 种珍稀两栖动物。负责 C 标段设计的波兰分包商多次要求项目经理部在做施工准备时必须妥善处理青蛙的问题，项目经理部没有及时回应。3 周后，波兰设计分包商专门派人来到项目经理部办公室，要求中方员工马上动手把珍稀蛙类搬到安全地带，因为两周后当地将降温，可能会结冰，到时这些蛙类就要冬眠了。项目为此停工两周，全力以赴给蛙类搬家。波兰设计分包商还要求项目经理部在高速公路通过区域为蛙类和其他大中型动物建设 6 条专门的通道。但是，这些动物通道成本在中海外原来的投标报价中都没有加以考虑。据统计，在波兰高速公路项目投资中环境保护成本通常占 10% 左右。因此，在波兰 A2 高速公路项目中，中海外的总体成本还需要增加 10%～15%。

6. 内部理念不同，纷争不断

开工后不到半年，局面已日益被动。为了扭转项目的僵局，波兰 A2 高速公路项目联合董事会对项目经理进行了调整，调动中海外总工程师（原中国中铁隧道局集团公司海外公司经理）到波兰 A2 高速公路项目组担任项目经理。但是，新项目经理到波兰上任之时，已经是波兰的冬天，只能等到 2011 年 3 月才能全面开工。自此，波兰 A2 高速公路项目组由原先的中海外"坐庄"，实质上变成了由中铁隧道掌舵，但形式上，仍受北京的中海外总部控制。

联合体内部也出现了裂缝。上海建工在联合体中占股 10%，在当地有 300 名员工，原本有意承包部分项目，但"中海外却宁可让当地人（指波兰分包商）做"。上海建工抱怨称，中海外在做决定时，极少与上海建工及其他联合体成员沟通，双方"理念不同"，充满了矛盾，而中海外的"独揽大局"和"一笔糊涂账"，使得上海建工最终决定退出波兰 A2 高速公路项目。

"一带一路"倡议，给中国工程企业"走出去"带来了历史发展新机遇，国际工程承包市场空间广阔。在"走出去"战略实施中应不断总结，得到独到经验，为中国工程企业更好"走出去"提供宝贵建议。

资料来源：http://msn.finance.sina.com.cn/cjyw/20110725/1218191520.html　[2024-04-29]

3.1.3　风险评估的原则

COSO 内部控制指引提出了一系列风险评估的原则，主要包括以下四点。

1. 设定清晰目标

企业需要制订足够清晰的目标，确保风险识别和评估与其目标相关。面对复杂的经营风险，企业制订一组清晰的目标，可以明确重点，并调配充足的资源去完成该预期目标。例如，以盈利为目的的企业应明确收入、盈利能力等指标。如果一个企业的风险目标不清晰或者不严谨，那么企业资源就得不到有效配置。

2. 识别影响目标实现的相关风险

企业确定风险目标之后，应当识别各个层级内影响目标实现的风险，并对相关风险进行分析，从而形成风险管理的基础；企业尤其应当识别和评估对内部控制系统产生重大影响的风险因素，对此类风险的分析是风险管理的决策基础。

3. 考虑潜在的舞弊风险

企业应特别考虑在风险评估中发现的潜在舞弊问题。如果一种风险会导致潜在的舞弊行为，那么企业就应格外地关注此种风险，积极采取防范措施。

4. 重要性原则

审计学中的重要性原则同样适用于风险评估。当一项潜在的错报或损失不足以影响企业业绩时，企业可能认为他们不是重要事项，因此可以忽略。但企业应当识别与评估对内部控制有效性产生重大影响的风险因素，建立明确合理的风险管理制度。

3.2 目标设定

3.2.1 目标设定的含义

内部控制是对影响企业目标实现的风险进行控制，而风险是影响企业目标实现的不确定因素。因此，恰当的目标设定是企业建立和实施有效内部控制的基础，是进行风险识别、风险评估和风险应对的前提。

企业整体层面内部控制的目标是合理保证企业经营管理合法合规、资产安全、财务报告及相关信息真实完整，提高经营效率和效果，促进企业实现发展战略。企业应当根据设定的控制目标，采取恰当的程序，全面、持续、系统地收集相关信息，及时进行风险评估。

企业不仅要设立整体层面目标，还必须将整体层面目标分解落实到业务层面的各业务单元。具体地讲，企业层面的整体目标只有管理层能够透彻理解并将其转化为行动的指南，但管理层很可能无法指导业务层面的员工具体干什么。例如，企业董事会和经理层制订下一年度净利润增加1000万元的经营目标，但下属的一个业务部门可能无法确定本部门应该承担多少，只有将企业的经营目标在内部层层分解和落实之后，才能为该业务部门的业务活动提供直接的依据。企业整体层面目标用以建立企业层面的控制目标，分解后的业务层面目标服务于业务层面的控制流程。

分解企业整体层面目标过程中，应做到纵向一致与横向一致。纵向一致是指企业整体层面目标必须贯穿于企业经营管理的各个层面上，上下级之间不能出现相互矛盾的目标；横向一致是指同一层面各业务单元目标要相互协调，不得因业务单元间目标的矛盾，而对企业整体层面目标的实现产生负面影响。同时，企业整体层面目标的分解过程需要各层次、各业务单元有关员工的参与。通过提高各层次员工的参与度，增强各层次员工的认同感，使目标的分解更能体现企业整体层面目标对各业务层面目标的约束，更能做到准确定位各层面的目标。

最后，应根据设定的目标合理确定企业的风险承受度。风险承受度是指企业能够承担的风险限度,即对于目标实现过程中出现偏离的可接受程度,包括整体层面的风险承受能力和业务层面的可接受风险水平。

3.2.2 战略目标的设定

1. 战略目标的内容

企业的战略目标是指企业在实现其使命过程中所追求的长期结果,是在一些重要的领域对企业使命的进一步具体化。战略目标的设定是企业经营战略设计的核心,是战略规划的重要环节,它指明了企业在今后较长时期内的努力方向。

由于战略目标是企业使命和功能的具体化:一方面,有关企业生存的各个部门都需要有目标;另一方面,目标还取决于个别企业的不同战略。因此,企业的战略目标是多元化的,既包括经济目标,又包括非经济目标;既包括定性目标,又包括定量目标。尽管如此,各个企业需要制订目标的领域却是相同的,所有企业的生存都取决于同样的一些因素。

企业战略的基本目标通常包括以下几方面。

(1)市场方面的目标:应表明企业希望达到的市场占有率或在竞争中达到的地位。

(2)技术改进和发展方面的目标:对改进和发展新产品、提供新型服务的认知及措施。

(3)提高生产力方面的目标:有效地衡量原材料的利用,最大限度地提高产品的数量和质量。

(4)物资和金融资源方面的目标:获得物资和金融资源的渠道及其有效的利用。

(5)利润方面的目标:用一个或几个经济目标表明希望达到的利润率。

(6)人力资源方面的目标:人力资源的获得、培训和发展,管理人员的培养及其个人才能的发挥。

(7)职工积极性发挥方面的目标:对职工进行激励、增加报酬等措施。

(8)社会责任方面的目标:关注企业对社会产生的影响。

2. 战略目标的关键控制点

战略目标是企业高层次的目标,与总体资源的分配和优先利用相关,企业高层要识别与其相关的风险及后果,设立相应的风险承受度指标,以显示不同的警示级别。

设立战略目标的关键控制点主要包括以下几个。

(1)战略目标的设定过程要遵循必要的流程,获得充分的论证。

(2)管理层应在企业现有绩效水平的基础上合理设定其目标水平,并制定相应的战略规划。

(3)管理层应对企业当前的资源状况进行评估,关注战略目标与之匹配的程度。

(4)管理层应就设立的战略目标,与企业内部员工、外部利益相关者进行充分的沟通,以确保发挥其应有的纲领性作用。

(5)企业应监测内外部环境的变动,结合 SWOT 分析,根据实际偏离战略目标的程度设立预警值。

(6)相较业务层面的目标,企业的战略目标应该是稳定的,若频繁变动则会带来较大的风险。

案例 3-2

创意小家电 + 互联网

小熊电器成立于 2006 年 3 月,是一家以自主品牌"小熊"为核心,运用互联网大数据进行创意小家电研发、设计、生产和销售,并在产品销售渠道上与互联网深度融合的"创意小家电 + 互联网"企业。小熊电器创意小家电产品包括厨房小家电、生活小家电及其他小家电。其中,厨房小家电根据功能进一步划分为锅煲类、电热类、壶类、西式类和电动类五类产品;其他小家电包含个护小家电和母婴小家电等。2021 年,小熊电器实现营业收入 360634.03 万元,较 2020 年同期下降 1.46%;小熊电器营业成本 242411.44 万元,较 2020 年同期下降 1.98%;利润总额 32950.38 万元,较 2020 年同期下降 36.44%;实现归属于母公司股东的净利润 28339.89 万元。

小熊电器秉承"创意让生活更美好"的价值观,坚持"品质为基础、服务为保证、创新为动力"的经营理念,凭借创新的产品研发设计、优质的产品品质和良好的产品体验,以及优秀的品牌建设和完善的营销网络,持续向消费者推出好用、时尚、高性价比的小家电产品,让消费者轻松拥有品质生活,致力于成为国内外杰出的"创意小家电 + 互联网"企业。

小熊电器未来几年将充分利用已有的综合优势,加大技术研发的投入力度,实施差异化竞争策略;同时,小熊电器将借助资本市场的融资平台,加强对市场需求挖掘,增强产品设计能力,优化现有产品结构,提升公司优势产品的产能。小熊电器将在提升研发能力及制造能力的同时,不断完善和改进现有产品种类及渠道布局,力争未来几年继续扩大在国内外市场的占有率,提升公司品牌影响力。

资料来源:https://vip.stock.finance.sina.com.cn/corp/view/vCB_AllBulletinDetail.php?id=7970633 [2024-05-07]

3.2.3 业务层面目标的设定

企业应当按照企业整体层面目标,设定相应的业务层面的目标。业务层面的目标应具体、可衡量,且与重要业务流程密切相关。不同企业的具体业务不尽相同,从实现内部控制目标的角度可将业务层面目标分为合法合规目标、资产安全目标、报告目标及经营目标。

1. 合法合规目标

合法合规目标是指内部控制要合理保证企业在经营过程中遵守国家法律法规,严禁违法乱纪的行为发生。企业在设立合法合规目标的过程中,应注意以下几点。

(1)熟悉与企业具体业务相关的法律法规、政府部门的监管规则、国际组织的相关标准、行业的自律章程及企业内部的规章制度等,可设立相应的法务部门进行职能管理。

(2)横向来看,企业应根据具体的业务需求,关注不同国家和地区,或不同行业相应法律法规的差异性,及时评估此差异性带来的风险。

(3)纵向来看,企业也应结合所在国家或地区相应政策的变化,密切关注相关法律法规等因素的变更，相应设立合理的目标。

2. 资产安全目标

资产安全目标是防止资产流失，保护资产的安全与完整。资产安全目标的设立应关注以下几点。

（1）防止企业低效率或无效率经营带来的潜在资产损失，如可设立资产使用率等指标的预警值、监测关联方交易等。

（2）防止企业因员工舞弊等原因造成的实物资产丢失、被挪用、被侵占或被转移，如企业可采取强化内部审计职能、不定期组织资产盘点等措施。

（3）除实物资产外，企业还需关注造成商标、专利、客户关系及商誉等无形资产损失的潜在因素，以及造成人力资源等其他资源流失的可能事项。

3. 报告目标

报告目标是指内部控制应合理保证企业对外披露的财务报告及其他相关信息的真实与完整。报告目标的设立应关注以下几点。

（1）企业应确保数据的真实性，进入财务系统的原始数据应以真实的交易或事项为依据，且数据不存在重大遗漏。

（2）企业的会计确认、计量与报告过程应遵循最新的会计准则要求，会计政策和会计估计方法运用恰当，所有事项的会计处理方法均公允且合理，会计信息披露内容及格式符合规范要求。

（3）财务信息披露的及时性和渠道等应符合法律法规及监管部门的要求。

4. 经营目标

经营目标是指企业的内部控制要围绕着提高企业的生产经营效率和效果展开。设立的经营目标应与战略目标保持一致，并结合自身所处的特定的经营环境、行业环境和经济环境，使得各项业务活动的风险控制在合理水平，进而从整体上提高经营效率和效果。经营目标的设立应关注以下几点。

（1）企业应建立健全法人治理结构，不断完善科学的决策机制及组织架构。

（2）管理层应明确权责利分配标准，将具体业务目标分解落实到相应部门及个人。

（3）企业在设立经营目标时应不断优化业务流程，提高资源配置效率，可通过实行定期的绩效分析、建立员工意见反馈机制等方式开展。

（4）企业还应密切关注所处的内外部环境变化，及时分析环境变化对生产经营效率和效果的潜在影响。

3.3 风险识别

3.3.1 风险识别的含义与特征

1. 风险识别的含义

风险识别是指采用一定的技术和方法，识别可能影响企业实现内部控制目标的所有风险。风险识别是风险分析和风险应对的基础。风险识别的目的是确定可能对组织目标的实现产生负面影响的风险。党的二十大报告指出:"我们要善于通过历史看现实、透过现象看本质,把握好全局和局部、当前和长远、宏观和微观、主要矛盾和次要矛盾、特殊和一般的关系,不断提高战略思维、历史思维、辩证思维、系统思维、创新思维、法治思维、底线思维能力,为前瞻性思考、全局性谋划、整体性推进党和国家各项事业提供科学思想方法。"在风险识别过程中,企业管理层需要制订一套成熟的方案,挖掘每个业务领域的潜在风险,并根据风险可能发生的时间和概率确定风险的重要程度。管理层不能因主观认为某一风险发生的可能性较小或负面影响较小而忽略该风险。

2. 风险识别的特征

对于风险识别,可以从以下几个方面进行理解。

(1) 风险识别是一项动态的、持续的、系统性的过程

在风险识别的过程中,许多复杂和潜在的风险需采用系统的方法,经过多次调查、分析和反复论证才能准确识别。随着企业内外部环境的不断变化、新事件的层出不穷,企业面临的风险也可能会随之相应发生变化,企业需要密切关注已识别风险的变化,同时也需及时关注新兴风险的出现。

(2) 风险识别是一项复杂的系统工程

风险识别的复杂性是指风险识别无法通过某一特定部门或环节来实现,而是需要贯彻在企业的各个层面。不同层面的员工对因同样的事项所产生的风险可能会有不同的判断。例如对于产品的低定价策略,企业销售部门更关注市场与收益风险,而法务部门则更关注低价可能导致恶性竞争或反倾销等法律纠纷。风险识别的最优顺序是自上而下,从企业的最高层开始,向企业各级运营部门及业务单元不断延伸。因此企业作为一个整体的系统,应在综合考虑内外部环境的基础上,结合具体的业务流程特点,全面深刻地对风险进行识别。

(3) 风险识别是整个风险评估过程中的重要一环

《企业内部控制基本规范》规定,企业开展风险评估,应当准确识别与实现控制目标相关的内部风险和外部风险,确定相应的风险承受度。风险识别包括确认风险的来源、种类以及可能的影响,风险识别的准确性直接影响风险评估的质量,也是后续开展风险分析和风险应对的重要基础。

3.3.2 企业风险识别应关注的因素

在控制目标既定的条件下,无论是企业整体层面还是业务层面,均可按照风险来源的不同,从内部因素和外部因素两个角度进行风险的识别。

1. 引发风险的内部因素

企业识别内部风险,应当关注以下几点。

(1) 董事、监事、经理及其他高级管理人员的职业操守、员工专业胜任能力、绩效考核、员工离职等人力资源因素。

(2) 组织机构、经营方式、资产管理、业务流程、客户满意度、诉讼、业务持续性等管理因素。

（3）研究开发、技术投入、信息获取、信息技术运用等自主创新因素。

（4）财务状况、经营成果、现金流量、预算、会计准则、财务报告、税收等财务会计因素。

（5）营运安全、员工健康、环境保护等安全环保因素。

（6）其他有关内部风险因素。

2. 引发风险的外部因素

企业识别外部风险，应当关注以下几点。

（1）经济形势、产业政策、融资环境、市场竞争、资源供给等经济因素。

（2）法律法规、监管要求等法律因素。

（3）安全稳定、文化传统、社会信用、教育水平、消费者行为等社会因素。

（4）技术进步、工艺改进等科学技术因素。

（5）自然灾害、环境状况等自然环境因素。

（6）其他有关外部风险因素。

案例 3-3

"双标"事件致利润下降

海天味业曾经业绩与股价齐飞，但2022年因为"双标"风波陷入公关危机，口碑一度崩盘。海天味业2023年4月25日发布2022年度报告。2022年海天味业营收256.1亿元，同比增长2.42%；归属于上市公司股东的净利润61.98亿元，同比下降7.09%，增收不增利。这是自2014年上市以来，海天味业净利润首次出现下滑。

2022年度报告显示，海天味业主要产品——酱油、调味酱、蚝油三大品类营收均出现下滑，较2021年分别为 −2.3%、−3.07%、−2.54%，其中酱油、调味酱毛利率也下降超2个百分点。与此同时，海天味业2023年第一季度营收、净利润也出现下滑。其营收约69.81亿元，同比下降3.17%；归母净利润约17.16亿元，同比下降6.2%。与此同时，2022年度酱油领域排行第二、第三的中炬高新和千禾味业的营收实现同比增长，其中千禾味业的净利润大增。

海天味业的失意，或许跟2022年10月的"双标"事件不无关系。事件起因是一位网友发现，日本超市售卖的海天酱油，瓶身上的配料表仅有"水、大豆、食用盐、砂糖、小麦"，而在国内售卖的海天酱油配料表上，却是一大串化学名词：谷氨酸钠、三氯蔗糖、苯甲酸钠等。

海天酱油的国内外"标准"不一引发全网热议，而海天味业回应"双标"时却偏离了重点。2022年9月30日及10月5日，海天味业两度发声明否认"双标"，强势表示：有人企图用食品添加剂来误导消费者，企图用"双标"来挑起消费者和中国品牌企业的矛盾对立。针对造谣中伤海天品牌的短视频账号，海天味业已委派律师调查取证。

行业协会也站出来支持，但并未打消消费者疑虑。因为在一张"酱油质量通则"截图上，海天味业是起草单位，其疑似存在"既当选手又当裁判"的情形。

2022年10月9日，海天味业发布第三份声明，称无论海内外市场，均有销售含食品添加剂和不含食品添加剂的产品。澄清三次终于说到点子上，但在这过程中，海天味业傲慢的态度令网友将其处理方式称作"灾难级公关"。

资料显示，海天味业成立于2000年，发展历史可追溯至民国时期的佛山古酱园（海天酱园）。1955年，公私合营，佛山25家酱园合并重组，组建海天味业的前身"海天酱油厂"。2014年上市首日，海天味业市值便达到497亿元。自此，海天味业风光无限，业绩连年攀升，股价也飞速增长。最高峰时，海天味业的市值一度超过7000亿元，仅次于茅台和五粮液，被业界称为"酱油茅"。但是自2022年9月30日以来，海天味业在资本市场风光不再，市值较历史最高峰蒸发超3000亿元。

面对下滑的业绩，海天味业该如何重获消费者的信任？

资料来源：https://finance.sina.com.cn/roll/2023-04-29/doc-imyrzchx2485180.shtml [2024-05-07] 有删改

3.3.3 风险识别的方法

对于风险识别，企业既可以利用感性认识和历史经验，也可以通过对各种客观的资料和风险事故的记录进行归纳、整理和分析，以及进行必要的专家访问，确认现有及潜在的风险因素和造成损失的可能性。风险识别的方法主要包括：风险清单法、流程图分析法、职能部门风险汇总法、头脑风暴法、SWOT分析法、问卷调查法等。

1. 风险清单法

风险清单是由专业人士设计好风险标准的表格或问卷，全面地罗列企业可能面临的各类风险。表格或问卷多由风险管理方面的专家提供，包含人们已经识别出的最基本的各类风险。企业风险管理者需对照风险清单逐一判断，构建适合本企业的风险管理框架。

风险清单法的优点是简单、经济，比较适合新公司、初次构建风险管理的公司或者缺乏专业风险管理团队的公司，可以帮助企业系统地识别出最基本的风险，降低忽略重要风险的可能性；缺点是风险清单大多比较标准化，缺乏针对性，可能会忽略某些特殊风险、投机性风险或新兴风险，因此企业需结合自身的特殊性对其进行补充完善，并结合其他方法进行辅助。

二维码 19　扩展阅读　如何识别上市公司收入舞弊的37种迹象

二维码 19

2. 流程图分析法

流程图分析法是指首先按照企业经营过程的内在逻辑制作出作业流程图，然后对其中的重要环节和薄弱环节进行调查和分析的方法。例如，某汽车客运站重大危险因素识别，采用流程图分析法，如图3-2所示。

该方法的优点在于清晰、形象，可以将复杂的生产经营过程以图表的形式清晰地展现出来，方便人们发现和识别风险；缺点是对于流程图的准确性要求较高，绘制人员需兼具生产流程的专业知识及风险管理知识，因此需要较高的绘制成本。

3. 职能部门风险汇总法

企业管理层将发展战略和控制目标分解至各职能部门，由各职能部门根据分解的战略和目标,列举其职责范围内的各类风险,并经上级主管部门或管理层评估后予以确定。职能部门风险汇总法的优点在于可以识别各类细微的、容易被管理层忽视的风险;缺点在于过于重视各职能部门的风险,可能错过影响企业战略实现的重大风险。

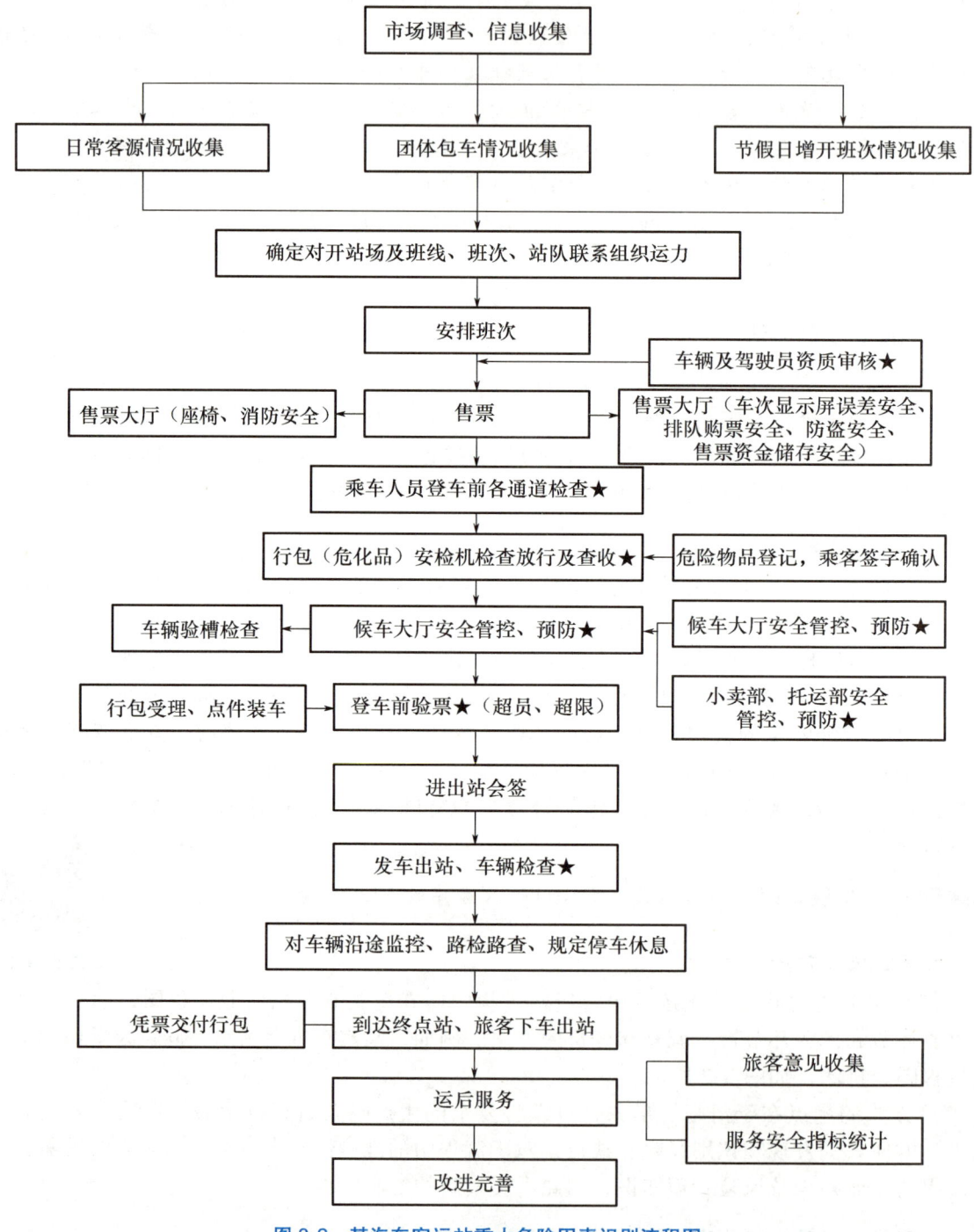

图 3-2 某汽车客运站重大危险因素识别流程图

资料来源:http://www.114chn.com/n/500101-971/newsd34676.html [2024-05-07]

4. 头脑风暴法

头脑风暴法是指由企业董事会或相关专业委员会召集，参与者包括企业内部不同管理层级、不同职能部门及不同岗位的员工，就某一事项，对企业内部和外部可能存在的各类风险进行自由讨论，畅所欲言，形成对该事项风险的基本认识。这种由具有不同经验、不同背景和不同风险偏好的人员共同参与的头脑风暴，有助于识别那些潜在的、不易被察觉的风险。头脑风暴法可以用作旨在发现问题的高层次讨论，也可以用作解决具体问题的细节讨论。

头脑风暴法的优点是激发了参与者的想象力，有助于发现新的风险，有助于进行全面沟通和提出全新的解决方案。缺点是如果参与者没有必要的技术和知识，可能无法提出有效的建议；或者观点不够专业，难以保证结果的全面性，会影响头脑风暴实施的效果。

5. SWOT 分析法

SWOT（优势—劣势—机会—威胁）分析是企业战略制定过程中常见的管理技术。优势和劣势针对企业内部各种因素，包括组织架构、企业文化、财务资源和人力资源等；机会和威胁针对企业外部面临的各类变量，这些变量在短期内对企业而言是不可控的，比如政治风险、社会风险、环境风险和行业风险等。企业在识别风险时，可以利用 SWOT 分析的成果，重点关注 SWOT 矩阵中的劣势和威胁，在此基础上对风险进行讨论并形成一致意见。

6. 问卷调查法

问卷调查法通常是指针对一项新的业务或事项进行的风险识别方法。比如，企业需要对新成立的职能部门或业务单位进行风险识别，由于没有以往的经验可以借鉴，因此企业可以通过问卷调查的方式，向相关方面人员特别是基层管理人员或业务人员询问新的业务或事项可能存在的风险，并以问卷调查的结果作为管理层确定该业务或事项的风险的参考依据。

7. 其他方法

在识别企业风险时，还可以采取许多其他行之有效的方法，例如经常检查关键文档、现场调查法、财务报表分析法、危险与可操作性分析法、事件树法、德尔菲法、结构化或半结构化访谈法等。无论实际采用哪种方法，关键都是在整个风险识别过程中要认识到人为因素及组织因素的重要性。因此，偏离预期的人为因素及组织因素也应被纳入风险识别的过程。每种方法都有其优缺点，任何单一的方法都难以揭示企业面临的全部风险，且风险识别是一个动态、持续的复杂过程，因此企业需根据自身的实际情况，构建最优的方法组合。

3.4 风险分析

3.4.1 风险分析的含义

风险分析是对识别出的风险，根据其特征进行描述、分析和判断，并确定其发生的可能性和影响程度的过程。风险分析是进一步理解风险特征和确定风险大小的过程，也是选择风险应对策略的前提。

企业应当从风险发生的可能性和影响程度这两个层面，对识别的风险进行分析和排序，确定重点控制和优先控制的风险。风险分析应以个别考察或分类考察的方式分析潜在事项的正面影响和负面影响，并基于固有风险和剩余风险进行风险评估。企业进行风险分析，应当充分吸收专业人员，组成风险分析团队，严格按照规范的程序开展工作，确保风险分析结果的准确性。

风险分析通常采用定性与定量相结合的方法，量化风险主要量化"未来"可能发生的风险，而过去只能是依据。虽然风险计量是比较困难的事情，或者是不太精确的估计，但风险计量却是很实用的。风险计量需要运用比较专业的方法和技能，并且需要较多的专业判断。

二维码20　扩展阅读　中国服装行业2022年总结及2023年展望

3.4.2　风险分析的程序

"可能性""潜在影响""重要性"是风险分析中常用的术语。有的企业可能会用"概率""危害程度"和"后果"等词语表达。可能性代表特定事件发生的概率，潜在影响代表事件发生所产生的后果。企业应综合考虑风险发生的可能性和潜在影响，评估风险的重要性，确定风险等级。

1. 风险发生可能性分析

风险发生可能性分析一般通过实际信息收集，利用专业判断取得。对于风险可能性分析的结果，通常可以用定性或定量的方法进行描述。可能性的定性描述，可以用"极高""高""中等""低""极低"，或者使用"很少的""不太可能的""可能的""很可能的""几乎确定"等文字描述；用预估发生的概率来表示则是定量的表达方式，如百分比、发生频率或其他数字度量值。

2. 风险影响程度分析

风险发生后可能对目标产生的影响程度，可采用定性分析与定量分析相结合的方法来分析。定性分析方法一般可分为"极轻微的""轻微的""中等的""重大的""灾难性的"等几个级别，或者用造成损失的金额表示。定量分析法可以用造成损失的金额表示。例如，企业财务损失"低于税前利润的1%""税前利润的1%～5%""税前利润的6%～10%""税前利润的11%～20%""高于税前利润20%"。

3. 确定风险的重要性水平

从风险发生的可能性和影响程度的角度，将各类风险按照重要性水平进行排序，确定企业需要优先控制的风险，例如风险发生可能性几乎确定、风险影响是灾难性的应优先控制。此外，还应考虑，风险一旦发生，其产生影响的速度、影响的持续性和持续时间。

3.4.3　风险分析的方法

风险分析常用的技术方法包括风险矩阵、德尔菲法、危害分析与关键控制点法、压力测试法、在险值法等，对于复杂的情况可能需要多种方法同时使用。

1. 风险矩阵

风险矩阵是用于识别风险和对风险进行优先排序的有效工具。风险矩阵可以形象地、直观地显现企业风险的分布情况，帮助企业管理者确定关键控制点和风险应对方案。风险矩阵通常用来对风险排序，根据风险在矩阵中所处的区域确定哪些风险需要首先处理。

对风险发生可能性的高低和后果严重程度进行定性或定量评估后，企业就可以据此绘制风险矩阵。绘制矩阵时，一个坐标轴表示后果严重程度等级，另一个坐标轴表示可能性等级。企业可以根据自身的需求，用"1、2、3、4、5"等评分方法作为事件发生可能性等级的衡量标准，也可以用发生的概率或财务损失占比来表述；按风险影响程度，用"1、2、3、4、5"描述后果的严重性。在此基础上，将风险分为三个等级：可承受风险，即低风险；需要重视的风险，即中等风险；不可承受风险，即高风险，如表3-1所示。

表 3-1 风险矩阵示例

可能性等级		风险影响程度				
		不重要	较小	中等	较大	重大
		1	2	3	4	5
极高	5	中等风险	中等风险	高风险	高风险	高风险
高	4	低风险	中等风险	中等风险	高风险	高风险
中等	3	低风险	低风险	中等风险	中等风险	高风险
较低	2	低风险	低风险	低风险	中等风险	中等风险
低	1	低风险	低风险	低风险	低风险	中等风险

风险矩阵的优点是方法简单、显示直观、易于使用。但该方法也有其局限性，如该方法的主观色彩较强，不同决策者之间的等级划分结果会有明显的差别；不同情景对应的风险矩阵不同，很难设计一个适用于各种相关环境的通用风险矩阵。

2. 德尔菲法

德尔菲法是依据一套系统的程序在一组专家中取得可靠共识的技术。在分析过程中，团队成员之间不得互相讨论，只能与调查人员沟通。通过让团队成员单独填写问卷，集结意见，整理并共享，周而复始，最终获取共识。该方法使用半结构化问卷对一组专家进行提问。专家不会面，可保证其观点具有独立性。德尔菲法的具体操作步骤如下。

（1）组建专家团队，可能是一个或多个专家组。

（2）编制第一轮问卷调查表。

（3）将问卷调查表发给每位专家组成员，要求定期返回。

（4）对第一轮答复的信息进行分析、对比和汇总，并将结果再次下发给专家组成员。

（5）让专家比较自己同他人的不同意见，修改或完善自己的意见和判断。

（6）在此过程中，只给出各种意见，并不提供发表意见的专家姓名。

（7）专家组成员重新做出答复。

（8）循环以上过程，直到达成共识。

德尔菲法的优点包括：由于观点匿名，因此专家更有可能表达出那些不受欢迎的看法；

由于专家无须会面,所有观点都获得相同的重视,因此不会出现某一权威主导话语权的问题;便于展开,成员不必一次聚集在某个地方。该方法的缺点是比较费力、耗时,对专家的书面表达能力要求较高。

3. 危害分析与关键控制点法

危害分析与关键控制点法最早由美国宇航局使用,其本意是保证太空计划的食品质量。目前,危害分析与关键控制点法作为一种科学的、系统的风险分析方法已被广泛应用。该方法为企业识别从生产到消费过程中各相关部分的风险并采取必要的控制措施提供了一个分析框架,以避免可能出现的危险,维护产品的质量安全。危害分析与关键控制点法正逐渐从一种管理手段和方法演变为一种管理模式或者管理体系。危害分析与关键控制点法具体操作步骤如下。

(1)进行危害分析,识别潜在危害及已有预防性措施。
(2)确定关键控制点。
(3)确定关键限值,如每个关键控制点必须在具体的参数范围内运行,这样才能保证危险得到控制。
(4)建立一个系统以监测关键控制点的控制情况。
(5)在监测结果表明某特定关键控制点失控时,确定应采取的纠正行动。
(6)建立审核程序。
(7)对每一步都要实施记录和归档程序。

例如,由于收银员的工作差错或营私舞弊等原因,导致零售商场的销货款出现差错,商场管理层对此可依据行业统计数据及商场的历史数据设立关键控制点,将差错率设定为销货款的±0.15%,定期进行销货款核对,如果实际差错超过±0.15%,则采取相应的排查和纠正措施。

危害分析与关键控制点法的优点是结构化的过程提供了识别和降低风险的证据,能够关注流程中预防危险和控制风险的方法,重点在于预防而不是依赖于对最终产品的测试。其局限性表现为一旦控制参数超过了规定的限值,就可能已经错过了最佳控制时机。

4. 压力测试法

压力测试是指在极端情景下,评估系统运行的有效性,及时发现问题和制订改进措施,目的是防止出现重大损失事件。压力测试法广泛应用于各行业的风险评估中,尤其常见于金融、软件等行业。压力测试法的具体操作步骤如下。

(1)针对企业某一业务流程或内部控制程序,假设可能会发生哪些极端情景。极端情景是指在非正常情况下发生概率很小,一旦发生,后果十分严重的事情。假设极端情景时,不仅要考虑本企业或同类企业出现过的历史教训,还要考虑以往不曾出现但将来可能会出现的情形。
(2)评估极端情景发生时,该程序是否有效,并分析对目标可能造成的损失。
(3)制订相应措施,进一步修改和完善风险管理模型或内部控制流程。

以某银行信用风险管理为例,该银行拥有一批信用记录良好的客户,该类客户除非发生极端情景,一般不会违约。如采用压力测试法,则可设想该类客户在其财产毁于地震、火灾、被盗,或者市场贷款利率大幅上升等极端情景下可能会违约。由此分析一旦出现类似情形，该银行可能遭受何种类型和程度的损失。实施压力测试法，一般需要借助敏感性分析法、情景分析法、头脑风暴法等工具辅助进行。

压力测试法的优点是关注极端情景下的风险情形，其是普通风险评估方法的有益补充，可以预防重大风险的发生。但压力测试法不能取代一般的风险管理工具，频繁地进行压力测试并不能解决组织日常的风险管理问题。此外，压力测试法的实施效果取决于使用者是否可以设置合理、清晰、全面的极端情景。

5. 在险值法

在险值又称风险价值或在险价值，意为处于风险状态的价值，具体是指在一定的置信水平下，某一金融资产或资产组合在未来特定的一段时间内的最大可能损失。在险值法最早是由G30集团提出，用于度量市场风险，后来JP摩根公司推出计算在险值的风险控制模型，一些银行等金融机构和监管部门在过去的几年里普遍地运用该方法衡量市场风险，并且国内外一些大型金融机构已将其持有资产的在险值作为其会计报表的一项重要内容进行列示。

与传统风险度量手段不同，在险值法完全是基于统计分析的风险度量技术。对某一金融资产或资产组合而言，在市场条件下，设定某一时间区间及相应的置信水平 α，在险值法给出了该资产最大可能的预期损失，即可以保证损失不超过在险值的概率为 $1-\alpha$。在估计在险值时，置信区间和时间段的选取依赖于企业的管理需要和风险本身的特性。例如，商业银行通常采用95%或99%的置信区间，国际银行业监管机构的巴塞尔协议则规定商业银行应使用99%的置信区间和10天的时间段。

在实际工作中，对于在险值的计算和分析主要使用以下三种方法。

（1）参数法

参数法是在险值计算中最为常用的方法，又称方差－协方差法。由于在使用参数法时，一般假定资产收益率服从正态分布，这对于股票、债券、商品等基础资产以及外汇远期等线性衍生产品而言是恰当的，但对期权等非线性衍生品而言，由于它们的收益分布是非正态的，即使假设标的资产收益率是正态分布，经过非线性收益形态转换后，仍有巨大的偏移。因此，该方法仅适用于线性资产和线性衍生品。在使用该方法时，首先利用历史数据计算资产组合收益的方差、标准差、协方差；其次，假定资产组合收益是正态分布，可求出在一定置信水平下，反映分布偏离均值的临界值；最后，根据与风险损失的关系推导出在险值。

（2）历史模拟法

该方法是选定特定的观察期，计算该时期内资产组合风险收益的频率分布，通过历史时期的平均收益及既定置信水平 α 下的最低收益，进而计算资产组合的在险值。

（3）蒙特卡罗模拟法

该方法是基于历史数据和既定分布假定的参数特征，借助随机产生的方法模拟出大量的资产组合收益数据，进而计算资产组合的在险值。

6. 其他方法

除上述方法之外，企业还可以采用专家打分法、敏感分析法、情景分析法、结构化／半结构化访谈法、失效模式和效应分析法等方法。在具体实践中，风险分析的复杂和详细程度千差万别，企业管理层应根据自身的实际情况选择合适的风险分析技术和方法。例如，企业为了提高分析结果的准确性，就需运用复杂的概率计算和精度较高的模型，成本相对较高；但如果企业风险管理成本控制严格，时间精力相对有限，则往往采用定性的风险分析方法，如专家打分法等。

3.5 风险应对

3.5.1 风险应对的含义

风险应对是风险管理过程的一部分，企业管理层应结合自身的风险偏好和风险承受度，在考虑成本效益原则的基础上，选择一种或多种改变风险的措施，包括改变风险事件发生的可能性和后果，制订风险解决方案并予以实施。风险应对是一个循环过程，实施风险应对措施后，应依据风险管理准则重新评估新的风险水平是否可以接受，从而确定是否需要进一步采取应对措施。

《企业内部控制基本规范》指出，企业应当根据风险分析的结果，结合风险承受度，权衡风险与收益，确定风险应对策略。企业应当合理分析、准确掌握董事、经理及其他高级管理人员、关键岗位员工的风险偏好，采取适当的控制措施，避免因个人风险偏好给企业经营带来重大损失。

3.5.2 风险应对策略

风险应对策略包括风险规避、风险降低、风险分担和风险承受。企业管理层应恰当使用风险应对策略，将风险降低至可接受水平，实现对风险的有效控制。

1. 风险规避

风险规避是企业通过放弃或者停止超出风险承受度的相关业务活动，以避免和减轻损失的策略，即远离风险的策略。风险规避并不等同于完全消除风险本身，而是规避风险可能给企业带来的损失。简单的风险规避是最消极的一种风险应对策略，因为规避风险的同时也失去了从风险源中获取收益的可能性。

（1）风险规避的适用范围

风险规避一般适用于以下几种情况：企业极端厌恶此类风险；企业无力承担该风险或承担风险不符合成本效益原则；企业采用其他风险处理技术的成本超过其收益，风险规避可以最大限度避免损失；存在风险更低的可实现相同经营目标的替代方案。

对于需要采取风险规避的业务，有些易于判断，如企业对明显违法违规的业务必须采取规避的策略；有些则需要经过充分的评估，如企业在现有人才、技术储备情况下，是否拒绝进入某一新的经营领域。

（2）风险规避常见的方式

风险规避常见的方式包括限制业务范围、禁止高风险活动、剥离资产或业务和终止项目或业务等。

① 限制业务范围。为了更好地改善经营状况，提高企业的业务规范能力，必要时企业

可在短期内限制业务范围并实行相关整改措施，或长期限制某类业务的范围，以规避某类风险。

② 禁止高风险活动。企业通过制定一定的规章制度，禁止从事高风险的业务活动。例如国资委2021年7月16日表示对央企要严控PPP等业务风险，坚决禁止开展融资性贸易业务。

③ 剥离资产或业务。企业在面临长期困境时往往采用出售、分立某项资产或具体业务的方式退出某市场或领域，以"断臂求生"的方式谋求长远发展。例如华为公司整体出售荣耀业务资产以规避美国制裁带来的芯片问题。

④ 终止项目或业务。因企业内外部环境发生变化，原来的某些项目或业务已不再符合国家相关政策和企业的经营目标，企业需终止该项目或业务以规避损失。例如，随着国家教育"双减"政策的出台，2021年9月14日新东方在线决定全面终止K12阶段学科类培训业务。

案例 3-4

华为和荣耀从此分家，为继续"荣耀"不得已而为之

2020年11月17日，多家企业在《深圳特区报》发布联合声明，深圳市智信新信息技术有限公司已与华为投资控股有限公司签署了收购协议，完成对荣耀品牌相关业务资产的全面收购。华为也同时发表声明：在产业技术要素不可持续获得、消费者业务受到巨大压力的艰难时刻，为让荣耀渠道和供应商能够得以延续，华为决定整体出售荣耀业务资产，收购方为深圳市智信新信息技术有限公司，对于交割后的荣耀，华为不占有任何股份，也不参与经营管理与决策。

通过此前的一系列报道可知，直接推动荣耀被拆分出去的原因是规避美国制裁带来的芯片问题。这是一次自救行动。自华为被美国持续打压以来，荣耀的供应商、生产工厂、渠道和分销商都面临困难。这种情况下，华为出售荣耀，是在保护荣耀。

资料来源：https://m.sohu.com/a/432463582_120498599?_trans_=010004_pcwzy [2024-05-07]

2. 风险降低

风险降低是企业在权衡成本效益之后，准备采取适当的控制措施，降低风险发生的可能性或者减轻风险造成的损失，将剩余风险控制在风险承受度之内的策略。这是一种相对积极的风险应对策略，既可以降低风险水平，又可以获得相应的获利机会。该策略可根据发生的时间分为事前、事中及事后三个阶段，具体有以下几种常见的方式。

（1）事先预防

事前预防是指企业可以通过建立相应的规章制度、更新技术、加强员工培训等方式，降低损失发生的概率。例如，企业可通过对不相容职务设置岗位分离制度、对特定岗位采用机器人操作的技术以降低人工操作的错误率，或加强员工的规范业务培训以降低操作失误的可能性等。

（2）事中控制

事中控制是指企业可以通过提高运营效率、降低成本、分散投资等方式在开展业务活动的过程中控制风险因素。事中控制的手段多种多样，企业需根据具体的业务特点，在业务开展的全过程中控制所有的关键风险节点。例如，企业可以通过分散设立不同种类或区域的原材料仓库以降低原材料短缺或价格上涨的风险。

（3）事后止损

事后止损是指企业在风险事项已经发生的前提下，通过采取一定的措施及时止损，将损失降低到可接受的范围内。企业对于不同的部门和业务，首先需要根据实际情况制订不同的止损指标；其次在制订止损指标后，应当严格执行，损失一旦触及指标立即止损，不可使其形同虚设。例如，海底捞公司在2017年被曝光卫生条件不达标，在危机发生3个多小时，海底捞就发布了道歉声明，并在当天给出全套整改和处理措施，成功为该次危机止损。该次危机非但没有影响到企业股价，反而带动了底料商股价的上涨。

3. 风险分担

风险分担，也称风险转移，是指企业通过借助他人力量，采取业务分包、购买保险等方式和适当的控制措施，将风险控制在风险承受度之内的策略。与其他风险应对策略不同的是，风险分担是通过寻求企业外部合作的方式转移全部或部分风险。风险分担的具体方式主要可以分为以下几种。

（1）保险转移

企业可以通过对风险事项签订保险合同来转移风险：一方面，企业必须履行其义务，缴纳保险金；另一方面，当保险合同约定的风险事项出现时，保险公司将代替企业承担相应的损失。企业在投保时须对风险进行充分的识别和分析，在权衡成本与收益之后进行投保。保险公司也可以通过再保险的方式进行风险的二次转移。

（2）资本化方式转移

企业可以结合自身的特点和业务的具体需求，选择资本市场上合适的金融工具进行风险转移。例如，企业可以作为被保证人，通过付出一定的成本，以订立保证或再保证合同的方式将风险转移给保证人；企业也可以通过购买远期合约、套期保值的方式，将风险转移给对手方，锁定当前的风险水平；企业还可以通过发行股票、可转债等方式将部分风险转移给投资人。

（3）外包式转移

企业可以采取外包或分包方式，将部分不擅长的非核心业务转包给其他企业或机构，从而将相应的风险全部或部分转移给承包者。例如，芯片制造商可以将芯片检测业务外包给专门的检测公司，以集中精力开发芯片新技术，在行业保持领先水平。又如，建筑企业可以将高风险的高空作业分包给专业机构，以降低建筑项目的风险。

（4）其他方式

除上述常见的方式之外，企业也可以通过签订免责合同、租赁或售后回租、签订委托合同等方式进行风险转移。企业在执行风险分担的策略时，需充分结合相关风险事项的特征，在全面的风险识别和分析的基础上进行成本效益的考量，选择最佳的风险转移方式或构建组合方式。

4. 风险承受

风险承受就是企业不准备采取任何控制措施降低风险或者减轻损失的策略，也称风险自留。在一定条件下，风险承受是一种有效、合理的风险应对策略，相对比较省事、成本也较低。例如，我国财务会计中为防范应收账款不能收回风险（即信用风险）提取坏账准备，这是企业主动接受风险的一种方式。除此之外，企业也可能因为缺乏应对风险的知识和经验，疏忽处理或没有意识到风险的存在，无意识地承担了风险。此时的风险承受是一种被动的风险应对策略。

当其他风险应对策略均无法实施，或者可以实施但成本很高且效果不佳时，企业只能选择风险承受，因此，该策略与其他风险应对策略是一种互补的关系。企业使用该策略的前提是承受风险导致的损失低于转移风险所需要的费用，但企业同时也需注意该策略可能会导致风险进一步扩大，进而造成更为严重的损失，因此可制订相应的风险应急方案。风险承受的具体方式主要可以分为以下几种。

（1）设立风险基金

有条件的企业可以设立专项风险基金（专用于补偿企业接受风险所造成的损失），逐年积累，为企业应对风险提供坚实的资金保障，提高企业应对风险的能力。值得注意的是，企业设立的风险基金规模应与自身业务水平相匹配，同时要建立健全管理体系，做到专款专用，防止资金被挪用、盗用等。

（2）将损失计入成本

对于发生频率较高但损失较小的低等级风险，企业可以直接将损失计入相应的经营成本或费用。该方法不适用于处理突发的、造成重大损失的中高等级风险，否则会对当期损益产生较大影响，不利于企业的稳定经营。

（3）借入外部资金弥补

若企业内部没有足够的资金弥补损失，或风险承受能力较低，为保证企业的持续经营，可从外部借入资金对损失进行弥补。例如为了应对可能发生的灾害性事件，企业与银行签订了应急资本协议，规定在灾害发生时，由银行提供资本以保证企业的持续经营。

3.5.3 风险应对策略的选择

企业管理层可以从上述四种风险应对策略中，选择一种作为某项风险的总体应对策略。在选择总体应对策略时，企业应当在遵循总体风险偏好的前提下，考虑实施该策略的成本与收益。例如，当一个企业判断某项风险影响较小且风险容忍度也较低时，可以采取购买保险的方式来控制风险。

二维码21　扩展阅读　超大体量石油贸易央企的风险管理术

企业制订风险策略以后，应当回顾已确立的发展战略目标，根据自身所处的发展阶段、业务开展情况、整体风险承受度等实际情况，持续收集与风险变化相关的信息，对风险进行识别、分析，在权衡成本效益的基础上重新评估应对策略，并根据业务开展情况及时调整风险应对策略。企业在选择或调整风险应对策略时应当采用风险组合观。风险组合观要求企业在管理风险时应当着眼于企业整体层面,致力于将风险控制在总体风险承受度范围之内。

一套完整的风险应对策略,可以帮助企业在既定风险环境下选择合适的风险应对方式。风险规避策略在采用其他任何风险应对策略都不能将风险降低到企业风险承受度以内的情况下适用,采用该策略的同时需要对企业进行功能整合和流程再造,必要时需要放弃某些既得利益;风险降低策略则需要消耗有限的内部资源,此项策略的成本有效性也会随着现实中风险降低的程度逐渐递减;风险分担策略则是通过相关控制措施,使企业的剩余风险与风险承受度保持一致;风险承受策略则意味着风险在企业可承受范围之内。总而言之,一套风险应对策略将使企业管理层始终围绕总体目标和整体情况,实施以风险为基础的决策过程。

本章小结

风险评估是内部控制的构成要素,包括目标设定、风险识别、风险分析和风险应对四个环节。目标设定是企业风险评估的起点,也是风险识别、风险分析和风险应对的前提。目标设定是指先制订企业的战略目标,然后将战略目标在企业内层层分解和落实,最后合理确定企业的风险承受度。风险识别是指采用一定的技术和方法,识别可能影响企业实现内部控制目标的风险。在控制目标既定的情况下,风险来自企业内部和外部两个方面。风险分析是指对风险发生的可能性和影响程度进行分析、判断,并确定风险重要性程度的过程。企业应当采用定性与定量相结合的方法,确定关注重点和优先控制的风险。常用的风险分析方法包括:风险矩阵、德尔菲法、危害分析与关键控制点法、压力测试法和在险值法等。企业应结合自身的风险偏好和风险承受度,在考虑成本效益原则的基础上,综合运用风险规避、风险降低、风险分担和风险承受等风险应对策略,实现对风险的有效控制。

论述题

1. 什么是风险评估?风险评估包括哪些步骤?
2. 企业风险评估的原则是什么?
3. 企业战略目标设立的关键控制点包括哪些内容?
4. 风险识别有哪些特征?
5. 风险识别的方法有哪些?各种方法的优点和局限性是什么?
6. 什么是风险分析?风险分析程序包括哪些内容?
7. 风险应对策略有哪些?各种策略的优点和局限性是什么?
8. 风险规避常见的方式有哪些?
9. 风险分担常见的方式有哪些?
10. 企业应如何选择风险应对策略?

 自测题

一、单项选择题

1.下列关于风险的描述，不恰当的是（   ）。
A.风险意味着损失的可能性，或在一定条件下发生财务损失的不确定性
B.风险是指在特定情况和特定时间内，一定发生的结果
C.风险是指未来的不确定性对企业实现其经营目标的影响
D."不确定性"是风险含义的核心所在

2.企业董事会及其风险管理委员会、审计委员会等专业委员会可以召集企业内部不同管理层级、不同职能部门、不同岗位的员工，对企业内部和外部可能存在的各类风险进行自由讨论，形成对企业风险的基本认识。这种方法是（   ）。
A.风险清单法　　B.SWOT分析法　　C.头脑风暴法　　D.问卷调查法

3.下列各项中，可以作为风险评估起点的是（   ）。
A.目标设定　　B.风险识别　　C.风险分析　　D.风险应对

4.风险降低是企业在权衡成本效益之后，准备采取适当的控制措施降低风险或者减轻损失，将风险控制在风险承受度之内的策略。下列不属于风险降低策略的是（   ）。
A.事先预防　　B.事中控制　　C.事后止损　　D.保险转移

5.风险规避适用的场景有些易于判断，有些则需要经过充分的评估，以下（   ）不属于风险规避情况。
A.企业极端厌恶某类风险
B.企业无力承担该风险或承担风险不符合成本效益原则
C.选择资本市场上合适的金融工具进行风险规避
D.存在风险更低的可实现相同经营目标的替代方案

6.企业风险规避常见的方式不包括（   ）。
A.限制业务范围　　　　　　B.剥离资产或业务
C.禁止高风险活动　　　　　D.事后止损

7.风险承受，也称风险自留，是企业对风险承受度之内的风险，在权衡成本效益之后，不准备采取控制措施降低风险或者减轻损失的策略。下列属于风险承受策略的是（   ）。
A.购买远期合约　　B.设立风险基金　　C.业务外包　　D.套期保值

8.下列不属于风险识别特征的是（   ）。
A.风险识别是一项动态的、持续的、系统性的过程
B.风险识别是一项复杂的系统工程
C.风险识别是对风险发生的可能性进行描述
D.风险识别是整个风险评估过程中的重要一环

9.在企业既定的使命、愿景指导下，制订企业的（   ）。
A.战略目标　　B.经营目标　　C.报告目标　　D.合规目标

10. 按损失产生的原因不同，风险可以划分为（　　）。
A. 纯粹风险和投机风险　　　　B. 自然风险和人为风险
C. 主观风险和客观风险　　　　D. 财产风险、人身风险和责任风险

二、多项选择题

1. 按风险形成的原因不同，风险可以分为（　　）。
A. 主观风险　　　　B. 客观风险　　　　C. 纯粹风险
D. 投机风险　　　　E. 财产风险

2. 风险评估是实施内部控制的重要环节，主要步骤包括（　　）。
A. 目标设定　　　　B. 风险识别　　　　C. 风险分析
D. 风险控制　　　　E. 风险应对

3. 下列项目中属于企业内部风险因素的是（　　）。
A. 董事、监事、经理及其他高级管理人员的职业操守
B. 组织机构、经营方式、资产管理、业务流程等管理因素
C. 研究开发、技术投入、信息技术运用等自主创新因素
D. 法律法规、监管要求
E. 经济形势、产业政策

4. 企业风险识别的方法包括（　　）及问卷调查法等。
A. 风险清单法　　　　B. 流程图分析法　　　　C. 职能部门风险汇总法
D. SWOT 分析法　　　　E. 头脑风暴法

5. 企业对风险承受度之内的风险，在权衡成本效益之后，不准备采取控制措施降低风险或者减轻损失的策略称为风险承受。风险承受的具体方式包括（　　）。
A. 设立风险基金　　　　B. 将损失计入成本　　　　C. 借入外部资金弥补
D. 保险转移　　　　E. 外包转移

6. 风险可能性分析的结果可以用定性或定量的方法进行描述。例如，定性方法用文字描述可分为（　　）等几种情况，或者可以用预估发生的概率来表示。
A. 很少的　　　　B. 不太可能的　　　　C. 可能的
D. 很可能的　　　　E. 几乎确定

7. 风险分析需要考虑导致风险的原因或风险源、可能性的因素，风险事件的确定性后果及可能性后果、不同风险及其风险源的相互关系以及风险的其他特性，还要考虑控制措施是否存在及其有效性。常用的风险分析方法包括（　　）。
A. 风险矩阵　　　　B. 德尔菲法　　　　C. 危害分析与关键控制点法
D. 压力测试法　　　　E. 在险值法

8. 风险应对是指企业根据风险识别和风险分析的结果，结合自身的风险偏好和风险承受度，在考虑成本效益原则的基础上，确定风险应对策略。下列属于风险应对策略的是（　　）。
A. 风险规避　　　　B. 风险降低　　　　C. 风险分担
D. 风险承受　　　　E. 风险转移

9. 风险规避是企业对超出风险承受度的风险，通过放弃或者停止与该风险相关的业务

活动以避免和减轻损失的策略，一般适用于（　　）情况。

A. 企业极端厌恶此类风险

B. 企业无力承担该风险或承担风险不符合成本效益原则

C. 企业采用其他风险处理技术的成本超过其收益

D. 存在风险更低的可实现相同经营目标的替代方案

E. 风险规避可以最大限度避免损失

10. 风险降低是企业在权衡成本效益之后，准备采取适当的控制措施降低风险或者减轻损失，将风险控制在风险承受度之内的策略。常见的方式具体有（　　）。

A. 事先预防　　　　　B. 事中控制　　　　　C. 事后止损

D. 财产转移　　　　　E. 设立风险基金

三、判断题

1. 企业能否控制风险取决于风险自身的不确定性及企业的管理能力。（　　）

2. 在实施风险评估的过程中，不同阶段所适用风险评估技术和方法有所不同，有些方法可以在不同阶段使用，企业需结合自身的特点选择合适的风险评估技术，面对复杂的情景可能需要多种方法同时使用。（　　）

3. 目标设定是企业风险评估的起点，也是风险识别、风险分析和风险应对的结果。（　　）

4. 企业应当采用定量方法，按照风险发生的可能性及其影响程度等，对识别的风险进行分析和排序，确定关注重点和优先控制的风险。（　　）

5. 风险规避是企业对超出风险承受度的风险，通过放弃或者停止与该风险相关的业务活动以避免和减轻损失的策略。可以说，风险规避是最积极的一种风险应对策略。（　　）

6. 问卷调查法通常是针对一项新的业务或事项进行的风险分析方法。（　　）

7. 风险矩阵是用于识别风险和对其进行优先排序的有效工具。风险矩阵可以直观地显现组织风险的分布情况，有助于管理者确定风险管理的关键控制点和风险应对方案。（　　）

8. 风险应对是指企业根据自身的风险偏好，在考虑成本效益原则的基础上，确定风险应对策略的过程。（　　）

9. 企业因内外部环境因素的变化，某些项目或业务已不再符合企业的管理目标，因此企业需终止该活动来规避损失的策略是风险承受。（　　）

10. 企业将部分不擅长的非核心业务外包或分包给其他企业或机构，从而将相应的风险部分或全部转移给承包者的策略是风险规避。（　　）

第4章 控制活动

学习目标

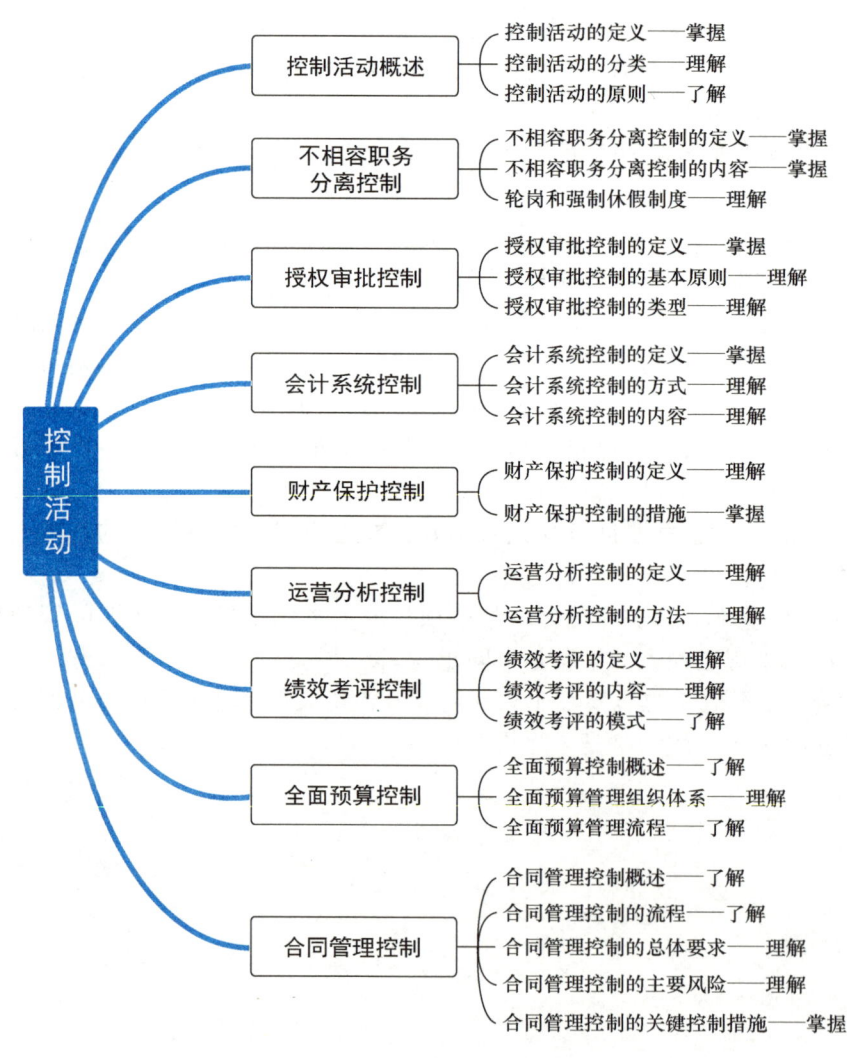

引入案例

上市本无资格、利润全靠"编"

2021年4月13日,中国证监会官网公布了乐视财务造假案的细节。乐视10年间共虚增收入18.7亿元,共虚增利润17.3亿元。自2007年起,乐视就虚增收入和利润,且虚增数额逐年递增。2010年上市后,乐视继续造假;2015年,乐视虚增利润占当期披露利润总额的516.32%。参与造假的乐视创始人贾跃亭、时任乐视网财务总监杨丽杰被终身禁入证券市场,乐视其他高管则是10年或8年禁入证券市场。

证监会对乐视每一笔虚假金额的认定,是结合乐视记账凭证、与客户往来的核算资料、当事人陈述、相关证人证言、相关公司情况说明、资金流水、工商资料等证据综合分析认定的。证监会对乐视合计罚款2.41亿元,对贾跃亭合计罚款2.41亿元。

曾经在互联网界轰动一时的乐视和贾跃亭,10年造假,环节令人触目惊心,最后以被罚款、被禁入市场收场。

一、上市前3年就开始造假

乐视崛起的故事始于上市。乐视2010年登陆创业板,保荐机构是平安证券。乐视是当时首个在国内创业板上市的视频网站。乐视当时的招股书称,其2007年收入3691万元,净利润1469万元,实现扭亏为盈。2009年营业收入1.34亿元,净利润4412万元。而据证监会调查结果,乐视早在2007年就开始财务造假,其中2007年虚增收入939.95万元,虚增利润870.23万元,虚增利润占当期披露利润总额的59.27%;2008年虚增收入4615.52万元,虚增利润4308.25万元,虚增利润占当期披露利润总额的136.00%;2009年虚增收入9375.76万元,虚增利润8883.18万元,虚增利润占当期披露利润总额的186.22%。

依据《首次公开发行股票并在创业板上市管理暂行办法》规定,如果公司最近一年亏损,是不满足上市条件的。2009年乐视公布的净利润为4412万元,若减去虚增的8883.18万元利润,当年是亏损状态,不满足其2010年上市条件。

乐视通过自有资金循环、虚构业务及虚假回款等方式虚增业绩以满足上市发行条件。虚增业绩的方法主要包括:①通过贾跃亭实际控制的公司,与第三方公司虚构业务,并通过贾跃亭控制的银行账户构建虚假资金循环的方式虚增业绩;②在与客户真实业务往来中,通过冒充客户回款等方式虚增业绩。上市前3年,乐视网通过贾跃亭实际控制的公司虚构了10笔收入,通过第三方公司虚构了15笔收入。通过冒充客户回款虚构了6笔收入,其中包括冒充联动优势科技有限公司回款2401.58万元,冒充中国联通回款7581.77万元。

二、上市后利润主要靠"编"

乐视上市之后开始腾飞,业绩实现了连年增长。根据乐视公布的财报,其营业总收入从2011年的5.99亿元增长到2016年的219.5亿元,翻了37倍。随着乐视收入的高涨,乐视股价涨幅更高,上市5年后涨幅高达1505.97%。曾是创业板第一权重股,市值最高的时候达到了1500亿元。但根据证监会的调查,乐视上市后的利润主要靠造假,每一年都有虚假利润，其中 2014 年虚假利润占比高达总利润的 93%。2011 年乐视财报净利润 1.31 亿元，实际虚增利润 6529.13 万元。2012 年乐视财报净利润 1.94 亿元，虚增利润 8445.10 万元。2013 年乐视财报净利润 2.55 亿元，虚增利润 1.93 亿元。2014 年乐视财报净利润 3.64 亿元，虚增利润 3.42 亿元。2015 年乐视财报净利润 5.73 亿元，虚增利润 3.82 亿元。2016 年乐视财报净利润 5.55 亿元，虚增利润 4.32 亿元。

乐视的收入也同样造假。2011 年至 2016 年乐视共虚增 17.3 亿元收入。乐视收入造假主要在广告业务上。2010 年至 2016 年，乐视与上海久尚广告、北京灵集科技、上海睦集、上海河马、北京易美、广州唯品会、山水文园等多家公司虚构业务、应收账款长期挂账，实现了虚增收入的目的。除利用自有资金循环和串通"走账"虚构收入外，乐视还通过伪造合同、以未实际执行框架合同或单边确认互换合同方式继续虚增业绩。

为了财务造假，乐视网还涉及未按规定披露关联交易。2017 年 4 月 17 日，乐视以"增资款"名义转给全资子公司重庆乐视小额贷款公司 2.1 亿元，乐视小额贷款公司收到上述 2.1 亿元后，立即以贷款名义分 7 笔（每笔 3000 万元）将资金转给 7 家乐视关联公司，上述 7 家公司收到资金后，当天便将资金全部转给乐视控股。

三、借款之谜的最终结果

证监会还公布了对贾跃亭多次减持套现称借款乐视，却没有履行承诺一事的处罚结果。贾跃亭曾说："我能调动的所有资金，我会全部投入'生态'和梦想当中。"但根据调查，贾跃亭"遵守了所做的承诺"的披露与事实不符，足以对投资者造成重大误导。

2015 年 6 月 1 日至 2015 年 6 月 3 日，贾跃亭通过华泰证券账户减持约 25 亿元股票。梳理资金流向后，贾跃亭此次减持资金 26 亿元中仅有 6.3 亿元留在了乐视，其余流向贾跃亭控制账户。自 2015 年 6 月 15 日至 2017 年 5 月 10 日，乐视从贾跃亭处发生多次借款，但均被频繁抽回，贾跃亭并未履行其承诺。

2015 年 6 月 15 日至 2016 年 11 月 15 日（2016 年 11 月 15 日之后，贾跃亭未向乐视继续提供借款），乐视从贾跃亭处借款发生额共计 113.44 亿元。2015 年 6 月 29 日至 2017 年 5 月 10 日，乐视共偿还贾跃亭借款 46 笔，累计发生还款 113.44 亿元。贾跃亭、贾某芳披露的公开承诺是将减持资金无偿借给上市公司 60 个月（后变更为 120 个月），但事实上是相关减持资金短暂借给乐视后均被抽回。证监会认为，时任董事长贾跃亭违反承诺，直接指使相关人员抽回自己及贾某芳借款，未勤勉尽责，是对乐视相关披露文件存在虚假记载、重大遗漏违法行为直接负责的主管人员。贾跃亭作为乐视实际控制人，指使相关人员从事上述违法行为，构成《中华人民共和国证券法》第一百九十三条所述的违法行为。

四、10 年造假的"猫鼠游戏"

造假 10 年，乐视最终被罚款 2.41 亿元。参与造假的当事人——贾跃亭在国内多次上了失信人的名单，被限制了高消费，并被采取终身证券市场禁入措施。

2017 年，乐视造假事件曝光，当年公司巨亏 138 亿元。此后持续亏损，3 年累计亏损近 300 亿元。2020 年 6 月 5 日，乐视进入退市整理期交易，其在 A 股的最后一个交易日报收 0.18 元/股，总市值仅剩 7.18 亿元。曾经的乐视投资人、债权人、供应商、股民因乐视留下的创伤，依旧存在。

作为一家曾经风光无限且在聚光灯照射下的大公司，乐视究竟有什么样的控制环境，采取了哪些控制措施？为什么可以连续 10 年造假？值得我们思考。

资料来源：中国证监会官网，有删改

4.1 控制活动概述

4.1.1 控制活动的定义

控制活动是旨在确保管理层的风险应对策略得以实施的政策和程序。企业实施控制活动的宗旨在于将影响企业目标实现的风险降低至可接受水平。控制活动包括两个要素：政策和程序。政策是程序的基础，解决的是应该做什么；而程序是为了落实政策所采取的行动，即怎么做。控制活动贯穿于企业内部各个层级和所有职能部门，针对影响组织目标实现所涉及的风险，采取必要的防范或减少损失的措施，是内部控制框架中最核心的要素。

党的二十大报告指出："坚持把发展经济的着力点放在实体经济上，推进新型工业化，加快建设制造强国、质量强国、航天强国、交通强国、网络强国、数字中国。实施产业基础再造工程和重大技术装备攻关工程，支持专精特新企业发展，推动制造业高端化、智能化、绿色化发展。"企业通过控制制度来规范控制活动的内容，通过执行控制程序来保证控制制度的实施。企业控制的控制活动包括不相容职务分离控制、授权审批控制、会计系统控制、财产保护控制、预算控制、运营分析控制和绩效考评控制、全面预算控制和合同管理控制等。

此外，企业应当建立重大风险预警机制和突发事件应急处理机制，明确风险预警标准，对可能发生的重大风险或突发事件，制订应急预案、明确责任人员、规范处置程序，确保突发事件得到及时妥善处理。

4.1.2 控制活动的分类

企业控制活动按照不同的分类标准，可以划分为不同的类型。

1. 按照控制活动的作用分类

按照控制活动的作用不同，可以将控制活动分为预防性控制和发现性控制。

预防性控制，是指为了防止错误和舞弊行为的发生，或者尽量减少其发生机会所进行的一种控制。例如，不相容职务分离、授权审批、财产保护和限制接近、有效的计划和预算程序等都属于预防性控制。

发现性控制，是指为了及时查明已发生的错误和舞弊行为，或者增强发现错误和舞弊行为机会的能力所进行的各项控制。例如，银行存款调节表、实际数据和计划预算之间的比较、总账和明细账之间的核对、系统界面之间数据的调节、系统数据与数据报告的检查复核、异常报告列式错误或无效交易、内部审计等都属于发现性控制。

2. 按照控制活动的手段分类

按照控制活动的手段不同，可以将控制活动分为自动控制和人工控制。

自动控制，也称系统控制，是指由计算机等系统自动执行的控制。例如，会计系统设定会计凭证的制单和审核不能为同一人，否则，系统将会报错。又如，系统不允许超过采购订单数量的货物入库等。

人工控制，是指以人工方式执行的控制。例如，会计人员与资产管理人员对公司财产物资进行盘点，核查各项财产物资明细账账面余额与财产物资的实有数是否相符。

3. 按照控制活动的内容分类

按照控制活动的内容不同，可以将控制活动分为公司层面控制和业务活动层面控制。

公司层面控制，是指管理层确保在企业内部各个领域获得适当、有效控制的重要机制，包括控制环境范围内的控制措施、企业制定的规章制度、风险评估流程、反舞弊程序与控制、经营活动分析、财务报告控制等。

业务活动层面控制，是指直接作用于企业生产经营活动的具体控制。例如，业务处理程序中的授权、审批与审核、验证与调节，以及为保证资产安全而采用的限制接近等控制。

4. 按照控制活动的重要程度分类

按照控制活动的重要程度不同，可以将控制活动分为关键控制和一般控制。如果一项控制活动可能应对多个可能出错的事项，或者一个可能出错事项只能用某项控制活动才能够应对时，则该控制活动是关键控制，除此之外的控制活动，则为一般控制。关键控制对企业的作用是必不可少的和不可代替的。如果企业缺乏关键控制或关键控制失败，那么将直接影响企业内部控制目标的实现。

4.1.3 控制活动的原则

企业应当根据内部控制目标，结合风险评估结果和风险应对策略，通过人工控制与自动控制、预防性控制与发现性控制相结合的方法，建立健全控制制度，综合运用相应的控制措施，对各种业务和事项实施有效控制，将风险控制在可承受范围之内。

1. 与风险评估相结合

企业的控制活动应与风险评估相结合。企业在风险评估后，需要确定是接受风险还是规避风险。如果确定规避风险，则需要进一步选择并制订规避性的控制措施，包括降低风险或分散风险的控制措施。针对风险的性质和影响程度不同，采取何种控制措施，一定程度上取决于企业希望将风险降低至何种水平。

在确定采取何种措施来降低风险时，管理层需要考虑企业内部控制体系的各个方面，如内部控制体系及其相关业务流程、信息系统及其他关键控制点，有时还要考虑超出经营主体之外的控制活动，如共享服务、数据中心或者外部供应商提供的外包服务。例如，企业需要建立相应控制措施来确保与外部供应商之间信息往来的完整性。

控制活动不仅包括那些根据已评估出的风险所采取的应对措施，还包括企业管理层制订的一系列行为规范，这些行为规范需要以恰当和及时的方式予以执行。

2. 选择与开发 IT 一般控制

在网络时代，与企业业务流程相融合的信息系统，其可靠性依赖于企业是否在更为广阔的范围内建立并实施了有效的 IT 控制。COSO 框架将自动化控制等 IT 控制活动称为 IT 一般控制。

常见的 IT 一般控制包括：信息基础设施、应用程序和数据的访问控制；系统开发生命周期的控制；变更管理程序的控制；数据中心的物理安全控制；系统数据备份和恢复的控制；计算机操作系统的控制等。

IT 一般控制还包括基于互联网或无线网络的数据自动匹配与数据在线编辑等控制措施。如果出现不匹配数据或错误格式，系统可以及时反馈并予以修正。IT 一般控制检测出的系统错误，应当指明错误出处并提供异常报告以供后续跟踪。

控制活动能够保障技术流程的完整性、准确性和有效性。无论是过去的批处理程序系统，还是现在的移动无线通信系统，或是在更高端的其他通信环境下，企业都应该积极在技术系统中发现问题，并采取纠正措施。为防止技术系统局部或全部中断，企业还应该采取设置备份、恢复程序、制订灾难恢复计划等一系列技术性维护措施。

3. 制定控制制度与程序

企业应当通过制定各种制度和程序，将控制措施真实落地。企业制定的制度不仅是管理层意志的简单体现，还应该包括更多具体事项。一项企业制度的发布，应当通过正式的审批流程，并且制度的形成过程也应得以记录。企业颁布的每项制度，需要包括以下内容：制度所要达到的目标，制度的适用范围和实用性，制度的作用和职责等。

企业通过确立控制制度来规范控制活动的内容，通过执行控制程序来保证控制制度的落实。管理层应通过制定制度和程序，将控制活动与业务流程、员工的日常工作相结合，达到建立控制活动的目的。

案例 4-1

蒙牛 ESG 管治下的可持续公司治理

蒙牛致力于建立完善的公司治理体系及程序，建立更独立、高效、专业的董事会，落实全面的风险管控，推进商业行为改善，构建合规经营、廉洁高效、运转流畅的体制机制，切实维护投资者权益。在 GREEN 战略"可持续的公司治理"支柱下，蒙牛设定 ESG 管治、风险管治、商业道德三个议题，将 ESG 融入公司发展战略，持续完善 ESG 治理架构和运行机制，努力打造全球企业可持续发展典范。

蒙牛致力于实现高水平企业管治，着重组建勤勉尽职的董事会，制定健全的内部监管制度，组建多元化治理架构，提升公司治理水平。

公司董事会由九名董事组成，包括三名执行董事、三名非执行董事及三名独立非执行董事。董事会主要负责制定本集团整体策略和政策，订立绩效和管理目标，评估业务表现和监察管理层表现。董事会下设审核、提名、薪酬、战略及发展、可持续发展五个专业委员会，负责监察公司特定事务及协助履行其职责，确保公司决策严谨、高效。蒙牛发布了《蒙牛集团可持续发展体系管理办法》，形成了以董事会为最高决策层的三级可持续发展管理体系，有效推动各部门参与ESG工作。该管理办法阐述了集团可持续发展在管治、社会、环境领域的承诺与具体行动路径，明确统筹各职责部门的工作机制，实现了集团可持续发展工作的制度化、规范化、专业化管理。

蒙牛可持续发展委员会下设可持续发展执行委员会，由公司核心高管组成，负责可持续发展管理与战略推进、监督战略执行情况，并审议年度工作计划及报告。

蒙牛可持续发展执行委员会下设GREEN战略五大支柱推进工作组，由28个蒙牛行动的负责事业部及职能部门共同参与，负责制订相应工作目标与计划，落实公司战略，与内外部利益相关方保持沟通。

资料来源：https://img.mengniu.com.cn/Uploads/Mn/File/2022/05/30/u6294972ec04f6.pdf [2024-04-30]

4.2 不相容职务分离控制

4.2.1 不相容职务分离控制的定义

不相容职务是指那些由一个人担任既容易发生错误或舞弊又可能掩盖其错误或舞弊行为的职务。不相容职务分离就是把这些职务分配给两个或两个以上的人承担，以便相互监督、相互制约。例如，会计、出纳是不相容职务，如果会计兼任出纳，既管钱又管账，那么就容易发生错误并产生舞弊的机会。按照不相容职务分离的要求，出纳经办货币资金收付业务，记录现金日记账和银行存款日记账，但不得核对银行对账单。又如，不得由同一部门或同一个人负责合同业务的全过程；不得由同一部门或同一个人负责固定资产采购的全过程；不得由同一部门或同一个人负责投资业务的全过程等。

不相容职务分离控制的核心是内部牵制。内部牵制原理是两个人或多人无意识犯同样错误的可能性极小；两个人或多人合谋舞弊的难度远远大于一个人单独舞弊。在企业中，因员工行为而产生的错误，通常由以下两个原因所致，无意识出错或有意识地舞弊。执行不相容职务分离控制后，将原来集中在一个人身上的权责分散给两个人或多人，既大大减少了无意识出错的可能性，也大大减少了舞弊的机会。

不相容职务分离控制贯穿企业经营管理活动的始终，是企业防范风险的重要手段之一。任何有业务的地方都应有相应的控制，其范围涵盖大到企业的并购，小到一笔销售业务，实施不相容职务分离控制是企业最基本的控制活动。

企业产生违规违纪行为的重要原因在于权力过于集中，未通过职务分离来实现相互制衡。不相容职务分离控制，要求企业在根据特定目标和特定业务活动建立内部控制政策和程序时，找出所有不相容的职务，并分配给不同的人员，从而产生制衡的效应。

4.2.2 不相容职务分离控制的内容

企业在内部机构设置时应体现不相容职务分离的原则，特别是在涉及重大或高风险的业务处理程序时，必须考虑实行各层级、各部门、各岗位之间的分离和牵制，对于因机构人员较少却又简单而无法分离处理的某些不相容职务，企业应当制订切实可行的替代控制措施。

企业中的不相容职务有很多，最常见的需要分离的不相容职务包括决策审批与业务执行、业务执行与审核监督、会计记录与业务执行、业务执行与财产保管、财产保管与会计记录，其制约关系如图4-1所示。

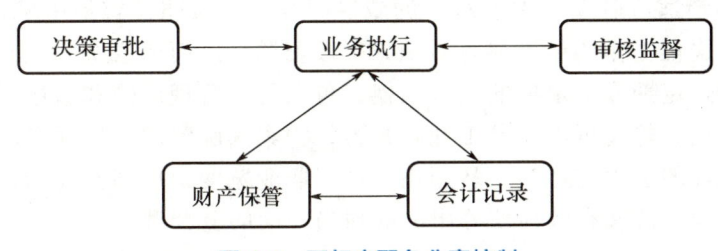

图 4-1 不相容职务分离控制

在现实的企业中，不可能完全让员工只担任某一单一职务，一人身兼数职是普遍现象，但对于不相容职务则不得由一人兼任。例如，出纳可以兼任考勤记录员，但不得兼任有关债权债务、收入、费用、现金及银行存款账户的记账员。又如，高层管理人员交叉任职的情况，在很多公司普遍存在。如果公司董事长和总经理为一人，董事会和总经理班子人员重叠，其后果就是董事会和总经理班子之间权责不清，制衡力度削弱，表现为关键人物大权独揽，一人具有几乎无所不能的控制权，常常集控制权、执行权和监督权于一身，且有较大的任意性。交叉任职违背了不相容职务分离控制的基本原则，必然带来权责含糊，造成办事程序由一个人操纵的现象。事实上，企业在资金调拨、资产处置、对外投资等方面出现问题的重要原因之一在于交叉任职，导致董事会缺乏独立性。因此，控制活动的首要任务是在组织机构设置和人员配备方面做到董事长和总经理分设，董事会和总经理班子分设，避免人员重叠。

 案例 4-2

分配给仓库保管员的工作恰当吗？

某企业仓库保管员除负责对仓库中的所有存货项目的验收、发出、储存进行永续记录外，还负责登记存货明细账。仓库保管员收到验收部门送交的存货和验收单后，根据验收单登记存货明细账。平时，各车间或其他部门领取原材料，可以填写领料单，仓库保管员根据领料单发出原材料并登记相关明细账。因辅助材料的用量较少，各车间领取辅助材料时，没有要求使用领料单，月末仓库保管员采用盘存计销方式确定辅助材料余额。各车间经常有辅助材料剩余（根据每天工作领取而未消耗掉，但其实还可再为其他工作所用的），这些材料由车间自行保管，无须通知仓库。此外，仓库保管员偶尔也会对存货进行实地盘点，从未发生账实不符。

4.2.3 轮岗和强制休假制度

1. 轮岗制度

轮岗是指员工在企业内部进行不同工作岗位的轮换，以及时发现并防止岗位责任履行过程中可能存在的重大风险。轮岗制度是不相容职务相分离的一种重要手段和形式，企业应结合岗位特点和重要程度，明确关键岗位员工轮岗的期限和有关要求，建立规范的岗位轮换制度。在企业实务中，轮岗表现较为明显的就是财务部门内部的换岗。

企业对关键岗位员工实施轮岗的目的主要是规避风险。如果员工在某个岗位上工作了较长时间，就会逐渐适应制度，制度对其的威慑力会不断减弱，容易引发员工的舞弊行为，并且长时间在一个岗位工作的员工很容易积累很多资源，进而形成个人垄断资源，对企业产生潜在的危险，通过定期或不定期的岗位轮换，可以防范管理风险和道德风险。另外，对员工也能起到激励作用，轮岗可以使员工开阔视野，积累人脉资源，发现自己真正的兴趣与能力所在，锻造多方面的能力与经验，从而拓宽员工职业宽度，提高升迁的可能性。通过内部的岗位轮换，可以既经济又有效地培养出能够独当一面的复合型人才。

2. 强制休假制度

企业在对关键岗位员工进行管理时，还可以采取强制休假制度。实行强制休假制度，可以使员工在紧张的工作中得到必要的休整，促进员工的身心健康，提高工作效率，同时也可以及时发现和有效预防各类违规事件。

需要注意的是，强制休假要实行临时决定制度。确定好具体休假人员后，应及时通知，立即办理有关移交手续，及时实行岗位休假。企业有关部门应对强制休假人员的岗位职责履行情况，采取现场方式进行离岗检查，在检查过程中发现的问题应形成检查报告并及时上报处理。

案例 4-3

某商业银行员工岗位轮换制度（节选）

第一章　总则

第一条　为进一步强化员工队伍建设和内部控制，有效防范和化解操作风险，完善员工管理制度，提高经营管理水平，根据《关于内部操作风险防控工作有关要求的通知》的有关规定，结合本行实际制定本制度。

第二条　员工交流及岗位轮换，是指按照管理权限，根据规定的条件、程序，通过跨岗位、跨网点、跨部门、跨服务对象范围等方式，定期对部门（机构）负责人实行岗位交流，对重要岗位业务人员实行岗位轮换（简称轮岗），以达到加强内部监督，防范道德风险和操作风险的目的。

第三条　本制度适用于我行领导班子以外全体在岗员工。

第二章　员工交流及岗位轮换对象及要求

第四条　员工交流及岗位轮换工作应坚持经常性、强制性和统一管理的原则。

第五条　开展员工交流及岗位轮换，应当处理好定期岗位轮换与提高工作效率的关系，优化人才组合与保证工作质量的关系，培养多岗位复合型人才与加强内部控制的关系。

第六条　岗位交流对象及要求

（一）各支行、分理处及部分职能部门负责人在同一职位任职三年以上的，应实行岗位交流。

（二）信贷员在同一机构同一岗位工作三年以上的，应安排轮岗。

（三）会计主管（授权经理）在同一机构同一岗位工作两年以上的，应安排轮岗。

（四）会计事后监督、电子联行、库管员、印、押、机、重要空白凭证管理人员、网上支付系统操作人员，以及总行认定为重要岗位的人员，在同一机构同一岗位工作两年以上的，应安排轮岗。

（五）柜面业务操作一线柜员，工作满一年以上的，应安排轮岗。确因工作需要或其他特殊原因暂时无法实施的，可短期轮岗（短期轮岗不少于三个月），如未发现问题，可安排其在本岗位继续工作一年，但期满后需正常轮岗。

（六）其他岗位轮换期限由总行根据岗位职责工作需要及风险防控要求合理确定。

第七条 总行认为有必要交流或轮岗的人员，可随时进行交流和轮岗。

第八条 有下列情形之一的，可不交流、轮岗或暂缓交流、轮岗。

（一）距退休年龄不足五年的（属于必须交流或轮岗的对象，可区别不同情况，对其工作进行调整）。

（二）因健康问题不宜轮岗或交流的。

（三）涉嫌违法违纪正在接受司法机关或纪检监察部门审查，尚未做出结论的。

（四）其他原因不适合轮岗、交流的。

资料来源：https://www.docin.com/p-2403800553.html　[2024-04-29]

4.3　授权审批控制

4.3.1　授权审批控制的定义

授权审批是指在职务分工的基础上，企业内部各级管理人员必须在授权范围内行使职权和承担责任，企业经济业务的经办人员必须在授权范围内办理业务。授权审批控制按形式可以分为常规授权和特别授权。授权审批控制是保证公司层面内部控制目标在各业务层面得到贯彻落实的重要手段，也是企业防范风险的重要方式。

4.3.2　授权审批控制的基本原则

1. 依事授权审批原则

企业授权的依据是事而不是人。企业应该本着有利于实现战略目标、有利于资源配置的目的，来设置岗位、职务，并进行授权，而不是依据被授权人的能力。如果依人授权，那么虽然考虑了被授权人的知识与能力，却不能确保职权被授予最合适的人员，不利于企业目标的实现。

2. 适度授权审批原则

适度授权中的"度"是授权控制成败的关键：既不能把握权力，不愿下放，也不能过度授权。如果权力过于集中，则会影响到下级部门的工作效率和积极性；而过度授权等于放弃权力，容易出现职权滥用的现象。只有恰到好处地授权，并且做到权力与责任相匹配，才能达到事半功倍的效果。

3. 不可越权原则

授权者对下级的授权，必须在自己的权力范围内，不能超越自己拥有的权限进行授权审批。越权审批就是超越被授权权限进行审批，通常表现为下级行使了上级的权力。例如，资金的调度权按规定属于总会计师，但总经理直接通知出纳将资金借给其他企业，就属于越权审批的行为。此外，对于重大事项，应贯彻集体决策的原则，或者联签制度，而不应由少数人主观决策。

4. 授权监督原则

党的二十大报告指出："健全党统一领导、全面覆盖、权威高效的监督体系，完善权力监督制约机制，以党内监督为主导，促进各类监督贯通协调，让权力在阳光下运行。"

监督是授权的保障，企业对相关人员在授权后应该给予适当的监督。如果不对权力进行监督，放任不管，则很可能发生越权，甚至发生滥用权力的行为。企业应当由董事会或类似权力机构，定期对授权审批控制的有效性进行监督，促进授权审批控制制度的不断完善。

二维码 22　　文案范本　　存货盘点制度

4.3.3 授权审批的类型

1. 按照授权审批内容分类

企业授权审批按内容可分为常规授权和特别授权。常规授权，也称一般授权，是指企业在日常经营管理活动中，办理常规业务的权力、条件和职责的规定。常规授权一般时效较长并相对稳定，可在企业正式颁布的岗位说明书中予以说明，或通过制定专门的权限指引予以明确。例如，采购部门的日常材料采购、销售部门确定销售价格的权力、财务部门批准费用报销的权力等。

以总部集中采购为例，一般采用矩阵式权限指引表，该表由横向和纵向两个指标体系构成，权限项目按照业务流程和控制点编号的顺序依次单列而成，一一对应，见表 4-1。

表 4-1　总部集中采购矩阵式权限指引表

	执行部门	总经理	分管副总/总会计师	分（子）公司总经理	分（子）公司分管副总/总会计师	会签部门或复核岗位
1. 长期采购协议/框架采购协议	采购部		审批：总部组织集中采购项下长期采购协议/框架采购协议			企划部

续表

	执行部门	总经理	分管副总/总会计师	分(子)公司总经理	分(子)公司分管副总/总会计师	会签部门或复核岗位
2. 长期采购协议/框架采购协议项下的采购合同	所属分(子)公司			审批：单笔≥100万元	审批：单笔<100万元	分(子)公司合同管理部门
3. 非长期采购协议/框架采购协议项下的采购合同	采购部/所属分(子)公司	审批：单笔≥300万元	审批：单笔100万(含)~300万元	审批：单笔20万(含)~100万元	审批：单笔<20万元	企划部/采购部/分(子)公司合同管理部门
4. 供货协议	采购部		审批：年度采购协议/代理采购协议			企划部/采购部
5. 对外付款	采购部/所属分(子)公司	审批：单笔≥300万元	审批：单笔100万(含)~300万元	审批：单笔20万(含)~100万元	审批：单笔<20万元	采购部/财务部/所属分(子)公司

特别授权是指企业在特殊情况、特定条件下进行的授权。特别授权是一种临时性的、应急性的授权，一般是由董事会给经理层或者经理层给内部机构及其员工授予处理某一突发事件、做出某项重大决策，代替上级处理日常工作的临时性权力。例如，董事会委托财务主管负责某次债券发行工作，一旦债券发行工作结束，其权限也自动终止。

企业必须明确划分常规授权和特别授权的范围，严格控制特别授权。企业对已纳入计划、预算和在管理制度中明确规定的所有日常经营活动，应将其纳入一般授权的范围。只有未纳入计划、预算的重大事项或者超过计划、预算中一般授权最高授权限额的例外事项，才可以进行特别授权。企业对于重大的业务和事项，应当实行集体决策审批或者联签制度，任何个人不得单独进行决策或者擅自改变集体决策。

2. 按照授权审批形式分类

企业授权审批按形式可分为口头授权和书面授权。口头授权是上级领导利用口头方式对下属进行工作交代。这种授权形式一般适用于临时性和责任较轻的任务。书面授权是指上级领导利用文字形式对下属工作的职责范围、目标任务、组织情况、等级规范、负责办法与处理规程等做出明确规定的授权形式。这种授权形式适合比较正式与长期的任务。

企业应当尽可能采用书面授权的形式，明确相关人员的权限和责任界定，以避免出现口头授权方式下误解权责范围，以及出事之后相互推诿、无法问责等情况的发生。

案例 4-4

华晨集团高管在虚假年报签字被证监会行政处罚

2021年9月2日，中国证监会〔2021〕66号文发布了对华晨汽车集团控股有限公司（以下简称华晨集团）及12名责任主体行政处罚决定书。

2016年开始，华晨集团自主品牌汽车的业绩和利润下滑严重，2017年开始出现亏损。为了完成业绩考核，华晨集团通过转让晨宝（辽宁）汽车制造有限公司 [以下简称晨宝（辽宁）]、绵阳华瑞汽车有限公司（以下简称绵阳华瑞）股权方式来完成2017年、2018年年度业绩指标。

2017年12月，华晨集团与沈阳华益新汽车销售有限公司（以下简称华益新）签订《股权转让合同》，将其持有的子公司晨宝（辽宁）51%股权转让给华益新，转让价格为19.25亿元，于合同生效后180日内向华晨集团支付全部股权转让价款。2017年12月31日，华晨集团确认投资收益8.02亿元。以同样方式，2018年6月，华晨集团与华益新签订《股权转让合同》，转让剩余49%股权，价格为18.50亿元。2018年6月30日，华晨集团确认投资收益7.71亿元。

2018年12月，华晨集团与晨宝（辽宁）签订《股权转让合同》，将其持有的子公司绵阳华瑞100%股权转让给晨宝（辽宁），转让价格为19.49亿元，于2018年12月31日，华晨集团确认投资收益18.85亿元。

经查，截至华晨集团各确认投资收益日，上述股权转让合同项下的交易均未完成：被转让的股权的所有权上的风险和报酬并未实质转移，且华晨集团未取得股权转让价款。故上述股权转让收益均不能确认。

上述行为导致华晨集团2017年、2018年年度报告披露的合并利润表中投资收益、利润总额、净利润、归属于母公司所有者的净利润虚假，2017年、2018年虚增归属于母公司所有者的净利润分别为8.02亿元、17.90亿元。在对上述事项进行调整后，致使合并利润表中归属于母公司所有者的净利润由正转负，其中2017年度为实亏3.82亿元，2018年度为实亏13.33亿元。

中国证监会认为，华晨集团作为公开发行公司债券和企业债的发行人，上述行为违反2005年证券法第六十三条的规定，构成2005年证券法第一百九十三条第一款所述的行为。华晨集团时任董事长及相关高管知悉股权转让的目的并决策及组织实施，在集团审议股权转让的董事会决议及审议通过年度审计报告的董事会决议上签字。

资料来源：中国证监会官网

4.4 会计系统控制

4.4.1 会计系统控制的定义

会计系统是通过对会计主体所发生的各项能用货币计量的经济业务进行记录、归集、分类、分析、汇总和编报等而建立的工作系统。会计系统对外向投资者、潜在的投资者、债权人等提供相关决策信息，对内向管理层提供经营管理的信息。

会计系统控制是通过会计核算和会计监督系统实施对企业经济活动的控制，主要包括会计机构设置与会计人员配备、企业会计制度设计、内部会计管理等内容。企业内部控制目标明确指出，要确保财务报告及相关信息真实完整。内部控制的重要控制活动之一是对财务报告的控制。财务报告及相关信息反映了企业的经营业绩及企业的价值增值过程，揭示了企业的过去和现状，并可预测企业的未来和发展，是投资者进行投资决策、债权人进行信贷决策、管理者进行管理决策，以及相关经济管理部门制定政策和履行监管职责的重要依据。

4.4.2 会计系统控制的方式

会计系统控制是将企业发生的经济业务转换为会计信息的过程，是将企业的资金状况与经营状况以会计特定的方式表达出来的过程。具体地说，就是将企业发生的经济业务通过编制会计凭证、登记账簿、编制财务报表的形式表现出来的过程。因此，企业要严格执行会计准则，加强会计基础工作，建立会计凭证、会计账簿和财务会计报告的处理程序，保证会计资料真实完整。

1. 会计凭证控制

会计凭证控制是指在填制或取得会计凭证时实施的相应控制措施，包括原始凭证与记账凭证的控制。会计凭证控制的具体内容包括：严格审查取得的原始凭证，对不符合要求的原始凭证予以退回；科学设计记账凭证格式，做到内容及项目齐全，便于核算与控制，能够完整地反映业务活动的全貌；会计凭证按照顺序统一编号，确保每笔经济业务及时入账；各个部门应当按照规定的程序，在规定期限内传递会计凭证，确保经济业务得到及时的反映和正确的核算。

2. 会计账簿控制

会计账簿控制是指在设置、启用及登记会计账簿时实施的相应控制措施。会计账簿控制的具体内容包括：按照规定设置会计账簿；启用会计账簿时，要填写会计账簿启用表；会计凭证必须经审核无误后方可登记账簿；账簿中的账页连续编号；会计账簿应当按照规定的方法和程序登记并进行错误更正，按照规定的方法与时间结账。

3. 财务报告控制

财务报告控制是指在编报财务报告时实施的相应控制措施，具体包括：按照规定的方法与时间编制及报送财务报告；编制的财务报告必须由单位负责人、总会计师及会计主管人员审阅签名并盖章；对报送给各部门的会计报表要装订成册，并加盖公章。

4.4.3 会计系统控制的内容

会计人员应该以会计准则为依据，遵照国家和地方的会计法律法规处理日常账务，做好基础记账工作，力求真实完整地反映企业的相关经济业务，保证会计资料的真实完整；会计账簿、文件合同等，由专人负责管理，保证会计资料的安全完整；加强对会计凭证的复核，及时发现问题，降低财务风险，形成一个健全有效的会计系统。

1. 会计准则和相关会计制度的选择

企业管理层应当依据企业的具体情况选择适用的会计准则和相关会计制度。例如，根据企业规模和性质，分别采用企业会计准则、企业会计制度、小企业会计制度等。

2. 会计政策选择与会计估计确定

会计政策是指企业在会计核算时应遵循的原则、基础以及企业所采纳的具体会计处理方法。企业会计政策的确定过程实际上是依据会计准则，结合企业具体情况，对具体会计原则、基础和会计处理方法的选择过程。企业管理层应当以真实、公允反映企业财务状况为标准，来选择适当的会计政策。会计政策方式变更时，需要说明原因。

会计估计是指企业对结果不确定的交易和事项，以最近可利用的信息为基础所做出的判断。例如，存货可变现净值的确定；固定资产预计使用寿命；预计净残值及折旧的方法等。企业会计制度应当规定本企业会计估计所涉及的内容、具体做法，若资产、负债的当前状况及预期未来经济利益和业务发生了变化，则会计估计也需要做出相应的调整。

3. 文件和凭证控制

企业应当对经济业务文件和相关凭证进行控制，并且凭证需要保持连续编号，这样既可以避免重复或遗漏，又便于查询，同时也可以在一定程度上防范舞弊行为的发生。

4. 会计核算组织程序控制

会计核算组织程序是指在会计循环中，会计凭证、会计账簿、记账程序和记账方法相互结合来处理会计账务的方式。会计核算组织程序设计包括企业及下属单位会计核算方式的选择，从原始凭证取得到会计报表编制的具体流程，以及各财务流程的衔接与各岗位的分工等。企业选择适当的会计核算形式，对于科学组织本企业的会计核算工作具有重要意义。它可以保证会计信息处理工作有序进行，减少不必要的核算环节和手续，及时传递会计信息，从而提高核算工作的效率。

5. 会计档案保管控制

会计档案是指会计凭证、会计账簿和财务报表等会计核算专业资料，是记录和反映经济业务的重要历史资料和证据。会计档案作为记录和反映经济业务的重要历史资料和证据，为国家和企业提供了大量的经济信息，对促进经济发展起到了重要的作用，企业加强会计档案管理，对维护正常的会计工作秩序，建立和完善规范化的会计基础工作体系具有重要意义。

6. 会计组织和人员控制

企业应当依法设置会计机构，配备会计从业人员，从事会计工作的人员必须取得会计从业资格证书，会计机构负责人应当具备会计师以上专业技术职务资格，大型企业应当设置总会计师，设置总会计师的企业不得设置与其职权重叠的副职。

企业应根据自身规模大小、业务量多少等具体情况设置会计岗位。一般大中型企业应设置：会计主管、出纳、流动资产核算、固定资产核算、投资核算、存货核算、工资核算、成本核算、利润核算、往来核算、总账、报表、稽核及综合分析等岗位。小型企业因业务量较少，应适当合并减少部分岗位，可以一人一岗、一人多岗，也可以一岗多人；但出纳人员不得兼任稽核、会计档案保管和收入、费用、债权债务账目的登记工作。

 案例 4-5

新绿股份财务造假案

2013 年 1 月至 2015 年 4 月期间，为完成对赌协议约定的业绩，在明知经济利益不可能流入公司的情况下，新绿股份通过有计划、有组织地实施收入造假，持续伪造与收入相关的银行收款，造成与收入相关的经济利益持续流入的假象，达到虚增收入的目的，累计虚增收入 9.3 亿元，虚增利润 1.4 亿元。此外，新绿股份私设多套财务账套，2013 年至 2015 年，新绿股份设置了内账、税务账和上市账三套财务账套，三套财务账套数据不一致，其中内账与上市账记录的主营业务收入存在巨大差异。新绿股份申请股份公开挂牌转让过程中披露文件、2015 年年度报告及临时公告均存在虚假记载。

2019 年 6 月，证监会对新绿股份及相关人员做出行政处罚，对公司给予警告，并处以 60 万元罚款；对实际控制人给予警告，并处以 30 万元罚款；对部分董监高员给予警告，处以 3 万～10 万元的罚款。

北京兴华会计师事务所（特殊普通合伙，以下简称北京兴华）对新绿股份新三板挂牌申报财务报表进行审计，并出具相关审计报告。在审计过程中，北京兴华对银行存款审计程序不到位，导致未能发现新绿股份虚增公司业绩和银行存款余额的事实；风险评估程序不到位，导致未能识别和评估财务报表重大错报风险。2019 年 11 月，证监会对北京兴华及相关人员做出行政处罚，对北京兴华采取责令改正措施，没收业务收入 30 万元，并处以 60 万元罚款；对直接负责的两名签字注册会计师给予警告，并分别处以 5 万元的罚款。

资料来源：https://xueqiu.com/3410678413/149385637　[2024-05-07]

4.5 财产保护控制

4.5.1 财产保护控制的定义

企业拥有的财产主要包括现金、有价证券、存货、房屋、建筑物、机器设备等有形资产和商标、专利、知识产权等无形资产及其他资产。这些财产是企业从事生产经营活动的基础，保护企业财产的安全完整，也是内部控制的基本目标之一。

财产保护控制是指为了确保企业资产的安全和完整所采取的控制措施。它是保证企业生产经营活动正常进行的一项重要控制措施。企业只有保证了财产的安全，才能进一步实现保值和增值。

4.5.2 财产保护控制的措施

财产保护控制的措施主要包括对资产和记录采取适当的安全保护措施，对访问计算机程序和数据文件设置授权,以及定期盘点并将盘点记录与会计记录相核对。

1. 限制接近资产

限制接近资产是指严格限制未经授权的人员对资产进行直接接触,只有经过授权审批的人员才能接触资产。限制接近资产包括限制对资产本身的直接接触和通过文件批准方式对资产使用或分配的间接接触。企业应当严格限制未经授权的人员接触和处置资产,其目的是划清责任,减少资产被盗窃、损坏,以及记录被篡改的机会,这也是防范违法违规行为的重要控制方式。

企业应严格控制对重要实物资产的接触,只有经过授权批准的人员才可接触这类资产。通常纳入严格限制的资产包括以下几个方面。

(1) 现金、银行存款、其他货币资金等变现能力较强的资产。
(2) 股票、债券等有价证券,应收票据等其他易变现资产。
(3) 容易变现的存货。
(4) 支票等重要的票据。
(5) 财务专用章、企业负责人印章及出纳个人的印章等。

2. 定期盘点清查

定期盘点清查是指定期对实物资产进行清查盘点,重点是账实核对,实现资产管理制度化、规范化。定期盘点和账实核对不应由担任保管或担任记录事务的人员单独进行。

企业一般是每季度、每半年或在年终财务结算前进行一次全面的盘点。对于不同资产的清查,应采用不同方法。企业可以根据资产的流动性确定盘点频率,通常动产比不动产、货币性资产比非货币性资产的盘点频率要高。企业可以根据需要选择采用全面清查还是局部清查。对于盘点清查中发现的差异,企业应当明确处理盘点差异处理的权限,以及相应人员的责任。

3. 记录保护

记录保护是指妥善保管企业各种文件资料,避免记录受损、被盗、被毁。在信息化环境下,企业业务流程中产生的各种书面凭证和会计活动中的大部分数据和信息的处理也实现了电子化,企业需要建立有效的信息系统内部控制。例如,在会计操作系统中建立数据保护机制,加强网络安全防范能力,采用防火墙技术、网络防毒、信息加密储存通信、身份认证授权等技术方法,加强信息化环境下记录的安全管理。记录保护也就是严格限制接近会计记录与业务记录的人员,对重要的数据应当备份。

4. 保险

保险是分担风险的一种方法。企业通过充分地投保可以降低财产损失的程度。企业进行财产保险,就是交付一定的保险费用,把风险转嫁给保险公司。一旦发生灾害事故,企业就能及时从保险公司得到经济补偿,从而保证企业生产经营能正常进行以及保障企业的经济效益。

案例 4-6

仓库管理员监守自盗

近日,某市公安局在侦办一起偷盗电动车电瓶案件时,在涉嫌收赃嫌疑人李某的住处发现大量电器的成品、半成品及原材料,经现场清点,估价约 20 万元。办案警察还发现李某与一个人联系频繁。经过讯问,李某很快交代了这些电器材料的来源,竟是本市某电器公司员工夏某所卖。

警察很快将夏某抓获归案。在铁的证据面前,夏某如实交代了自己偷盗变卖公司材料的事实。原来,夏某是该公司仓库保管员,由于公司人员紧缺,实物盘点的工作由夏某兼职,于是他利用工作便利,采取蚂蚁搬家的方式,在短短不到一年的时间里,将自己看管的仓库内的成品及材料盗出,并将其以废品的价格卖给李某,总共获利 3 万多元,只有实际价值的十分之一。直到案发,公司都没有察觉存货被盗这一情况。

4.6 运营分析控制

4.6.1 运营分析控制的定义

运营分析控制是指企业以会计、统计、计划、管理信息和相关信息为依据,运用科学的分析方法,计算与分析企业资产运营效率与效益,评价企业的运营能力,发现企业在资产运营中存在的问题,按照客观规律指导和控制企业经营活动。

《企业内部控制基本规范》对运营分析控制提出了具体的要求,要求企业建立运营情况分析制度,企业管理层需要综合运用采购、生产、销售、筹资、投资等财务和非财务信息,利用趋势分析、对比分析及因素分析等方法,按月、季、年,定期对企业的运营情况展开分析,及时发现存在的问题,查明原因并加以改进。

企业主要根据财务报表数据及相关经营数据进行运营情况分析,同时结合实地调查及其他信息资料,提出分析研究报告,以确定企业经营中可能存在的问题。例如,企业通过分析资产负债表、利润表、现金流量表及其他有关生产经营活动方面的数据资料,并与相关预测、预算结合,识别企业经营中可能存在的风险,及时采取有效的控制措施进行整改。

二维码 23　文案范本　企业运营分析报告(范本)

二维码 23

4.6.2 运营分析控制的方法

1. 比较分析法

比较分析法是运营分析中最基本、最常用的方法。它通过将两个或多个相联系的指标数值与各种特定的标准相比较,从数量上说明研究对象的变化或差异,通过变化或差异揭示成绩或差距,并做出分析评价,为企业经营决策提供有用信息。

比较分析法中将报告期运营数据与历史运营数据或不同对象的运营数据为参照标准,

可以分为纵向比较分析法和横向比较分析法。

纵向比较分析法也称趋势分析法，是将企业本期实际与不同时期同类指标的历史数据进行比较，从而确定财务及经营状况的变化趋势和变化规律，通过分析本期与前期有关项目金额的差异，从中及时发现问题，查找原因，改进工作。纵向比较分析法最常用的是与上年同期比较，还可以与达到历史最高水平的时期进行比较，或连续数期的比较，分析产生差异及变化的原因，预测企业未来的发展趋势。

横向比较分析法是将企业的主要财务指标与同行业的平均水平或同行业中的先进企业比较，从而衡量企业在同行业中的地位，汲取先进企业的经验，为进一步改善企业经营管理提供有用信息。

比较分析法按照数值表现形式不同，可以分为绝对数比较和相对数比较两种形式。

绝对数比较是利用两个或两个以上的绝对数进行比较，揭示其数量的差异。通过绝对数比较，可以分析出报告期与基期各指标的绝对变化。例如，某企业上年固定资产总额为2000万元，本年固定资产总额为3000万元，则本年与上年的差异为1000万元。

相对数比较是对各指标之间的比例关系及其在整体中所占的相对比重进行比较，揭示企业的财务状况和经营成果。它是将某一关键指标的金额作为比较标准，将其余指标与标准指标相比，计算得出百分比，然后比较近几年的百分比，分析其未来的发展趋势。例如，总资产报酬率是指占用每百元资产所取得的利润，其计算公式为

$$总资产报酬率 = 息税前利润 / 平均总资产 \times 100\%$$

该指标揭示了企业在不考虑利息费用和纳税因素，只考虑经营情况时，利润与资产占用之间的关系。这个比率反映企业管理层对所有资产实施管理所产生的效益，即管理层利用现有资源创造价值的能力，也是对企业整体盈利能力的衡量。通常，总资产报酬率越高，则企业全部资产运营能力越强，运营效率越高。

2. 因素分析法

因素分析法是指确定分析指标的影响因素，计算其影响程度，并查明指标变动原因的一种分析方法。企业运用因素分析法，分析影响某项综合性经济指标的因素有哪些，影响的方向和程度如何，各因素之间的相互作用，以及如何改变这些因素，从而有利于企业进行事前计划、事中控制和事后监督，促进企业进行目标管理，提高企业经营管理水平。

因素分析法按分析特点可以分为连环替代法和差额计算法。

连环替代法是将分析指标分解为各个可以计量的因素，并根据各个因素之间的依存关系，顺次用各因素的比较值（通常为实际值）替代基准值（通常为标准值或计划值），据以测定各因素对分析指标的影响。

差额计算法是连环替代法的一种简化形式，是利用各个因素的比较值与基准值之间的差额，来计算各因素对分析指标的影响。

3. 综合分析法

综合分析法是指将反映企业运营各个方面的指标纳入一个有机的整体，以便系统、全面、综合地对企业运营状况进行分析与评价。目前，在实际工作当中应用比较广泛

的综合分析法有杜邦财务分析法、可持续增长率分析体系、EVA价值分析体系等。

案例 4-7

格力与美的营收与分红比较

一、格力空调营收被美的集团赶超

2022年年报显示，格力电器实现营收1889.88亿元，同比增长0.6%，归母净利润245亿元，同比增长6.26%；而美的集团实现营收3439亿元，同比增长0.78%，归母净利润295.54亿元，同比增长3.42%。

2023年一季报显示，格力电器实现营收354.56亿元，同比增长0.55%，归母净利润41.09亿元，同比增长2.64%；美的集团实现营收962.63亿元，同比增长6.5%，归母净利润80.42亿元，同比增长12.03%。

从上述财报数据看，格力电器2022年、2023年一季度的营收几乎都与上期持平，营收增长乏力。而美的集团2022年战略调整，砍掉一些长尾的业务，营收也同比持平，2023年一季度营收增长超5%，净利润增长超10%。在此情况下，格力电器与美的集团的营收规模差距进一步拉大，2023年一季度的营收只约为美的集团的三分之一。

格力电器在其最强的空调业务领域，营收规模也被美的赶超。2022年年报显示，格力电器空调业务收入为1348.59亿元，同比增长2.39%，在营收中占比71.36%；美的集团暖通空调业务收入为1506.35亿元，同比增长6.17%，在营收中占比43.8%，为其最大业务。所以，格力电器与美的集团在空调领域的竞争，关键看谁逆势增长更多。

二、分红力度比上年有所减弱

格力电器素以"高分红"著称，这也是其在近年股价波动中稳定投资者信心的"法宝"。2022年，格力电器的空调业务毛利率为32.44%，同比提高1.21%，加权平均净资产收益率达24.19%，同比提高2.85%；美的集团的暖通空调业务毛利率为22.84%，同比提高1.79%，加权平均净资产收益率达22.21%，同比减少1.88%。从这些数据看，格力电器的赚钱能力不比美的集团弱，甚至可以说更强些。

格力电器2021年度全年的分红合计约为每10股派30元（含税）。格力电器2022年度中期分红，每10股派10元（含税），股权登记日为2023年2月24日，除权除息日为2023年2月27日。在此基础上，2022年度分红为每10股派10元（含税），该分红方案已经董事会决议通过。也就是说，格力电器2022年度全年的分红为每10股派20元（含税），比2021年度有所减少。

美的集团2021年的归母净利润高过格力电器，但分红上却比格力电器"吝啬"，一些股东为此曾在年度股东大会上颇有微词，所以，美的集团2022年度加大了分红的力度，每10股派25元（含税），超过了格力电器全年的每10股派20元（含税）。

资料来源：https://finance.sina.com.cn/roll/2023-05-04/doc-imysqxpv3392043.shtml [2024-05-07]

4.7 绩效考评控制

4.7.1 绩效考评的定义

绩效考评是指企业对各经营活动部门和职能部门当期实现的实际业绩,通过将其与预算、计划目标等进行对比,考核和评价其经营业绩。具体岗位人员阶段性工作结束时,企业会对其业绩进行评价,以便能公正地、客观地反映阶段性的工作业绩。绩效考评目的在于对以计划目标为标准的业绩的实现程度进行总结,进行业绩评定,不断总结经验,激发员工的工作热情并提高员工的能力和素质,以促进下一阶段业绩的改进。绩效考评是绩效管理的重要组成部分,当前大部分企业都会实行绩效考评制度。

绩效考评对于企业发展非常重要,恰当的绩效考评制度能够激发员工的工作潜能,使组织运转通畅,促进组织长、短期目标的完成;反之,不恰当的绩效考评会带来很多问题,例如,缺乏绩效沟通和反馈可能带来考核者与被考核者的对立情绪,进而影响团队合作热情,降低组织绩效;与企业发展阶段及管理现状不相适应的绩效考评方法,不仅不能提高组织的绩效,还可能会成为各级管理者的负担,浪费大量的资源;不公平的考核结果可能影响管理者的可信度,挫伤员工的积极性。因此,企业只有建立有效的绩效考评制度体系,才能够解决问题,提升绩效。

企业应当以战略目标为导向,遵循科学性、可衡量性、操作性和系统性的基本原则,合理设计考核标准,考核标准切忌模棱两可或含糊抽象。因此,绩效考评中,能量化的数据必须量化,使人们对具体实例摸得着、看得见、算得准、记得牢。以此规范人们,什么样的事应该努力去做,做出成效;什么样的事应该明令禁止,不许越雷池。企业应当根据不同职级岗位的工作内容及特点,对员工实行分级分类考核,确保不同层级、不同部门、不同岗位员工之间绩效考评有所差异,同类同级员工之间绩效考评可以比较。例如,企业对新产品研制人员、销售人员、生产一线工人都提出明确、量化的考核标准,并与经济利益挂钩。

绩效考评并非年终算账,应当实行月度考核、季度考核和年度考核相结合的方式,应该是平时考核有记载、季度考核有测评、年终考核有评价。企业也可以根据实际需要实行季度考核和半年度考核,并根据考核层级、考核周期来确定不同的考核侧重点。例如,月度考核注重以规范行为、控制质量为目的的日常指导性考核,考核项目为基础绩效指标,主要面向中层及以下员工;季度考核注重量化目标,主要面向部门和高层人员;半年度考核注重综合考核,年度考核注重全面考核,面向所有层级。绩效考评可以采取外部考核与内部考核相结合的方式,外部考核主要为客户满意度考核,内部考核主要按企业确定的绩效指标体系进行。绩效考评结果应按规定报绩效管理委员会和绩效管理部门审批和备案。

二维码 24

二维码 24 　文案范本　公司绩效考核管理制度

4.7.2 绩效考评的内容

绩效考评是企业绩效管理中的一个环节,要求企业建立和实施绩效考评制度，明确评价主体和评价目标，科学设置考核指标体系、评价标准，科学运用定量和定性方法，对企业内部各责任单位和全体员工的业绩进行定期考核和客观评价，并将考评结果作为确定员工薪酬以及职务晋升、评优、降级、调岗、辞退等的依据。绩效考评是人力资源管理的核心职能之一，其最终目的是实现企业的目标，如图 4-2 所示。

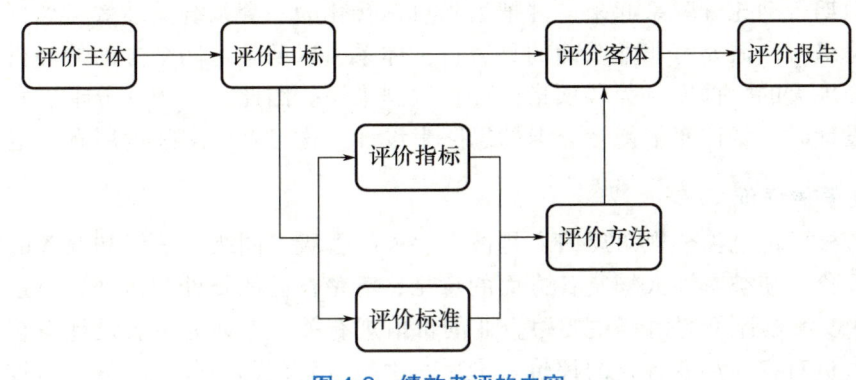

图 4-2　绩效考评的内容

4.7.3　绩效考评的模式

1. 关键绩效指标

关键绩效指标是衡量企业战略实施效果的关键指标，其目的是建立一种机制，将企业战略转化为企业的业务过程和活动，以不断增强企业的核心竞争力和持续地取得高效益。关键绩效指标考评是通过对工作绩效特征进行分析，提炼出最能代表绩效的若干关键指标体系，并以此为基础进行绩效考评的模式。关键绩效指标必须是衡量企业战略实施效果的关键指标。企业应当围绕其战略，传递企业的价值导向，通过对战略目标的分解，制订科学合理的关键绩效指标，并对其实现过程进行有效的控制，有效激励员工为实现企业战略而共同努力。

二维码 25　扩展阅读　KPI、OKR、3S 和 BSC 四大绩效考核工具详解

2. 目标管理法

目标管理法作为一种广泛使用的绩效考评方法，始于管理大师得鲁克的目标管理模式，迄今已有几十年的历史了。目标管理法是指管理者与被考评者在考评初期，根据组织目标制订在考评期间需要达到的工作目标，管理者在考评期末对照目标与被考评者一同检查，并根据目标完成程度进行考评打分。目标管理法的优点是能够通过目标的制订，有效指导与监控员工工作行为，加强员工自我管理意识，从而提高工作绩效。同时，以目标的达成情况作为打分标准，具有较强的客观性。该方法的缺点是订立目标的过程复杂且成本高，在推行过程当中，可能只注重短期效益而忽视长期效益的实现。因此，采用目标管理法来评价绩效存在一定的局限性。

3. 平衡计分卡

卡普兰与诺顿在《平衡计分卡——业绩衡量与驱动的新方法》一文中指出，不能仅通

过财务指标来评价一家企业的业绩，而应从财务、客户、内部业务流程及学习与发展四个维度来评价企业业绩。所谓平衡计分卡，是从财务、顾客、内部业务过程、学习与成长四个方面来衡量绩效。平衡计分卡既考核企业的产出（上期的结果），也考核企业未来成长的潜力（下期的预测）；还从顾客角度和内部业务角度两方面考核企业的运营状况，把企业的长期战略与企业的短期行动充分联系起来，并把远景目标转化为一套系统的绩效考评指标。企业在实施平衡计分卡时，需要有非常明确的具体目标体系，以及上述四个方面的分析能力，同时还需建立全面庞大的数据库，为各项指标提供数据来源。因此，平衡计分卡的实施需要企业在进行流程设计时，就按照平衡计分卡的思路来设计，这对企业实际运用有一定的要求。

4. 360度考核评价

360度考核评价也称全视角反馈，是被考评人的上级、同级、下级和服务的客户等对被考评人进行评价，使被考评人知晓各方面的意见，清楚自己的长处和短处，以达到提高自己的目的。360度考核评价的内容主要跟企业的价值观有关，考评分析表设计得较详细，所有参与考评的人员对各项都有各自的评价。最后，由绩效管理部门分析，得出对被考评人的评价结果。360度考核评价体系具有全员参与管理、信息收集对称、能分散管理者日常管理等特点，但它的考评过程复杂，统计工序繁多，在人员素质不高时，容易造成人际关系紧张或可信度低等后果。

5. 主管述职评价

主管述职评价是指由岗位人员做述职报告，把自己的工作完成情况和知识、技能等反映在报告内的一种考评方法。该方法主要针对企业中高层管理岗位的考评。述职报告可以在总结本企业、本部门工作的基础上进行，但重点是报告本人履行岗位职责的情况，即该管理岗位在管理本企业、本部门完成各项任务中的个人行为，本岗位所发挥作用状况。

从绩效考评方法上看，关键绩效指标模式强调抓住企业运营中能够有效量化的指标，提高了绩效考评的可操作性与客观性。目标管理法模式将企业目标通过层层分解下达到部门及个人，强化了企业监控与可执行性。平衡计分卡模式是从企业战略出发，不仅考核当前的情况，还考核将来；不仅考核结果，还考核过程，适应企业战略与长远发展的要求，但不适合对初创企业的衡量。360度考评评价有利于克服单一评价的局限，但应主要用于能力开发。主管述职评价仅适用于对中高层管理者的评价。综上所述，不同的绩效考评方法有不同的特征，每一种绩效考评模式与方法都反映了一种具体的管理思想和原理，都具有一定的科学性和合理性；同时，不同的方法又都有自己的局限性与适用条件及范围，企业应结合战略发展目标和自身经营规模、特点等选择恰当的绩效考评方法。

案例 4-8

唐僧师徒的故事

唐僧团队是一个知名的团队，经常被作为典范来讲，但是这个团队的绩效管理似乎做得并不好。我们来看一下他们的绩效管理的故事。

话说唐僧团队乘坐飞机去旅游，途中飞机出现故障，需要跳伞，不巧的是，四个人只有三把降落伞。为了做到公平，师父唐僧对各个徒弟进行了考核，考核过关就可以得到一把降落伞，考核失败，就自由落体，自己跳下去。

于是，师父问孙悟空："悟空，天上有几个太阳？"悟空不假思索地答道："一个。"师父说："好，答对了，给你一把伞。"接着又问沙僧："天上有几个月亮？"沙僧答道："一个。"师父说："好，也对了，给你一把伞。"八戒一看，心里暗喜："啊哈，这么简单，我也行。"于是，摩拳擦掌，等待师父出题，师父的题目出来，八戒却跳下去了，大家知道为什么吗？师父的问题是："天上有多少颗星星？"八戒当时就傻掉了，直接就跳下去了。这是第一次旅游。

过了些日子，师徒四人又乘坐飞机旅游，结果途中飞机又出现了故障，同样只有三把伞，师父如法炮制，再次出题考大家。先问悟空："中华人民共和国是哪一年成立的？"悟空答道："1949 年 10 月 1 日。"师父说："好，给你一把。"然后问沙僧："中国的人口有多少亿？"沙僧说："14 亿。"师父说："好的，答对了。"沙僧也得到了一把伞。轮到八戒，师父的问题是，14 亿人口的名字分别是什么？八戒当时晕倒，又一次以自由落体结束旅行。

第三次旅游的时候，飞机再一次出现故障。这时候八戒说："师父，你别问了，我跳。"然后纵身一跳。师父双手合十，说："八戒，这次有四把伞。"

这个故事说明绩效考评指标值的设定要在员工的能力范围之内，要让员工跳一跳就可以够得着。如果员工一直跳，却永远也够不着，那么员工的信心就丧失了，考评指标也就失去了本来的意义。很多企业在设定考评指标的时候，喜欢用高指标值强压员工。这个设计的假设是如果指标值设定得不够高，员工就没有足够的动力，另外，用一个很高的指标值考核员工，即便员工没有完成 100%，而只是完成了 80%，也已经远远超出企业的期望了。这种逻辑是强盗逻辑，表现出了管理者的无能和无助，只知道用高指标值强压员工。殊不知，指标背后的行动计划才是真正帮助员工达成目标的手段，而指标值本身不是。其实，设定一个员工经过努力可以达到的指标值，然后，帮助员工制订达成目标的行动计划，并帮助员工去实现，才是管理者的价值所在。管理者做到了这一点，才是实现了帮助员工成长的目标，才真正体现了管理者的价值！

资料来源：https://www.chinatpm.net/LeanKnowledge/4799.html　[2024-05-07]

4.8　全面预算控制

4.8.1　全面预算控制概述

1. 全面预算的定义

全面预算是指企业对一定期间内有关资源的获得、配置及使用的规划和安排，是一种以量化形式表现的计划。从内容上看，全面预算是企业对一定期间（预算期）的经营活动、投资活动和财务活动做出的统筹安排。从形式上看，全面预算是以货币为计量单位，包括采购、生产、销售各个环节，人、财、物各个方面具体而详尽的计划表。从本质上看，它是一种全方位、全过程、全员参与编制与实施的管理模式，是企业内部控制的重要方法，在企业整个管理活动中起着枢纽的作用。

2. 全面预算控制的目标

企业实施全面预算控制的目标主要包括：建立科学、全面、高效、有序的预算管理体系，提高预算的科学性和严密性；明确各责任单位在预算管理中的职责权限，规范预算编制、审批、执行、分析、调整和考核等程序，强化预算约束；激励员工的工作积极性，防范重大错弊而导致的风险，确保企业实现发展战略目标。

由于全面预算具有明确工作目标、控制经营活动、协调各部门关系、评价工作业绩的作用，因此可以说，全面预算是涵盖未来一定期间内企业所有经营活动过程的计划，是企业实现战略目标的一种控制工具或方法，而不仅仅是"控制支出"的工具。

3. 全面预算控制体系

全面预算控制的内容涵盖企业经营活动的全过程，包括经营预算（如采购预算、销售预算、生产预算、管理费用预算、其他预算等）、资本预算（如投资预算、筹资预算）和财务预算（预计资产负债表、预计利润表、现金收支预算等），如图4-3所示。经营预算、财务预算、资本预算之间相互衔接、相互制约，经营预算与业务活动相辅相成，财务预算以经营预算为基础，资本预算是前两者基础上企业筹资投资的战略布局。因此企业必须重视建立健全全面预算管理内部控制制度，形成一个系统的、完整的、科学的全面预算控制体系，提高管理效率和经营效果，促使企业实现发展战略。

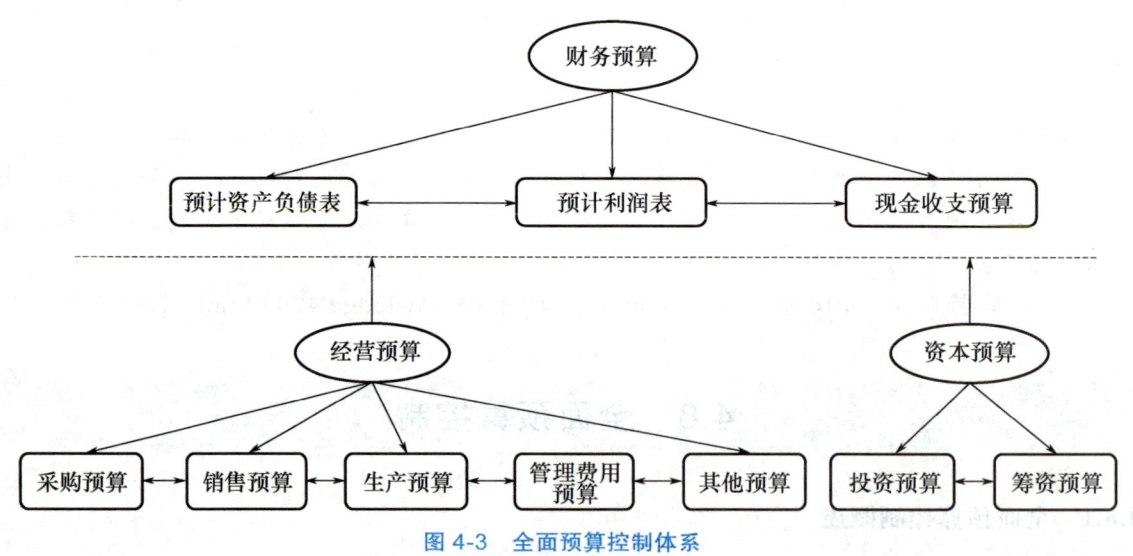

图4-3　全面预算控制体系

4. 实施全面预算应关注的风险

全面预算管理作为对现代企业的成熟与发展起着重大推动作用的管理系统，具有提升战略管理能力、高效利用企业资源、节约成本、有效监控与考核等功用，是企业内部控制的一种主要方法。但从目前的实际情况来看，企业在预算管理方面发展尚未成熟，存在着一定的风险。

（1）不编制预算或预算不健全，可能导致企业缺乏经营约束或盲目经营；岗位职责分工不合理、预算管理未经适当授权与审批，也可能导致预算执行不力或没有得到有效实施。

（2）预算目标不合理、编制不科学，预算项目不完整、编制不科学，预算分解与调整不合理，都可能导致企业资源浪费或发展战略难以实现。

（3）企业预算执行和考核方面的主要风险是预算缺乏刚性、执行不力、考核不严，可能导致预算管理流于形式。

4.8.2 全面预算管理组织体系

企业实行全面预算管理，首先应当加强全面预算工作的组织领导，明确预算管理体制以及各预算执行单位的职责权限、授权批准程序和工作协调机制。企业设置全面预算管理体系，应遵循合法科学、高效有力、经济适度、全面系统、权责明确等基本原则。全面预算管理组织机构基本框架如图4-4所示。全面预算管理组织机构基本框架一般分为全面预算管理决策机构、预算管理日常工作机构和预算执行机构三个层面。

二维码26

二维码26　文案范本　××公司全面预算的管理体制与组织体系（节选）

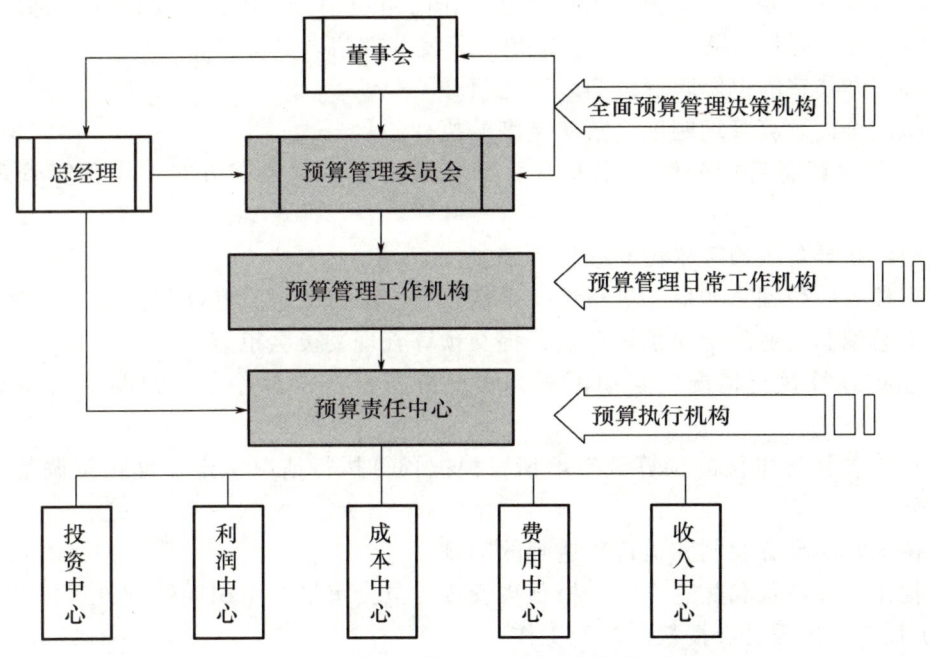

图4-4　全面预算管理组织机构基本框架

1. 全面预算管理决策机构

企业执行全面预算控制，必须设立一个权威性较强的预算管理委员会，作为预算管理的最高机构。例如，企业可以在董事会下设立预算管理委员会，履行全面预算管理职责。预算管理委员会由主任、副主任和委员构成。主任一般由董事长或总经理兼任，副主任由总会计师或财务总监或分管财会工作的副经理兼任，委员由独立核算部门和各职能部门负责人兼任。预算管理委员会主要职责如下。

（1）制定企业全面预算管理制度，包括预算政策、措施、方法和要求等。

（2）根据企业战略规划和年度经营目标，确定预算方案、预算目标分解方案，编制预算方法和程序。

（3）指导各预算单位编制业务计划、预算草案、综合平衡预算草案，提供相关定员、定额、费用开支标准等基础信息。

（4）下达经批准的年度全面预算方案。

（5）协调解决预算编制和执行中的重大问题，仲裁与预算有关的冲突。

（6）审议预算调整方案，依据授权进行审批。

（7）审议预算考核和奖惩方案，对企业全面预算的总体执行情况进行分析、评价与考核。

（8）负责超预算或预算外支出的审批及其他与全面预算管理有关的事宜。

2. 预算管理日常工作机构

预算管理委员会一般为非常设机构，企业应在该委员会下设预算管理工作机构，即预算管理办公室，履行日常管理职责。预算管理工作机构一般设在财会部门，由总会计师或分管会计工作的负责人兼任企业全面预算管理工作的组织领导。工作人员除财会部门人员外，还应有计划、人力资源、投资、生产、销售、研发等部门人员参加。

预算管理办公室的主要职责包括以下几项。

（1）拟定全面预算管理制度，落实制度的执行。

（2）拟定预算总目标分解方案及有关预算编制程序、预算方案，报预算管理委员会审定。

（3）组织指导各级预算单位开展预算编制。

（4）审核各单位预算初稿，进行综合平衡，并提出修改意见和建议。

（5）汇总编制企业的全面预算草稿，提交预算管理委员会审查。

（6）监控预算执行情况，定期汇报并提交分析报告，对存在的问题提出修改意见和建议。

（7）接受各预算单位的预算调整申请，根据预算执行情况拟定年度预算调整方案，报预算管理委员会审议。

（8）协助解决预算编制和执行中遇到的问题。

（9）提出预算考核和奖惩方案，报预算管理委员会审批并组织实施预算考核及奖惩。

（10）预算管理委员会授权的其他工作。

企业应当建立预算工作岗位责任制，明确相关部门和岗位的职责、权限，确保办理预算工作的不相容职务相互分离、制约与监督。预算工作不相容职务一般包括：预算编制（含预算调整）与预算审批、预算审批与预算执行、预算执行与预算考核。

3. 预算执行机构

预算执行机构是根据其在企业预算总目标实现过程中的作用和职责划分的，承担一定的经济责任，并享有相应权利和利益的企业内部单位，包括企业内部各职能部门及所属单位。企业预算执行机构应与企业的组织机构设置相适应，遵循"分级分层、目标一致、责任可控"的原则,按权责范围划分为投资中心、利润中心、成本中心、费用中心和收入中心。各责任中心既是预算的执行者,又是预算执行的监控者。各责任中心在各自职权范围内,以预算指标作为生产经营活动的标准,与预算指标比较,进行自我分析并上报上级管理人员,以便采取相应控制措施。

各预算责任中心的主要责任包括以下几项。

(1)提供编制预算的各项基础资料。

(2)负责本单位全面预算的编制和上报工作,将本单位的预算指标层层分解落实到各部门、各环节和各岗位。

(3)严格执行经批准的预算,监督检查本单位的预算执行情况,及时分析报告本单位的预算执行情况,解决预算执行中的问题。

(4)提出预算调整申请。

(5)组织实施本单位内部的预算考核和奖惩工作,配合预算管理办公室做好企业总预算的综合平衡、执行监控、考核、奖惩等工作。

(6)执行预算管理办公室下达的其他预算管理任务。

4.8.3 全面预算管理流程

企业完整的全面预算管理流程主要包括预算编制、预算执行和预算考核三个阶段,如图 4-5 所示。

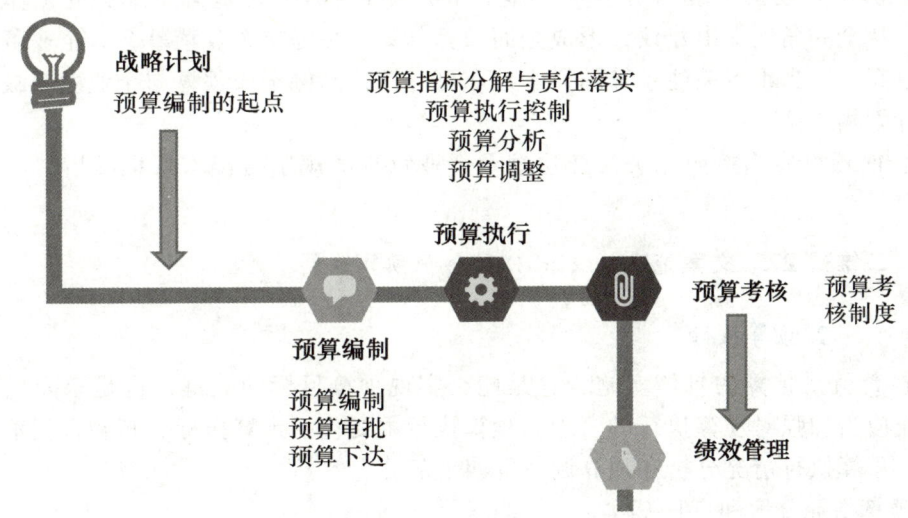

图 4-5 全面预算管理流程

1. 预算编制

企业应当建立和完善预算编制工作制度,明确编制依据、编制程序、编制方法等内容,确保预算编制依据合理、程序适当、方法科学,避免预算指标过高或过低。企业应当在预算年度开始前完成全面预算草案的编制工作。

企业应当根据发展战略和年度生产经营计划,综合考虑预算期内经济政策、市场环境等因素,按照上下结合、分级编制、逐级汇总的程序,编制年度全面预算。

企业编制预算的方法主要有固定预算法、弹性预算法、滚动预算法等，各种方法的定义及适用范围详见表 4-2。

表 4-2 预算编制方法的定义及适用范围

预算编制方法	定　义	适用范围
固定预算法	固定预算法是指以预算期内正常的、可能实现的某一业务量（如生产量、销售量）水平为固定基础，不考虑可能发生的变动因素的预算编制方法	一般来说，固定预算法只适用于业务量水平较为稳定的企业或非营利组织
弹性预算法	弹性预算法是指以预算期间可能发生的多种业务量水平为基础，分别确定与之相应的费用数额而编制的、能适应多种业务量水平的费用预算编制方法	弹性预算法适用于各项随业务量变化而变化的项目支出，如学校的货物采购项目
滚动预算法	滚动预算法是指根据上一期的预算完成情况来调整和具体编制下一期预算，并将编制预算的时期逐期连续滚动向前推移，使预算总是保持一定的时间幅度的预算编制方法	滚动预算法适用于规模较大、时间较长的工程类项目或大型设备采购项目

企业在编制预算时，可以根据不同的要求采用不同的方法进行预算编制，也可以综合采用几种预算方法相结合的方法进行预算编制，一般采用固定预算法与弹性预算法相结合的方法。

企业预算管理委员会应当对预算管理工作机构在综合平衡基础上提交的预算方案进行研究论证，从全局角度提出建议，形成全面预算草案，并提交企业董事会。企业董事会审核全面预算草案，应当重点关注预算的科学性和可行性，确保全面预算与企业发展战略、年度生产经营计划相协调。

企业全面预算应当按照相关法律法规及企业章程的规定报经审议批准后，以文件形式

二维码 27　文案范本　××公司全面预算编制

二维码 27

2. 预算执行

预算执行就是预算的具体实施，它是能否实现预算目标的关键，也是全面预算管理的核心，企业应当加强对预算执行的管理。预算执行主要包括预算指标分解和责任落实、预算执行控制、预算执行情况分析和预算调整等四个部分。

（1）预算指标分解和责任落实

企业全面预算一经批准下达，各预算执行单位应当认真组织实施，将预算指标层层分解，从横向和纵向两个维度落实到内部各部门、各环节和各岗位，形成全方位的预算执行责任体系。

企业应当以年度预算作为组织和协调各项生产经营活动的基本依据，将年度预算细分为季度预算、月度预算，通过实施分期预算控制，实现年度预算目标。

（2）预算执行控制

企业应当根据全面预算管理要求，组织各项生产经营活动和投融资活动，严格预算执行和控制。企业应当加强资金收付业务的预算控制，及时组织资金收入，严格控制资金支

付，调节资金收付平衡，防范支付风险。对于超预算或预算外的资金支付，应当实行严格的审批制度。

企业在办理采购与付款、销售与收款、成本费用、工程项目、对外投融资、研究与开发、信息系统、人力资源、安全环保、资产购置与维护等业务和事项时，均应注意符合预算要求。涉及生产过程和成本费用的，还应执行相关计划、定额、定率标准。对于工程项目、对外投融资等重大预算项目，应当密切跟踪其实施进度和完成情况，实行严格监控。

企业预算管理工作机构应当加强与各预算执行单位的沟通。为了促进企业全面预算目标的实现，企业预算管理工作机构不仅要运用财务信息和其他相关资料监控预算执行情况，对与预算目标发生偏差的，还要选择恰当的方式及时向决策机构和各预算执行单位报告，并及时分析执行差异及其对预算目标的影响。

（3）预算执行情况分析

企业预算管理工作机构和各预算执行单位，一是要建立预算执行情况分析制度，二是要定期召开预算执行分析会议，通报预算执行情况，研究、解决预算执行中存在的问题，提出改进措施。

企业在分析预算执行情况时：首先，要充分收集有关财务、业务、市场、技术、政策、法律等方面的信息资料；其次，要根据不同情况分别采用比率分析、比较分析、因素分析等方法；最后，要使分析从定量与定性两个层面充分反映预算执行单位的现状、发展趋势及其存在的潜力。

（4）预算调整

企业批准下达的预算虽然不能随意更改，但是并非一成不变。当遇到市场环境、国家政策或不可抗力等客观因素时，预算是可以根据具体的情况进行修改与变动的。实际工作中，每年年终参考上半年度部门实际运作情况以及企业部门计划变动情况，提交下半年度本部门预算调整申请与建议，每年至少定期两次参考实际运作情况，提出相对应的预算调整与建议。同时，预算一旦确认需要进行修改与变动，必须严格履行相应的审批程序。

案例 4-9

某公司预算调整控制制度

企业年度预算，一般不予调整。但预算执行单位在执行过程中由于市场环境、经营条件、政策法规等发生重大变化，致使预算的编制基础不成立，或者将导致预算执行结果产生重大偏差的，可以申请调整预算。

预算调整分为日常性预算追加调整和年度预算编制调整。

日常性预算追加调整针对的是由于预测不准确或外部经营环境变化导致不进行调整就会影响到正常生产经营或预算目标实现的事项。日常性预算追加调整要求如下。

（1）提出预算追加调整前，应首先采取其他措施来弥补，只有在无法弥补的情况下，才能提出预算追加调整的申请。

（2）提出预算追加调整申请时，应当提供有关原因、依据、金额测算等资料。

（3）应至少提前五个工作日向上级提出预算追加调整申请或在项目之间进行调整，预算追加调整需按照表 4-3 中的事项和审批权限进行。

（4）因特殊情况或紧急事项发生的预算外项目支出，应上报总经理、董事长审批，财务部依据相关签报审批文件办理付款，在紧急事项结束后应当补充相关预算追加调整的手续。

表 4-3　日常性预算追加调整授权审批表

预算内容		金额/元	审批流程
经营预算	（1）研发类（研发费用）； （2）销售类（销售计划、成本）； （3）生产类（生产成本、材料采购、直接人工、制造费用等）； （4）管理类（管理费用）； （5）财务类（资金、预计财务报告）	单项 50 万以下	分管副总经理→财务总监→总经理（总经理办公会）
		单项 50 万～200 万	分管副总经理→财务总监→总经理（总经理办公会）→董事长
		单项 200 万以上	分管副总经理→财务总监→总经理（总经理办公会）→预算管理委员会→董事会
投资预算	公司在预算期内进行的资本性投资活动，主要包括固定资产投资预算、债券预算	500 万以下	分管副总经理→财务总监→总经理（总经理办公会）
		500 万～1000 万	分管副总经理→财务总监→总经理（总经理办公会）→董事长
		1000 万以上，且占公司最近一期经审计净资产 12.5% 以下的投资	分管副总经理→财务总监→总经理（总经理办公会）→预算管理委员会→董事会
		占公司最近一期经审计净资产 12.5% 以上的投资	分管副总经理→财务总监→总经理（总经理办公会）→预算管理委员会→董事会→股东大会

注：
（1）对于重大预算追加调整申请，应提交至预算管理委员会审议，若预算管理委员会无法平衡解决，则应上报至董事会审议；
（2）本表金额中的"以下"均包含该数字，"以上"均不包含该数字；
（3）相关负责人只能在本权限内审批，严格控制无预算的资金支出。

3. 预算考核

企业应当建立严格的预算执行考核制度。预算考核是对各个责任执行者的预算执行结果进行评价，将预算执行结果与执行者的薪酬挂钩，实行奖惩制度，即预算激励。企业预算管理委员会应当定期组织预算执行情况考核，将各预算执行单位负责人签字上报的预算执行报告和已掌握的动态监控信息进行核对，确认各执行单位的预算完成情况。对各预算执行单位和个人进行考核，切实做到有奖有惩、奖惩分明。

企业预算执行情况考核工作，应当坚持公开、公平、公正的原则，对预算执行情况考核过程及结果应有完整的记录。在必要时，要实行预算执行情况内部审计制度。预算执行情况内部审计制度是确保执行单位完成情况真实性的重要保障制度。

4.9 合同管理控制

4.9.1 合同管理概述

1. 合同管理的定义

合同是指企业与自然人、法人及其他组织等平等主体之间设立、变更、终止民事权利义务关系的协议。合同是平等主体之间的民事法律关系,任何一方不论其所有制性质及其行政地位,都不能将自己的意志强加给对方。

合同可分为一般民事合同、经济合同、劳动合同和行政合同等。企业订立的合同主要是指经济合同。经济合同是指平等民事主体的法人、其他经济组织、个体工商户、农村承包经营户相互之间,为实现一定的经济目标,明确相互权利义务关系而订立的合同。

合同管理是指企业对以自身为当事人的合同,依法进行订立、履行、变更、解除、转让、终止以及审查、监督、控制等一系列行为的总和。企业合同管理的内容主要包括合同订立、履行、变更、解除、转让、终止。企业合同管理的手段主要包括审查、监督和控制。

2. 合同管理的意义

在市场经济环境下,合同已成为企业最常见的契约形式,也是现代企业管理的重要内容之一。企业应不断优化合同管理流程,努力降低合同管理的风险以提高合同管理效率。如果合同管理不当,出现不同程度的疏忽,则可能由此产生经济纠纷,给企业造成经济损失。因此,必须采取有效控制措施,将合同风险控制在企业可接受范围内。

合同是企业从事经营活动,取得经济效益的纽带,加强企业合同管理有助于提升企业形象。现代企业的竞争不仅是产品质量和价格的竞争,更是企业信用和企业形象的竞争。重合同守信用是企业形象的重要表现。企业必须规范合同管理,不断提高企业管理的水平,从而提升企业知名度和竞争力,促使企业健康持续地发展。

总之,企业合同管理的作用是综合性的,最显而易见的作用是降低企业的经营风险,最基础的作用是提升企业形象。因此,企业必须重视建立健全合同管理内部控制制度,有效防范合同风险,维护企业合法权益。

二维码 28　法规速递　最高人民法院关于在审理经济纠纷案件中涉及经济犯罪嫌疑若干问题的规定(2021.1.1)

二维码 28

4.9.2 合同管理控制的流程

合同管理控制的一般流程分为五个阶段:合同准备阶段、合同订立阶段、合同履行阶段、合同纠纷处理阶段、合同档案及履行后评估阶段,如图 4-6 所示。

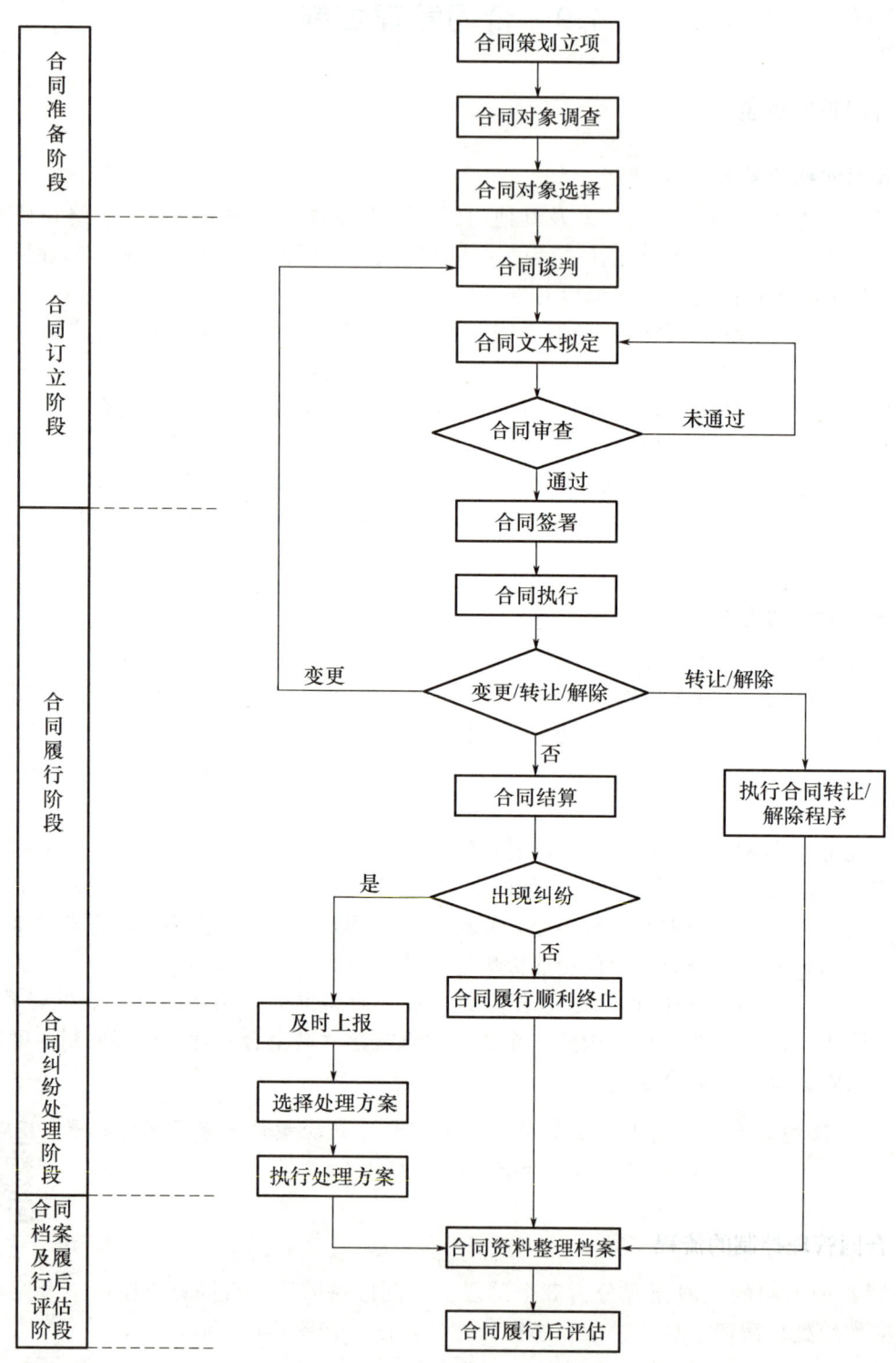

图 4-6　合同管理控制的一般流程

案例 4-10

合同管理混乱，签阴阳合同被诉讼

甲房地产开发公司将其开发的某小区住宅楼工程进行公开招标，招投标前甲房地产开发公司与乙建筑工程公司先行就合同的实质性内容进行了谈判，20×1年5月，双方就谈判内容订立了《某小区住宅楼建设工程施工合同》。后乙建筑工程公司在公开招标中中标，并于20×1年6月与甲房地产开发公司订立了中标合同，该中标合同对工程项目性质、工程工期、工程质量、工程价款、支付方式及违约责任均做了详细的约定，并将中标合同向相关建设行政主管部门进行了备案。20×2年年底该工程竣工并验收合格，但双方对于用哪一份合同作为工程款结算的依据存在争议。20×3年3月，乙建筑工程公司将甲房地产开发公司诉至法院。

在案件审理过程中，甲房地产开发公司认为，应按标前合同支付工程款，理由是标前合同是双方真实意思表示，且已经实际履行，而中标合同只是作为备案用途，不能用于工程结算。而乙建筑工程公司认为，应按中标合同支付工程款，理由是中标合同是按照招投标文件的规定签订的，且已向有关部门备案，应作为结算依据。最终法院认定，因甲房地产开发公司与乙建筑工程公司违反《中华人民共和国招标投标法》的强制性规定，涉嫌串标，故标前合同和中标合同均认定无效，双方当事人应按实际履行的合同结算工程款。

在建设工程领域，存在大量的"阴阳合同"。"阴阳合同"又称"黑白合同"，是指当事人就同一标的工程签订两份或两份以上实质性内容相异的合同。通常，"阳合同"是指发包方与承包方按照《中华人民共和国招标投标法》的规定，依据招投标文件签订的在建设工程管理部门备案的建设工程施工合同；"阴合同"则是承包方与发包方为规避政府管理，私下签订的建设工程施工合同，其未履行规定的招投标程序，且该合同未在建设工程行政管理部门备案。本案中，甲房地产开发公司与乙建筑工程公司在招投标前已经对招投标项目的实质性内容达成一致，构成恶意串标，并且签订了标前合同（阴合同），之后又违法进行招投标并另行订立中标合同（阳合同），这一行为违反了《中华人民共和国招标投标法》第四十三条、第五十五条的强制性规定，因此导致签订的标前合同和中标合同均无效。

4.9.3 合同管理控制的总体要求

企业需要建立一系列制度和保障机制，以加强合同管理。

1. 实行统一归口管理

企业可以指定法务部门作为合同归口管理部门，对合同实施规范管理。合同归口管理部门应明确合同拟定、审批、履行等环节的程序和要求，建立合同的事前、事中和事后的跟踪记录和考察，及时发现合同管理中的薄弱环节，提出改进的意见和建议，以不断完善合同管理的内部控制，避免企业的利益受损。合同归口管理部门具体负责制定合同管理制度，审核合同条款的权利和义务的对等性，管理合同标准文本，管理合同专用章等。

2. 建立分级授权管理制度

企业应当根据经济业务性质、组织机构设置和管理层级安排，建立合同分级管理制度。属于上级单位管理权限的合同，下级单位不得签署。对于分支机构的重大投资类、融资类、担保类、知识产权类、不动产类合同，应当向总公司提出报批申请，并经总公司合同管理机构批准后办理。总公司应加强对分支机构的合同订立和履行情况的监督和检查。

3. 明确职责分工

企业的业务部门作为合同承办部门，应在职责范围内承办相关合同，并履行合同调查、谈判、订立、履行和解除责任。企业财务部门侧重于履行对合同的财务监督职责。

4. 健全考核与责任追究制度

企业应当健全合同管理考核制度，进行合同完结后评估，对合同管理过程中出现的违法违规行为，根据责任追究制度，追究有关人员和机构的责任。

4.9.4 合同管理流程的主要风险

企业合同管理内部控制是一个完整的系统，包含了与合同管理流程有关的所有环节的控制活动，因此，可按照合同管理流程识别主要风险。

1. 合同准备管理阶段的主要风险

合同准备管理阶段包括合同策划立项管理、合同对象调查管理和合同对象选择管理。该阶段的主要风险包括以下几项。

（1）合同策划立项依据不充分，没有反映企业战略和经营方针；合同立项的论证不够深入，对合同订立的必要性、可行性、风险性及合规性等方面未进行充分研究和分析；故意规避国家和企业对合同管理的规定。例如，某企业将金额重大的合同拆分成几个金额较小的合同，以此规避招投标管理的规定。此外，一些企业为了规避违约责任，签订事后合同甚至不签合同，导致相关业务的风险失控。

（2）对被调查对象做出不当评价。调查人员对合同对象的调查不具体、不深入，没有对合同对象的信用状况、履约状况等进行深入的了解，对合同对象的履约能力和商业信用给予过高评价；对合同对象的主体资格及特定资质审查不严。

（3）可能将不具备履约能力的对象确定为准合同对象，而将具备履约能力的对象排除在外。例如，经办人可能出于自身利益的考虑，与合同对象进行舞弊串通，损害公司的利益。

2. 合同订立管理阶段的主要风险

合同订立管理阶段主要包括合同谈判管理、合同文本管理、合同审查管理和合同签署管理。该阶段的主要风险包括以下几项。

（1）合同谈判准备工作不充分，谈判的目标、底线及策略泄密；对合同标的、合同价格及金额、结算方式、履约期限和地点、争议的解决方式等核心内容及关键细节等忽略或做出了不当让步，不熟悉国家相关的法律法规，导致公司陷入诉讼纠纷，损害公司经济利益等。在谈判过程中，谈判分歧处理不恰当，过早亮出底牌，应对谈判分歧时超出自身处理权限，这些都会给企业带来经济损失。

（2）合同文本形式选择不当。合同一般要采用书面形式，口头形式订立的合同容易出现纠纷；合同内容和条款不完整、不准确、表述不规范；合同内容和条款违反国家法律法规或产业政策，不合法的合同不能通过司法程序解决，一旦出现纠纷，会对企业产生不利影响。

（3）对合同的审查不严谨，未发现合同文本中的不当内容和条款；当合同内容出现差错时，相关部门提出的修订意见不当或没有按修订意见落实，导致合同审查工作流于形式。

（4）越权签订合同和合同印章管理不当。这是合同管理工作中最容易出现的问题；此外，该环节还有可能发生实际签订合同与报审合同不一致，合同签署程序不规范、不合法等风险。

3. 合同履行控制阶段的主要风险

企业在合同履行控制阶段应当关注合同执行管理，合同变更、转让或解除管理以及合同结算管理等三个方面的工作。该阶段的主要风险包括以下几项。

（1）在合同执行环节，合同双方出现违约行为，没有及时恰当地履行合同中规定的义务。若合同对方违约，则可能会造成企业本身在合同中的经济利益不能正常实现，影响企业正常生产经营活动的开展；若企业自身违约，则可能导致合同对方追究企业的违约责任，对企业的声誉和形象产生不利影响。

（2）在合同变更、转让或解除环节，未及时通知合同对方办理变更、转让或解除的手续；经办人没有及时上报；办理的手续及采取的形式不当；经办人利用合同变更等事项进行舞弊等。

（3）在合同结算管理环节：一是款项收支不及时，企业作为合同的付款方，款项支付不及时，可能承担违约风险，赔付违约金或者承担逾期罚息，损害公司形象与声誉；企业作为合同的收款方，若不能及时收款，可能会影响企业自身的资金周转，甚至形成坏账；二是合同结算金额不正确，尤其是当出现多付款或者回款不足的情况时，会造成企业经济利益的直接损失。例如，在采购业务中，企业在规定的信用期内付款，却没有收到应享有的现金折扣；三是多份合同同时履行时，容易出现不同合同之间的款项划分不清，影响合同的履行，导致企业陷入纠纷；四是合同付款依据不足，盲目支付，直接导致企业经济利益的流失。付款时未查看合同、未经过审批、未取得对方发票等都属于付款依据不足。

4. 合同纠纷处理的主要风险

合同纠纷是指由于合同的生效、解释、履行、变更或转让、终止等行为而引起的合同当事人的所有争议，其范围涵盖了合同管理的每个流程。合同纠纷处理阶段包括处理时效管理、处理方案选择管理和处理方案执行管理。该阶段的主要风险：未及时处理纠纷，导致企业的损失进一步扩大；超过了诉讼时效，企业应有的权益得不到补偿。处理方法选择不当，处理成本过大，损害企业的声誉与利益；在执行解决方案时，如果未能恰当追究对方责任，则企业的合法权益容易受到损害；企业如果不持续监督解决方案的进展和落实情况，则会造成合同纠纷管理工作流于形式。

5. 合同档案及履行后评估管理阶段的主要风险

合同档案及履行后评估管理阶段包括合同档案管理和合同履行后评估管理。该阶段的主要风险：合同归档不完整，保管不善；合同档案借阅程序不严格，导致资料泄露，合同资料销毁不当；没有进行合同履行后评估，对企业整体的合同履行进度把握不准确。

二维码29　文案范本　××企业合同管理制度

4.9.5 合同管理流程的关键控制措施

1. 合同准备阶段的关键内部控制措施

（1）合同策划阶段的关键内部控制措施

合同策划是合同管理的起点，首先审核合同策划目标是否与企业战略目标保持一致，防止超计划投资或支出。在合同管理制度当中明确规定，不得将需要招标管理的重大合同拆分为不重大的合同，并建立相应的责任追究制度。

（2）合同调查阶段的关键内部控制措施

合同调查阶段的关键内部控制措施主要是在签约前充分了解合同对方的主体资格、经营范围、信用状况等有关内容，确保对方当事人具备履约能力。企业应当根据对对方当事人的资信调查情况，建立信用等级评价，建立客户登记制度，对于不符合资信要求的对方当事人，企业可考虑停止与对方进行交易，防止造成企业利益受损。

2. 合同订立阶段关键内部控制措施

（1）合同谈判阶段的关键内部控制措施

收集谈判对手资料，熟悉谈判对手情况，做到知己知彼；研究国家相关法律法规、产业政策、行业监管要求、同类产品价格等与谈判内容相关的信息，正确制订本企业的谈判策略；超过一定数额的物资采购项目和投资项目要在内部审计部门、监察部门的监督下，严格按照招标程序进行公开招标；涉及影响重大、法律关系复杂或专业技术含量较高的合同，应当聘请相关专业人员参与谈判，必要时还可聘请外部专家参与；谈判过程中的重要事项和参与谈判人员的主要意见，应当予以记录并妥善保存；加强保密工作，严格责任追究制度。

（2）合同文本拟定阶段的关键内部控制措施

企业对外发生经济行为，除即时结清方式外，应当订立书面合同。合同一般分为口头合同与书面合同。由于口头合同在发生纠纷后证据力欠缺，而书面合同"白纸黑字"，因此除即时结清方式外，企业对外发生经济行为都应当订立书面合同。

企业应当根据协商、谈判等的结果，按照自愿、公平原则，明确双方的权利义务和违约责任，拟订合同文本。合同文本一般由业务承办部门起草、法律部门审核。重大合同或法律关系复杂的特殊合同应当由法律部门参与起草。国家或行业有合同示范文本的，可以优先选用，但对涉及权利义务关系的条款应当进行认真审查，并根据实际情况进行适当修改。对于没有标准文本的，要做到条款不漏项，标的额计算准确，标的物表达清楚，质量有标准，检验有方法，提（交）货地点、运输方式、包装物和结算方式明确，文字表达严谨，不使用模棱两可或含混不清的词语，违约责任和违约金或赔偿金的计算方法准确，合同起草后要认真检查。

由签约对方起草的合同，企业应当认真审查，确保合同内容准确反映企业诉求和谈判达成的一致意见，特别留意"其他约定事项"等需要补充填写的栏目，如不存在其他约定事项时，注明"此处空白"或"无其他约定"，防止合同后续被篡改。

合同文本须报经国家有关主管部门审查或备案的，应当履行相应程序。

（3）合同审核阶段的关键内部控制措施

企业应该按照"统一管理，分级负责"的原则，制订严格的合同审查流程，建立合同审核工作底稿，实施合同管理责任追究制度。

对合同文本审核时，应当重点关注合同文本的合法性、经济性、可行性和严密性；重点审核合同的主体、内容和形式是否合法，合同内容是否符合企业的经济利益，对方当事人是否具有履约能力，合同权利和义务、违约责任和争议解决条款是否明确等。

建立会审制度，对影响重大或法律关系复杂的合同文本，应当由企业会计部门、内部审计部门、法务部门及相关业务部门共同进行审核。内部各相关部门应当按照职责分工，认真履行合同审核职责，并提出审核意见，必要时应对合同条款做出修改。

（4）合同的签署阶段的关键内部控制措施

企业应当按照规定的权限和程序与对方当事人签署合同。企业正式对外订立的合同，通常由企业法定代表人或由其授权的代理人签名或加盖有关印章。授权签署合同的，应当签署授权委托书。

属于上级单位管理权限的合同，下级单位不得签署。上级单位应当加强对下级单位合同订立、履行情况的监督检查，包括对重大合同的审批、合同履行的定期报告、定期对下属企业合同管理的检查与考核等。

企业应当建立合同专用章保管制度。合同专用章是企业专用于签署合同的印章，要求合同经编号、审批及企业法定代表人或由其授权的代理人签署后，方可加盖合同专用章。用章后保管人应立即收回，妥善保管，防止他人滥用。保管人应当记录合同专用章使用情况用以备查，如果发生合同专用章遗失或被盗，应当立即报告企业负责人并采取妥善措施，如向公安机关报案、登报声明作废等，以最大限度消除可能带来的不利影响。

企业应当加强合同信息安全保密工作。未经批准，企业的任何部门或人员不得以任何形式泄露合同订立与履行过程中涉及的商业秘密或国家机密。例如，企业或者客户的报价、运营体制、核心技术、发展方向等，一旦泄露，将给国家和企业带来严重的损失。此外，还要做好对客户的保密工作，要求客户必须对合同中涉及的信息实施保密，具体通过签订保密协议等方式进行。

3. 合同履行阶段的关键内部控制措施

（1）企业应当对合同履行实施有效监控，强化对合同履行情况及效果的检查、分析和验收，确保合同全面有效履行。同时，还需要关注合同对方是否严格履行合同，以防合同对方未能及时履行合同导致企业的经济利益受损。

（2）合同生效后，企业就质量、价款、履行地点等内容与合同对方没有约定或者约定不明确的，可以协议补充；不能达成补充协议的，按照国家相关法律法规、合同有关条款或者交易习惯确定。

（3）合同变更或解除

企业在合同履行过程中，如果发现条款明显有误或有失公平、对方有欺诈行为等情形，或因市场变化、政策调整等客观因素，已经或可能导致企业利益受损，则可以变更或解除合同。

当发生合同变更或解除的情况时，合同承办部门和承办人员应当及时向企业进行报告，企业有关部门经过评估认为确实需要进行合同变更或解除的，应当主动与对方进行协商，经双方协商一致，合同变更的条款应由相关部门进行审核，并按照规定权限报经审批后，按照规定程序进行签署。

二维码30　扩展阅读　深圳市衣支米食品科技有限公司与讷河新恒阳生化制品有限公司破产债权确认纠纷案

（4）合同付款的控制

企业财会部门应当根据合同条款审核后办理结算业务。在办理合同款项的支付与结算时，企业财会部门应当根据合同条款进行必要的审核，无论是合同的预付款还是进度款，只有符合合同规定的条款时才能办理支付款；只有完成合同规定的全部义务，并完成相关风险的验收等，才能支付其余的合同款项，办理合同的结算业务。

未按合同条款履约的，或应签订书面合同而未签订的，财会部门有权拒绝付款，并及时向企业有关负责人报告。

4. 合同纠纷管理的关键内部控制措施

合同纠纷是指合同当事人在履行合同过程中发生的争议。一旦发生合同纠纷，合同承办部门和承办人员应当依据国家相关法律法规，收集相关证据，在规定的时效内及时与合同对方当事人进行沟通；同时，要及时向合同归口管理部门通报，并按照规定的权限和程序向企业负责人进行报告。

一般来说，合同纠纷的处理方式包括协商、调解、仲裁和诉讼。大多数合同纠纷都可以通过当事人互谅互让解决，即协商解决，协商一致后可由双方签订书面协议，由双方法定代表人签字并加盖公章或合同专用章。但是，少数合同纠纷无法通过协商解决，若合同中设有仲裁条款或事后达成仲裁协议的，可向仲裁机构申请仲裁；合同中没有仲裁条款，事后又没有达成仲裁协议的，则要通过司法途径向人民法院起诉。

企业内部授权处理合同纠纷的，应当签署授权委托书。纠纷处理过程中，未经授权批准，相关经办人员不得向对方当事人做出实质性答复或承诺。

5. 合同履行后续管理的关键内部控制措施

（1）合同登记管理

为全面掌控合同的订立和履行情况，企业合同管理部门应当设置合同台账，详细登记每一份合同的订立与履约情况，以便对合同全过程进行管理。

企业合同管理部门应当在合同台账的基础上，充分利用信息化手段，定期对合同进行统计、分类和归档。比如，分类管理可将合同分为未开始履行合同、正常履行合同、未全面履行合同、存在纠纷的合同等进行管理。及时追踪与掌握合同的动态变化，详细登记合同的订立、履行和变更等，有利于合同的动态管理。

（2）合同履行评估、考核与责任追究

企业应当建立合同履行情况评估制度，可以根据企业的实际情况制订评估周期，至少于每年年末对合同履行的总体情况和重大合同履行的具体情况进行分析评估，对分析评估中发现的合同履行中存在的不足，应当分析原因，提出整改意见，及时加以改进。对于合同履行过程中出现的违法违规行为，企业应当追究有关部门或人员的法律责任。

本章小结

控制活动是指企业实施内部控制所采取的基本措施。企业以风险评估结果为依据，通过采用一系列政策与程序，将风险控制在可承受度之内。随着信息化和数字化的发展，企业通过手工控制与自动控制、预防性控制与发现性控制相结合的方法，运用相应的控制措施，将风险控制在可承受度之内。控制措施一般包括不相容职务分离控制、授权审批控制、会计系统控制、财产保护控制、预算控制、运营分析控制、绩效考评控制、全面预算控制和合同管理控制等具体方法。

企业应当根据内部控制目标，结合风险应对策略，综合运用控制措施，对各种业务和事项实施有效控制。

论述题

1. 企业控制活动有哪些基本措施？
2. 什么是不相容职务分离控制？企业有哪些不相容职务？
3. 如何理解企业中的"一人身兼数职"现象？
4. 企业授权的原则是什么？企业如何划分常规授权和特殊授权？
5. 企业会计系统控制包括哪些方式？
6. 企业财产保护控制的主要方式有哪些？
7. 运营分析控制常用的方法有哪些？
8. 绩效考评控制常用的方法有哪些？
9. 什么是预算控制？企业预算组织体系由哪些方面构成？
10. 企业预算控制流程的关键风险点和控制措施包括哪些？
11. 企业合同管理控制的总体要求是什么？
12. 企业合同管理流程的关键风险点和控制措施包括哪些？

自测题

一、单项选择题

1. 控制活动包括的基本要素是（　　）。
   A. 政策和程序　　B. 文件和记录　　C. 文件和报告　　D. 政策和报告

2. 按控制活动的内容不同，可以将控制活动分为业务活动层面控制和公司层面控制。下列属于业务活动层面控制的是（　　）。

　　A. 企业制定规章制度　　　　　B. 财务报告控制
　　C. 审批与审核　　　　　　　　D. 经营活动分析

3. 按照控制活动的重要程度不同，控制活动可以分为（　　）。

　　A. 公司层面控制和业务活动层面控制
　　B. 关键控制和一般控制
　　C. 预防性控制和发现性控制
　　D. 自动控制和手工控制

4. 轮岗是指员工在企业内部进行不同工作岗位的轮换，在企业实务中，轮岗表现较为明显的就是（　　）的内部的换岗。

　　A. 采购部门　　B. 生产部门　　C. 销售部门　　D. 财务部门

5. 企业在日常经营管理活动中，按照既定的岗位职责进行的授权称为（　　）。

　　A. 常规授权　　B. 特别授权　　C. 口头授权　　D. 书面授权

6. 负责拟定预算目标和预算政策，制订预算管理的具体措施和办法，组织编制、平衡预算草案，下达经批准的预算，协调解决预算编制和执行中的问题，考核预算执行情况，督促完成预算目标的是（　　）。

　　A. 预算执行机构　B. 预算决策机构　C. 预算工作机构　D. 预算审批机构

7. 在企业的合同管理中，明确合同的归口管理部门，对于明确其归口管理职责，强化合同管理，防范合同管理风险是十分必要的。企业一般指定（　　）作为合同归口管理部门。

　　A. 采购部门　　B. 销售部门　　C. 法务部门　　D. 行政管理部门

8. 企业在合同履行过程中发现有显失公平、条款有误或对方有欺诈行为等情形，或因政策调整、市场变化等客观因素，已经或可能导致企业利益受损的情况下可以（　　）。

　　A. 建立会审制度　B. 进行谈判　C. 即时结清方式　D. 变更或解除合同

9. 下列方法中不适合运营能力分析方法的是（　　）。

　　A. 比较分析法　　　　　　　B. 因素分析法
　　C. 杜邦财务分析法　　　　　D. 目标管理法

10. 绩效考评控制要求企业建立和实施绩效考评制度，科学设置考核指标体系，对企业内部各责任单位和全体员工的业绩进行定期考核和客观评价，下列描述正确的是（　　）。

　　A. 关键绩效指标模式强调将企业目标通过层层分解下达到部门及个人
　　B. 目标管理法模式抓住企业运营中能够有效量化的指标，强化了企业监控与可执行性
　　C. 360度考核评价仅适用于对中高层主管的评价
　　D. 平衡计分卡模式是从企业战略出发，不仅考核当前的情况，还考核将来；不仅考核结果，还考核过程

二、多项选择题

1. 预防性控制，是指为防止错误和舞弊行为的发生，或者尽量减少其发生机会所进行的一种控制。下列属于预防性控制活动的是（　　）。

A. 职务分离　　　　　B. 授权审批　　　　　C. 限制接近
D. 计划和预算　　　　E. 总账和明细账之间的核对

2. 控制按照活动的内容分类，可以分为公司层面控制和业务活动层面控制。下列属于公司层面控制的是（　　）。
A. 企业制定的规章制度　B. 风险评估流程　　　C. 反舞弊程序与控制
D. 经营活动分析　　　　E. 企业文化建设

3. 企业应当根据内部控制目标，结合风险评估结果和风险应对策略，综合运用相应的控制措施，将风险控制在可承受度之内。具体控制措施一般包括（　　）和绩效考评控制等。
A. 不相容职务分离控制　B. 授权审批控制　　　C. 会计系统控制
D. 财产保护控制　　　　E. 运营分析控制

4. 根据大多数企业的经营管理特点和业务特点，需要分离的不相容职务主要包括（　　）方面。
A. 可行性研究与决策审批相分离　　　B. 决策审批与业务执行相分离
C. 业务执行与审核监督相分离　　　　D. 会计记录与业务执行相分离
E. 财产保管与会计记录相分离

5. 企业授权审批控制的基本原则包括（　　）。
A. 依事授权审批原则　B. 适度授权审批原则　C. 不可越权原则
D. 依人授权审批原则　E. 授权监督原则

6. 会计系统是将企业发生的经济业务转换为会计信息的过程，具体地说，会计系统的控制方式就是（　　）。
A. 会计凭证控制　　　B. 会计账簿控制　　　C. 财务报告控制
D. 内部审计控制　　　E. 外部审计控制

7. 财产保护控制要求企业建立财产日常管理制度和定期清查制度，采取（　　）等措施，确保财产安全。
A. 财产记录　　　　　B. 实物保管　　　　　C. 定期盘点
D. 账实核对　　　　　E. 限制接近

8. 全面预算将企业战略目标和其实现目标的路径、责任、授权等，以指标的形式确定下来，是提高管理效率和经营效果，促使企业实现发展战略的重要手段。全面预算体系包括（　　）。
A. 经营预算　　　　　B. 资本预算　　　　　C. 财务预算
D. 绩效预算　　　　　E. 关键指标预算

9. 企业完整的预算控制流程主要包括（　　）等阶段。
A. 预算编制　　　　　B. 预算执行　　　　　C. 预算考核
D. 预算调整　　　　　E. 预算草案

10. 在市场经济环境下，合同已成为企业最常见的契约形式，合同管理控制的一般流程包括（　　）等阶段。
A. 合同准备阶段　　　B. 合同签署阶段　　　C. 合同履行阶段
D. 合同履行后管理阶段　E. 合同纠纷处理阶段

三、判断题

1. 控制活动是旨在确保管理层的风险应对策略得以实施的文件。（　）
2. 一般而言，如果一项控制可以涵盖多个可能出错事项，或者一个可能出错事项只能用某项控制才能够涵盖时，那么该项控制应当被认为是关键控制。（　）
3. 企业对关键岗位员工实施轮岗的目的主要是提高效率。（　）
4. 全面预算是由一系列预算按照其经济内容及其相互关系有序排列组成的有机整体。从内容上看，主要包括经营预算、投资预算和财务预算。（　）
5. 企业设立预算管理委员会履行全面预算管理职责，其成员由企业的董事会成员和企业负责人组成。（　）
6. 企业内部预算责任单位的划分，应当遵循分级分层，权责利相结合，责任可控，目标一致的原则，并与企业的组织机构设置相应。（　）
7. 企业批准下达的预算应当保持稳定，不得调整，这体现了预算的严肃性。（　）
8. 合同订立、履行、变更、解除、转让、终止是企业合同管理的手段，合同的审查、监督、控制是企业合同管理的主要内容。（　）
9. 企业各业务部门作为合同的承办部门，负责在职责范围内承办相关合同，并履行合同调查、谈判、订立，履行和终结等责任，企业财务部门侧重于履行对合同的监督职责。（　）
10. 企业应当按照规定的权限和程序与对方当事人签署合同。正式对外订立的合同，应当由企业法定代表人或代理人签名或加盖有关印章。（　）

第 5 章

信息与沟通

学习目标

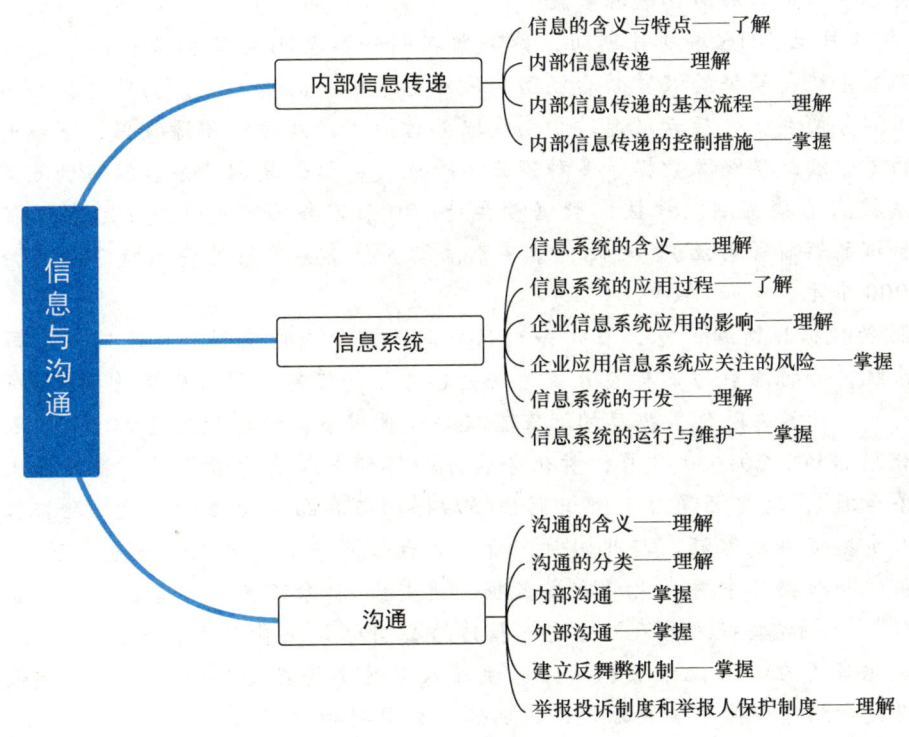

防伪数据遭泄露700余万条　贵州茅台损失超百万元

上海天臣防伪技术股份有限公司（简称天臣公司）"国酒茅台防伪溯源系统"项目专项经理将防伪数据大量泄露非法获取利益，致使假酒流入市场，造成贵州茅台经济损失超百万元。

2018年2月24日，中国裁判文书网公布对蔡某拿、蔡某刚侵犯商业秘密的一审刑事判决书，被告人蔡某拿、蔡某刚犯侵犯商业秘密罪，分别被判处有期徒刑一年两个月，各罚款5万元。判决书显示，2014年1月，被告人蔡某刚与被告人蔡某拿相识，其得知蔡某拿任天臣公司"国酒茅台防伪溯源系统"项目专项经理后，蔡某刚便采取拉拢、腐蚀等手段指使蔡某拿为自己窃取茅台酒防伪溯源数据。

2014年4月至2016年9月期间，蔡某拿在明知蔡某刚为了制造、销售能够通过"茅台酒防伪溯源系统"验证的假冒茅台酒防伪溯源电子标签的情况下，仍然违反公司相关保密规定，利用职务便利，先后六次通过扫描读取茅台酒生产线防伪溯源数据、下载天臣公司对公邮箱内的茅台酒防伪溯源数据等多种不正当手段，窃取、复制了茅台酒防伪溯源数据，并将数据非法披露给蔡某刚。被披露数据量共计700余万条（可制作成700余万瓶能够通过防伪溯源验证的假冒茅台酒）。对此，蔡某刚陆续支付蔡某拿好处费共计30000余元，蔡某刚获利40000余元。

由于防伪数据库遭到泄露，贵州茅台只得向北京三未信安科技发展有限公司重新采购防伪密管系统，并将原有防伪标签升级为安全芯片防伪标签，同时废弃前期采购的4.3万余枚防伪标签。据计算，防伪数据库的泄露直接导致贵州茅台经济损失约105.7万元。

据和讯网报道，2016年9月，贵州茅台方面接到多起消费者投诉，称市面上出现大量的"高仿茅台酒"，这些酒通过射频识别扫描后得出与真品茅台酒相一致的验证信息，但经公司专业人员鉴定却属假酒。与此同时，贵州茅台信息中心工作人员袁某发现，"国酒茅台防伪溯源系统"数据库中存在大量重复数据，排查出80余万条；袁某就写了"防伪溯源系统异常报告"（异常数据统计表）通过邮箱传给公司领导。贵州茅台方面称，经排查发现，公司防伪数据库存在异常记录数据（即非法注入系统中的数据）80余万条，制假分子可通过这些数据大量制作能被防伪溯源软件识别的非公司射频识别芯片。

资料来源：https://baijiahao.baidu.com/s?id=1593349434145622011&wfr=spider&for=pc [2024-07-11]

5.1　内部信息传递

党的二十大报告指出："推动战略性新兴产业融合集群发展，构建新一代信息技术、人工智能、生物技术、新能源、新材料、高端装备、绿色环保等一批新的增长引擎。"在互联网驱动全球经济一体化的背景下，人们生活在信息的海洋里，信息把许多单个的人、组织连接起来，使他们构成一个整体，信息与沟通成为人们日常生活的重要部分。信息与沟通是企业内部控制五要素之一，是内部控制的支持系统。企业管理层利用企业内外部资源，及时准确地收集、获取、传递并使用高质量的信息，以支持内部控制其他各要素。企业应当建立信息与沟通制度，明确内部控制相关信息的收集、处理和传递程序，确保信息及时沟通，促进内部控制有效运行。

5.1.1 信息的含义与特点

1. 信息的含义

信息指音讯、消息、通信系统传输和处理的对象，泛指人类社会传播的一切内容。人通过获得、识别自然界和社会的不同信息来区别不同事物，得以认识和改造世界。在一切通信和控制系统中，信息是一种普遍联系的形式。信息作为科学术语最早出现在哈特莱于1928年撰写的《信息传输》一文中。20世纪40年代，信息的奠基人香农给出了信息的明确定义："信息是用来消除随机不确定性的东西。"这一定义被人们看作经典性定义并加以引用。

控制论创始人维纳认为："信息是人们在适应外部世界，并使这种适应反作用于外部世界的过程中，同外部世界进行互相交换的内容和名称。"美国信息管理专家霍顿给信息下的定义是："信息是为了满足用户决策的需要而经过加工处理的数据。"简单地说，信息是经过加工的数据，或者说，信息是数据处理的结果。因此，对企业来说，信息与企业的生产经营息息相关，是影响企业决策的有用数据。

信息与数据既有联系又有区别。

信息与数据的联系：数据是反映客观事物属性的记录，是信息的具体表现形式；数据经过加工处理之后，就成为信息；而信息需要经过数字化转换成数据后才能存储和传输。

信息与数据的区别：数据是信息的表现形式和载体，可以是符号、文字、数字、语音、图像、视频等；信息是数据的内涵，信息是加载于数据之上，对数据做具有含义的解释；信息的表示、传播、储存必须依附于某种载体，载体就是承载信息的事物；信息是可以加工和处理的，信息也可以从一种形态转换成另一种形态；信息可以脱离它所反映的事物被存储、保留和传播，信息是可以传递和共享的，同一内容的信息可以同时被多人重复使用，而不会像物质和能源那样产生损耗。例如，一条天气预报的信息可以同时为多人重复使用。

2. 信息的特点

信息是人们对数据的理解，是对数据加工后的结果，具有时效性、共享性、可传递性、可编码性及真伪性等特征。同时，信息具有一定的价值属性，并且已经成为企业不可忽视的资源。信息的价值一方面取决于对企业产生的效用值，如为决策者提供新的知识或创造新的价值，或降低决策的不确定性；另一方面取决于获取信息的成本，包括收集、输入、处理、储存及传递过程中产生的费用。对企业来说，只有当信息的效用值大于成本时，才能为企业带来价值增量。信息效用越大，信息的价值就越大。同等条件下，如果信息获取的成本越高，那么信息的价值就越小。

3. 信息的质量

随着数据量的激增，企业更加依赖复杂的信息系统，因此保持高质量的信息对建立有效的内部控制系统起着至关重要的作用。任何不准确或不完整的数据和信息都会导致判断、估计或其他管理决策的失误。企业在建立有效的内部控制时，应高度关注信息的质量。

所谓信息质量，是指有用的信息所必须具备的基本品质特性，如准确可靠、相关、及时、简明清晰、可访问、可验证、可定量和一致性等。人们总是希望所用信息能够同时达到各项质量特性的最大化，但在现实生活中这种理想化的境界很难达到。因此，常常需要对上述各项质量特征做出权衡与取舍，必须针对面临的具体问题决定侧重点，以便最大限度地满足各方面对信息的需求。可见，信息的质量也会影响信息的价值。

4. 信息的分类

信息有多种分类方式，企业的信息可以按照正式程度、信息的来源、信息的性质、是否经常发生、重要性、描述性、描述字符等进行分类。

按照信息的正式程度，企业的信息可分为正式信息和非正式信息。正式信息是指通过正式的报告获得的信息，如下级向上级报告的经营状况、财务报告等。非正式信息是指从信息与沟通系统中的非正式沟通中得到的信息，如从供应商、客户及员工的交谈中获得的重要信息，参加行业协会、贸易展销会或研讨会等获得的有价值信息。

按照信息的来源，企业的信息可以分为内部信息和外部信息。内部信息是指来自企业内部，由各项经营管理活动产生的信息（主要包括企业的经营目标、经营管理数据、人员报告、调研报告、财务报告），以及信息系统产生的信息等。外部信息是指由外部产生的，对企业的生产经营有一定影响的信息，如经济形势、社会文化、科技进步、监管要求、金融政策、市场动态、行业资讯、供应商信息等。

根据信息的性质，企业的信息可以分为财务信息和非财务信息。财务信息是指用于编制公开财务报表、制定财务决策、评价业绩和分配资源的信息，如企业的年度预算和财务报告。非财务信息是指以非财务资料形式呈现的，与企业生产经营活动有直接或间接联系的各种信息资料。

根据信息是否经常发生，企业的信息可以分为常规信息和非常规信息。企业的信息系统不能只限于获取反复出现的常规交易和事项，还应包括识别、获取正常业务之外的信息。

此外，根据信息的重要性，企业的信息可分为重要信息和次重要信息；根据信息的描述性，企业的信息可分为定量信息和定性信息；根据信息的描述字符，企业的信息可分为文字信息和数字信息；等等。

5.1.2 内部信息传递

1. 内部信息传递的含义

为了促进企业生产经营管理信息在内部各管理层级之间的有效沟通和充分利用，企业需建立有效的内部信息传递机制。就履行内部控制职责和实现目标而言，信息是企业不可或缺的元素。企业应当获取信息、产生信息，并将相关的高质量信息用于内部控制其他要素的运行中。

内部信息传递是指企业内部各管理层级之间通过内部报告的形式传递生产经营管理信息的过程。企业应当将在生产经营管理活动中获取与产生的相关信息，在企业内部高管层、责任单位、业务环节之间进行沟通和反馈。重要信息应当及时传递给董事会、监事会和经理层。信息传递过程中发现的问题，应当及时报告并加以解决。

企业内部信息传递不但为企业提供对决策有用的相关和可靠的信息，而且有利于提高企业的管理控制水平，有利于企业资产的保值和增值，从而实现企业的发展目标。因此，构建企业内部信息传递的有效控制机制，对于促进信息在企业内部各管理层级之间的传递、加强企业各管理层级之间的有效沟通、提高企业管理效率、顺利实现企业目标，具有重大的现实意义。

2. 内部信息传递的载体

企业内部信息传递的载体或形式主要是内部报告。内部报告是相对于外部报告来说的，是由企业内部编制，在企业内部传递，为企业董事会、管理者和相关人员所使用，满足企业决策与控制需要，实现企业战略目标的信息报告。内部报告包括内部报表及相关资料。内部报表是根据企业内部决策与控制需要所编制的成本费用表、资产使用状况表等，其种类、数量、格式等都可根据公司管理的需要而设计。

二维码 31　　扩展阅读　公司是如何进行信息共享的？（跨部门跨项目点的文档、图片、视频共享）

二维码 31

5.1.3 内部信息传递的基本流程

企业在生产经营和管理过程中需要反复不断地识别、采集、储存、加工和传递各种信息，以便于企业各个层级和各个岗位的人员能够履行相应的责任。内部信息传递可以是一种方式，也可以是几种方式的组合。内部信息可以自上而下传递，可以自下而上传递，也可以平行传递，取决于企业的组织结构是垂直型还是扁平型。

企业内部信息传递流程并没有固定的模式，一般是根据企业生产经营管理的特点确定的。内部信息传递通常包括信息形成和信息使用两个阶段。

以内部报告为例，内部报告形成阶段的起点是报告中指标的建立，根据所确定的报告指标，确定所要收集和储存的相关信息，对收集的信息进行加工，根据企业的需求组织信息，形成内部报告；经审核通过的内部报告进入使用阶段，如果经审核不符合决策要求，就要重新修订或补充有关信息，直到达到标准为止。

内部报告使用阶段的起点是内部报告向指定的使用者传递，使用者获得内部报告后，需要充分理解和有效利用该信息，以评价业务活动和制定相关决策。此外，各级使用者要定期对企业内部报告的全面性、真实性、及时性和安全性等进行评价，一旦发现不妥之处要及时进行反馈。内部信息传递的基本流程如图 5-1 所示。

5.1.4 内部信息传递的控制措施

企业应当加强内部报告管理，全面梳理内部信息传递过程中的薄弱环节，建立科学的内部信息传递机制，明确内部信息传递的内容、保密要求及密级分类、传递方式、传递范围以及各管理层级的职责权限等,促进内部报告的有效利用,充分发挥内部报告的作用。

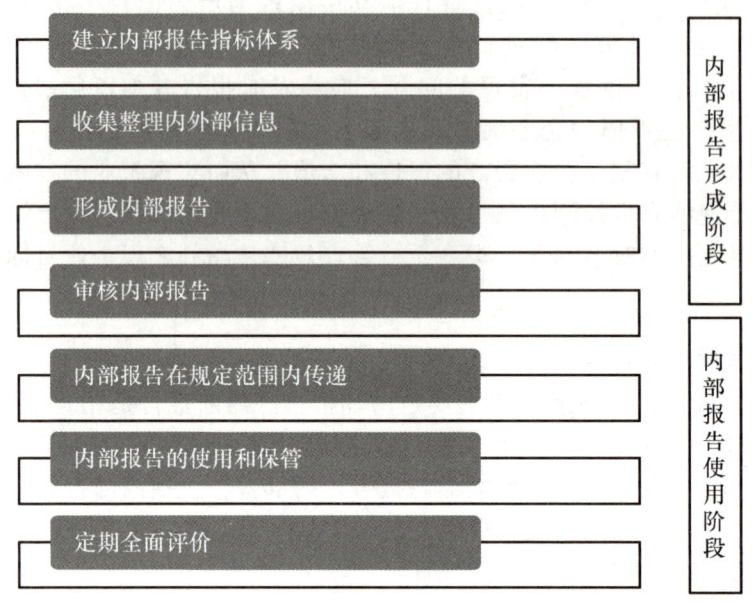

图 5-1 内部信息传递的基本流程

1. 建立内部报告指标体系

与外部(财务)报告系统的设计不同,内部报告指标体系的设计不是由企业外部的会计准则委员会或相应的机构来完成的,而是由企业管理者根据自身决策与控制需求所设计的。内部报告体系建立的理论基础应是内部利益相关者的相关决策信息需求。良好的内部报告系统应该能够涵盖企业运行的各个方面,能够为管理者提供对决策有用的信息。企业应根据自身的发展战略,生产经营风险管理的特点,建立系统的、规范的、多层级的内部报告指标体系。内部报告指标体系中应该包含关键信息指标和辅助信息指标,还要根据企业内部和外部环境政策,建立指标的调整和完善机制,使指标体系具有动态性和权变性。一般来说内部报告指标体系应该包括企业筹资、投资、经营决策等方面的内容,如图 5-2 所示。

企业内部报告中承载的信息很大程度上决定了内部信息传递的有效性,因此,内部报告指标的选择既是内部报告传递的起点,也是决定内部报告质量的基础。企业构建内部报告指标体系应当简洁明了、通俗易懂、传递及时,便于企业各管理层级和全体员工掌握相关信息,正确履行职责。内部报告指标体系的科学性,直接关系到内部报告信息的价值。企业在构建内部报告指标体系的过程中应该注意以下几项。

(1)规范不同层级的指标体系

企业应当根据发展战略、风险控制和业绩考核要求,科学规范不同层级内部报告的指标体系,合理设置关键信息指标和辅助信息指标,采用经营快报、定期报告等多种形式,全面反映与企业生产经营管理相关的各种内外部信息。具体而言,第一,内部报告指标的设计不应偏离企业自身的战略目标,而是应围绕服务战略目标的实施展开。第二,不同层级的内部报告指标体系也存在差异,企业要分级次规范内部报告的指标体系。企业应根据各级管理层的需求和详略程度，进行细化，层层分解，使企业各个职能部门和岗位都明确自己的目标，以便于控制风险并满足业绩考核的需要。第三，企业选择的指标体系，并非一成不变，应随着环境和业务的变化不断进行修订和完善。例如不同的企业业绩考核的重点不同，内部报告中涉及的业绩考核指标也要有所差异。第四，内部报告的形式有多种，如书面报告、口头介绍、音像制品、电话或视频会议、计算机多媒体显示和集上述形式于一体的信息中心等，企业的内部报告要根据实际情况采用合适的形式。

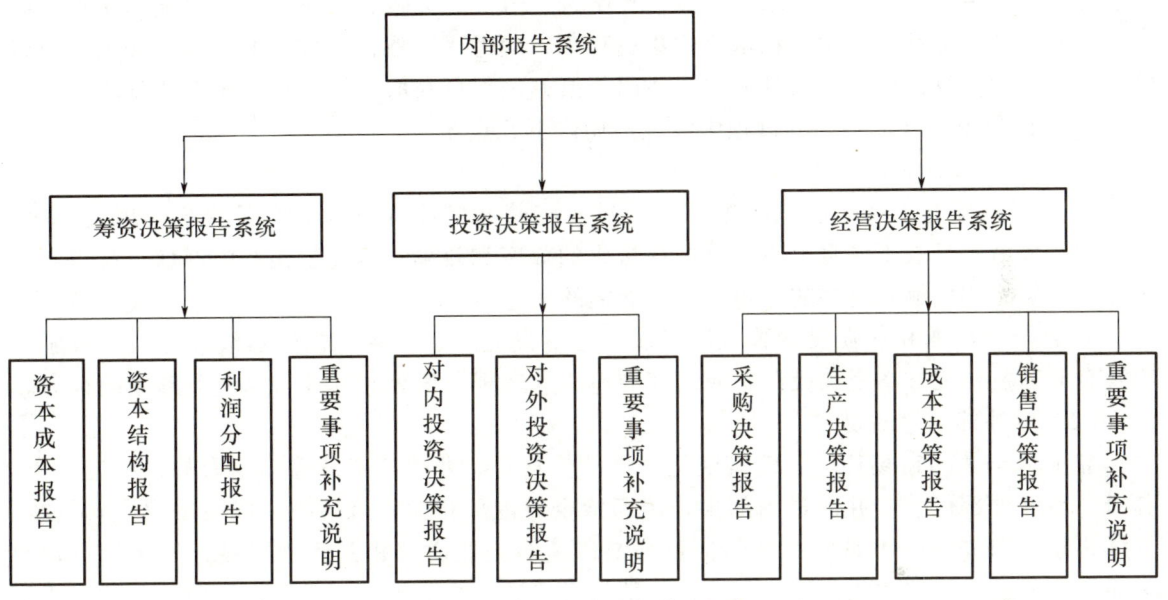

图 5-2　内部报告指标体系架构

二维码 32　法规速递　国资委关于《中央企业重大经营风险事件报告工作规则》2021 年 12 月 13 日

二维码 32

（2）与全面预算进行动态结合

内部报告指标体系的设计应当与全面预算管理相结合。全面预算是企业对未来某一特定期间，以实现企业的目标利润为目的，以销售预测为起点，对生产、成本及现金收支等进行预测，并编制预计利润表、预计现金流量表和预计资产负债表，以反映企业在未来期间的财务状况和经营成果。内部报告需要依据全面预算的标准进行信息反馈，向管理层报告预算控制的过程和结果，以有效控制预算执行情况，明确责任，考核业绩。全面预算管理是企业内部控制的一种主要方法，将内部报告指标体系与全面预算相结合，能够对全面预算的执行情况进行反映和监督，是对全面预算进行控制的有效途径。

全面预算是对未来一定期间的预测和安排，企业要根据实际执行情况不断进行调整，内部报告指标也要不断进行修订和完善。

2. 收集整理内外部信息

收集整理各种内外部信息，是形成内部报告的信息来源。企业应广泛收集整理内外部信息，并通过内部报告传递给企业内部相关管理层，以便及时采取应对措施。企业可以通过经营管理资料、调研报告、财务会计资料、专项信息、内部刊物、办公网络等渠道获取内部信息；通过网络媒体、市场调查、行业协会组织、社会中介组织、业务往来单位以及有关监管部门等渠道获取外部信息。

企业在信息收集环节应关注的主要风险有：收集的信息杂乱无章，重点不突出；收集的信息范围界定不清，缺乏针对性；收集的信息内容准确性低，时效性差，据此进行经营活动决策容易出现偏差；获取内外部信息的过程成本过高，经济上不划算。针对上述风险应采取管控措施：首先，应根据需求对信息进行筛选、分类，并进行审核和鉴别，突出重点，确定其真实性和合理性；其次，在信息收集过程中，应考虑获取信息成本的大小，如果需要以较大成本获取信息，则应权衡其成本与使用价值，确保所获取的信息符合成本效益原则。

企业在利用内外部信息的过程中应该遵循以下几点要求。

（1）对内部信息的要求

企业应当拓宽内部信息收集渠道，通过实施奖励措施等方式，广泛收集合理化建议。内部信息渠道不足或不畅会严重影响内部报告的效率和效果，因此要拓宽内部信息渠道，使企业管理层能够接触到更多的、角度更为新颖的信息。

企业应当重视和加强反舞弊机制建设，通过设立员工信箱、投诉热线等方式，鼓励员工及企业利益相关方举报和投诉企业内部的违法、违规、舞弊和其他有损企业形象的行为。

（2）对外部信息的要求

企业应当关注市场环境、政策变化等外部信息对企业生产经营管理的影响，广泛收集、分析、整理外部信息，并通过内部报告传递给企业内部相关管理层级，以便采取应对策略。具体来说，首先，并不是所有外部信息都要传递给企业内部相关管理层级，外部信息在收集后要经分析、整理才能传递；其次，外部信息传递给企业内部相关管理层级的方式为内部报告。

 案例 5-1

惠州硕贝德无线科技股份有限公司为加强对重大信息内部报告工作的管理，结合相关法律法规及公司章程的规定，制定了相应的重大信息内部报告制度。以下内容为该公司内部报告制度部分内容的节选。

第五章　重大信息内部报告的管理和责任划分

第十六条　重大信息的内部报告及对外披露工作由公司董事会统一领导和管理：

（一）董事长是公司信息披露的第一责任人；

（二）董事会秘书负责将内部信息按规定进行对外披露的具体工作，是公司信息披露工作的直接责任人；

（三）公司董事会秘书办公室是内部信息汇集和对外披露的日常工作部门；

（四）全体董事、监事、高级管理人员、各部门主要负责人是履行内部信息报告义务的第一责任人；

（五）持有公司 5% 以上股份的股东及其一致行动人、实际控制人是履行内部信息告知义务的第一责任人。

第十七条 未经通知董事会秘书并履行法定批准程序，公司的任何部门、子公司均不得以公司名义对外披露公司任何重大信息。公司相关部门草拟内部刊物、内部通讯及对外宣传文件的，其初稿应交董事会秘书审核后方可定稿、发布，禁止在宣传性文件中泄露公司未披露的重大信息。

第十八条 董事会秘书在信息内部传递过程中的具体职责为：

（一）负责制定公司《信息披露管理制度》，协调和组织内部信息传递，联系各信息报告义务人，对内部信息进行汇集、分析、判断，并判定处理方式；

（二）负责将需要履行披露义务的事项向董事长、董事会和监事会进行汇报，提请董事会、监事会履行相应的审批程序，并按规定履行信息披露程序；

（三）在知悉公司及相关人员违反或可能违反相关规定时，应当提醒并督促遵守信息披露相关规定；

（四）组织公司董事、监事和高级管理人员进行相关法律、法规的培训，协助各信息报告义务人了解各自在信息披露中的职责，促进内部信息报告的及时和准确；

（五）董事会秘书办公室负责协助董事会秘书联系各信息报告义务人、汇集和分析内部信息、制作信息披露文件、完成信息披露申请及发布。

资料来源：hhttp://www.speed-hz.com/col/5010?lang=1　[2024-07-11]

3. 内部报告的形成与审核

企业各职能部门应对收集到的有关信息，按照相应的标准进行筛选和整理，根据各管理层级的信息需求和所设计的指标体系，对有效数据进行分析、汇总，编制内部报告。企业内部报告种类繁多，格式也不尽一致，但内部报告通常应包括报告名称、文件号、执行范围、内容、起草和制定部门、报送和抄送部门及时效要求等。

内部报告形成环节的主要风险有：内部报告未能根据内部使用单位的需求进行编制，内容不完整，编制不及时，未经审核即向有关部门传递等。相应的控制措施主要有以下几项。

（1）指定专人负责内部报告工作

企业内部各管理层级均应当指定专人负责内部报告工作，以内部报告指标体系为基础，编制内容全面、简洁明了、通俗易懂的内部报告。

（2）建立内部报告审核制度

企业应当建立内部报告审核制度，设定审核权限，确保内部报告信息质量。企业必须实施不相容岗位的职务分离，对内部报告的起草与审核岗位实施分离，内部报告在传递前需经签发部门负责人审核。

4. 内部报告传递

内部报告传递必须及时、准确，重要信息要及时传递给董事会、监事会和经理层。内部信息传递环节的主要风险有：缺乏内部报告传递流程规范，未按传递流程准确传递，流转不及时，信息流转过程缺乏记录和签字确认，不能追溯信息流转过程等。相应的控制措施主要有以下几项。

（1）规范内部报告流程

企业可根据信息的重要性、内容等特征，确定不同的流转环节，制订严密的内部报告流程,并严格按设定的流转流程进行流转,做好流转记录。对未按流转流程进行操作的事件,应调查原因并做相应处理。

(2) 充分利用信息技术

企业应充分利用信息技术,强化内部报告信息的集成和共享,将内部报告纳入企业统一信息平台,构建科学的内部报告网络体系。这要求企业将内部报告与信息系统相结合,提高内部报告的规范性、及时性,使内部信息的传递更为通畅,这可以使管理者及时应对内部报告中反映的问题。

(3) 重要信息及时上报

重要信息应及时上报,并可以直接报告高级管理人员。一般情况下,企业的内部报告要逐级上报,特别重要的信息可以越级上报,从而保证内部报告制度的灵活性。

5. 内部报告的使用和保管

企业各级管理人员应当充分利用内部报告管理和指导企业的生产经营活动,及时反映全面预算执行情况,协调企业内部相关部门和各单位的运营进度,严格绩效考核和责任追究,确保企业实现发展目标。

内部报告使用环节的主要风险有:管理人员在决策时未能使用内部报告;内部报告未能帮助管理层识别和控制经营活动中的风险;内部报告泄露了企业的商业秘密等。相应的管控措施主要有以下几项。

(1) 利用内部报告进行风险评估

企业应当有效利用内部报告进行风险评估,准确识别和系统分析企业生产经营活动中的内外部风险,确定风险应对策略,实现对风险的有效控制。广义来讲,风险评估是对信息资产(即某事件或事物所具有的信息集)所面临的威胁、存在的弱点、造成的影响,以及三者综合作用所带来风险的可能性的评估。内部报告可以使管理层了解企业的具体运行状况,包括面临的机会、威胁以及自身的优势和劣势,从而为管理层推断和识别企业在生产经营过程中面临的各种风险并采取相应的应对措施提供信息。对内部报告反映出的问题,企业应当及时解决;对涉及突出问题和重大风险的,企业应当启动应急预案。

(2) 利用内部报告推动全面预算

企业内部报告指标体系的设计是与全面预算管理相结合的,因此内部报告就成了反映和监督全面预算执行情况的一种手段。企业管理者应根据内部报告提供的信息,及时了解全面预算的执行情况,并根据执行情况调整企业内部资源,进行控制,纠正存在的问题,协调各个部门和单位的运营进度,确保企业发展目标的顺利实现。

(3) 内部报告保密制度

企业应当制定严格的内部报告保密制度,明确保密内容、保密措施、保密等级和传递范围,防止泄露商业秘密。具体而言,内部报告保密制度要明确:哪些内容属于商业秘密,如何对这些商业秘密进行保密,以及这些商业秘密可以在哪些部门与人员之间进行传递。

6. 内部报告评估制度

随着企业内外部环境的不断变化,企业的内部报告体系和内部报告传递机制的实用性可能发生改变,企业应当建立内部报告的评估制度,对内部报告体系是否合理完整以及内部信息传递是否及时有效进行定期的评估。一般每年度至少对内部报告进行一次评估，发现内部报告及其传递存在的缺陷，及时进行修订和完善；对产生缺陷的部门或个人进行处罚，确保内部报告提供的信息及时、有效和完整。

5.2 信息系统

随着信息技术的发展和市场环境的日益复杂，绝大多数企业都建立了现代化的信息系统，以处理企业日常经营过程中产生的大量的信息流。信息系统的运用，不但可以提高企业效率，规范并优化企业内部各部门的业务流程，对重点业务实行全面质量监控，而且能够提升企业形象，建立现代化信息管理体系。

5.2.1 信息系统的含义

信息系统是一个广义的术语，既代表IT系统，也包含获取、分析、储存和分配所有类型商业信息的手工流程。信息系统将大量来自内外部的数据转换成有意义、可操作的信息，以满足既定的信息需求。信息系统是人、流程和技术的结合体，是支持一个企业内部控制的流程基础，也是支持企业和客户、供应商及其他外部各方沟通的平台。企业应当利用信息技术促进信息的集成与共享，建立与经营管理相适应的信息系统，充分发挥信息技术在沟通中的作用，通过加强对信息系统的开发与维护、访问与变更，数据的输入与输出，文件的储存与保管，网络安全等方面的控制，实现对业务和事项的自动控制，减少或消除人为操纵因素，保证信息系统安全稳定运行。

企业获取的信息量越多，面临的机会和风险也随之增加。信息量的增加通常会提高企业内部控制的水平，但同时也会产生额外风险。例如，海量数据造成处理效率低下而引起的操作风险；企业储存和保管数据时未考虑与安全、保密及隐私有关的法律法规而引起的风险。企业信息需求的性质和范围、信息的数量及复杂程度、对外部组织的依赖程度等，均会影响信息系统的有效性和适用范围。无论复杂程度高低，所有信息系统都支持终端到终端的交易数据处理过程，即收集、储存和汇总来自相关流程的有用信息。因此，企业应根据组织架构、地域分布、技术能力和业务范围等因素，结合内部控制要求，整体规划信息系统建设，组织信息系统开发、运行与维护，进一步优化管理流程，防范经营风险。

随着集成技术的发展，信息系统为企业提供了很多机会，如提高效率和速度，增加用户对信息的访问等。企业资源规划及相关管理系统、企业内部网络、协同工具，互动式的社交媒体程序、数据库、智能商业系统、工厂以及其他业务系统和其他技术方案，都为高效的信息系统提供了机会。

此外，信息系统还应当加强与安全和隐私有关的风险控制。在信息系统的设计和应用中，应该考虑只将权限赋予必要人员，减少接入点数量，有效转移与信息安全和隐私有关的风险。企业在建立相应的信息系统时，还应当考虑信息获取、管理和信息系统运行的成本与收益，兼顾驱动企业加强内部控制的整体信息流程管理。

企业可委托专业机构从事信息系统的开发、运行和维护工作。企业负责人对信息系统建设工作负责。

5.2.2 信息系统的应用过程

信息系统的应用是一个复杂的过程，不同的企业可以采用不同的应用策略，不同的应用策略也会对企业产生不同的影响。企业运用信息系统往往会经历一个持续发展变化的过程，该过程涉及新信息技术的不断运用，信息系统应用范围的扩大，用户参与程度的加深，信息系统应用与企业发展和竞争战略的结合更加紧密等许多方面。显然，企业应用信息系统的过程是一个不断学习和提升的过程。

企业应用信息系统一般会经历初始阶段、普及阶段、控制阶段、集成阶段、数据管理阶段和成熟阶段。

1. 初始阶段

企业在信息系统应用初始阶段的主要表现为：企业应用信息系统管理应收账款和发放工资；企业内部的财务、营销、生产等不同职能部门都致力于开发自己的信息系统；企业对信息系统的投入和运用缺乏有力的控制，还没有重视对信息系统的整体建设，对其产生的效益不太关注。因此，在这个阶段，不少人对信息系统的应用持观望态度。

2. 普及阶段

在这个阶段，企业信息系统的应用范围快速扩大，覆盖面越来越广，投资迅速增加，信息系统专家开始强调自动化、信息化、智能化等对企业发展的巨大作用，企业管理者开始关注投资信息系统所产生的效益，但是该阶段信息系统在整个企业的应用仍然不具有战略性，企业中相当一部分人对其重要性的认识仍然不足。

3. 控制阶段

在这个阶段，随着企业信息系统应用范围的扩大和投资的增加，企业管理者迫切感觉到需要加强对系统建设的统一管理和控制，希望通过成立信息系统建设领导小组，或组建负责信息系统建设和运行的专门管理部门，来负责企业的信息化领导与协调工作。企业信息系统管理部门在企业层面统筹规划信息系统的应用，进入该阶段说明企业的信息系统建设开始走向正轨。

4. 集成阶段

企业信息系统应用过程发展到控制阶段，由于企业各部门之间缺乏有效沟通，形成"信息孤岛"，从而制约了信息系统发挥作用。如何实现"信息孤岛"的集成功能，是企业迫切需要解决的问题。在集成阶段，企业信息系统应用的重要任务就是推进各部门与各业务单元信息系统的集成，原本分散的信息使实现共享和集成运用。在这个阶段，企业的信息化由管理系统向管理信息资源转变，实现了企业信息系统的集成运用，企业信息系统建设实现了质的飞跃。

5. 数据管理阶段

信息系统在企业内从单项应用发展到综合集成应用，成为企业高效运行和快速发展的强大支撑力量。在这种情况下，企业的信息系统管理模式会发生显著变化，开始从企业发展的全局出发来分析和评估信息系统建设的成本和收益，综合平衡和协调各个领域和各个部门的信息系统应用。

6. 成熟阶段

在这个阶段，企业管理层和决策者从战略角度思考信息系统对企业发展的重要性，并将信息系统应用战略与企业发展和竞争战略紧密结合，企业对信息系统建设的计划和控制会更加严格，信息系统的应用成效能得到较好的体现。

可见，企业应用信息系统是一个循序渐进和逐步学习提升的过程。因此，企业在信息系统建设过程中，制定信息系统建设规划和战略，要充分考虑信息系统应用不同阶段的特征。同时，企业进入信息系统应用的成熟阶段之后，应将信息系统应用战略与其发展和竞争战略紧密结合。

5.2.3 企业信息系统应用的影响

信息系统应用已经渗透到企业的各个方面，影响着企业运营的方向，也改变了其与消费者、供应商及竞争对手等的关系。信息系统应用对企业的影响可以从影响层面和影响方式两个视角进行分析。

1. 企业信息系统应用的影响层面

企业信息系统应用对企业的影响可分为六个层面，如图 5-3 所示。对企业而言，信息系统的应用层面不同，其影响也不同。在企业信息系统局部开发应用和内部集成阶段，其作用是渐进性的，对企业生产经营及战略影响较小。但第三层到第六层，可能会给企业带来经营过程、经营网络和经营范围的重组，甚至是经营范式的变更，其作用是变革性的，对企业影响较大。信息系统应用得成功，能对企业发挥重要的战略作用。

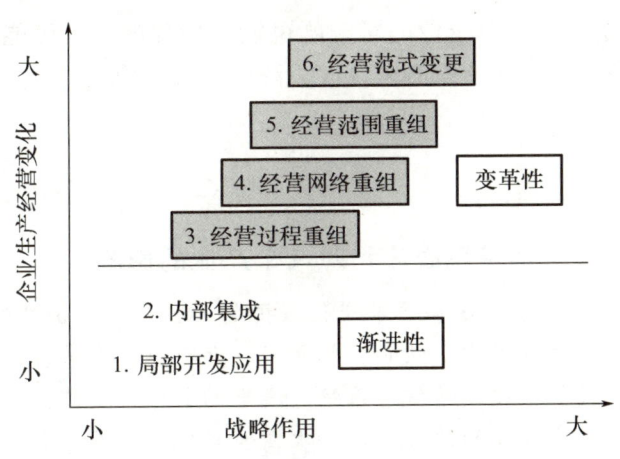

图 5-3 信息系统应用的影响层面

（1）局部开发应用

第一层是局部开发应用。信息系统在该层面的战略作用只能在某职能部门局部性呈现。该层面应用的信息系统如计算机辅助系统、客户关系管理系统等，在企业中产生了较大的影响，显著增强了企业的竞争力，发挥了信息系统的战略作用。

（2）内部集成

第二层为内部集成。在全企业范围内建立集成和统一的信息系统平台，可以连接之前建立的各个"信息孤岛"，实现信息的集成和共享，带来工作效率的提高和运行成本的大幅下降；同时，还能大大增强信息系统的功能，改变企业的业务流程和组织结构。显然，建立全企业范围内集成和统一的信息系统平台具有很重要的战略作用。

（3）经营过程重组

第三层是经营过程重组。在该层面，信息系统改变了企业的经营过程，使企业利用信息系统建立更加高效的经营过程成为可能。例如，电子商务系统的应用和网络销售的普及，改变了企业的销售过程和模式。信息系统驱动企业的经营过程重组，必然会对企业的生产过程带来很大的影响，成功的信息系统应用能发挥较大的战略作用。

（4）经营网络重组

第四层是经营网络重组。信息系统在该层面的应用以供应链管理为基础，利用计算机技术和网络通信技术，将客户、供应商等所有与企业生产经营密切相关的各方集成于一个共同的信息系统，实现不同组织的集成和信息共享。这种基于计算机和通信技术的集成，形成了企业纵横交错的集成化协作体系。

（5）经营范围重组

第五层是经营范围重组。信息系统在该层面的应用对企业的经营范围进行重新定义，通过为用户提供"重新装配且经过特殊分析处理的"信息，或者通过为用户提供增值服务，来扩大企业的业务范围。

（6）经营范式变更

第六层是经营范式变更。物联网、大数据、云计算等新技术的广泛运用，正在重新定义企业的生产经营范围，使得企业乃至整个行业的经营过程和经营范围都发生了很大的变化，推动企业的经营范式变更。

总体上看，信息系统应用对企业的影响既可能是局部的，也可能是全方位的，甚至会引发其经营范式的变更，任何企业都必须高度关注信息系统应用对企业的巨大影响。

案例 5-2

信息系统应用对汽车产业的影响

一般认为汽车产业是一个市场和技术变化较慢的产业。过去围绕汽车生产的数据极少，行业产业链之间共享的数据也很少。然而，物联网、大数据、云计算等新技术可以支撑实现汽车的全面数字化，构成一个庞大的信息系统。汽车的数字化是指汽车及其驾驶人的每一个行动都数字化，包括每一次故障的维修、每一次驾驶路线和驾驶动作的选择、每一次事故的录像。汽车关键部件的状态每时每刻都转变为数据记录在案，它改变了汽车行业的经营模式。

首先，信息系统改变了汽车保险公司的运营模式。没有大数据支撑时，保险公司只能对车险客户进行简单分类。在信息系统和大数据支持下，保险公司可以真正以客户为中心，对每个客户都有个性化的解决方案：对于低风险的客户，敢于大胆给出折扣；对于高风险的客户，可以报高价甚至拒绝服务。因为保险就是一个基于概率评估的生意，拥有大数据并使用大数据的保险公司，较传统保险公司拥有较强的竞争优势，大数据将成保险公司最核心的竞争力。

其次，信息系统改变了4S店的服务模式。基于大数据，车况信息会定期传递到4S店，

4S 店会根据情况提醒车主及时保养和维修。特别是对于可能危及安全的问题，在客户同意下，4S 店甚至会采取远程干预措施。同时，4S 店还可以提前备货，车一到就可以维修。

最后，信息系统还会改变驾驶人的驾驶行为。对驾驶人来说，不想开车的时候在大数据和人工智能支持下，汽车可以自动驾驶，并且可以根据实时情况，提醒驾驶人提前绕开拥堵点，帮助驾驶人选择最合适的线路；在汽车出现不能发动、爆胎等紧急情况时，自动驾驶系统将自动接管，提高驾车的安全性。

资料来源：仲伟俊，梅姝娥，周宇，等，2020.信息系统应用能力与企业竞争力。北京：科学出版社。

2. 企业信息系统应用的影响方式

（1）信息系统应用促进企业组织结构扁平化

组织结构扁平化，指企业的组织层次在信息系统的作用下越来越少，信息系统能够帮助企业扩大信息传播范围，促使组织中的决策权下放，给底层员工授权。在信息系统的支持下，底层员工能够在没人监督的情况下获得决策所需要的信息，提高管理效率，使组织结构扁平化；管理者能够及时、准确地获得信息，快速做出决策，管理者管理和控制的范围更广，可减少企业内管理人员的配置，压缩企业的管理层次。

（2）信息系统应用能改善企业内部的管理和决策

没有信息系统的支持，企业的管理和决策往往只能基于不准确、非实时的数据，或只能依赖于预测，这很容易导致企业的产品和服务供给过剩或不足。企业的管理和决策缺乏准确、及时的信息，企业的资源分配不合理，很可能会导致企业的生产成本上升并造成客户的流失。信息系统的应用可以使管理者很好地利用来自市场的实时数据进行管理和决策。

（3）信息系统的应用可以帮助企业有效开发新产品、新服务

随着信息技术在社会各个领域的渗透，信息系统正成为越来越多企业创造新产品、新服务及全新商业模式的重要驱动器。例如，信息系统的运用改变了音乐产业的商业模式，苹果公司把基于唱片、磁带和 CD 载体的传统音乐销售模式转变为基于自有 iPod 的技术平台的在线分销模式。又如，出版业的业务模式正由过去的纸质出版向在线出版模式转变。

（4）信息系统应用可以支持企业改善供应链管理

对于供应链管理，企业信息系统既可以在计划层面对企业间合作提供支持，也可以在执行层面对企业间供应链的实际运行提供支持。供应链计划层面的信息系统应用，可以支持企业与供应商之间高效协调生产计划和分销计划，使供应链成员企业快速共享市场信息。这使得供应链上的所有企业都能够通过整合协同，快速响应市场变化。在供应链执行层面上，信息系统应用能支持企业间物流的准确高效。信息系统在供应链管理上的应用，能使供应链上的所有成员企业共享库存水平、生产计划及运输动态等信息，各成员企业可根据准确的信息调整相应的原料储备、制造与资源分配计划，可以做出更好的原料采购和生产调度决策。

5.2.4　企业应用信息系统应关注的风险

1. 系统设计风险

信息系统缺乏规划或规划不合理，可能造成"信息孤岛"或重复建设，进而导致企业

经营效率低下的风险。

2. 系统授权风险

信息系统开发不符合内部控制要求，授权管理不当，就可能导致企业无法利用信息技术实施有效控制，进而造成非法操作和舞弊的风险。

3. 系统运行风险

信息系统运行维护和安全措施不到位，可能导致信息泄露或毁损，进而导致系统无法正常运行的风险。企业可委托专业机构从事信息系统的开发、运行和维护工作。企业负责人应对信息系统整体建设工作负责，明确系统运行维护的责任单位、职能部门或个人，监督并实施相应的安全措施。

二维码 33　**法规速递**　寄递服务用户个人信息安全管理规定

5.2.5 信息系统的开发

1. 信息系统规划

信息系统规划是将组织目标、支持组织目标所必需的信息、提供这些必需信息的信息系统，以及这些信息系统的实施等诸要素集成的信息系统方案，是面向组织中信息系统发展远景的系统开发计划。信息系统规划是信息系统实践中的主要问题，信息系统的建设是个耗资巨大的工程项目，现代企业对信息系统的投资越来越多，规划不好会造成巨大的经济损失。如果一个操作错误可能损失几万元，那么一个设计错误就能损失几十万元，一个计划错误就能损失几百万元，而一个规划错误的损失则能达到几千万元，甚至上亿元。所以，企业应克服那种"重硬、轻软"的片面性，把信息系统的规划摆到重要的战略位置上。

企业的信息系统规划可以从以下几个方面入手。

（1）企业应当根据信息系统建设整体规划提出项目建设方案，明确建设目标、人员配备、职责分工、经费保障和进度安排等相关内容，按照规定的权限和程序审批后实施。

（2）企业信息系统归口管理部门应当组织内部各单位提出开发需求和关键控制点，规范开发流程，明确系统设计、编程、安装调试、验收、上线等全过程的管理要求，严格按照建设方案、开发流程和相关要求组织开发工作。

（3）企业开发信息系统，可以采取自行开发、外购调试、业务外包等方式。选定外购调试或业务外包方式的，应当采用公开招标等形式择优确定供应商或开发单位。

案例 5-3

中冶宝钢首个智能运营平台上线启动

当前，数字化成为企业转型的关键抓手。中冶宝钢是中冶集团所属唯一一家以冶金运营服务为核心主业的核心子企业，为国内外近 30 家钢铁企业提供全流程、全天候、全产业链、全生命周期的冶金运营服务，每年可形成超过 100 万个设备维修案例。在互联网与实体经济深度融合的时代背景下，海量的运维案例和数据为冶金运营服务向智能化方向转型升级提供了有力支撑。

目前，中冶宝钢智能运营平台已先后开发上线智能检修、智能诊断、远程指挥、远程监控等模块，后续中冶宝钢将围绕检修项目全流程标准化、数字化，关键设备维修三维模拟，数字孪生，设备状态实时监测，故障诊断智能化等功能进行重点攻关，实现维检作业全过程可视、可控、可管，不断提高极致专业化的运营服务水平，为业主提供高质量服务。

中冶宝钢智能运营平台还将与OA协同办公系统、财务共享NC系统、合同管理系统、采购管理系统等信息化系统互联互通，实现全产业、全流程、全系统的无缝对接，打造开放、包容、共享、高效的智能化运维系统，以科技赋能提高企业现代化治理水平，增强企业核心竞争力。

资料来源：https://m.sohu.com/a/479315264_362042?_trans_=010004_pcwzy [2024-05-10]

2. 信息系统开发的关键控制

企业开发信息系统，应当将生产经营管理业务流程、关键控制点和处理规则嵌入系统程序，实现手工环境下难以实现的控制功能，主要包括三个方面的内容。

（1）企业在系统开发过程中，应当按照不同业务的控制要求，通过信息系统中的权限管理功能控制用户的操作权限，避免将不相容职责的处理权限授予同一用户。

（2）企业应当针对不同数据的输入方式，考虑对进入系统的数据的检查和校验功能。对于必需的后台操作，应当加强管理，建立规范的流程制度，对操作情况进行监控或者审计。

（3）企业应当在信息系统中设置操作日志的功能，确保操作的可审计性。对异常的或者违背内部控制要求的交易和数据，应当设计由系统自动报告并设置跟踪处理机制。

3. 信息系统开发的进度管理

企业信息系统归口管理部门应当加强对信息系统开发全过程的跟踪管理，组织开发单位与内部各单位的日常沟通和协调，督促开发单位按照建设方案、计划进度和质量要求完成编程工作，对配备的硬件设备和系统软件进行检查验收，组织系统上线运行等。

企业应当组织独立于开发单位的专业机构对开发完成的信息系统进行验收测试，确保系统在功能、性能、控制要求和安全性等方面符合开发需求。

4. 信息系统上线管理

企业应当切实做好信息系统上线的各项准备工作，培训业务操作人员和系统管理人员，制订科学的上线计划和新旧系统转换方案，考虑应急预案，确保新旧系统顺利切换和平稳衔接。系统上线涉及数据迁移的，还应制订详细的数据迁移计划。

5.2.6 信息系统的运行与维护

1. 信息系统运行与维护的总体要求

企业应加强信息系统运行和维护的管理，制定信息系统工作程序、信息系统管理制度以及各模块子系统的具体操作规范，及时跟踪、发现和解决信息系统运行中存在的问题，确保信息系统按照规定的程序、制度和操作规范持续稳定运行。

　　企业应当建立信息系统变更管理流程，信息系统变更应当严格遵照管理流程进行操作。计算机信息系统操作人员不得擅自进行系统软件的删除、修改等操作，不得擅自升级、改变系统软件版本，不得擅自改变软件系统环境配置。

　　企业应当对信息系统操作人员的账号密码和使用权限进行严格规范，建立相应的操作管理制度。未经操作培训的人员不得对信息系统进行操作。

2. 信息的授权安全使用

　　企业应当根据业务性质、重要性程度、涉密情况等确定信息系统的安全等级，建立不同等级信息的授权使用制度，采用相应技术手段，确保信息系统安全、稳定、高效运行。

　　（1）企业应当建立信息系统安全保密和泄密责任追究制度。委托专业机构进行系统运行和维护管理的，应当审查该机构的资质，并与其签订服务合同和保密协议。此外，企业应当采取安装安全软件等措施防范信息系统受到病毒等恶意软件的感染和破坏。

　　（2）企业应当建立用户管理制度，加强对重要业务系统的访问权限管理，定期审阅系统账号，避免授权不当或存在非授权账号，禁止不相容职务用户账号的交叉操作。具体而言，首先，企业应当建立账号审批制度，并且对于发生岗位变化或离岗的用户，企业应当及时调整其在系统中的访问权限；其次，企业应当定期对系统中的账号进行审阅，避免授权不当或非授权账号的存在；最后，对于超级用户等特权用户，企业应该严格限制其使用，并对其在系统中的操作全程进行监控，使用完毕后，应当由不相容岗位对其操作日志进行审阅。

　　（3）企业应当充分利用操作系统、数据库、应用系统自身提供的安全性能，在系统中设置安全参数，以加强系统访问安全。禁止未经授权人员擅自调整、修改或删除系统中设置的各项参数。信息系统操作人员应当在权限范围内进行操作，不得利用他人的口令和密码进入信息系统。更换操作人员或密码泄露后，必须及时更改密码。操作人员如果离开工作现场，那么必须在离开前锁定或退出已经运行的程序，防止其他人员利用操作人员的账号操作。

3. 信息系统的安全防护

　　（1）企业应当综合利用防火墙、路由器等网络设备，漏洞扫描、入侵检测等软件技术，以及远程访问安全策略等手段加强网络安全，防范来自网络的攻击和非法侵入。

　　（2）企业对于通过网络传输的涉密或者关键数据，应当采取加密传输等措施以确保信息传递的保密性、准确性和完整性。

　　（3）企业应当建立系统数据定期备份制度，明确备份范围、备份频度、备份方法、备份人、备份存放地点、备份有效性检查等内容。

　　（4）企业应当定期检测信息系统的运行情况，及时进行计算机病毒的预防和检查工作，禁止用户安装非法防病毒软件和私自卸载企业要求安装的防病毒软件。

4. 信息系统设备的管理

　　企业应当加强对服务器等关键信息设备的管理，建立良好的物理环境，指定专人负责检查，及时处理异常情况。未经授权，任何人不得接触关键信息设备。

　　（1）系统硬件维护，包括对系统硬件所处环境的维护、系统硬件的检查更换等。系统硬件易受其所处环境（如机房的温度、湿度、电压，网络设施的保护措施等）的影响，同时本身也存在寿命、质量等问题。因此，应当定期或不定期地对系统硬件环境及硬件本身进行检查，发现问题，并解决问题。企业应当将硬件设备放置在合适的物理环境中，由专人对其进行管理和检查，其他任何人未经授权不得接触信息系统的硬件设备。

（2）主要系统服务器应当配备不中断电源供给设备。硬件设备的更新、扩充、修复等工作应当由相关人员提出申请，报上级主管负责人审批。

（3）企业操作人员应当严格遵守用电安全，不得在计算机专用线路上使用其他用电设备。企业应当完善计算机信息系统硬件设备异常状况处理制度。一旦发生异常状况，如冒烟、打火、异常声响等，应当立即通知有关部门，并按处理制度进行处理。

总体上来说，企业管理层应当考虑信息系统的重要性，促进内部控制流程与信息系统的有机结合，实现对业务和事项的自动控制，充分运用信息技术提高内部控制的有效性，减少或消除人为操纵和干扰。

案例 5-4

京东物流：成为全球最值得信赖的供应链基础设施服务商

京东集团 2007 年开始自建物流，京东物流于 2017 年 4 月 25 日正式成立。2021 年 5 月，京东物流于香港联交所主板上市。京东物流是中国领先的技术驱动的供应链解决方案及物流服务商，以"技术驱动，引领全球高效流通和可持续发展"为使命，致力于成为全球最值得信赖的供应链基础设施服务商。

一体化供应链物流服务是京东物流的核心赛道。目前，京东物流主要聚焦于快消、服装、家电家具、3C、汽车、生鲜等六大行业，为客户提供一体化供应链解决方案和物流服务，帮助客户优化存货管理、减少运营成本、高效分配内部资源，实现新的增长。同时，京东物流将长期积累的解决方案、产品和能力模块化，以更加灵活、可调用与组合的方式，满足不同行业的中小客户需求。

京东物流建立了包含仓储网络、综合运输网络、"最后一公里"配送网络、大件网络、冷链物流网络和跨境物流网络在内的高度协同的六大网络，具备数字化、广泛和灵活的特点，服务范围覆盖了中国几乎所有地区和人口，不仅建立了中国电商与消费者之间的信赖关系，还通过 211 限时达等时效产品和上门服务，重新定义了物流服务标准。2021 年，京东物流助力约 90% 的京东线上零售订单实现当日达和次日达，客户体验在行业中持续领先。截至 2022 年 3 月 31 日，京东物流运营约 1400 个仓库，含云仓生态平台的管理面积在内，京东物流仓储总面积超过 2500 万平方米。

京东物流始终重视技术创新在企业发展中的重要作用。基于 5G、人工智能、大数据、云计算及物联网等底层技术，京东物流正在持续提升自身在自动化、数字化及智能决策方面的能力，不仅通过自动搬运机器人、分拣机器人、智能快递车、无人机等，在仓储、运输、分拣及配送等环节大大提升效率，还自主研发了仓储、运输及订单管理系统等，支持客户供应链的全面数字化，通过专有算法，在销售预测、商品配送规划及供应链网络优化等领域实现决策。凭借这些专有技术，京东物流已经构建了一套全面的智能物流系统，实现了服务自动化、运营数字化及决策智能化。截至2021年12月31日，京东物流在全国共运营43座"亚洲一号"大型智能仓库。到2021年，京东物流已经拥有及正在申请的技术专利和计算机软件版权超过5500项，其中与自动化和无人技术相关的超过3000项。

京东物流构建了协同共生的供应链网络，全球各行业合作伙伴参与其中。2017年，京东物流创新推出云仓模式，将自身的管理系统、规划能力、运营标准、行业经验等应用于第三方仓库，通过优化本地仓库资源，有效增加闲置仓库的利用率，让中小物流企业也能充分利用京东物流的技术、标准和品牌，提升自身的服务能力。截至2021年12月31日，云仓生态平台合作云仓的数量已超过1700个。通过与全球合作伙伴的合作，京东物流已建立了覆盖超过220个国家及地区的国际线路，拥有约80个保税仓库及海外仓库。

同时，京东物流着力推行战略级项目"青流计划"，从"环境（Planet）""人文社会（People）"和"经济（Profits）"三个方面，协同行业和社会力量共同关注人类的可持续发展。京东物流是国内首家完成设立科学碳目标倡议（SBTi）的物流企业，同时更多使用清洁能源，推广和使用可再生能源和环保材料，践行绿色环保措施。

京东物流正坚持"体验为本、技术驱动、效率制胜"核心发展战略，将自身长期积累的新型实体企业发展经验和长期技术投入所带来的数智化能力持续向实体经济开放，服务实体经济，持续创造社会价值。

资料来源：https://www.jdl.com/news/4007/content01772　[2024-05-10]

5.3　沟　　通

企业应当建立有效的沟通机制，沟通的内容包括支持其他内部控制要素有效运行的目标和职责。企业高管层应与各级管理层、普通员工等明确企业的目标，包括明确个人权限、职责、行为准则等，使得每个人都了解自己在企业中的作用。企业的沟通机制必须覆盖不同地点、不同层级和不同职能的人员，确保信息在企业内部与企业外部之间进行有效沟通。对于信息沟通过程中发现的问题，应当及时报告并加以解决。

5.3.1　沟通的含义

沟通一词，早见于《左传·哀公九年》："秋，吴城邗，沟通江淮。"意为挖建沟渠使其顺畅，现指信息的交流。从企业内部控制的角度来看，沟通是指将企业内部控制相关信息传递给适当的人员，以便他们能够履行与经营、财务报告和合规相关的职责。沟通是信息系统固有的职能，贯穿于企业信息收集、处理与传递的整个过程。

沟通是从实现企业目标开始的。当管理层在企业内部强调企业的目标时，很重要的一点是将总目标分解为子目标或特殊要求，并传递给适当的人员，帮助他们理解自身在企业目标实现过程中的作用和职责。高管层需要清晰地传达所有人员在内部控制系统中的职责，所有人员依此严格执行。通过沟通总目标和子目标，各层级人员应清晰了解自己的职责和行为与企业内其他人员的关系、其他人员在内部控制中的职责以及内部控制中允许和禁止的行为。然而，有时沟通本身不足以让管理层和其他人员充分了解他们的职责及行为是否适当，管理层只有及时采取与沟通内容一致的行动，才能将沟通内容彻底贯彻落实。

企业通过沟通形成的信息分享，能够帮助管理层和其他人员发现潜在的内部控制缺陷，进而寻找原因，采取改进行动。例如，内部审计部门通过审查发现公司所属某地销售分公司存在舞弊行为，于是向公司董事会和高管层提交审计报告。审计发现一经核实，这样的内部控制缺陷就要在其他地区的销售经理中进行分享，让他们据此分析各自的情况，确认同类事件是否普遍存在，以及是否需要采取必要的整改措施。

5.3.2 沟通的分类

1. 按照沟通渠道划分

按照沟通的渠道不同，沟通可以分为正式沟通和非正式沟通。正式沟通是指按照企业规定的层级结构及方式进行的沟通。例如定期召开的工作会议、年度报告、员工培训等。非正式沟通是指不受组织层级结构限定的沟通。例如员工聚会、公司网站论坛、公司年会等。非正式沟通是正式沟通的有机补充，它一方面满足了员工获取信息的需求，另一方面也补充了正式沟通的不足。与正式沟通相比，非正式沟通的信息传递速度更快、范围更广，但准确性比较低。企业管理者往往容易忽略非正式沟通可能产生的负面影响，进而导致无法挽救的损失。因此管理者应对非正式沟通进行合理的利用与引导，从而提高企业管理的水平。

二维码 34　扩展阅读　阿里巴巴的员工沟通渠道

二维码 34

2. 按照沟通信息的流向划分

按照沟通信息的流向不同，沟通可以分为下行沟通、上行沟通及平行沟通。下行沟通是指信息从企业管理者流向下属人员，通常用于传递政策、下发通知、协调组织活动等。下行沟通可以将企业的风险管理与经营目标等信息准确传递给员工，使员工明确其职责与权力，但也存在信息逐级传递导致效率低下、员工积极性降低等风险。上行沟通是指信息流从基层员工流向管理层。上行沟通可以使管理层全面了解员工的真实状况，及时把握企业经营的真实动态，提高员工的参与感，但也可能存在上行沟通渠道失效或不畅通、信息失真等风险。平行沟通是指信息在平行部门之间流动。平行沟通可以加强部门之间的合作和协调，提高企业运营的效率和效果，但也可能存在权责不明晰、互相推诿、效率低下等风险。

3. 按照沟通的对象划分

按照沟通的对象不同，沟通可分为内部信息沟通与外部信息沟通。内部信息沟通是指企业经营管理所需的内外部信息在企业内部的传递与共享。外部信息沟通是指企业与利益相关者之间的信息交流。

5.3.3 内部沟通

充分的内部沟通对企业控制环境、控制作业、风险评估等方面都发挥至关重要的作用，企业应以达到顺畅沟通为目的，选用合适的内部沟通方式，使得每个员工都可以充分了解企业内部控制的相关部分、运作机制以及各自在内部控制系统中的作用与职责。

1. 内部沟通的方式

有效的沟通方式可以保证信息按计划传递。面对面会谈等积极式沟通比电子邮件、内网发帖等被动式沟通的效果要好，企业可以通过定期对员工进行绩效评估以确认企业的沟通流程是否有效运行。

管理层应该结合沟通对象、沟通性质、时效性、成本、法律法规的要求等，选择恰当的沟通方式。管理层选择好沟通方式后，还需要考虑信息沟通的环境。例如，由于文化、道德以及不同年龄人群接受信息的方式不同，沟通方式也要相应进行调整。无论使用何种沟通方式，管理层都要考虑对内各方的信息传递以及对外各方的信息保存，特别是后者，应符合法律法规要求。

企业常用的内部沟通方式有电子沟通、书面沟通、口头沟通等。

（1）电子沟通

电子沟通包括电子邮件、企业微信、钉钉、腾讯会议等方式。电子沟通具备信息传递速度快、能突破远距离或跨地域的限制的优点，极大地降低了企业信息传递的成本，提高了企业的沟通效率，也使得企业以低成本进行跨地区或跨国作业成为了可能。但由于网络的开放性和技术性能的要求，信息的安全性及稳定性等也愈发重要，企业在选择内部沟通方式时应予以充分的重视。此外，由于电子沟通的即时性打破了传统办公时间及空间的限制，企业可能存在过度利用劳动力、侵犯员工的休息权等情况，进而影响企业的稳定运营与长远发展。

（2）书面沟通

书面沟通包括例行报告或专题报告、调查研究报告、员工手册、内部刊物、教育培训资料等方式。书面沟通以文字为媒介，其优点是比较规范、严谨，信息传递的准确度高、范围广，同时具有较高的可信度，便于资料的留档，可以做到有据可查。但书面沟通也存在为了形式规范而耗用较长时间、文字理解不到位、缺少反馈或反馈不及时等缺陷。

（3）口头沟通

口头沟通包括口头汇报、例行会议或专题会议、座谈会、讲座、面对面会谈等形式。口头沟通传递信息迅速、灵活且反馈及时，可以用声音、姿势等加强信息的沟通效果，确保对方成功接收信息。但口头沟通也存在信息易失真、难以留档、效率受制于沟通对象的表达能力等缺陷。

企业员工应该合理考虑来自不同部门和岗位、不同渠道的信息，在合理筛选和核对的基础上，并行采用电子沟通、书面沟通、口头沟通等多种方式，进而实现内外部信息在企业内部的有效沟通。

2. 内部沟通的层级

企业内部沟通包括公司层面的沟通和业务层面的沟通。公司层面的沟通是指董事会及其下属委员会与管理层、内部审计、监事会等部门之间的沟通。业务层面的沟通是指经理层与各部门管理人员、基层员工以及彼此之间的沟通。

（1）管理层与董事会的沟通

公司制企业经营权和所有权的分离导致管理层和董事会之间常常存在信息不对称的现象，进而出现诸多公司治理问题，管理层和董事会之间的沟通是实现企业内部有效沟通的重要渠道之一。董事会应根据企业规模、实际业务的复杂程度、所有权结构等情况，以书面形式明确其与管理层之间的权责分工，在此基础上建立良好的沟通机制。企业管理层应及时向董事会报告企业有关业绩、发展、风险管理和其他事项的信息，相应地董事会也应及时对管理层传递的信息进行反馈和指导，进而做出有利于企业长远健康发展的重要决策。

（2）管理层与审计委员会的沟通

审计委员会是公司董事会中的专门委员会，其主要职责是评估和指导公司的审计工作、检查财务报告、监督内部控制。依据《上市公司治理准则》，我国上市公司董事会应当设立审计委员会，该委员会成员全部由董事组成，其中独立董事应当占多数且由独立董事担任召集人，要注意的是，审计委员会的召集人应当为会计专业人士。审计委员会的主要职责包括：监督及评估外部审计工作，提议聘请或者更换外部审计机构；监督及评估内部审计工作，负责内部审计与外部审计的协调；审核公司的财务信息及其披露；监督及评估公司的内部控制；负责法律法规、公司章程和董事会授权的其他事项。

审计委员会的监督对象主要是管理层。审计委员会不但要对管理层进行财务监督，而且要在董事会中参与决策。审计委员会通过检查内部控制制度的健全有效性，以及内部审计机构的工作情况，从而为董事会的决策出谋献策。管理层需要就审计委员会关注的问题与其展开充分的沟通，如公司面临的主要经营风险、财务报表披露信息的质量、内外部审计部门发现的问题等，进而提高公司的治理水平。

（3）内部审计沟通

内部审计机构及人员应全面关注企业的风险，就风险事项与董事会、管理层、业务部门及员工等展开充分的沟通，深入了解被审计单位的情况，审查和评价业务活动、内部控制和风险管理的适当性和有效性，关注信息系统的影响，并以适当的形式提供咨询服务，改善企业的业务活动、内部控制和风险管理。

企业的内部审计机构与管理层主要通过审计报告展开沟通，并保持与董事会或者最高管理层直接、及时、高效的沟通，接受董事会的领导和监督，并在董事会的支持和监督下，做好与外部审计的协调工作。

（4）业务层面的沟通

目前，越来越多的企业内部组织结构趋于扁平化，这使业务层面之间的沟通变得更加频繁。首先，企业应营造良好的沟通氛围，使员工敢于沟通、勇于反映问题，管理层也需积极主动向下沟通，了解企业员工及业务的真实情况；其次，企业应注重信息系统的建设，并形成制度化、规范化的沟通机制，为员工内部沟通提供完善的渠道；最后，企业还应明确各岗位及部门之间的职责权限，从根源上减少无效沟通的发生。例如，企业的财务部门要定期与各部门就财务状况、经营成果、预算执行与调整情况展开沟通，生产部门与销售部门也需就销量、库存等情况展开定期或不定期的沟通，提高企业的运营效率。各部门之间应根据实际情况采用成本效益最优的方式进行有效沟通。

 案例 5-5

10 分钟的悲剧

2008 年 9 月 15 日上午 10 点，拥有 158 年历史的美国第四大投资银行——雷曼兄弟公司向法院申请破产保护。消息转瞬间通过电视、广播和网络传遍全球。匪夷所思的是，在形势如此明朗的情况下，德国国家发展银行居然在 10 分钟后，按照外汇掉期协议的交易，通过计算机自动付款系统，向雷曼兄弟公司即将冻结的银行账户转入了 3.19 亿欧元。毫无疑问，这 3.19 亿欧元将是肉包子打狗——有去无回。

人们不禁要问，短短 10 分钟内，这家银行内部到底发生了什么事情，导致出现如此愚蠢的低级错误？一家律师事务所记录了雷曼兄弟公司宣布破产后的 10 分钟内该银行相关人员做了什么，情况如下。

首席执行官施罗德：我知道今天要按照预先约定的协议转账，至于是否撤销这笔巨额交易，应该让董事会开会讨论决定。

董事长保卢斯：我们还没有得到风险评估报告，无法及时做出正确的决策。

董事会秘书史里芬：我打电话给国际业务部催要风险评估报告，可那里总是占线，我想还是隔一会儿再打吧。

国际业务部总经理克鲁克：星期五晚上准备带全家人去听音乐会，我得打电话提前预订门票。

国际业务部副总经理伊梅尔曼：我忙于其他事情，没有时间去关心雷曼兄弟公司的消息。

负责处理与雷曼兄弟公司业务的高级经理希特霍芬：我让文员上网浏览新闻，一旦有雷曼兄弟公司的消息就立即向我报告，当时我正要去休息室喝杯咖啡。

文员施特鲁克：10 点 03 分，我在网上看到了雷曼兄弟公司向法院申请破产保护的新闻，马上就跑到希特霍芬的办公室，可是他不在，我就写了张便条放在办公桌上，我想他回来后会看到的。

结算部经理德尔布吕克：今天是协议规定的交易日子，我没有接到停止交易的指令，那就按照原计划转账吧。

德国经济评论家哈恩说，在这家银行，没有一个人是愚蠢的。可悲的是，几乎在同一时间，每个人都开了点小差，结果加在一起就创造出了"德国最愚蠢的银行"。

演绎一场悲剧，短短 10 分钟就已足够。

5.3.4 外部沟通

内部控制不仅需要有效的内部沟通，外部沟通也必不可少。在一个双向沟通的公开系统中，有关企业目标的重要信息可以在企业与股东、债权人、商业伙伴、供应商、客户、监管机构及其他外部各方面之间相互传递。企业应建立并执行有效的外部沟通机制和流程，其中包括从外部各方获取信息和与外部各方分享内部信息。良好的外部沟通有利于管理层识别行业未来的发展趋势，评估环境变化及预判可能发生的事件。同时，企业获得更多有关内部控制的信息，可以提升企业的品牌形象，扩大企业的影响力。

1. 与投资者和债权人的沟通

投资者和债权人是企业资本的提供者，也是企业风险的主要承担者，因此他们享有依法平等、及时地了解企业重大信息的权利。企业应向他们及时报告企业的战略规划、经营方针、经营成果、财务状况、投融资计划、年度预算、利润分配以及重大担保、合并分立、资产重组等方面的信息。其中，企业向投资者和债权人披露信息的最主要的形式就是企业的年度报告。

企业应根据相关法律法规及企业章程的规定，定期召开股东大会、投资者会议，发布定期报告或临时报告，向投资者和债权人披露企业信息，听取他们的意见和要求，妥善处理企业与投资者和债权人之间的关系。证监会颁布的《上市公司与投资者关系工作指引》指出，公司应通过信息披露与交流，加强与投资者及潜在投资者之间的沟通，增进投资者对公司的了解和认同，提升公司治理水平，以实现公司整体利益最大化和保护投资者合法权益。上市公司开展投资者关系工作的基本原则包括以下几点。

（1）充分披露信息原则。除强制的信息披露以外，公司可主动披露投资者关心的其他相关信息。

（2）合规披露信息原则。公司应遵守国家法律、法规及证券监管部门、证券交易所对上市公司信息披露的规定，保证信息披露真实、准确、完整、及时。在开展投资者关系工作时，应注意尚未公布的信息及其他内部信息的保密，一旦出现泄密的情形，公司应当按有关规定及时予以披露。

（3）投资者机会均等原则。公司应公平对待所有股东及潜在投资者，避免进行选择性信息披露。

（4）诚实守信原则。公司的投资者关系工作应客观、真实和准确，避免过度宣传和误导。

（5）高效低耗原则。选择投资者关系工作方式时，公司应充分考虑提高沟通效率，降低沟通成本。

（6）互动沟通原则。公司应主动听取投资者的意见、建议，实现公司与投资者之间的双向沟通，形成良性互动。

2. 与客户的沟通

客户是企业产品和服务的最终对象。企业与客户的沟通是企业实现经营目标的重要途径之一。企业的销售部门可以通过官网宣传、在线交流、电话回访、客户座谈会、走访重要客户等多种形式，听取、记录并反馈关于客户对消费偏好、销售政策、产品质量、售后服务、货款结算等方面的意见和建议，及时发现并妥善解决沟通过程中出现的各种问题。

案例 5-6

开放式创新：小米的制胜秘诀——从以产品为中心到以客户为中心

小米公司利用互联网作为创新交流平台，重点从软件平台开发入手建立与客户互动的开放式产品开发模式。MIUI是小米公司旗下基于Android系统深度优化、定制、开发的第三方手机操作系统，能够带给国内用户更为贴心的Android智能手机体验。MIUI的创新过程就是一个典型的依赖互联网的开放式创新模式，这种开放式创新模式正普遍应用于智能手机软件的开发中，使得手机软件更快、更贴近客户体验和需求。这种基于互联网的开放协同创新模式的特点有：从以产品为中心到以客户为中心；产品创新与市场创新融合；开放协同，多元融合；快速迭代，随做随发。

一般的智能手机都强调产品的设计唯美、功能至上，而小米公司则更加倡导"让客户参与、让客户爽"，这是客户参与的开放创新的一个重要体现。小米公司可谓将客户参与发挥到了极致，形成了极具特色的小米公司粉丝文化，而众多小米公司的粉丝群，也就是"米粉"们成为小米手机的代言人，他们不断地为产品的创新和改进提供意见。"以客户为中心，打造客户超凡的体验，并通过多种互联网营销手段聚集人气与客户互动"是小米开放式创新的最大特点。

资料来源：https://zhuanlan.zhihu.com/p/75830525 [2024-05-10]

3. 与供应商的沟通

供应商处于供应链的上游，对企业的经营活动有很强的制约能力。企业可以通过共建网络、供需见面会、订货会、业务洽谈会等多种形式，与供应商就供货渠道、产品质量、技术性能、交易价格、信用政策、结算方式等问题进行沟通，及时发现并解决可能存在的控制不当的问题，改善企业与其供应商的关系。例如，企业可以从供应商引入、采购寻源、供应商门户协同、绩效考核等几个方面入手，通过建立完善的信息化系统控制优化双方之间的信息流、物流和资金流，搭建便捷高效的协同平台，降低企业的采购成本。

4. 与外部审计的沟通

企业管理层按照相关准则和规定编制财务报表，注册会计师的责任是按照相关规定对财务报表发表审计意见，旨在提高财务报表的可信赖程度。例如，财务报表是否按照适用的会计准则和相关会计制度的规定编制，财务报表是否在所有重大方面公允反映被审计单位的财务状况、经营成果和现金流量。外部审计师通过一系列的审计程序，与企业审计委员会、内审部门、管理层等相关部门进行沟通，发现并反馈企业在日常经营或财务报告中可能存在的问题。企业内部要积极配合注册会计师的审计，重视审计中发现的问题，听取注册会计师对有关财务报表、内部控制方面的建议，以保证企业财务报告的质量以及内部控制的有效运行。外部审计与企业内部的沟通机制具体如图5-4所示。

5. 与监管机构的沟通

政府与监管机构肩负维护市场秩序、保障企业合法经营的重任，是企业经营中的重要利益相关方。监管机构对企业的经营方针和战略有重要的影响，企业应当及时向监管机构了解监管政策和监管要求及其变化，定期审查自身的合规流程，完善相应的合规制度，防范风险于未然。同时，企业应认真了解自身存在的问题，积极反应诉求和建议，一旦发生风险事项，企业应积极配合监管机构展开调查，努力加强与监管机构的协调和沟通。

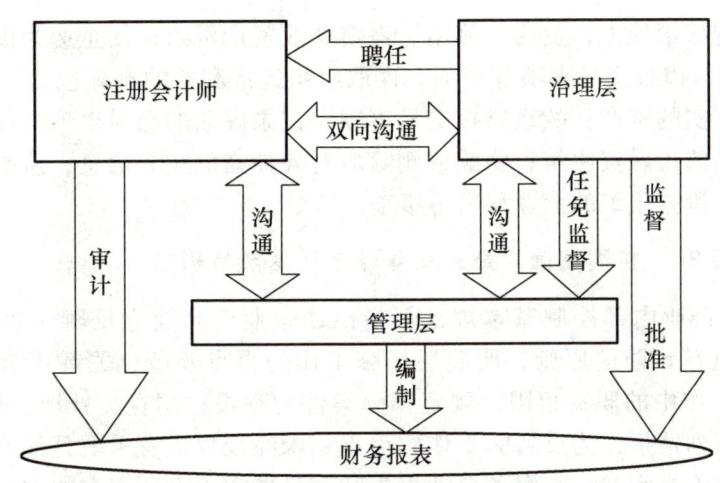

图 5-4　外部审计与企业内部的沟通机制

二维码 35　扩展阅读　无锡锡南科技股份有限公司发行注册环节反馈意见落实函中有关财务事项的说明（节选）

二维码 35

6. 与法律顾问的沟通

企业从筹备设立到清算终止的整个生命周期都需要面对多种法律风险，因此与法律顾问的沟通也是企业外部沟通的重要组成部分。企业的法律风险是指基于法律规定或合同约定，由于企业外部法律环境发生变化或法律主体的作为及不作为，而对企业产生负面法律责任或后果的可能性。企业既有可能被追究各类法定责任，也有可能发生单方的权益丧失。

法律风险是可以事先防范和避免的，而现实中有许多企业都是事后采取法律措施进行补救，如中国人寿被海外起诉、海信商标被抢注、华为－思科知识产权诉讼案等，导致企业面临巨额损失，因此企业应加强与法律顾问的沟通，使企业免遭不必要的损失。具体而言，企业管理层可以就公司治理结构、合同风险、知识产权、内部规章制度等方面与法律顾问展开充分的沟通，并根据实际需要聘请法律顾问参与有关重大业务、项目和法律纠纷的处理，有效防范和化解企业可能面临的重大风险。

除此之外，企业还应注重与证券公司的市场研究人员、债券评级机构以及新闻媒体等外部机构的沟通，这些外部机构可以为管理层提供外界是如何看待和解读企业的业绩、经营风险或发展前景等方面的信息，这些信息一定程度上也将影响企业未来的发展。

5.3.5　建立反舞弊机制

舞弊，是指企业内员工或企业外人员采用欺骗等违法违规手段，损害或谋取组织经济利益，同时可能为个人带来不正当利益的行为。有效的信息沟通是实施反舞弊程序的关键，信息沟通不畅或信息不对称往往会导致舞弊行为的发生。因此，企业应建立反舞弊机制，建立完备的信息沟通渠道，规范相应的舞弊案件查处程序，进而完善内部控制体系。

根据《中国内部审计具体准则第 2204 号——对舞弊行为进行检查和报告》对舞弊进行进一步的解读，损害组织经济利益的舞弊包括：收受贿赂或回扣；将正常情况下可以使企业获利的交易事项转移给他人；贪污、挪用、盗窃企业资产资财；使企业为虚假的交易事项支付款项；故意隐瞒、错报交易事项等事项。谋取组织经济利益的舞弊包括：支付贿赂或回扣；出售不存在或不真实的资产；故意错报交易事项、记录虚假的交易事项，使财务报表使用者误解而做出不适当的投融资决策；隐瞒或删除应对外披露的重要信息；从事违法违规的经营活动；偷逃税款；泄露组织的商业秘密等事项。

二维码 36

二维码 36　扩展阅读　企业反舞弊合规体系的构建

《企业内部控制基本规范》指出，企业应当建立反舞弊机制，坚持惩防并举、重在预防的原则，明确反舞弊工作的重点领域、关键环节和有关机构在反舞弊工作中的职责权限，规范舞弊案件的举报、调查、处理、报告和补救程序。企业至少应当将下列情形作为反舞弊工作的重点：未经授权或者采取其他不法方式侵占、挪用企业资产，谋取不当利益；在财务会计报告和信息披露等方面存在的虚假记载、误导性陈述或者重大遗漏等；董事、监事、经理及其他高级管理人员滥用职权；相关机构或人员串通舞弊等。

二维码 37　扩展阅读　中兴通讯反贿赂管理体系

企业建立反舞弊机制可从以下几点入手。

1. 完善规章制度

企业管理层对可能导致舞弊的各种因素进行辨别和判断，设立相应的管理制度，规范员工的可为行为和不可为行为，以合理防范企业的舞弊行为。例如，建立授权与审批制度，明确企业内部各部门岗位的职责权限；建立不相容职务分离制度；严格规范会计凭证和记录，形成实施反舞弊程序的重要依据；建立重要资产的安全控制制度，防范企业资产流失等风险的发生。

2. 树立反舞弊理念

企业应做好职业道德的思想宣传，引导员工树立明确的道德守则，同时尽可能为员工创造有利的工作环境，减少员工的舞弊动机，进而促进员工为实现企业的经营目标做出自己的贡献。例如，定期开展职业道德标兵的评比活动；保持沟通渠道的公开化与透明化；建立员工意见与建议的反馈机制；完善员工的业绩评价与奖励机制，从经济需求上降低员工舞弊的动机等。

3. 有效的内部审计

有效的内部审计是企业反舞弊的主要力量。内部审计人员应根据审查和评价内部控制时发现的舞弊迹象或从其他来源获取的信息，考虑可能发生的舞弊行为的性质，以书面形式或口头形式向企业管理层报告，同时就需要实施的舞弊检查提出建议。

4. 独立的外部审计

外部审计是企业建立反舞弊机制的最后一道防线。外部审计应保持其客观、公正、独立的鉴证地位，及时发现并披露企业内部未能发现的内部控制薄弱环节，防范企业舞弊行为的产生，保证企业所披露的财务报告真实可靠。

5.3.6 举报投诉制度和举报人保护制度

常规的沟通渠道运行无效时，就要启动具有安全装置的沟通方式，保证沟通过程匿名和保密。举报投诉也是一种有效的沟通形式。由于基层员工处于企业生产经营活动的第一线，往往能够第一时间发现企业内部控制方面的缺陷或舞弊行为，因此企业应建立完善的举报投诉机制，使企业可以掌握真实全面的信息，提高内部控制的运行效率。

《企业内部控制基本规范》指出，企业应当建立举报投诉制度和举报人保护制度，设置举报专线，明确举报投诉处理程序、办理时限和办结要求，确保举报、投诉成为企业有效掌握信息的重要途径。举报投诉制度和举报人保护制度应当及时传达至全体员工。

企业在建立举报投诉机制时，应做到以下几点：明确举报投诉范围及管理职责归属，如员工可以就舞弊、侵权等行为向内部审计或监察部进行举报；对于受理举报的相关部门应明确举报处理程序、办理时限和办结要求，如公布受理投诉的电话、邮箱或通信地址，以书面形式如实记录举报内容；针对不同层级的举报对象设置不同的处理流程，如将针对中高层管理人员的举报直接报由董事会进行处置，规定处置及答复的最晚期限等。

同时，企业应建立专门的举报人保护制度，如举报人信息的保密制度、举报人面临人身威胁及财产损失时的经济保证机制、因举报投诉而受到不公正待遇的纠正机制等。除此之外，对于举报投诉人捏造事实、伪造证据等行为，应建立相应的处罚机制，使其承担相应的法律责任。

二维码38　**扩展阅读**　中兴通讯反贿赂合规政策——举报途径（节选）

二维码38

本章小结

由于互联网的普及，商业社会充满来自不同企业、不同行业、不同经济组织的各类信息，这就要求企业制订一系列流程，通过获取、应用信息，达到企业内部控制的目标。本章从信息的含义和特征着手，阐述内部信息传递流程和控制措施，明确内部报告系统包括企业经营、投资、筹资等方面的内容，明确保密内容、措施、等级和传递范围，防止泄露商业秘密。

本章重点介绍了信息系统的应用过程及给企业带来的影响，现代企业利用信息系统对内部控制进行集成、转化和提升形成的信息化管理平台。企业应建立信息系统开发、利用和维护的相关内部控制。内部控制信息沟通是支持内部控制其他要素有效运行的目标和责任，企业应建立并执行与企业内部和外部沟通的有效机制和流程。

论述题

1. 什么是信息？信息有哪些特征？
2. 什么是内部信息传递？内部信息传递的基本流程包括哪些步骤？
3. 内部信息传递包括哪些控制措施？

4. 什么是信息系统？企业应用信息系统包括哪几个阶段？
5. 信息系统开发的风险点和控制措施是什么？
6. 信息系统运行和维护的主要风险点和控制措施是什么？
7. 内部沟通包括哪些层面？
8. 外部沟通的对象主要包括哪些？

 自测题

一、单项选择题

1. 下列关于信息的描述，不正确的是（　　）。
   A. 信息是数据的内涵
   B. 信息加载于数据之上，对数据做出有含义的解释
   C. 信息是可以加工处理的
   D. 同一内容的信息仅为同一用户使用

2. 内部信息传递是指企业内部各管理层级之间通过（　　）传递生产经营管理信息的过程。
   A. 内部报告形式　B. 内部会议形式　C. 内部文件形式　D. 口头方式

3. 在信息系统应用过程中的初始阶段到控制阶段，企业各个部门独立建立自己的信息系统，形成若干（　　），直接制约信息系统作用的发挥。
   A. 信息系统　　B. 信息孤岛　　C. 共享信息　　D. 综合信息

4. 下列关于企业信息系统应用的影响方式，不正确的是（　　）。
   A. 信息系统的应用能改善企业内部的管理和决策
   B. 信息系统的应用可以帮助企业有效开发新产品、新服务
   C. 信息系统的应用可以促进企业组织结构层次化
   D. 信息系统的应用可以支持企业改善供应链管理

5. 信息系统的应用层面不同，其影响也很不相同。通常，企业信息系统的应用对企业的战略影响最大的是（　　）。
   A. 经营过程重组　B. 经营网络重组　C. 经营范围重组　D. 经营范式变革

6. 企业定期对内部报告的形成和使用进行全面评估，一般（　　）对内部报告进行一次评估。如果评估过程中发现内部报告存在缺陷，应及时采取改进措施，并对产生缺陷的部门或个人进行相应的处罚。
   A. 至少每年度　B. 至少每半年度　C. 定期　　　　D. 不定期

7. 下列不属于内部报告的使用和保管的控制措施的是（　　）。
   A. 利用内部报告进行风险评估　　B. 利用内部报告推动全面预算
   C. 内部报告保密制度　　　　　　D. 内部报告评估制度

8. 正式沟通是指按照企业规定的层级系统及方式进行的沟通，下列不属于正式沟通的是（　　）。
   A. 定期召开的工作会议　　B. 年度报告

C. 员工培训 D. 公司年会

9. 下列属于公司业务层面沟通的是（ ）。
A. 经理层与董事会的沟通 B. 管理层与审计委员会的沟通
C. 财务部与销售部的沟通 D. 内部审计部与财务部的沟通

10. 在企业信息沟通中，实施的上行沟通的重要形式是（ ）。
A. 举报投诉制度 B. 反舞弊制度 C. 内部审计制度 D. 外部审计制度

二、多项选择题

1. 信息是人们对数据的理解，是对数据加工后的结果，具有（ ）等特征。
A. 时效性 B. 共享性 C. 可传递性
D. 可编码性 E. 真伪性

2. 内部信息传递的方式可以采用（ ），具体采用哪种取决于企业的组织结构是垂直型还是扁平型。
A. 自上而下传递 B. 自下而上传递 C. 平行传递
D. 单独传递 E. 内部传递

3. 企业应当加强对信息系统（ ）等方面的控制，保证信息系统安全稳定运行。
A. 开发与维护 B. 访问与变更 C. 数据输入与输出
D. 文件储存与保管 E. 网络安全

4. 信息系统是现代企业利用信息技术，对内部控制进行集成、转化和提升所形成的信息化管理平台。企业利用信息系统应关注的风险包括（ ）。
A. 系统设计风险 B. 系统授权风险 C. 系统运行风险
D. 系统安全风险 E. 系统管理风险

5. 内部信息传递包括信息形成和信息使用两个阶段。下列数据属于信息形成阶段的是（ ）。
A. 建立内部报告指标体系 B. 收集整理内外部信息
C. 形成内部报告 D. 审核内部报告
E. 定期评价内部报告

6. 下列属于信息系统开发的关键控制的是（ ）。
A. 信息系统中的权限管理功能
B. 进入系统数据的检查和校验功能
C. 建立相应的操作管理制度
D. 在信息系统中设置操作日志功能，确保操作的可审计性
E. 建立用户管理制度

7. 企业信息系统运用过程也是一个不断学习和提升的过程。企业应用信息系统一般会经历（ ）和成熟阶段等阶段。
A. 初始阶段 B. 普及阶段 C. 控制阶段
D. 集成阶段 E. 数据管理阶段

8. 下行沟通是信息从企业管理者流向下属人员，通常用于（ ）等。
A. 了解员工的真实状况 B. 及时把握企业经营的真实动态

C. 传递政策 D. 下发通知
E. 协调组织活动

9. 随着信息技术的发展和企业组织形式的不断创新，企业内部沟通的方式也在不断发生变化，下列属于内部沟通方式的是（　　）。

A. 电子沟通　　B. 书面沟通　　C. 口头沟通
D. 平行沟通　　E. 上行沟通

10. 按照沟通信息的流向，可以将沟通分为（　　）。

A. 下行沟通　　B. 上行沟通　　C. 平行沟通
D. 内部沟通　　E. 外部沟通

三、判断题

1. 对企业来说，信息是指对企业有用的、影响企业决策的有效数据，与企业的生产经营息息相关。（　　）

2. 内部信息传递是指企业内部各管理层级之间通过内部会议形式传递生产经营管理信息的过程。（　　）

3. 企业内部报告系统的设计是根据企业会计准则委员会或相应机构的要求来完成的。（　　）

4. 信息效用越大，信息的价值就越大，而取得信息的成本越高，信息的价值就越小。（　　）

5. 内部信息传递可以有多种载体或形式，但主要是通过内部报告的形式传递。（　　）

6. 企业应当重视信息系统在内部控制中的作用，设立专门机构对信息系统建设工作负责。（　　）

7. 通常信息系统应用对企业的影响可分为六个层面，其中第一层面和第二层面对企业的影响较小，表现为渐进性的，不会发挥战略作用。（　　）

8. 信息系统在企业中的应用是一个循序渐进的过程，也是一个逐步学习提升的过程，因此，信息系统应用的各个阶段不能跨越下一阶段，每一阶段都需要上一阶段的信息系统应用经验。（　　）

9. 与正式沟通相比，非正式沟通的信息传递速度更快、范围更广、准确性更高。（　　）

10. 上行沟通是信息从企业管理者流向下属人员，通常用于传递政策、下发通知、协调组织活动等。（　　）

第6章

主要业务活动内部控制

学习目标

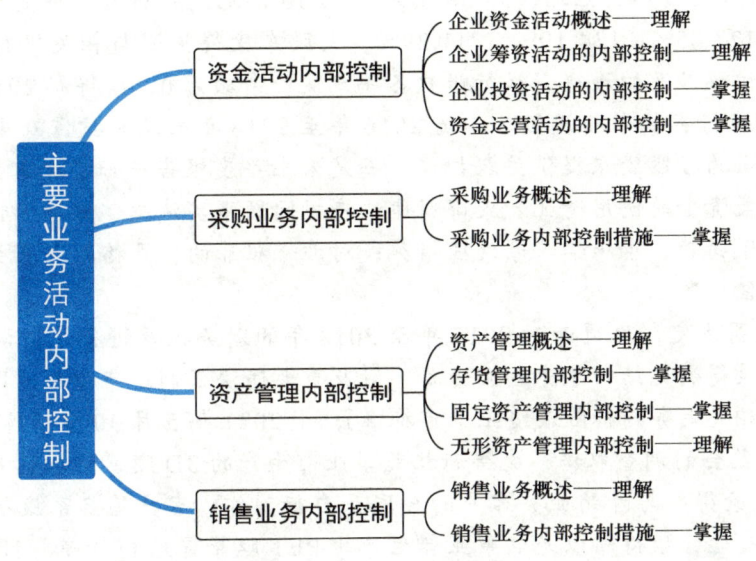

 引入案例

康得新财务造假被强制退市，内部控制形同虚设

2019年1月，康得新复合材料集团股份有限公司（以下简称康得新），曾经的股市白马，无力偿还15亿元短期融资券，各界纷纷质疑该公司2018年三季报披露财务信息的真实性。随即中国证监会启动现场检查并及时进行立案调查。

根据中国证监会行政处罚决定书[2021]57号，康得新存在以下信息披露违法事实。一是2015年至2018年年度报告存在虚假记载，合计虚增利润115.3亿元。康得新通过虚构销售业务等方式虚增营业收入，并通过虚构采购费用、生产费用、研发费用、产品运输费用等方式虚增营业成本、研发费用和销售费用，导致2015年至2018年年度报告虚增利润总额分别为22.43亿元、29.43亿元、39.08亿元、24.36亿元，分别占各年度报告披露利润总额的136.22%、127.85%、134.19%、711.29%。大股东康得集团与相关银行签订现金管理协议，经查证，协议涉及的康得新银行账户各年末实际余额为0，康得新2015年至2018年年度报告披露的银行存款余额虚假。二是2016年至2018年未及时披露及未在年度报告中披露康得新子公司为控股股东提供关联担保。三是未在年度报告中如实披露2015年和2016年非公开发行募集资金的使用情况。康得新违法违规问题事实清楚、证据确凿。依法对其及相关责任人采取了罚款、市场禁入等处理措施；对涉嫌犯罪的，严格按照有关规定移送司法机关追究刑事责任。

根据行政处罚决定，康得新对2015年至2018年的财务报表进行了追溯调整，更正后的财务报表显示康得新连续四年净利润为负，触及重大违法强制退市情形（即扣除处罚认定的造假金额后，相关财务指标触及终止上市标准），于2021年5月30日摘牌退市。

根据中国证监会的调查取证，康得新相关事业部生产的3D膜、防爆膜都是内销，并无15家外销客户。康得新与外销业务客户的合同系自行制作，客户签名系康得新员工自行签署。为应对海关查验，康得新以光电事业部生产的PET膜等冒充ITO膜、3D膜、防爆膜等光学膜装箱报关。时任财务总监王某是造假行为的重要组织者、执行者，与15家外销客户虚构交易，并要求对方签署放弃货权申明等，配合康得新造假。康得新报关出口的货物没有交付给15家外销客户，而是在运送至销售合同目的港口后，货运代理商根据康得新的指令转运至印度，或是在康得新出具放弃货物权利申明后交货运代理商处置。

虚假外销收入的回款资金按照当事人提供的"平账流程"记载的时间、对象、汇率及金额进行划转。相关资金自康得集团或康得新银行账户汇出，经过桥公司等中间环节，通过"对敲"和"内保外贷"的形式转移至境外，最终由虚假境外客户或第三方代付公司以销售回款的形式转回康得新。上述证据均进一步印证了康得新虚构外销业务的事实。由此可见，康得新无视国家证券监管法律法规，内部控制形同虚设，上到公司董事长，下至具体业务经办人员共同参与巨额财务造假。

资料来源：中国证监会官网，中国证监会行政处罚决定书（康得新复合材料集团股份有限公司）[2021]57号，发文日期2021年7月30日

6.1 资金活动内部控制

6.1.1 企业资金活动概述

1. 企业资金活动的定义

根据《企业内部控制应用指引第 6 号——资金活动》第 2 条的定义，资金活动是企业筹资、投资和资金营运活动等的总称。资金在企业中的作用就好比人体中的血液，是企业生存和发展的基础。资金活动与企业的生产经营活动紧密相关，涉及企业的方方面面，对企业的发展有着较大的影响，企业必须加强对资金的全程风险管理，为企业创造最大经济效益服务。资金活动中的潜在风险一旦转变为现实，会对企业造成重创。

2. 企业资金活动内部控制的主要风险

企业应关注资金活动中的主要风险，强化风险意识，促使董事会、管理层加强对资金活动过程的管理，降低资金使用成本，避免因资金链断裂等造成损失。

（1）筹资决策不当，引发资本结构不合理或者产生无效融资，可能导致企业筹资成本过高或者产生债务危机。企业资本结构的合理性，会在很大程度上影响企业运营的效益和风险，而企业股权结构所确定的控制权结构，又制约了企业的治理模式，决定了企业的发展方向。企业的股权结构及其控制权结构特征，对企业的运行与发展具有根本性影响。

（2）投资决策失误，引发盲目扩张或发展机遇丧失，可能导致资金链断裂或资金使用效益低下。投资活动对企业的长远发展起着至关重要的作用，投资决策是否适当，会影响企业的生存及发展。企业要根据当前的经济形势，结合企业的资金状况及发展目标，科学合理地进行投资决策，任何盲目的投资都会导致较大的资金浪费，产生较低的效益，严重时甚至会造成企业运营资金链的断裂，从而使企业错失发展机遇。

（3）资金调度不合理、运营不畅，可能导致企业陷入财务困境或资金冗余。企业在有限资金存量的条件下，需要协调不同形态资产的资金占有，统筹内部各机构在生产经营过程中的资金需求，做好资金在采购、生产、销售等环节的综合平衡，防止企业发生资金链断裂或资金冗余。

（4）资金活动管控不严，可能导致资金被挪用、侵占、抽逃或遭受欺诈。货币资金是流动性很强的资产，必须加强对货币资金的控制管理，加强对资金活动的检查和评价，明确岗位分工和不相容职位相分离。

3. 企业资金活动内部控制的总体要求

（1）科学决策是核心

推进资金管理信息化建设，将资金预算管理与资金实时监控相结合，及时准确地反映资金的运行状况和风险，可以提高决策的科学性，提高资金管理的及时性。

（2）制度建设是基础

制度是企业经营管理各项活动顺利开展的基础性保障。企业应大力推动资金运作的合法性和规范性。企业应当根据内部控制规范等法律法规及企业自身的管理需要，完善资金管理制度，强化资金内控管理。

（3）业务流程是重点

对资金活动实施内部控制，本质上是对业务流程的控制。企业在设计资金活动相关内控制度时，应该重点明确各种资金活动的业务流程，确定每一个环节、每一个步骤的工作内容和应该履行的程序，并将其落实到具体部门和人员。

（4）风险控制点是关键

在资金活动较为复杂的情况下，资金内部控制不可能面面俱到。因此，企业必须识别并关注主要风险来源和关键风险控制点，以提高内部控制的效率。

（5）资金集中管理是方向

一般认为，企业规模越大，管理的难度也越大。如果企业具备一定的管理技能，那么企业应当在集权与分权之间适当平衡。无论是企业相对其内部部门和分支机构，还是企业集团相对其子公司，都应该加强资金的集中统一管控，以降低整体资金成本。企业设有子公司的，更加应当采取合法有效的措施，强化对子公司资金业务的统一监控；有条件的企业集团，应当探索财务公司、资金结算中心等资金集中管控模式。

（6）严格执行是保障

制度执行的到位与否是事关整个内控活动能否取得实效的关键。只有严格执行制度，才能保证实现资金活动决策目标。为了加强对资金活动的管控，促使资金活动内部控制制度得到切实有效的实施，企业财会部门应负责资金活动的日常管理，参与投融资方案等可行性研究；总会计师或分管会计工作的负责人应当参与投融资决策过程。

二维码39　　文案范本　　通威股份有限公司短期理财业务管理制度

二维码39

6.1.2　企业筹资活动的内部控制

1. 企业筹资活动的基本流程

筹资活动是企业资金活动的起点，也是企业经营活动的基础。企业只有通过筹资活动取得日常生产经营活动和投资所需资金，才能使经营活动和投资活动顺利进行。筹资活动的基本流程主要包括筹资方案的提出、论证与审批，筹资计划的编制与执行，以及对筹资活动的监督评价与责任追究，如图6-1所示。

企业财务部门与其他生产经营相关部门沟通协调，根据国家有关法律法规、宏观经济形势和企业发展战略，结合年度经营计划、预算和资金现状，拟定筹资方案，明确筹资用途、规模、方式、利率和期限等内容，对筹资成本和潜在风险做出充分评估。

2. 企业筹资活动的内部控制措施

（1）拟定筹资方案

企业应当考虑筹资目标和规划，结合年度全面预算，拟定筹资方案，明确筹资的用途、规模、结构和方式等相关内容，并对筹资成本和风险做出充分估计。特别是境外筹资，由于政治、经济、法律、市场等因素不同，会产生不同的潜在风险。银行借款或发行债券，应当重点关注利率风险、筹资成本、偿还能力及流动性风险等，发行股票应当重点关注发行风险、市场风险、政策风险及企业控制权风险等。

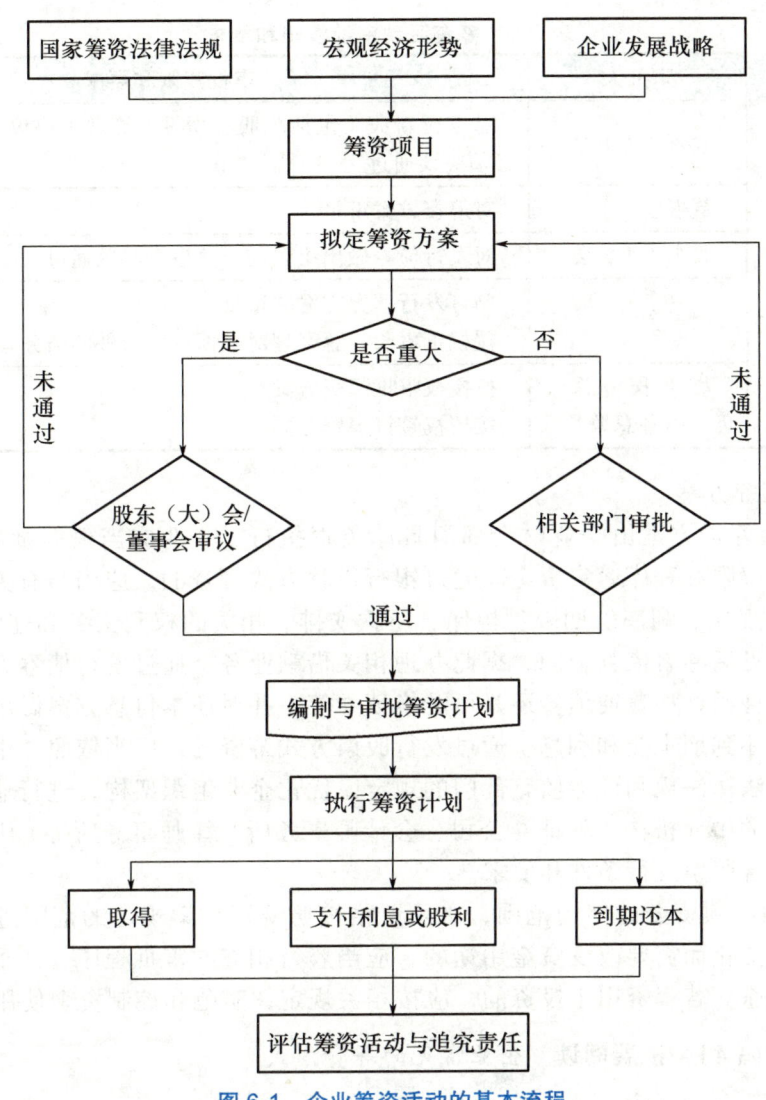

图 6-1 企业筹资活动的基本流程

二维码 40　文案范本　企业筹资成本分析表

二维码 40

（2）对筹资方案进行科学论证

企业应组织相关专家或聘请具有相应资质的专业机构（如咨询管理公司、信用评级公司等）对筹资方案进行可行性论证，评估筹资方案是否符合企业整体发展战略，分析筹资方案是否还有降低筹资成本的空间，评估是否有更好的筹资方式，对筹资方案面临的风险做出全面评估，形成可行性研究报告。

通过可行性论证的筹资方案，在企业内部按照分级授权审批的原则，实行集体决策审批或者联签制度。筹资方案需经有关管理部门批准的，需履行相应的报批程序。重大筹资方案，应当提交股东（大）会审议。在审批中，审批人员与筹资方案编制人员应保持适当的职务分离。筹资活动审批权限和要求如表 6-1 所示。

表 6-1 筹资活动审批权限和要求

项　目	审批人	审批权限和要求
权益资本筹资	股东（大）会	对发行新股（包括配股、增发）等做出决议批准前，董事会必须决议通过
	董事会	对筹资方案审批
债务资本筹资	股东（大）会	对发行债券做出决议前，董事会必须通过
	董事会	制订发行债券方案并审批 授权董事长、总经理对除债券发行外的债务筹资审批
	董事长、总经理、财务总监	按授权审批筹资方案 按授权签订筹资合同

（3）实施筹资方案

通过审批的筹资方案由企业财会部门具体负责执行。企业应当根据批准的筹资方案，严格按照规定的权限和程序筹集资金。通过银行借款方式筹资的，应当与有关金融机构进行洽谈，明确借款规模、利率、期限、担保、还款安排、相关的权利义务和违约责任等内容。双方达成一致意见后签署借款合同，据此办理相关借款业务。通过发行债券方式筹资的，应当合理选择债券种类，如普通债券还是可转换债券等，并对还本付息方案做出系统安排，确保按期、足额偿还到期本金和利息。通过发行股票方式筹资的，应当依照《中华人民共和国证券法》等有关法律法规和证券监管部门的规定，优化企业组织架构，进行业务整合，并选择具备相应资质的中介机构（如证券公司、会计师事务所、律师事务所等）协助企业做好相关工作，确保符合股票发行条件和要求。

企业应明确各项资金的使用范围，必须严格按照筹资方案规定的范围进行使用。由于市场环境等发生变化而需要改变资金用途的，应当履行相应的审批程序，并予以公布。严禁擅自改变资金用途。若筹资用于投资的，应按相关规定，防范和控制资金使用的风险。

二维码 41　扩展阅读　企业常见的筹资方式

（4）偿还债务和支付股利

企业应当按照筹资方案或合同约定的本金、利率、期限、汇率及币种，准确计算应付利息，与债权人核对无误后按期支付。而对于采取股利支付的，企业应当根据发展战略选择合适的股利分配政策，兼顾投资者近期利益和长远利益，避免分配过度或不足。股利分配方案最终应经股东（大）会审批通过，如果是上市公司还必须按信息披露要求进行公告。企业应通过及时足额还本付息以及合理分配和支付股利，保持企业良好的信用记录，这一点对于企业顺利进行再融资具有重要意义。

（5）对筹资活动进行会计控制

对于筹资业务，企业应当加强会计系统控制，正确设置与筹资业务相关的会计账簿，按照国家统一的会计准则和制度，进行准确的账务处理，监督资金筹集、本息偿还、股利支付等相关工作。妥善保管筹资合同或协议、收款凭证、入库凭证等相关的重要文件资料，以备查用。

企业财会部门应做好具体资金管理工作，随时掌握资金情况。财会部门应编制贷款申请表、内部资金调拨审批表等，严格管理筹资程序。财会部门应通过编制借款存量表、借款计划表、还款计划表等，掌握贷款资金的动向。财会部门还应与资金提供者定期进行账务核对，以保证资金及时到位与资金安全。财会部门还应协调好企业筹资的利率结构、期限结构等，力争最大限度地降低企业的资金成本。

 案例 6-1

东旭光电债券违约谜团：手握 94.6 亿巨款却还不出 6600 万利息

东旭光电科技股份有限公司（以下简称东旭光电）前身为石家庄宝石电子玻璃股份有限公司，成立于1992年年底，并于1996年在深交所上市（000413.SZ）。东旭光电专注于玻璃基板制造，于2015年跻身全球四大玻璃基板厂商之列。2017年，东旭光电主业的营业收入规模超100亿元，位居国内玻璃基板企业之首。东旭光电以多元发展为长期发展战略，逐步形成了以新材料、新能源汽车、智能制造与其他增值服务四大业务体系为主的产业格局。

2019年年末，东旭光电发布公告称因出现流动性困难，暂时无法偿还合计35.95亿元票据本息，造成实质性债务违约。

2020年1月23日，东旭光电发布2019年度业绩预告，净利润大幅下降，预亏10亿元以上，亏损严重。

东旭光电2020年度债券再度违约，公司出现流动性困难，未能如期兑付本期债券应付利息6600万元。根据东旭光电2020年三季度报告显示，前三季度实现营收45.83亿元，同比下滑63.53%，归属于上市公司股东的净利润亏损12.14亿元，其中第三季度亏损3.18亿元。营收下滑主要是受公司流动资金持续紧张以及新冠肺炎疫情影响，高端装备和建筑安装工程业务订单均大幅减少。然而，东旭光电2020年三季度报告显示其账面上仍有94.6亿元的货币资金，却依然还不起6600万元的利息。

关于货币资金的谜团，深交所早前已经连续多次对东旭光电提出问询。东旭光电2019年违约之后，深交所就要求东旭光电详细说明截至2019年三季度公司账面显示存在大额货币资金余额情况下，却未能如期兑付本次中期票据回售付息的具体原因。

截至2019年11月15日，东旭光电货币资金总额139.14亿元，其中，可随时支取用于归还借款本息的资金仅为2.55亿元，使用受限和专项资金合计为136.6亿元。也就是说，虽然账面有钱，但可用来还债的资金却并不多。当东旭光电需要偿还到期的35.95亿元票据本息时，却被东旭集团财务公司告知，由于其流动性出现暂时困难，无法满足东旭光电提取资金的需求。东旭集团财务公司的流动性问题导致东旭光电在财务公司存款变成使用受限资金。

资料来源：https://finance.sina.com.cn/roll/2020-11-19/doc-iiznctke2143696.shtml [2024-07-11]

6.1.3 企业投资活动的内部控制

1. 企业投资活动的基本流程

企业对外投资是指长期股权投资，具体包括子公司投资、联营公司投资和合营公司投资。企业对外投资相对企业运营投资而言，具有投资规模大、投资回收期长、风险与收益较高的特点。因此，企业必须遵循科学的投资流程和交易程序，保证各种文件记录以及账簿和财务报表的披露等均符合国家的法律法规，严格控制投资风险，确保投资收益。

企业投资活动的业务流程一般包括：投资方案的提出、论证与决策，投资计划的编制、审批及执行，以及投资项目的到期收回与处理，如图6-2所示。

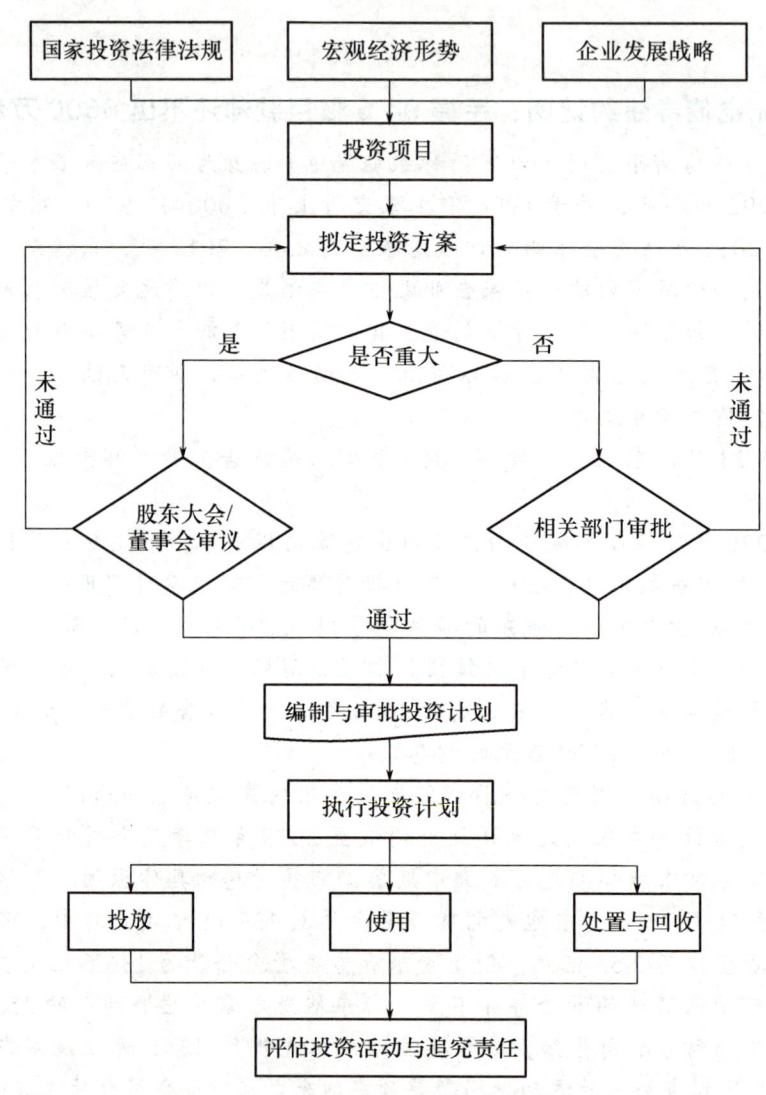

图 6-2　企业投资活动的业务流程

2. 企业投资活动的内部控制措施

（1）投资方案拟定、论证及审批

企业应该根据国家投资法律法规、宏观经济环境、市场状况及自身发展战略和规划，结合企业资金状况，拟定投资方案，制订投资计划，合理安排资金投放的数量、结构、方向与时机，并重点关注投资项目的收益与风险，慎选投资项目，突出主业，谨慎从事股票或衍生金融工具等高风险投资。如在境外投资,还应考虑境外特殊的政治、经济、金融、法律、市场等环境因素,综合考虑投资的收益与风险。企业采用并购方式进行投资时,应当严格控制并购风险,重点关注并购对象的隐形债务、承诺事项、可持续发展能力、员工状况及其与本企业治理层及管理层的关联关系,全面评估并购活动的风险,注重并购协同效应的发挥。

(2) 投资项目可行性论证

投资项目的可行性需要从投资战略是否符合企业的发展战略、是否有可靠的资金来源、能否取得稳定的投资收益、预计未来能收回的现金流量、投资风险是否处于可控或可承担范围内、投资活动的技术可行性、市场容量与前景等几个方面进行论证。企业根据实际需要,可以委托具有资质的专业机构如证券公司、咨询公司、会计师事务所等进行可行性研究,提供独立的可行性研究报告。

(3) 投资项目决策

企业必须按照规定的权限和程序进行投资项目决策审批,要采用分级审批、集体决策的形式,决策者应与方案制订者适当分离。一般情况下,企业根据投资项目的性质和投资金额的大小建立授权审批制度。投资活动审批权限、要求和方式如表 6-2 所示。审批投资项目应重点审查投资方案是否可行,投资项目是否符合国家产业政策及相关法律法规,是否符合企业投资战略目标和规划,是否具有相应的资金能力,投入资金能否按时收回,预计收益能否实现,以及投资和并购风险是否可控等。重大投资项目,须实行集体决策或联签制度。投资方案需要经过有关管理部门审批的,应当履行相应的报批程序。若投资方案已经发生重大变更,则应重新履行相应审批程序。

表 6-2 投资活动审批权限、要求和方式

审批人	审批权限和要求	审批方式
股东大会	投资计划、涉及金额较大的投资项目	以股东(大)会决议形式批准,董事长根据决议签批
董事会	投资方案、投资决策及授权董事长、总经理投资决策	以董事会决议形式批准,董事长根据决议签批
董事长	根据董事会决议或授权批准投资方案、投资协议	董事会闭会期间在授权范围内签批
总经理	在授权范围内批准投资方案、投资协议	根据总经理办公会签批或根据授权直接签批
财务经理	在授权范围内批准投资方案、投资协议	根据授权签批

(4) 投资方案的签订

根据审批通过的投资方案,与被投资方签订投资合同或协议,编制详细的投资预算,明确出资时间、金额、方式、双方权利义务及违约责任等内容,并按程序报经有关部门批准后履行。企业应当指定专门机构或人员对投资项目进行跟踪管理,及时收集被投资方经审计的财务报告等相关资料,定期组织投资效益分析,关注被投资方的财务状况、经营成果和现金流量、投资合同履行情况,发现异常情况应及时做出处理。

二维码42　　扩展阅读　特变电工股份有限公司对外投资公告

（5）投资项目的会计控制

企业必须按照会计准则的要求，对投资项目进行准确的会计核算、记录与报告，合理确定会计政策，准确反映企业投资的真实状况。

企业应妥善保管与投资活动相关的协议、合同及出资证明等重要法律文书，建立投资管理台账，详细记录投资对象、金额、期限等情况，作为企业重要的档案资料以备查用。

企业应当密切关注投资项目的营运情况，一旦出现财务状况恶化、市价大幅下跌等情形，必须按会计准则的要求，合理计提减值准备。企业必须准确合理地对减值情况进行估计，避免滥用会计估计，把减值准备作为调节利润的手段。

（6）投资的收回和处置

企业应加强对投资收回和处置环节的控制，对投资收回、转让、核销等决策和审批程序做出明确规定，重视投资到期本金的回收。转让投资应当由相关机构或人员合理确定转让价格，报授权批准部门批准，必要时可委托具有相应资质的专门机构进行评估。核销投资应当取得不能收回投资的法律文书和相关证明文件。对于到期无法收回的投资，企业应建立监督评价制度，建立责任追究制度，分析原因。

6.1.4 资金运营活动的内部控制

1. 资金运营内部控制目标

资金运营是指企业为满足日常生产经营活动，对各类资金进行的组织和调度。企业资金运营从货币资金开始，通过采购各类生产物资形成储备资金，再投入生产过程形成生产资金，通过销售进行成本补偿和利润分配，最终重新回到货币资金。

资金运营是企业开展正常生产经营活动的必要前提，资金运营能否有效地运转，直接影响企业经营管理活动，因此，企业应加强对资金运营全过程的管理，统筹协调内部各机构在生产经营过程中的资金需求，做好资金在采购、生产、销售等各环节的综合平衡，以全面提升资金的运营效率。企业资金运营内部控制的目标如下所示。

（1）保持企业生产经营各环节资金供求的动态平衡。企业应当将资金合理安排到采购、生产和销售等各环节，做到实物流与资金流的相互协调，资金收支在数量上和时间上相互协调。

（2）促进资金循环和周转，提高资金使用效率。企业资金只有在不断流动的过程中才能带来价值增值。在保证安全的前提下，企业应积极寻找适当的投资机会，促使资金正常周转，避免出现资金闲置和沉淀等低效现象。

（3）编制现金预算，合理确定货币资金持有量，加强货币资金日常管理，防止舞弊，保证货币资金安全完整。

2. 资金运营关键内部控制

（1）建立全面预算管理制度

企业应当充分发挥全面预算在资金综合平衡中的作用，严格按照预算要求组织协调资金调度，保证企业正常的生产经营活动，降低资金的使用成本，提升资金的运营效率，实现资金的合理占用和运营良性循环。同时，企业应严禁资金体外循环，切实防范资金运营中的风险。资金体外循环往往为各种违法违规行为提供方便，使其逃脱监管，并造成企业资金流失，影响企业正常的生产经营活动。

（2）资金收支审批制度

企业资金收支要以业务发生为基础，授权部门审批相关凭证的合法性，财务部门复核相关手续的合法性、权责性和出纳付款手续的完整性。

（3）定期对资金安全进行检查

对资金预算执行情况进行综合分析，监督预算及时准确执行，若发现异常情况，应及时采取相应措施妥善处理，避免资金冗余或资金链断裂。企业在经营过程中出现临时性资金过剩或缺乏时，可以采取一些措施（如可以通过购买国债、股票、基金等方式）提高资金效益，或通过短期融资的方式（如银行短期借款等）获取资金。

（4）运营资金的会计控制

利用企业会计系统规范运营资金的收支条件、程序和审批权限。企业在生产经营及其他业务活动中取得的资金收入应当及时入账，不得账外设账，严禁收款不入账、设立"小金库"。

企业办理资金支付业务，应当明确支出款项的用途、金额、预算、限额、支付方式等内容，并附有原始单据或相关证明，履行严格的授权审批程序后，才能安排资金支出。资金支付涉及企业经济利益流出，应严格履行授权分级审批制度。不同责任人应该在授权范围内，审核业务的真实性、金额的准确性，以及申请人提交票据或者证明的合法性，严格监督资金支付。

案例 6-2

收入不入账，私设"小金库"

某市第一中学校长张某在任职期间，与某外国语培训中心联合办学，将联合办学所得的学费收入82万余元和该年度择校生费用161万余元存入该校职工个人账户，设立"小金库"，主要用于购买校车、发放津贴、装修食堂、公务接待、报销单位不合理开支等支出。张某的行为从表面上看似乎是合理的，所有开支项目都是为了学校，实则是逃避国家相关财经法规的监管，为小集团或个人谋求超越权限的利益，最终上级部门对其处罚并责令退还非法占用部分。

（5）银行账户管理

企业办理资金收支业务，应当严格遵守《支付结算办法》等国家有关现金和银行存款管理的相关规定，加强银行账户的管理，严格按规定开立账户，办理存款、取款和结算，不得由一人办理货币资金全过程业务。

（6）印章保管制度

印章是明确责任、表明业务执行及完成情况的标记。印章的保管要贯彻不相容职务相分离的原则，严禁将办理资金支付业务的相关印章和票据集中由一人保管。此外，印章还要与空白票据分管，财务专用章要与企业法人章分管。

案例 6-3

因违反账户管理规定等 网商银行被罚 2236.5 万元

中国人民银行杭州中心支行网站 2022 年 2 月 7 日公布的行政处罚信息公示表（杭银处罚字〔2022〕1 号～10 号）显示，浙江网商银行股份有限公司存在以下四宗违法行为：违反金融统计管理相关规定；违反账户管理相关规定，违反清算管理相关规定；违反征信管理相关规定；未按规定履行客户身份识别义务，未按规定保存客户身份资料和交易记录，未按规定履行可疑交易报告义务，与身份不明的客户进行交易。中国人民银行杭州中心支行对其进行警告，并处罚款 2236.5 万元。同时，9 名相关负责人被处罚。

资料来源：https://finance.sina.com.cn/money/bank/bank_hydt//doc-ikyakumy4735963.shtml [2024-05-11]

6.2 采购业务内部控制

6.2.1 采购业务概述

1. 采购的定义

采购是指购买物资或接受劳务及支付款项等相关活动。具体来说，采购业务包括从请购开始直至支付款项的全过程，具体涉及请购、审批、购买、验收、入库、付款等行为。采购业务是企业生产经营活动的关键环节之一，是企业"实物流"的起点，高效、质优的采购对企业的生产经营有着较大的影响。同时，采购业务又与企业的"资金流"紧密相连，采购物资的质量与价格、采购合同的订立、货款的结算方式等，很大程度上决定着企业的生存与可持续发展。采购环节的主要业务活动包括：请购商品或劳务、签订采购合同、商品验收、储存已验收的商品、编制付款凭单、确认与记录负债、偿付款项和记录现金、银行存款支出。上述业务活动主要涉及的部门包括：生产计划部门、采购部门、验收部门、仓储保管部门和会计部门。

采购业务的基本流程如图 6-3 所示。

2. 采购业务应关注的重要风险

（1）盲目采购

需求或采购计划不合理，采购与企业生产经营计划不协调，未按要求及时调整采购计划，缺乏采购申请制度，请购未经适当审批或越权审批等，都可能造成库存短缺或积压，导致企业生产停滞或资源浪费，影响企业的正常运行。

（2）供应商选择不当

缺乏完善的供应商管理机制，供应商选择不当，采购方式不合理，大额采购未实行招投标或定价机制不科学，授权审批不规范，都可能导致采购不到最优的物资，浪费资源，甚至出现舞弊或欺诈、收受回扣、中饱私囊的现象，给企业带来损失。

（3）采购合同存在疏漏

未经授权对外订立采购合同，合同对方主体资格、履约能力未达要求，合同内容存在重大疏漏和欺诈，可能导致企业合法权益受到侵害；企业未及时根据市场状况调整合同内容，可能造成企业采购行为脱离市场供需状况。

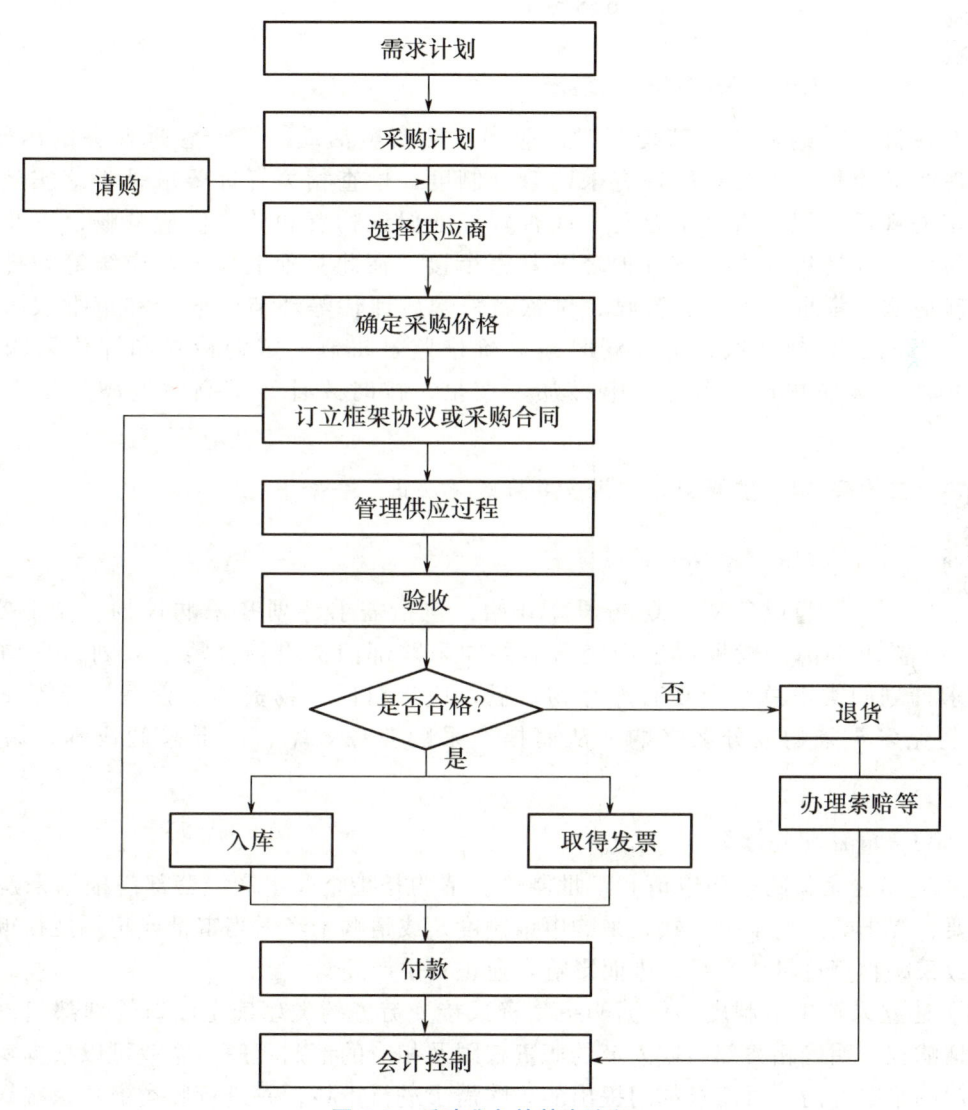

图 6-3　采购业务的基本流程

（4）缺乏对采购合同的跟踪管理

若缺乏对采购合同履行情况的有效跟踪，运输方式选择不合理，忽视运输过程保险的风险，则可能导致采购物资损失或无法保证供应；若没有对供应商的供应过程做好记录，则可能导致供应商过程评价缺乏原始资料。

（5）验收不规范，付款审核不严，可能导致资金损失或者信用受损

若验收标准不明确、验收程序不规范，使不合格的物资混入生产过程，则会直接影响产

品的质量。若对验收中存在的异常情况不做及时处理，则可能造成账实不符。若付款审核不严、付款方式不当、付款金额错误等，则会造成后续的采购责任追究困难，给企业带来资金损失。

二维码43

二维码 43　法规速递　中华人民共和国政府采购法实施条例（国务院令第658号）

6.2.2　采购业务内部控制措施

企业在健全采购业务内部控制时，应当比照资金活动、资产管理业务的内部控制，全面梳理业务流程。既要对照现有采购管理制度，检查相关管理要求是否落实到位，又要审视相关管理流程是否科学合理、能否较好地保证物资和劳务供应顺畅，以及物资采购能否与生产和销售等供应链其他环节紧密衔接。在此基础上，企业应统筹安排采购计划，明确请购、审批、购买、验收、付款、采购后评估等环节的职责和审批权限，落实责任制，不断提高制度执行力，同时建立价格监督机制，定期检查和评价采购过程中的薄弱环节，确保物资和劳务采购按质、按量、按时并且经济高效地满足生产经营的需求。

二维码44

二维码 44　扩展阅读　拼多多采购"廉正"告知书

1. 采购业务的集中管理

采购业务从计划或预算开始，包括需求计划和采购计划。企业实务中，需求部门一般根据生产经营需要向采购部门提出物资需求计划，采购部门根据该需求计划归类汇总平衡现有库存物资后，应当对库存物资集中管理，统筹安排采购计划，避免多头采购或分散采购，从而提高采购业务效率，降低采购成本，堵塞管理漏洞。

2. 采购申请和审批制度

企业应建立完备的采购申请和审批制度。请购是指企业生产经营部门根据采购计划和实际需要，提出的采购申请。缺乏采购申请制度，或请购未经适当审批或超越授权审批，都可能导致采购物资过量或不足，进而影响企业正常生产经营。

（1）建立采购申请制度，依据购买物资或接受劳务的类型确定归口管理部门，并授予相应的请购权，明确相关部门或人员的职责权限及相应的请购程序。企业可以根据实际需要设置专门的采购部门，对需求部门提出的采购需求进行审核，并进行归类汇总，统筹安排企业的采购计划。

（2）具备相应审批权限的部门或人员审批采购申请时，应重点关注采购申请内容是否准确、完整，是否符合生产经营需要，是否符合采购计划，是否在采购预算范围内等。如果发现不符合需求或采购计划的申请，则应拒绝批准。同时，企业应当对办理采购业务的人员定期进行岗位轮换，防止形成岗位间的串通或舞弊。遇到重要的和技术性较强的采购业务，应当组织相关专家进行论证，运用科学的方法和集体的智慧，实行集体决策和审批。例如，某企业采购申请审批权限规定如表6-3所示。

表 6-3　某企业采购申请审批权限规定

采购项目	采购金额	审批人
统购项目的原料、物资及其他物资	—	部门经理、总经理
非统购项目的原料、物资及其他物资	—	部门经理、总经理
生产设备	3000 元以下	采购部经理
生产设备	3000～10000 元	部门经理、采购部经理
生产设备	10000 元以上	总经理、部门经理
非生产设备	1000 元以下	采购部经理
非生产设备	1000～3000 元	部门经理、采购部经理
非生产设备	3000 元以上	总经理、部门经理
办公用品	300 元以下	采购部经理
办公用品	300～2000 元	部门经理、采购部经理
办公用品	2000 元以上	总经理、部门经理

（3）不相容职务相分离。企业对于大宗采购业务的全过程（编制需求计划和采购计划、请购、选择供应商、确定采购价格、订立框架协议或采购合同、验收入库、付款等环节），应设置不同的岗位并配备适当的人员，保持不相容职务相分离，不得安排同一岗位或人员执行采购业务的全过程。

（4）具有请购权的部门对于预算内采购项目，应当严格按照预算执行进度办理请购手续，并根据市场变化提出合理采购申请。对于实务中经常遇到的超预算或预算外采购项目，应按照预算管理制度履行预算调整程序，经审核批准后重新办理请购手续。

3. 供应商评估和准入制度

企业应建立科学的供应商评估和准入制度，按照公平、公正和竞争的原则，严格审核供应商的资质及信誉情况，择优确定供应商，构建供应商网络。企业对于新增供应商和原供应商新增服务，都要由采购部门根据需要提出申请，并按规定的权限和程序审核批准后，与供应商签订质量保证协议，才能纳入供应商网络。必要时企业可委托具有相应资质的中介机构对供应商进行资信调查。

企业应建立供应商管理信息系统和供应商淘汰制度，对供应商提供的物资或劳务的质量、价格，交货的及时性，供货条件，经营状况等进行实时管理和考核评价，并根据考核评价结果，提出供应商淘汰和更换名单，经审批后对供应商进行合理选择和调整，并在供应商管理系统中做出相应记录。

4. 采购方式和定价制度

企业应根据市场情况和采购计划合理选择采购方式。大宗物资采购采用招标方式，合理确定招投标的范围、标准、实施程序和评标规则；一般物资或劳务等的采购可以采用询价或定向采购的方式并签订合同协议；小额零星物资或劳务等的采购可以直接采取购买的方式。

企业应健全采购定价机制，采取协议采购、招标采购、谈判采购、询比价采购、动态竞价采购等多种方式，科学合理地确定采购价格。对标准化程度高、需求计划性强、价格相对稳定的物资，通过招标、联合谈判等公开竞争方式签订框架协议。采购部门应当定期研究大宗通用重要物资的成本构成与市场价格变动趋势，确定重要物资品种的采购执行价格或参考价格；建立采购价格数据库，定期开展对重要物资的市场供求形势及价格走势的商情分析，并加以合理利用。

5. 签订采购合同并执行跟踪管理

企业应根据采购需要、采购方式、采购价格等情况与供应商签订采购合同，明确规定双方的权利、义务和违约责任等，特别是对于金额重大、专业技术较高或法律关系复杂的合同，应当组织技术、财会及法律等方面的专业人员参与谈判，必要时可聘请外部专家。

企业应建立严格的采购合同跟踪制度，科学评价供应商的供货情况，并根据运输工具和运输方式，办理运输、投保等事宜，实时掌握物资采购过程的情况；对可能影响生产或工程进度的异常情况，应及时与相关部门进行沟通，采取书面报告的形式，及时提出解决方案。企业应实行全过程的采购登记制度或信息化管理，确保采购过程的可追溯性。

6. 采购验收制度

企业应制定明确的采购验收标准，结合物资特性确定必检物资目录，并出具质量检验报告后方可入库。验收机构或人员应当根据采购合同及质量检验部门出具的质量检验证明，重点关注采购合同、发票等原始单据与采购物资的数量、质量、规格型号等是否一致。对验收合格的物资，填制入库凭证，登记实物账，及时将入库凭证传递给会计部门。采购部门与验收部门应相互分离。涉及大宗和"新""特"物资采购的，还应进行专门的测试。在验收过程中若发现异常情况，验收机构或人员应当立即向相关权限部门报告情况，相关部门及时查明原因并做出处理。

7. 付款审核管理

企业应完善付款流程，明确付款审核人的责任和权力，严格审核采购预算、合同、相关单据凭证、审批程序等相关内容，在审核无误后按照采购合同规定及时向供应商支付款项。企业在审核付款时，应严格审查采购发票等票据的真实性、合法性和有效性，判断采购款项是否确实应予支付。例如，审查发票填制的内容是否与相关单证相符合，发票加盖的印章是否与票据的种类相符合等。企业应当重视采购付款的过程控制和跟踪管理，如果发现异常情况，则应当拒绝向供应商付款，以避免出现资金损失和信用受损。企业应根据国家有关支付结算的相关规定和企业生产经营的实际，合理选择付款方式，并严格遵循合同规定，防范付款方式不当带来法律风险，保证资金安全。除了按规定可以支付现金，采购价款应通过银行办理转账。

涉及大额或长期的预付款项，应当定期进行追踪核查，综合分析预付款项的期限、占用款项的合理性、不可收回风险的大小等情况。发现有疑问的预付款项，应当及时采取措施，尽快收回款项，或采取其他法律途径进行解决，防止资金的损失。

8. 采购业务的会计控制

企业应当加强对购买、验收、付款业务的会计系统控制，详细记录供应商情况、请购申请、采购合同、采购通知、验收证明、入库凭证、退货情况、商业票据、款项支付等情况，做好采购业务各环节的记录，确保会计记录、采购记录与仓储记录核对一致；指定专人通过函证等方式，定期向供应商寄发对账函，核对应付账款、应付票据、预付账款等往来款项；对供应商提出的异议应及时查明原因，上报相关管理部门或人员批准后，做出相应处理。

二维码45　文案范本　中小企业的采购管理制度

二维码45

9. 退货管理制度

企业应建立完备的退货管理制度。当采购物资与实际需求不符合时，企业有权要求进行退货。企业对退货条件、退货手续、货物出库、退货货款回收等须在合同中做出明确规定，并应及时收回货款。涉及符合索赔条件的退货，还应依规定的索赔期和合同赔偿规定及时办理索赔。

案例 6-4

全过程数字化采购管理

全过程数字化采购管理平台是提供采购需求收集、审批、招投标、比质比价、供应商认证、文件签署、物流配送、质量反馈、统计报表为一体的内外协同采购管理平台，它使得采购业务更简单高效，采购品类更质优价廉。

供应商门户模块具备内外协同的能力，能为外部供应商集中推送和展示与其相关的所有采购业务信息，包括历史合作、考察整改、绩效评价等，并支持供应商信息的自助维护，自动提示实时风险。

采购门户模块能针对采购业务中的各业务单元的不同权限和关注点，分别展现供应商及历史交易、采购需求、招标进程、合同、账务、法务条款以及采购订单处理各节点的相关信息及汇总数据。

全过程数字化采购管理平台支持供应商电子化准入，从报名、注册、认证、审核到准入全流程电子化管理，提供整套供应商风险管理体系，使得供应商管理简单高效，信息更加透明清晰。通过可信数字认证技术对供应商的真实身份进行电子认证，免去了供应商与采购管理人员的资料物理传递，更为重要的是能避免供应商身份的虚假冒充。采购管理链接了第三方资信平台，自动采集和汇总互联网上供应商的工商信息、诉讼信息、产品舆情信息等，能智能化分析并多角度预警风险，与系统预设的风险埋点对比形成实时风险点提示，实施供应商风险管理。

采购商城模块支持内部自建商城和外部各类电商商城的对接集成，用户在权限内可直接在各商城间快速比价，在购物车内一键采购，可视化下单，免去个人垫资、报销等流程。该模块能对相关产品价格信息进行全网搜索，并智能地进行全网比价，实时推送给采购管理人员，助力价格预测、成交预警、备案交易合规。

招投标管理模块支持全程数字化的招投标过程管理，包括多渠道采购寻源和具体项目的过程操作。从招标发起，在线完成询价、报价、邀标、授标、发标、投标，实现招投标文件电子化。在开标或者其他重要操作环节前，招投标管理模块通过可信身份认证及核验技术，确认操作责任人的真实身份并且只有在验证被真实授权后才可以操作，所有操作行为都被锁定防篡改，确保招标流程的真实性。

对于各类采购合同，全过程数字化采购管理平台支持预置多种合同智能模板供直接套用，实现表单直接写入模板；同时支持智能识别外部协同的合同文件，抓取合同关键要素自动完成表单填写，实现从文本到表单要素的自动转换。合同可支持所有文件的全程数字化审批，审批后的文件可以进行电子化签署，防篡改并具备法律效力；电子签署后所有文件以及生成的订单信息、发票、收付款信息，都会自动数字化归档。合同管理台账记录与合同执行过程相关的所有信息，如供应商信息、电子寻源过程、协议、合同交流变更及订单执行过程、支付往来、票据开具等信息，并支持相关文本电子化。

全过程数字化采购管理平台对采购订单执行环节进行全流程电子化、利用物联网技术实现采购过程的内外协同管理，从供应商送货到仓库部门收货、质检、供应商发票开具提交、财务对账、付款到账、供应商确认等环节，形成采供双方内外实时协同，并且可提供订单协同执行的效率分析。

全过程数字化采购管理平台支持订单多种质检方式结果记录或导入，也可以针对质检结果全程联动；同时供应商在供应商门户或者微信上可以实时收到质检信息和电子质检报告。

在对账与发票管理模块，订单收货执行后，采购方可以提出对账申请，新建对账单，供应商协同对账，最终系统会自动生成对账单，并进行线上签章确认。

全过程数字化采购管理平台提供采购业务数据分析，覆盖所有品类、商品，以及供应商、价格、风险等全指标体系数据（如招投标报表、采购订单分析、采购合同分析等），满足采购部门及业务部门的多维度比对需求，为企业采购提供一站式决策支持。

资料来源：https://jingqiaotong.com/functions.html　[2024-05-11]

6.3　资产管理内部控制

6.3.1　资产管理概述

1. 资产的定义

根据《企业内部控制应用指引第8号——资产管理》，资产是指企业拥有或控制的存货、固定资产及无形资产。从会计的角度看，资产是指企业拥有或控制的，能够在未来给企业带来经济利益的资源，不仅包括存货、固定资产、无形资产，还包括货币资金、应收账款、长期股权投资、在建工程等项目。对于资产分类，企业内部控制规范指引与会计视角的划分不同，其中货币资金、长期股权投资等资产项目由资金活动指引来规范，在建工程由工程项目指引来规范，应收账款由销售业务指引来规范。故本节仅讨论存货、固定资产和无形资产的内部控制。

2. 资产管理的目的

资产管理的目的是保护资产的安全完整，提高资产的使用效益。资产管理贯穿于企业生产经营全过程，资产是企业从事经营活动并实现发展战略的物质基础。现代企业已经从关心资产的安全，拓展到关注资产的使用效能、减少资产的贬值、最大限度发挥资产的使用效益。企业必须加强对资产的有效管理，以发挥资产的最大经济效益。在企业早期的资产管理实践中，如何保障资产的安全完整是内部控制的重点。在现代企业制度下，资产管理已经从如何防范资金被挪用、被非法占用和实物资产被盗，拓展到重点关注资产利用效能及充分发挥资产的物质基础作用。

企业应全面梳理资产管理的整体流程，及时发现资产管理过程中的薄弱环节，切实采取有效措施加以改进，并特别关注资产是否发生减值。若减值则应合理确认减值损失，以准确反映企业资产的价值，还应对资产发生减值的原因进行分析，及时修复资产管理中的漏洞，不断提高资产管理水平。

3. 资产管理应关注的重要风险

（1）存货管理风险

存货是企业的重要资产，其流动性强、占有量大，与日常生产经营活动联系紧密。存货包括原材料、半成品、产成品、低值易耗品、包装物等。存货的占有量须与企业的生产经营计划相协调，满足企业最佳的生产经营需要。存货积压过多，会导致企业的流动资金占有过量，资金的占有成本增加，存货价值贬损严重，甚至导致资金链断裂。存货短缺不足，会影响企业的正常生产经营活动，可能导致生产活动中断，造成停工损失。

（2）固定资产管理风险

固定资产反映企业的长期生产能力，其金额较大、使用期限较长，对企业的长远发展有很大影响。企业固定资产的保有量须与发展目标保持一致，应根据企业的战略目标和资金状况，确定固定资产的保有状况。固定资产的使用、维护和更新都会对企业的正常生产能力产生影响。固定资产更新改造不够、使用效率低下、维护不当、产能过剩等，都可能导致企业缺乏长期竞争力，使资产价值发生较大贬值，还可能会产生较大的资源浪费。

（3）无形资产管理风险

无形资产是企业核心竞争力的一种反映，现代企业越来越注重研究开发、品牌提升、人员素质等无形资产的建设，一个富有竞争力的企业必定有着优异的无形资产。无形资产不具有实物的特点，权属容易不清，如果存在管理上的疏漏，则可能导致商业机密泄露或引发法律纠纷。若无形资产缺乏核心技术、技术落后或存在重大技术安全隐患，则可能导致企业资源浪费，缺乏可持续发展的能力。若无形资产长期闲置或使用效率低，则可能会失去使用价值，给企业带来损失。

6.3.2 存货管理内部控制

1. 存货管理的业务流程

存货是指企业日常经营活动中持有的原材料、辅助材料、在产品、以备出售的产成品或商品等，包括各类材料、在产品、半成品、产成品或库存商品，以及包装物、低值易耗品、委托加工物资等。

企业应当根据不同存货的特点和管理要求，采用不同的存货管理技术和办法。企业应当规范存货管理流程，明确存货取得、验收、入库、原料加工、仓储保管、领用发出、盘点处置等环节的管理要求，充分利用信息系统，强化会计系统控制、出入库记录控制，确保存货管理全过程的风险得到有效的控制。以生产企业为例，存货管理流程如图6-4所示。

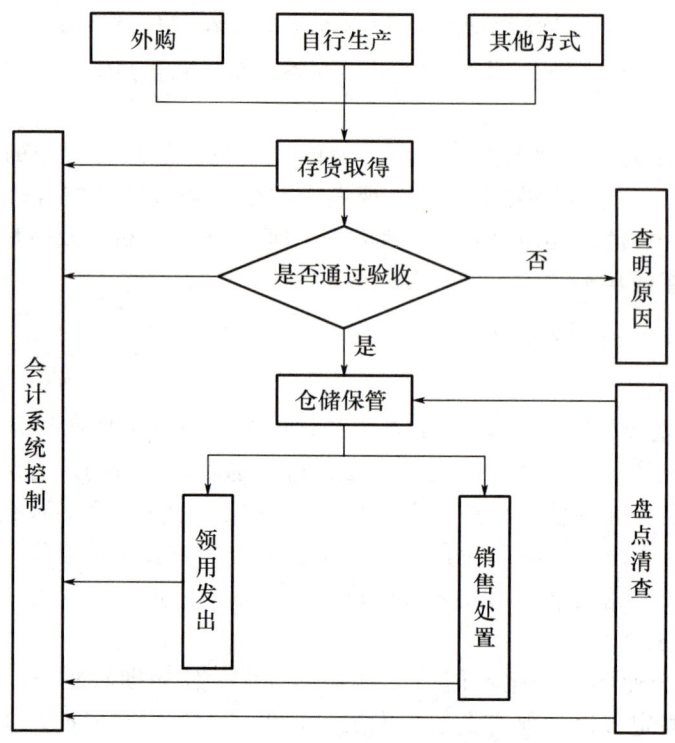

图 6-4　生产企业的存货管理流程

2. 存货管理内部控制措施

（1）岗位分离和授权审批

企业应根据存货管理的整体流程，评估重大风险环节，设置防范风险的存货管理岗位，建立存货管理岗位责任制，明确内部相关部门和岗位的职责权限，切实做到不相容岗位相分离。除非得到相关部门特别授权，企业内部除存货管理、监督部门和仓储人员以外，其他部门和人员不得擅自接触存货，以保护存货资产的安全。企业还应当明确存货发出和领用的审批权限，大批量存货、贵重商品或危险品的发出应当实行特别授权。仓储部门应当根据审批后的销售通知单发出货物，切实保证存货资产的安全，防止存货损失。

（2）存货验收

存货验收是一项非常重要的工作，在保证存货质量、明确存货价值、加强存货的管理上起着重要的作用。企业应当重视存货验收工作，规范存货验收的程序，对入库存货的数量、质量、技术规格等方面进行查验，验收无误方可入库。

对自制存货的验收，应当重点关注产品质量，经检验合格的半成品和产成品才能办理入库手续，不合格品应及时查明原因、落实责任、报告处理。对于外购存货，应当重点检查存货的数量、质量、规格等与合同、发票是否一致。对技术含量较高的货物验收，应由专业技术人员或委托具有检验资质的机构及聘请外部专家协助。对采用其他方式取得的存货，主要应核对存货来源、价值和质量状况是否与相关合同或协议一致。

对于入库的存货，仓储部门应对存货的数量、质量、技术规格等进行检查，对符合要求的,予以入库;对不符合要求的,应当及时办理退换货等相关事宜。入库记录要真实、完整,定期与财会等相关部门核对,不得擅自修改。

(3)存货保管和仓储记录

企业为保证生产过程的连续性,需要对存货进行仓储保管。存货在不同仓库之间流动时,应当办理出入库手续。存货仓储期间要按照仓储物资所要求的储存条件妥善储存,做好防火、防洪、防盗、防潮、防病虫害、防变质等保管工作,不同批次、型号和用途的存货要分类存放。存放在生产现场的原料、周转材料、半成品等要按照有助于提高生产效率的方式摆放,同时要防止浪费、被盗和丢失。对代管、代销、暂存、受托加工的存货,应单独存放和记录,避免与本单位存货混淆。

企业应结合实际情况,重视对存货的投保,合理降低存货遭意外损失的风险。为保证存货安全,仓储部门应对库存物料和产品进行经常巡查和定期抽检,详细记录库存情况;发现毁损、存在跌价迹象的,应及时与生产、采购、财务等相关部门沟通。进入仓库的人员应办理进出登记手续,未经授权人员不得接触存货。

企业应当根据各种存货采购间隔期和当前库存,综合考虑企业生产经营计划、市场供求等因素,充分利用信息系统,合理确定存货采购的日期和数量,确保存货处于最佳库存状态,从而降低资金的占用成本,避免资金链发生断裂。

(4)存货盘点与处置

企业应当建立存货盘点清查制度,确定盘点周期和盘点方法及流程,可采用定期盘点和不定期抽查相结合的方式。通常企业至少于每年年终进行一次全面的存货盘点清查。实施盘点时,需拟订详细的盘点计划,合理分配人员,准确记录,保证盘点结果真实有效。

盘点清查结果要及时编制盘点表,形成书面报告。盘点表包括盘点人员、时间、地点、实际所盘点存货的名称、品种、数量、存放情况以及盘点过程中发现的账实不符情况等内容。对盘点清查中发现的问题,应及时查明原因,落实责任,按照规定权限报经批准后及时处置。此外,企业应当让多部门人员共同参与盘点,充分体现相互制衡,严格按照盘点计划,认真记录盘点情况。

 案例 6-5

A 云共享仓储

广州 A 云仓科技有限公司成立于 2014 年,拥有 5 万平方米的 A 云共享仓储,是国内首批电商仓配一体化服务商及完善的第三方仓储解决方案提供商。

企业自主研发的 WMS 电商仓储管理系统,已连续 7 年服务电商"双十一"订单。A 云共享仓储与广东电子商务协会、多家中小型电子商务公司、软件网络科技公司进行合作,所托管的产品种类,已覆盖日用百货、电子电器、日化美妆护肤品、快消食品、鞋靴、户外、服装服饰。

A 云共享仓储的定位是智能化"订单包裹工厂",持续稳定地为客户提供专业个性化服务,特别是鞋服、美妆彩妆品类的服务。当前,A云共享仓储的服务客户数目约700家,服务涵盖的商品、店铺类目范围共20多项,处于行业领先地位。2020年,经A云共享仓储发出的快递包裹突破1000万单,订单同比增长14.1%,"双十一"期间承接订单超30万单。

以鞋服品类为例,特有的庞大的SKU数量,对其库存管理、库区规划有着较大的挑战;鉴于不同平台的时效和包装要求不同,单一SKU的多店铺多平台平行同售,发货管理难度大、售后率高,返架前须针对不同品牌、不同产品进行拆包质检和信息采集。例如,某品牌服饰,天猫旗舰店粉丝96万个,是淘系男装TOP商家,另有唯品会、抖音等多平台销售策略,在库SKU数量近1.8万个。A云共享仓储为品牌服饰提供专业WMS数字化库存管理,工程师展开定向维护,解决上万个SKU、数十万个产品库存的"居住管理",通过严格遵守1 SKU=1单品原则,入仓上架热销品库位和散货、返架存储区规划,出库经5次条码扫验等流程,杜绝商品"失踪",并合理优化了存储空间。另外,针对服饰退件多、退件杂的问题,A云共享仓储自主研发的退货系统,对退货信息实施图文采集反馈,大大提高多方协作效率,降低了仓储成本。

资料来源:http://www.gzeio.com.cn/ [2024-05-11]

6.3.3 固定资产管理内部控制

1. 固定资产管理的业务流程

固定资产是指为生产商品、提供劳务、出租或经营管理而持有的使用寿命超过一个会计年度,价值达到一定标准的非货币性资产,包括房屋、建筑物、机器、机械、运输工具以及其他与生产经营活动有关的设备、器具、工具等。固定资产属于企业的非流动资产,是企业开展正常的生产经营活动必需的物资条件,其安全、完整直接影响到企业生产经营的连续性及效益性。

企业应当根据固定资产的特点,全面梳理固定资产管理过程中的风险,建立健全固定资产相关内部控制,保证各类固定资产的安全、完整及高效运行。固定资产管理的基本业务流程如图6-5所示。

2. 固定资产管理内部控制措施

(1)固定资产取得

企业固定资产取得方式有投资者投入、外购、自行建造、非货币性资产交换及捐赠等。企业应建立固定资产预算制度,并根据企业发展战略和投资计划,经有关部门批准,按规定程序取得固定资产。

(2)固定资产验收

企业应当根据合同、供应商发货单等对所购固定资产的品名、规格、数量、质量、技术要求以及其他相关内容进行验收,编制验收报告,出具验收单。企业自行建造的固定资产,应由建造部门、固定资产管理部门、使用部门共同填制固定资产移交使用验收单,验收合格后,移交使用部门投入使用。对于未通过验收的不合格资产,必须按照合同等有关规定办理退换货或采取其他弥补措施;对于具有权属证明的资产,取得时必须有合法的权属证书。

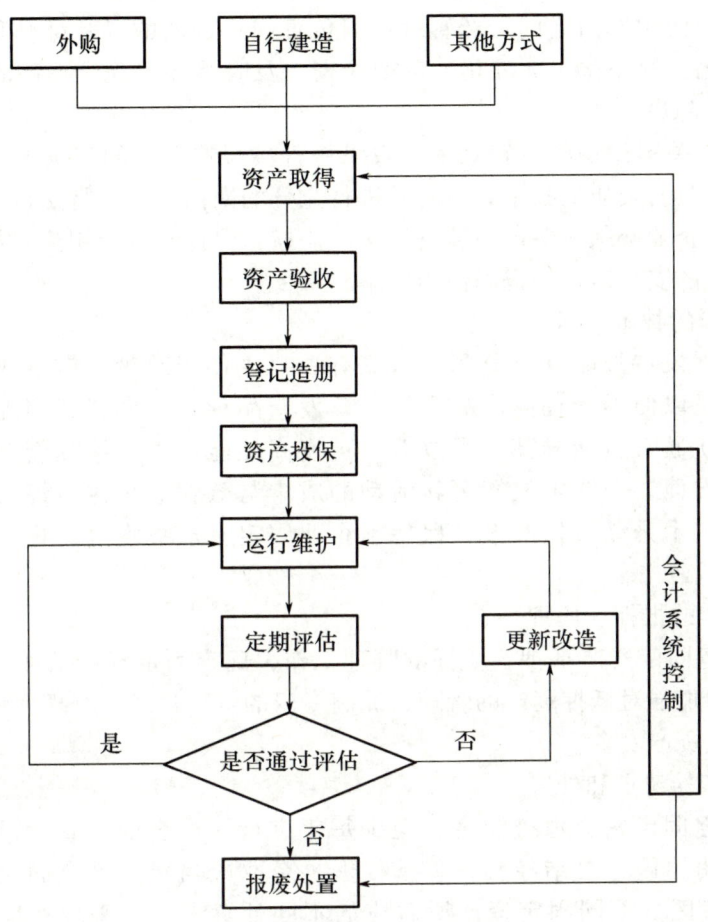

图 6-5　固定资产管理的基本业务流程

企业应根据固定资产（特别是重大固定资产项目）的性质和特点，严格执行固定资产的投保政策。投保的固定资产项目应按照规定程序办理，做到投保手续规范，投保金额适当，以应对固定资产损失风险，防范固定资产投保舞弊。如已投保的固定资产发生损失，则应调查受损原因和金额，及时向保险公司办理索赔。

（3）固定资产登记造册

企业的每项固定资产均需要进行详细登记，编制固定资产目录，建立固定资产卡片，以便对固定资产进行统计、检查和后续管理。

根据固定资产的特点，结合自身实际情况，制订适合本企业的固定资产目录，列明固定资产编号、名称、种类、所在地点、使用部门、责任人、数量、账面价值、使用年限、折旧、维修、改造等内容，有利于企业了解固定资产使用情况的全貌。

企业应按照单项资产建立固定资产卡片，固定资产卡片应在资产编号上与固定资产目录保持对应关系，详细记录各项固定资产的来源、验收、使用地点、责任单位和责任人、运转、维修、改造、折旧、盘点等相关内容，以便于固定资产的有效识别。固定资产目录和固定资产卡片均应定期或不定期复核，以保证信息的真实和完整。

（4）固定资产的日常运营维护制度

企业固定资产使用部门会同资产管理部门负责固定资产的日常维修和保养，将资产日常维护流程体制化、程序化、标准化，定期检查，及时消除风险，提高固定资产的使用效率，切实消除安全隐患。

企业生产线等关键设备的运转效率与效果将直接影响企业的安全生产和产品质量，操作人员上岗前应由具有资质的技术人员对其进行充分的岗前培训，特殊设备实行岗位许可制度，须持证上岗。企业必须对资产运转进行实时监控，保证资产使用流程与既定操作流程相符，确保特殊设备的安全运行，提高使用效率。

（5）固定资产的技术更新

企业应当根据发展战略，充分利用国家有关自主创新政策，定期或不定期对固定资产进行升级改造，以便不断提高产品质量，开发新品种，降低资源消耗，保证生产的安全环保。技术更新通常包括局部技术改造、更换高性能部件、增加新功能、淘汰与全面升级陈旧设备等方面，企业须权衡更新活动的成本与效益后再进行综合决策。企业通过对固定资产进行技术升级，切实做到保持本企业固定资产技术的先进性和企业发展的可持续性。

（6）固定资产的抵押、质押

企业应当规范固定资产抵押、质押的管理工作，确定固定资产抵押、质押程序和审批权限等。企业应当加强对抵押资产的管理，编制专门的资产目录，合理评估抵押、质押资产的价值，保障企业资产安全。

（7）固定资产的清查和处置

企业应当建立固定资产清查制度，至少每年进行一次全面清查。对在清查中发现的问题，应及时查明原因，总结经验，妥善处理。企业应当建立健全固定资产处置的相关制度，区分不同固定资产所对应的不同处置方式，采取相应的控制措施，确定固定资产处置的范围、标准、程序和审批权限，关注固定资产处置中的关联交易和处置定价，保证固定资产处置的科学性，使企业的资源得到有效的运用。

二维码 47

二维码 47　文案范本　企业固定资产管理制度

案例 6-6

贯通国有资产全生命周期管理之路

全生命周期管理，是对资产配置、调拨、使用、出租、出借直至资产报废处置整个生命周期的精细化、系统化管理，要注重引入现代管理理念，制定统一的执行标准，积极发挥标准在管理中的主导、调节、约束和控制功能，通过"解剖麻雀"的方式，围绕国有资产审批、配置、使用、评估、统计、评价等环节，细化工作内容与流程，明确标准化对象和要素，着力构建集中统一、权责明确的管理体制，科学规范、系统完善的保障制度，归口管理、责任到人的运行机制，整体打造资产利用高效、成本控制严格、标准体系完备、监督机制健全的国有资产标准化管理体系。

C市市级行政事业单位国有资产总量近1300亿元，规模庞大、构成复杂、社会关注度高。为管好用活超千亿体量的资产，C市从试点到示范，大力推进国有资产从"入口"到"出口"的全生命周期管理，形成一系列特色鲜明的管理范例。例如：

C市教育技术装备管理中心依托互联网等高新技术，以全市中小学教学设备为管理对象，搭建统一的资产全生命周期信息化管理与服务平台，实行固定资产从"入口"到"出口"的全过程精细化监管，通过系统自动、及时、准确反映各类资产管理过程中的异动信息，实现资产重要指标监控预警；通过系统搭建闲置和待报废资产公示和调剂平台，最大限度提升资产利用率；通过优化系统业务流程，提供更高效、科学、规范的管理模式，全面代替传统人工管理；基于资产现状、增减变动、变化趋势等数据进行量化分析，为领导及主管部门决策提供科学支持。

C市图书馆基于办公自动化系统平台，开发固定资产管理模块和手机管理软件，联通市级资产管理信息化系统，对全馆图书、文献资料及办公设备、家具等资产进行编码，并生成专有的二维码，打印粘贴在实物资产上。在定期组织的资产盘点中，管理人员利用手机扫描二维码上传信息，相关权限人（馆领导、一级管理机构、本部门负责人）可通过手机管理软件实时查看资产管理情况。

资料来源：https://www.ggj.gov.cn/gzdt/ggjgzdt/hqzzs/zgjghq/2020/202005/202012/t20201225_31722.htm　[2024-05-12]

6.3.4　无形资产管理内部控制

1. 无形资产管理的业务流程

无形资产是企业拥有或控制的没有实物形态、能给企业带来未来经济利益的资源，从狭义上仅指可辨认的资产，通常包括专利权、非专利技术、商标权、著作权、特许权、土地使用权等，从广义上还包括不可辨认的资产，即商誉。在数字化、信息化时代，无形资产是企业重要的经济资源，也是企业获取持续发展的关键。企业应当建立健全无形资产管理内部控制，充分发挥无形资产对提升企业创新能力和核心竞争力的作用，提高无形资产的使用效率。企业无形资产管理的业务流程如图6-6所示。

2. 无形资产管理内部控制措施

（1）无形资产的取得与验收

企业应当建立严格的无形资产交付使用验收制度，明确无形资产的权属关系，及时办理权属登记手续。企业外购无形资产，应认真审核有关合同、协议等法律文件，及时取得无形资产所有权的有效证明文件，同时特别关注无形资产的技术先进性。企业自行开发的无形资产，应由无形资产研发部门、无形资产管理部门、无形资产使用部门共同填制无形资产移交使用验收单，移交无形资产使用部门。企业对于购入的或者以支付土地出让金方式取得的土地使用权，必须取得土地使用权的有效证明文件。当无形资产权属关系发生变动时，应当按照规定及时办理权证移交手续。

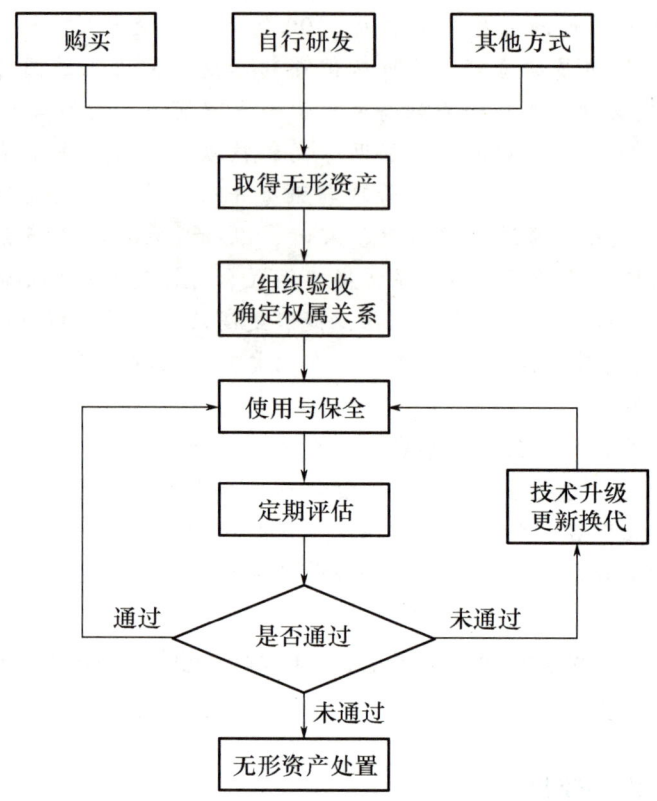

图 6-6　企业无形资产管理的业务流程

（2）无形资产权益保护

企业应当明确无形资产权属关系，建立健全无形资产核心技术保密制度，严格限制未经授权人员直接接触技术资料，对技术资料等无形资产的保管及接触应保有记录，实行责任追究，保证无形资产的安全与完整；对侵害本企业无形资产的，要积极取证并形成书面调查记录，提出维权对策，按规定程序审核并上报。

（3）加强无形资产技术研发

企业应当定期对专利、专有技术等无形资产的先进性进行评估。发现某项无形资产给企业带来经济利益的能力受到重大不利影响时，应当考虑淘汰落后技术，同时加大研发投入，不断推动企业自主创新与技术升级，确保企业在市场竞争中始终处于行业领先地位。

（4）促进商誉建设

企业应当重视品牌建设、产品或服务质量建设、销售渠道建设，不断提升企业商誉，通过多种方式培育企业的无形价值，特别打造企业的主业品牌，切实维护和提升企业品牌的社会认可度，从而在市场竞争中获取超越同行业的报酬水平。

（5）无形资产的处置

企业应当建立无形资产处置的相关管理制度，明确无形资产处置的范围、标准、程序和审批权限等要求。无形资产的处置应由独立于无形资产管理部门和使用部门的其他部门或人员按照规定的权限和程序办理，选择合理的方式确定处置价格，并报经企业授权部门或人员批准，重大的无形资产处置应当委托具有资质的中介机构进行资产评估。

二维码 48　文案范本　××大学无形资产管理办法

二维码 48

江苏凯蒂食品有限公司擅自更改商标被罚

2018 年 3 月，江苏凯蒂食品有限公司在经营活动中将英国国旗作为商标使用，涉嫌违反商标法有关规定被举报。经查，该公司自 2016 年 11 月起，为了增加消费者对品牌的信任，将"经典泰迪的奶茶铺"商标产品包装成来自英国的产品，在经营过程中擅自在已有商标设计上添加英国国旗，并在办公、网上招商、门店经营活动中大量使用。时至案发，该公司已与他人合作在核心商业街区开设 3 家连锁店，经营额共计 454.1 万元。

经办案机关认定，该公司行为构成商标法第十条第一款第（二）项所指，使用"同外国的国家名称、国旗、国徽、军旗等相同或者近似的"标志作为商标的行为，依据商标法第五十二条规定，做出责令该公司立即停止违法行为，罚款 31.79 万元的行政处罚。

资料来源：https://www.thepaper.cn/newsDetail_forward_3508469　[2024-05-12]

6.4　销售业务内部控制

6.4.1　销售业务概述

1. 销售业务的定义

销售是指企业出售商品或提供劳务及收取款项等相关活动。销售业务是企业生产经营活动的关键环节之一，企业生存与发展的壮大，需要依靠采用灵活的销售策略、不断扩大销售业务、提高市场占有率来实现。企业必须加强对销售业务的风险管理，健全内部控制，促进销售业务在质量和数量上的提升。

2. 销售业务的流程

企业要强化销售业务管理，应当对现行销售业务流程进行全面梳理，定期检查分析销售过程中存在的漏洞，及时采取切实措施加以改正，同时注重健全销售业务相关管理制度，明确以风险为导向的、符合成本效益原则的销售管控措施，实现与生产、资产、资金管理等方面的衔接，明确销售、发货、收款等环节的职责和审批权限，有效防范和化解销售风险。

不同类型企业具有不同的销售业务流程，企业在实际操作中，应充分结合自身业务特点和管理要求，构建和优化销售业务流程。销售业务的基本流程如图 6-7 所示。

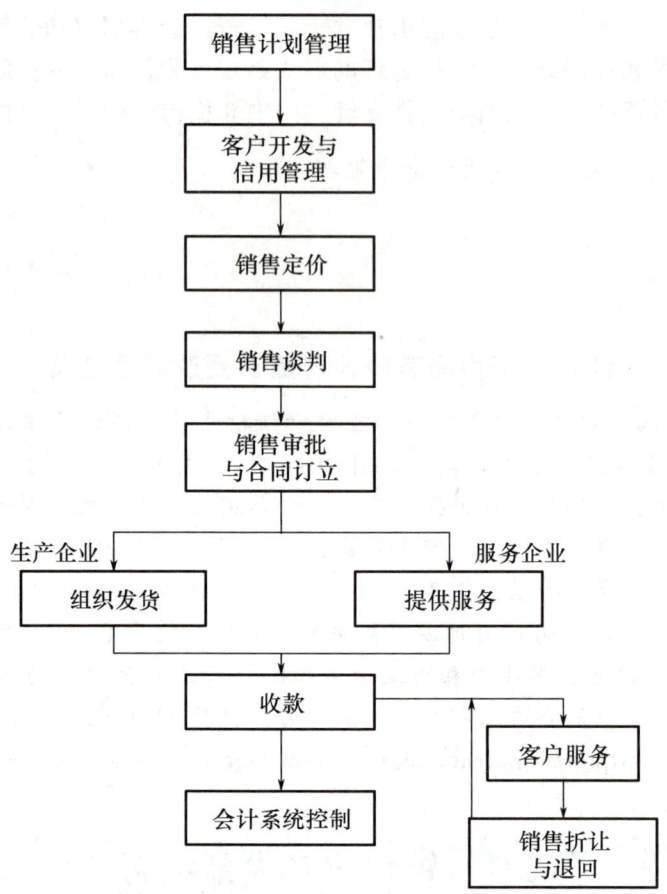

图 6-7 销售业务的基本流程

3. 销售业务应关注的重要风险

（1）销售计划、销售政策和策略不当，市场预测不准确，销售渠道管理不当等，可能导致销售不畅、库存积压，甚至经营难以为继，对企业持续发展产生深远影响。

（2）客户信用管理不到位，未建立客户档案或者主要客户档案不健全，缺乏日常的信用记录和合理的资信评估，或者为了占领市场而盲目扩大客户源，都可能导致客户选择不当或者赊销政策的受益对象选择错误；未经信用审批给予赊销，结算方式选择不当，账款回收不力等，可能导致销售款项不能收回或遭受欺诈，影响企业的资金流转与正常经营。

（3）销售定价与市场战略不符，会影响企业的市场竞争地位；特别是销售过程中对销售定价调整没有履行严格的审批程序，销售人员可能利用价格浮动权内外串通舞弊，导致企业利益受损。

（4）在销售业务，特别是赊销业务中，接到客户订单后仓促交易，疏于对所签销售合同条款的审查以及对客户背景的调查，或者未经授权擅自签署合同，未能发现合同中的欺诈陷阱或重大遗漏，从而产生法律风险，进而给企业带来直接或间接的利益损失。

（5）发货部门未根据经批准的销售通知单发货，增加了不按规定内容和对象发货的风险，可能出现装运错误、与销售合同不符、私自发货等问题。如果企业发货、开票、记账等职责不独立分设，缺乏定期或不定期盘点，则存在发货人员利用职务之便监守自盗，发货给虚假客户、重复发货等现象，直接造成企业财产损失。

（6）长期不对账，对逾期应收账款不及时催收，经常性的坏账损失严重威胁到企业的经营活动现金流，从而增大财务风险；收款不及时入账或少记，甚至私设账户截留货款等舞弊行为；会计核算中计入虚假销售收入，无法正确提供真实的市场变化情况，难以做出正确的销售决策。

二维码 49　扩展阅读　上市公司收入舞弊 12 种手段

6.4.2　销售业务内部控制措施

1. 销售计划管理

销售计划是销售业务流程的起点，企业应当根据发展战略和实际情况，在销售预测的基础上，制订具体的销售计划，并按规定的权限和程序审批后下达执行。除企业另有规定，企业销售计划由总经理批准，总经理对各级人员的销售业务授权，每年年初以文件方式明确，如表 6-4 所示。企业定期对各商品的区域销售额、进销差价、销售计划与实际销售情况等进行分析，结合生产状况及时调整销售计划，调整后的销售计划需履行相应的审批程序。

表 6-4　销售业务审批权限表

项　　目	审批人	审批权限
销售政策、信用政策	总经理	（1）制订和修改 （2）以总经理办公会议形式审定 （3）以内部文件等形式下发执行
销售费用预算	董事会	按《预算管理实施办法》规定审批
销售合同签订	总经理授权审批	按企业授权审批
销售价目表和折扣权限	总经理或授权审批人	按企业授权审批
超越企业定价和信用政策的特殊事项	总经理	以总经理办公会议形式或其他方式集体决策

2. 客户开发与信用管理

企业应建立客户信用动态档案，根据客户信用等级和企业信用政策，拟定客户赊销限额和时限，并经具有相关权限的销售、财会等部门人员审批。对于境外客户和新开发客户，应当建立严格的信用保证制度。现有客户管理不足、潜在市场需求开发不够，可能导致客户丢失或市场拓展不力；客户档案不健全，缺乏合理的资信评估，可能导致客户选择不当，销售款项不能收回或遭受欺诈，从而影响企业的资金流转和正常经营。

3. 销售定价管理

销售定价是指根据成本预算，综合考虑影响定价的各种要素，最后确定一个合理的销售价格。定价对于企业而言是一个重要的环节，因为价格的高低直接影响着企业的利润空间。

企业应根据有关价格政策，综合考虑企业财务目标、营销目标、产品成本、市场状况及竞争对手等多方面因素，确定产品基准价格，定期评价产品基准价格的合理性。定价或调价需经具有相应权限人员的审核批准。

在执行基准定价的基础上，针对某些商品可以授予销售部门一定限度的价格浮动权，销售部门可结合产品市场特点，将价格浮动权向下实行逐级递减分配，同时，明确权限执行人。价格浮动权执行人必须严格按照规定的价格浮动范围对商品进行定价，不得擅自突破。

销售折扣、销售折让的确定应由具有相应权限的人员审核批准。销售折扣、销售折让授予的实际金额、数量、原因及对象应予以记录并归档备查。

4. 销售合同订立

企业在订立销售合同前，应当与客户进行业务洽谈、磋商或谈判，关注客户信用状况、销售定价、结算方式等相关内容。重大的销售业务谈判还应当吸收财会、法律等专业人员参加，并形成完整的书面记录。

企业应当建立健全销售合同订立及审批管理制度，明确必须签订合同的范围，规范合同订立程序，确定具体的审核、审批程序和所涉及的部门人员及相应权责。销售合同应当明确双方的权利和义务，审批人员应当对销售合同草案进行严格审核。审核、审批应当重点关注销售合同草案中提出的销售价格、信用政策、发货时间及收款方式等。重要的销售合同，应当征询法律专业人员的意见。销售合同草案经审批同意后，企业应授权有关人员与客户签订正式销售合同。

5. 销售发货管理

发货部门应核对销售通知单，严格按照销售通知单规定时间组织发货，形成相应的发货单据，并应连续编号。

企业应当以运输合同或条款等形式明确运输方式、商品短缺、毁损或变质的责任，到货验收方式，运输费用承担，保险等内容，货物交接环节应做好装卸和检验工作，确保货物的安全发运。同时，企业应当做好发货各环节的记录，填制相应的凭证，设置销售台账，实现全过程的销售登记制度。若发生销售退回，应分析销售退回的原因，及时做出妥善处理，并积极组织货物退回入库。

6. 收款管理

收款是企业提供商品或服务后收取价款、实现销售成果的环节。企业应加强应收账款的管理制度建设，建立岗位责任制，实行严格考核。销售部门负责应收账款的催收，建立完备的催收记录（包括往来函电），财会部门负责办理资金结算并监督款项回收。同时，企业应当定期与客户核对应收账款、应收票据、预收账款等往来款项，采取指定专人函证等方式进行，加强对应收账款坏账的管理。对于应收账款部分或全部无法收回的，应当及时查明原因，明确经济责任，并严格履行审批程序，按规定进行处理。

企业应规范商业票据的管理。企业要结合销售政策和信用政策，明确应收票据的受理范围和管理措施，建立票据管理制度，特别是加强对商业汇票的管理。对票据的取得、贴现、背书、保管等活动予以明确规定，严格审查票据的真实性和合法性，防止票据欺诈。同时由专人保管应收票据。对于即将到期的应收票据，应及时办理托收，定期核对盘点。对于已贴现但仍承担收款风险的票据及逾期票据，应当进行追索监控和跟踪管理。

二维码 50　扩展阅读　应收账款管理——如何进行事前、事中、事后控制

二维码 50

7. 销售会计控制

企业应当加强对销售、发货及收款业务的会计系统控制，详细记录销售客户、销售合同、销售通知、发运凭证、商业票据、款项收回等情况，确保会计记录、销售记录与仓储记录核对一致。财会部门应当依据相关单据（销售合同、出库单、货款结算单、销售通知单等）并经相关岗位审核后开具销售发票，严格审核销售相关的原始凭证，根据国家统一的会计准则确认销售收入，登记入账。财会部门与相关部门月末应核对当月销售数量，保证各部门销售数量的一致性。

8. 完善客户服务

客户服务是指在企业与客户之间建立信息沟通机制。对客户提出的问题，企业应予以及时解答或反馈、处理，不断改进商品质量和服务水平，以提升客户满意度和忠诚度。客户服务包括产品维修、销售退回、维护升级等。企业应结合竞争对手的客户服务水平，建立和完善客户服务制度，包括客户服务内容、标准、方式等，设专人或专门部门进行客户服务和跟踪，还可以按产品线或地理区域建立客户服务中心；加强售前、售中和售后技术服务，实行客户服务人员的薪酬与客户满意度挂钩；做好客户回访工作，定期或不定期开展客户满意度调查；建立客户投诉制度，记录所有的客户投诉，并分析原因，提出解决措施。

二维码 51　法规速递　网络直播营销管理办法（试行）

案例 6-8

二维码 51

瑞幸咖啡财务造假事件及新进展

瑞幸咖啡创立于2017年。截至2019年年底，短短3年时间，瑞幸咖啡直营门店数已达到4507家，超过了星巴克。瑞幸创立仅18个月即成功登陆美国资本市场，刷新了一家公司从创立到IPO的全球最快纪录，公司股价一度高达每股51.38美元。2020年1月31日，著名做空机构浑水在推特上公开了一份长达89页的匿名报告，怀疑瑞幸咖啡2019年第三季度和第四季度收入端财务数据存在虚增，包括夸大销售订单、销售商品数量及单位商品价格。2020年4月2日，瑞幸咖啡发布公告，承认其2019年第二季度至第四季度虚构了22亿元的营业收入，约占其对外披露收入的一半。当日瑞幸咖啡盘前跌幅超80%。2020年5月底瑞幸咖啡最低股价更是跌至1.33美元，纳斯达克交易所对瑞幸咖啡发出通知，要求其从纳斯达克退市。

2020年9月18日，国家有关部门对瑞幸咖啡（中国）有限公司、瑞幸咖啡（北京）有限公司发布处罚公告，罚款200万元。瑞幸造假方式如下：经统计，2019年4月至12月，瑞幸咖啡（中国）有限公司及瑞幸咖啡（北京）有限公司在多家第三方公司帮助下，采用"个人及企业刷单造假""API企业客户交易造假"，虚增收入，通过开展虚假交易、伪造银

行流水、建立虚假数据库、伪造卡券消费记录等手段，累计制作虚假订单 1.23 亿单。同时，瑞幸咖啡（中国）有限公司及瑞幸咖啡（北京）有限公司与多家第三方公司开展虚假交易，通过虚构原材料采购、外卖配送业务，虚增劳务外包业务、虚构广告业务等方式虚增成本支出，平衡业绩利润数据。通过资金不断循环，实现营业收入大幅虚增，最终形成极具吸引力的虚假业绩，欺骗、误导消费者和相关公众。

2021 年 12 月 9 日晚间，瑞幸咖啡发布未经审计的 2021 年第三季度财务报告。财报显示，2021 年第三季度瑞幸咖啡总净收入为 23.502 亿元，比上一年同期的 11.43 亿元增长 105.6%，总营收增长显著。门店方面，瑞幸咖啡第三季度门店总数量增加至 5671 家。其中，新增自营门店 4206 家，较上一年同期增加了 6.4%；新增联营店（即加盟店）1465 家，较上一年同期增加了 66.7%。

2022 年 1 月 27 日，大钲资本宣布其牵头的买方团完成对瑞幸咖啡部分股东股权的收购，买方团其他成员包括 IDG 资本和 Ares SSG Capital Management。本次交易完成后，大钲资本成为瑞幸咖啡控股股东，持有公司超过 50% 投票权，也意味着公司在股权上与陆正耀、钱治亚彻底切割。

2022 年 2 月 6 日，瑞幸咖啡发布公告称，已履行之前与美国证券交易委员会（SEC）的和解协议所产生的 1.8 亿美元（约合人民币 12 亿元）民事处罚。

在经历了财务造假风波后，如今的瑞幸似乎扫去了退市阴霾，但在这背后，国内的咖啡市场竞争也进入白热化阶段。市场数据显示，国内 2021 年咖啡领域投资案例共 21 起，总金额接近 60 亿元，是此前两年的总和。

资料来源：http://finance.sina.com.cn/chanjing/gsnews/2022-01-28/doc-ikyakumy3138770.shtml [2024-05-15]

本章小结

企业主要业务活动包括资金活动、采购业务、资产管理和销售业务活动。分析企业主要业务活动面临的风险并采取有效的控制措施是企业内部控制的核心内容。企业资金活动是企业筹资、投资和资金营运活动等的总称。企业筹资活动内部控制从拟订筹资方案开始，涉及筹资方案的可行性论证、筹资用途的跟踪与管理、债务偿还和股利支付、会计系统控制等内容。企业投资活动内部控制包括拟订投资方案、论证及审批。企业资金运营内部控制主要包括建立全面预算管理制度、资金收支审批制度、运营资金的会计控制、银行账户管理和印章保管制度等。

采购是指购买物资或接受劳务及支付款项等相关活动。采购业务内部控制主要包括采购业务的集中管理、采购申请和审批制度、供应商评估和准入制度、采购方式、定价制度、采购合同的签订与跟踪管理、采购验收制度、付款审核管理、采购业务的会计控制和退货管理制度。

资产是指企业拥有或控制的存货、固定资产、无形资产。存货管理内部控制包括岗位分离和授权审批、存货验收、存货保管和仓储记录、存货盘点处置。固定资产管理内部控制主要包括固定资产取得、固定资产验收、固定资产登记造册、固定资产日常运营维护制度、固定资产的技术更新、固定资产抵押、质押和固定资产清查处置。无形资产管理内部控制主要包括无形资产取得与验收、无形资产权益保护、加强无形资产技术研发、商誉建设和无形资产的处置等。

销售是指企业出售商品或提供劳务及收取款项等相关活动。销售业务内部控制主要包括销售计划、客户开发与信用、销售定价与合同订立、销售发货与收款、会计控制和客户服务等。

论述题

1. 什么是资金活动？如何理解资金活动的主要风险？
2. 企业筹资活动内部控制包括哪些内容？
3. 企业投资活动内部控制包括哪些内容？
4. 企业资金运营活动内部控制包括哪些内容？
5. 什么是采购？如何理解采购业务的主要风险？
6. 企业采购业务内部控制包括哪些内容？
7. 企业资产管理应关注哪些风险？
8. 企业存货内部控制包括哪些内容？
9. 企业固定资产内部控制包括哪些内容？
10. 企业无形资产内部控制包括哪些内容？
11. 企业销售业务应关注哪些风险？
12. 企业销售业务内部控制包括哪些内容？

自测题

一、单项选择题

1. 采购部门应当按照（　　）的原则，择优确定供应商，在切实防范舞弊风险的基础上，与供应商签订质量保证协议。
　　A. 公平、公正和竞争　　　　B. 价格优先
　　C. 以往交易次数　　　　　　D. 管理层确定

2. 企业应当建立存货盘点清查工作制度，盘点清查时，应拟订详细的（　　），合理安排相关人员，使用科学的盘点方法，保持盘点记录的完整，以保证盘点的真实性和有效性。
　　A. 盘点流程　　B. 盘点计划　　C. 盘点周期　　D. 盘点方法

3. 企业固定资产取得涉及外购、自行建造、非货币性资产交换等方式，生产设备、运输工具、房屋、建筑物、办公家具和办公设备等不同类型的固定资产有不同的验收程序和技术要求。下列描述中错误的是（　　）。
　　A. 企业外购固定资产应当根据合同、供应商发货单等进行验收
　　B. 未通过验收的不合格资产，可暂时接收
　　C. 具有权属证明的资产，应取得合法的权属证书

D.企业自行建造的固定资产应填制固定资产移交使用验收单

4.企业固定资产用作抵押的,应由相关部门提出申请,经授权部门或相关人员批准后,由（　　）办理抵押手续。

A.申请抵押部门　　　　　　B.企业授权部门
C.资产管理部门　　　　　　D.财务部门

5.企业应当根据发展战略和年度生产经营计划,结合企业实际情况,合理细分市场并确定目标市场,根据不同目标群体的具体需求,制订（　　）。

A.年度销售计划　B.月度销售计划　C.季度销售计划　D.半年销售计划

6.企业应建立和不断更新维护客户信用动态档案,由（　　）对客户付款情况进行持续跟踪和监控,划分、调整客户信用等级。

A.销售部门　　　　　　　　B.相对独立的信用管理部门
C.财务部门　　　　　　　　D.销售人员

7.企业应加强应收账款的管理制度建设,建立岗位责任制,实行严格考核,具体由（　　）负责应收账款的催收。

A.销售部门　　B.财务部门　　C.市场管理部门　D.行政办公室

8.存货验收是一项非常重要的工作,企业应当重视存货验收工作,规范存货验收程序。下列说法不正确的是（　　）。

A.外购存货的验收应当重点关注合同、发票等原始单据与存货的数量、质量、规格等核对一致

B.涉及技术含量较高的货物,必要时可委托具有检验资质的机构或聘请外部专家协助验收

C.自制存货的验收,应当重点关注产品数量

D.其他方式取得存货的验收,应当重点关注存货来源、质量状况、实际价值是否符合有关合同或协议的约定

9.关于采购申请和审批制度,下列说法不正确的是（　　）。

A.依据购买物资或接受劳务的类型,确定归口管理部门,授予相应的请购权

B.具备相应审批权限的部门或人员审批采购申请

C.对不符合规定的采购申请,应要求请购部门调整请购内容或拒绝批准

D.具有请购权的部门对于预算内采购项目可自行采购

10.对供应商资质信誉情况的真实性和合法性进行审查,确定合格的供应商清单,健全企业统一的供应商网络是（　　）。

A.供应商评估和准入制度　　B.供应商淘汰制度
C.供应商申请和审批制度　　D.供应商跟踪管理制度

二、多项选择题

1.筹资活动的业务流程主要包括（　　）等项目。

A.筹资方案的提出　　　　　　B.筹资方案的论证与审批
C.筹资计划的编制与执行　　　D.筹资活动监督评价
E.责任追究

2.企业以银行借款或发行债券方式筹资，应当重点关注的风险包括（　　）。
　　A.利率风险　　　　　　B.筹资成本　　　　　　C.偿还能力
　　D.流动性风险　　　　　E.公司控制权风险

3.企业应对筹资方案进行科学论证，特别是重大的筹资方案还应当形成可行性研究报告，全面反映风险评估情况。根据管理的需要，企业可以聘请有相应资质的专业机构如（　　）等进行可行性研究。
　　A.咨询管理公司　　　　B.信用评级公司　　　　C.会计师事务所
　　D.律师事务所　　　　　E.税务咨询公司

4.下列属于企业资金运营内部控制的是（　　）。
　　A.建立全面预算管理制度　　　　　　　　B.资金收支审批制度
　　C.定期对资金安全进行检查　　　　　　　D.运营资金会计控制
　　E.印章保管制度

5.企业应当建立存货盘点清查工作制度，结合本企业实际情况确定（　　）等相关内容，采用定期盘点和不定期抽查相结合的方式。盘点清查时，应拟订详细的计划，合理安排相关人员，使用科学的盘点方法，保持盘点记录的完整，以保证盘点的真实性和有效性。
　　A.盘点周期　　　　　　B.盘点流程　　　　　　C.盘点方法
　　D.盘点计划　　　　　　E.盘点人员

6.企业应当加强对无形资产的管理，建立健全无形资产分类管理制度，落实无形资产管理责任制，保护无形资产的安全，提高无形资产的使用效率，充分发挥无形资产对提升企业创新能力和核心竞争力的作用。下列属于无形资产内部控制的是（　　）。
　　A.无形资产交付使用验收制度
　　B.无形资产核心技术保密制度
　　C.定期对专利、专有技术等无形资产的先进性进行评估
　　D.重视品牌建设、产品或服务质量建设、销售渠道建设，不断提升企业商誉
　　E.无形资产处置的相关管理制度

7.定价对于企业而言是一个重要的环节，企业应根据有关价格政策，综合考虑（　　）等多方面因素，确定产品基准价格，定期评价产品基准价格的合理性。
　　A.财务目标　　　　　　B.营销目标　　　　　　C.产品成本
　　D.市场状况　　　　　　E.竞争对手

8.企业应当建立健全销售合同订立及审批管理制度，审核、审批应当重点关注销售合同草案中提出的（　　）等。
　　A.销售价格　　　　　　B.信用政策　　　　　　C.发货时间
　　D.收款方式　　　　　　E.退货方式

9.下列属于企业固定资产管理内部控制的是（　　）。
　　A.固定资产交付验收和投保制度　　　　　B.固定资产日常运营维护制度
　　C.固定资产抵押、质押制度　　　　　　　D.固定资产清查处置制度
　　E.固定资产折旧制度

10.发货部门应当落实出库、计量、运输等环节的岗位责任，对销售通知单进行审核，严格按照所列的（　　）等，按规定时间组织发货，形成相应的发货单据，并应连续编号。

A. 发货品种和规格　　B. 发货数量　　　　C. 发货时间
D. 发货方式　　　　　E. 接货地点

三、判断题

1. 企业为提高采购效率，可安排同一机构办理采购业务的全过程，包括编制需求计划和采购计划、请购、选择供应商、确定采购价格、订立框架协议或采购合同、购买、验收、入库、付款等环节的工作。（　　）

2. 对于超预算和预算外采购项目，由具备相应审批权限的人员审批后，即可办理请购手续。（　　）

3. 企业应当建立严格的采购验收制度，即对采购项目的品种和数量进行验收，出具验收证明。（　　）

4. 企业至少应当于每年年度终了开展全面的存货盘点清查，及时发现存货减值迹象，将盘点清查结果形成书面报告。（　　）

5. 对于重大固定资产项目的投保，应当考虑采取招标方式确定保险人，防范固定资产投保舞弊。（　　）

6. 销售计划是销售业务流程的起点，通常是财务部门经理在销售预测的基础上，通过收集客户的需求，结合历史销售数据、生产和存货情况而制订的具体实施计划。（　　）

7. 销售折扣、销售折让的确定应由销售人员根据具体情况适当确定，并将销售折扣、销售折让授予的实际金额、数量、原因及对象予以记录并归档备查。（　　）

8. 企业应加强应收账款的管理制度建设，建立岗位责任制，由财会部门负责应收账款的催收，建立完备的催收记录。（　　）

9. 企业应建立和不断更新维护客户信用动态档案，具体由销售部门对客户付款情况进行持续跟踪和监控，划分、调整客户信用等级。（　　）

10. 企业生产线等关键设备的操作人员上岗前应由具有资质的技术人员对其进行充分的岗前培训，特殊设备实行岗位许可制度，须持证上岗。（　　）

第7章

其他业务活动内部控制

学习目标

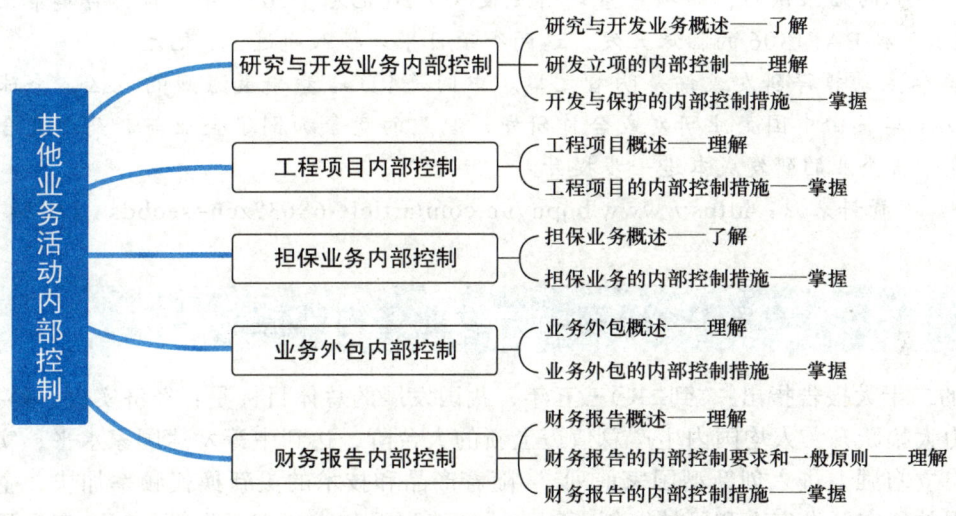

 引入案例

百奥泰"壮士断腕"

临床开发新药的过程,用"战战兢兢,如履薄冰"来形容一点也不为过。2021年是我国创新药的丰收之年,全年共计有24款创新药物获NMPA批准上市。

在新药获批数量快速提升的背后,我们要清楚地认识到,创新药的研发绝非坦途,其风险与收益并存。2021年,百奥泰、人福医药、泽璟制药等企业终止了一批旗下创新药的研发。

2021年2月8日,因旗下ADC药物BAT8001(注射用重组人源化抗HER2单克隆抗体-美登素偶联物)Ⅲ期临床主要疗效指标与对照组比较未达到预设的优效目标,百奥泰决定终止该项目的临床试验,该项目累计研发投入2.26亿元。2021年3月,百奥泰又宣布终止BAT8003和BAT1306的临床开发,这两个项目累计投入超过1.1亿元。

百奥泰主动暂停研发或许是明智之举。中国是PD-1竞争最激烈的地区,全球有超过80款PD-1单抗由中国企业研发或合作研发,激烈的竞争加剧了企业与新药研发合同外包公司的竞争,企业的研发成本进一步提升。

资料来源:https://www.bopuyun.com/article/6863?zch=seobds [2024-05-15]

7.1 研究与开发业务内部控制

党的二十大报告指出:"到二〇三五年,我国发展的总体目标是:经济实力、科技实力、综合国力大幅跃升,人均国内生产总值迈上新的大台阶,达到中等发达国家水平;实现高水平科技自立自强,进入创新型国家前列。"随着产品和技术的更新换代频率加快,企业只有具有很强的研究开发实力和可持续创新能力,才能赢得和维持市场份额。建立健全研究与开发活动的内部控制,可以促使企业完善研究与开发方案以及费用预算,提高研究与开发的成功率,增加研究与开发的收益额,从而提高市场竞争力。

7.1.1 研究与开发业务概述

1. 研究与开发业务的定义

研究与开发是指企业为增加核心竞争力,创造性地运用新技术、新工艺或实质性地改进技术、产品和服务而持续进行的具有明确目标的系统活动。研究与开发支出作为一种投资,是企业、行业乃至国家的竞争战略的一个重要组成部分。

在知识经济、全球经济一体化以及政治环境不稳定的背景下,市场竞争日趋激烈,技术进步在国家竞争优势中的作用日益显著,发达国家的经济增长中科技贡献为70%以上。加强企业的研发能力,特别是大型企业的研发能力,是增强企业在市场经济中的竞争力、增加生产后劲、促进国民经济和社会协调发展的重要保证。同时,企业的研发活动又具有投资大、风险高的特点,因此,有必要对企业的研究与开发业务实施有效的内部控制。

二维码 52　扩展阅读　数字技术与规则：可信未来

2. 研究与开发业务的特点

企业的研究与开发业务可分为研究阶段和开发阶段两个阶段。相应地，研究与开发费用可分为研究费用与开发费用。

（1）研究阶段的特点

研究阶段是指为分期获得新的科学技术知识和认识而进行的具有创造性和有计划性的调查。研究活动主要包括：意在获取知识而进行的活动；研究成果或其他知识的应用研究、评价和最终选择；材料、设备、产品、工序、系统或服务替代品的研究；新的或经改进的材料、设备、产品、工序、系统或服务的可能替代品的配置、设计、评价和最终选择等。研究阶段的特点表现如下。

① 计划性。研究阶段是建立在有计划的调查基础上，即研发项目已经董事会或者相关管理层的批准，进行相关资料收集、市场调查等。例如，某药品公司为研究开发某药品，经董事会或者相关管理层的批准，进行有计划地收集相关资料、进行市场调查、比较市场中相关药品的药性、效用等活动。

② 探索性。研究阶段基本上只进行初步的探索和调查分析，为进一步的开发活动进行资料及相关方面的准备，能否达到预期的效果具有极大的不确定性。研究活动一旦成功就能产生一种可利用的知识，但它只是初步的智力成果，若不进一步开发应用就不具有经济价值。

二维码 53　扩展阅读　拥抱 5G 变革

（2）开发阶段的特点

开发阶段是指在进行商业性生产或使用前，将研究成果或其他知识应用于某项计划或设计，以生产出新的或具有实质性改进的材料、装置、产品等。开发活动包括：生产前或使用前的原型和模型的设计、建造和测试；含新技术的工具、夹具、模具和冲模的设计；不具有商业性生产经济规模的试生产设施的设计、建造和运营；新的或经改造的材料、设备、产品、工序、系统或服务所选定的替代品的设计、建造和测试等。开发阶段的特点表现如下。

① 针对性。开发阶段建立在研究阶段基础上，开发的目的是形成新的或有重大改进的产品或工艺，可供销售或企业自用，因而，对项目的开发具有针对性，经可行性分析可以确定未来的收益。

② 形成成果的可能性较大。进入开发阶段的项目往往形成成果的可能性较大，一旦成功开发成果便成为企业的无形资产。

（3）研究阶段与开发阶段的不同点

① 目标不同。研究阶段一般目标不具体、不具有针对性；而开发阶段多是针对具体目标、产品、工艺等。

② 对象不同。研究阶段一般很难具体到特定项目上；而开发阶段往往形成对象化的成果。

③ 风险不同。研究阶段的成功概率很难判断，一般成功率很低，风险比较大；而开发

阶段的成功率较高，风险相对较小。

④ 结果不同。研究阶段的结果多是研究报告等基础性成果；而开发阶段的结果则多是具体的新技术、新产品等。

3. 研究与开发活动业务流程

以研发活动中最重要的新产品开发为例，新产品研发活动业务流程如图7-1所示。

第1阶段，从企业的经营和技术这两方面出发制订新产品开发战略，设定研发项目目标。

第2阶段，结合研发战略，提出研究项目的立项申请，开展可行性研究，获得立项审批。

第3阶段，研究项目的过程管理，包括合理配备专业人员，严格落实岗位责任制，确保研究过程的效率。

第4阶段，研究成果验收，组织专家对研究成果进行验收，确认第1阶段中制订的新产品开发战略计划中项目目标的完成度。

第5阶段，研究成果开发，根据完成的对新产品技术战略起决定作用的基本设计和方案，设计并试作新产品。

第6阶段，研究成果评估，评价新产品在多大程度上达到了第1阶段制订的质量目标。

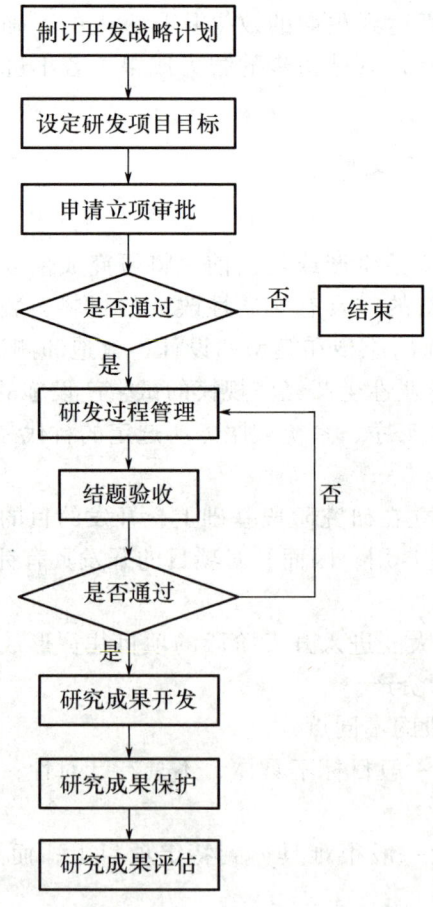

图7-1 新产品研发活动业务流程

4. 企业研发活动的风险

企业研发活动至少应关注以下风险：研发计划与国家或企业发展战略不匹配，研究项目未经科学论证或论证不充分，评审或审批环节把关不严，可能导致创新不足或资源浪费；研究人员配备不合理或研发过程管理不善，费用失控或科研收入形成账外资产，未能及时发现错误，可能导致研发成本过高、舞弊或研发失败；科研合同管理不善，导致权属不清；验收人员的技术、能力、独立性等原因，造成验收成果与事实不符；因投入不足，导致测试与鉴定不充分，不能有效降低技术失败的风险；研究成果转化应用不足，可能导致资源闲置；新产品未经充分测试，导致大批量产品生产不成熟或成本过高；营销策略与市场需求不符，导致营销失败；未能有效识别和保护知识产权，权属未能得到明确规范，开发出的新技术或产品被限制使用；核心研究人员缺乏管理激励制度，导致形成新的竞争对手或技术秘密外泄，从而使企业利益受损。

5. 企业研发活动内部控制总体要求

企业应当重视研发工作，根据发展战略，结合市场开拓和技术进步要求，科学制订研发计划，强化研发全过程管理，规范研发行为，促进研发成果的转化和有效利用，不断增强企业的自主创新能力和核心竞争力。

二维码 54

二维码 54　法规速递　研发费用核算管理办法（试行）——研发机构的职责

案例 7-1

华为的研究与创新

截至 2020 年年底，华为在全球的有效授权专利超过 10 万件，其中 90% 以上为发明专利。苹果公司自 2015 年就开始向华为缴纳专利授权费用。据 IPLytics 数据，截至 2021 年 2 月，华为的 5G 专利数量为 5464 件，占全球 5G 专利总数的 15.4%，位居世界第一。华为从 2021 年开始收取 5G 专利许可费，对遵循 5G 标准的单部手机按 2.5 美元上限进行收费。华为披露，2019 年至 2021 年的知识产权收入为 12 亿～13 亿美元，仅在 2021 年一季度就收到 6 亿美元的海外专利许可费。可以预期，专利授权将成为华为重要的收入来源。

华为在其 2020 年年报中指出特别要加强基础研究与理论突破，持续强力投资技术创新与发明，实现产业进步与发展。2020 年，华为从事研究与开发的人员约 10.5 万名，约占公司总人数的 53.4%。华为坚持每年将 10% 以上的销售收入投入研究与开发，近十年华为累计投入的研发费用超过 7200 亿元人民币，2020 年研发费用支出为 1418.93 亿元人民币，约占全年收入的 15.9%。

资料来源：证券市场周刊以及 2020 年华为公司年报，访问时间：2021 年 10 月 31 日，节选。

7.1.2 研发立项的内部控制

1. 研发立项申请与评估控制

企业研发项目立项主要包括立项申请、评审和审批。通常，企业根据实际需求开展可行性分析和论证，通过审批后方能立项。

（1）研发立项申请的可行性分析

由于研发项目立项阶段存在信息含量较小，研究时间跨度大，未来不确定性大，期望值可靠性差等特点，因此，对研发项目进行可行性分析是十分必要的。

企业研发项目的可行性分析主要包括技术可行性分析和经济可行性分析两个方面。在技术可行性方面，企业必须预测研发项目可能要求的技术水平，在将来可预见的时间内，技术发展水平能否满足研发对技术的要求。在经济可行性方面，应运用成本效益原则预测研发项目成功后预期的现金流入和投资支出，能否满足企业要求的投资报酬率水平。

（2）研发立项申请的评审

企业可以组织独立于申请及立项审批之外的专业机构和人员进行评估论证，出具评估意见。由独立于研发立项申请人之外的第三方对立项申请进行评审，可以有效地避免因利害关系对评估结果产生不利影响的风险。

（3）研发立项的审批控制

研发项目应当按照规定的权限和程序进行审批，重大研发项目应当报经董事会或类似权力机构集体审议决策。审批过程中，应当重点关注研发项目促进企业发展的必要性、技术的先进性以及成果转化的可行性。

2. 研发过程控制

研发过程是企业研发活动的核心环节。研发过程管理包括对人员、进度、质量、经费等内容的管理。实务中，企业的研发活动按执行机构的不同，通常分为自主研发、委托研发和合作研发。

（1）自主研发过程控制

自主研发是指企业依靠自身的科研力量，独立完成研发项目，包括原始创新、集成创新和在引进消化基础上的再创新三种类型。

企业研发活动是一种高风险投资，它可能成功，也可能失败。研发项目的风险性和结果的不确定性并不会因为初始决策的正确而不存在，相反，可能由于情况的变化使项目风险增大，这种风险伴随项目研究与开发的全过程。要确保研发项目的正常开展，人员、进度、质量和经费等都是研发过程管理的关键。研发过程管理的主要控制措施如下：

① 建立研发人员的岗位责任制。专业人员是开展研发活动的主体，而研发活动本身具有机会与损失的不确定性。合理配备专业人员、建立严格的岗位责任制，是确保研发活动有效进行的基础。

② 建立研发项目的跟踪检查制度。企业应该跟踪检查研究项目的进展情况，及时评价各阶段研究成果，提供足够的经费支持，确保项目按期、保质完成，有效规避研究失败的风险。

③ 建立科技研发费用报销制度。明确费用支付标准及审批权限，完善研发经费入账管理程序，按项目正确划分资本性支出和费用性支出，建立研发收入管理制度。

二维码 55　扩展阅读　研发费用核算管理办法（试行）——研发费用构成

二维码 55

（2）委托研发过程控制

委托研发是指企业委托具有资质的外部承办单位进行研究和开发。企业研发项目委托外部单位承担的，应当采用招标、协议等适当的方式确定受托单位，签订外包合同，约定研究成果的产权归属、研究进度和质量标准等相关内容。

（3）合作研发过程控制

合作研发是指合作双方基于研发协议，就共同的科研项目，以某种合作形式进行研究或开发。合作研发过程中经常遇到的风险是：与合作单位存在沟通障碍、合作方案设计得不合理、权责利不能合理分配、资源整合不当等。

企业在开始合作研发之前应对合作单位进行尽职调查，全面了解合作单位的情况。合作研发时应签订书面合同，明确双方投资、分工、权利义务、研究成果产权归属等。一旦出现纠纷，双方可以通过法律维护自身的权益。

3. 研究成果验收控制

（1）建立研究成果验收制度

研究成果验收是对研究过程形成的交付物进行质量验收。研究成果验收分检测鉴定、专家评审、专题会议等三种方式。企业应建立健全研究成果验收制度，由独立的、具备专业胜任能力的专业人员进行鉴定试验，并按计划进行正式的、系统的、严格的评审。

（2）研究成果的后续管理

企业对于通过验收的研究成果，可以委托相关机构进行审查，确认是否申请专利或作为非专利技术、商业秘密等进行管理。企业对于需要申请专利的研究成果，应当及时办理有关专利申请手续，以保护研究成果的知识产权，避免企业的经济利益受损。

4. 核心研发人员控制

企业应当建立严格的核心研发人员管理制度，明确界定核心研发人员的范围和名册清单，签署符合国家有关法律法规要求的保密协议。企业与核心研发人员签订劳动合同时，应当特别约定研究成果归属、离职条件、离职移交程序、离职后保密义务、离职后竞业限制年限及违约责任等内容。

案例 7-2

Waymo 起诉 Uber 侵犯商业秘密之始末

2017 年 2 月，无人驾驶技术公司 Waymo（2016 年 12 月从谷歌独立，成为 Alphabet 公司旗下的子公司）将 Uber 告上法庭，指控其通过收购离职工程师莱万多夫斯基（离职时携带谷歌公司资料）的无人驾驶公司 Otto，窃取无人驾驶技术。

2018 年 2 月 9 日，在该诉讼案开庭的第五天，双方突然握手言和，结束了这场大到可能影响无人驾驶万亿市场未来格局的案件。据媒体披露，Uber 以约 0.34% 的股份换取了 Waymo 公司的撤诉，二者持续近一年之久的侵犯商业秘密之争宣告结束。Waymo 作为无人驾驶技术的开创者，在无人驾驶技术商业化之前拿到了账面值高达 2.45 亿美元的 Uber 股票（按 G-1 融资 720 亿美元估值计算）。

诉讼过程中披露的信息显示：从 2015 年 5 月开始，Uber 就已和谷歌无人车项目联合创始人、天才工程师莱万多夫斯基接触，并讨论收购其离职后的无人车创业项目。2016 年 1 月，莱万多夫斯基对 Waymo 无人车项目进展很不满意，从 Waymo 离职，与其前同事联合创立了一家自动驾驶卡车公司 Otto，来推动无人驾驶商业化。2016 年 8 月，Uber 宣布以 6.8 亿美元的价格收购 Otto 公司，并让莱万多夫斯基负责 Uber 的无人驾驶项目。

负责此案的联邦法官裁定"有充足的证据表明，Uber 在聘用莱万多夫斯基时，知道或应当知道他拥有超过 1.4 万份可能涉及 Waymo 知识产权的机密文件，Waymo 已经充分证明，该公司的技术人员在离职前夕，从公司计算机下载了大量的机密文档"，并要求 Uber 向 Waymo 返还被窃取的机密文件。2017 年 5 月 30 日，Uber 开除了不愿意配合的莱万多夫斯基。事实上，莱万多夫斯基在诉讼开始后很快就主张美国宪法第五修正案"不能自证其罪"的权利，拒绝提供合作。

资料来源：https://www.36kr.com/p/1722296238081 [2024-05-15]

7.1.3 开发与保护的内部控制措施

1. 研发成果开发

研发成果开发是指企业将研发成果经过开发过程转化为企业的产品。企业应当加强研发成果的开发，形成科研、生产、市场一体化的自主创新机制，促进研发成果转化。研发成果的开发应当分步推进，通过试生产充分验证产品性能，在获得市场认可后方可进行批量生产。

2. 研发成果保护

企业应当建立研发成果保护制度，加强对专利权、非专利技术、商业秘密及研发过程中形成的各类涉密图纸、程序、资料的管理，严格按照制度规定借阅和使用，禁止无关人员接触研发成果。

3. 研发活动评估

企业应当建立研发活动评估制度，加强对立项研究、开发与保护等过程的全面评估，认真总结研发管理经验，分析存在的薄弱环节，完善相关制度和办法，不断改进和提升研发活动的管理水平。

7.2 工程项目内部控制

工程项目属于最典型的项目类型，主要由以建筑物为代表的房屋建筑工程和以公路、铁路、桥梁等为代表的土木工程构成，所以也称建设项目。党的二十大报告指出："优化基础设施布局、结构、功能和系统集成，构建现代化基础设施体系。"工程项目是优化企业结构、提高经济效益的关键项目，同时也是投资大、建设期限长、受外部环境影响大、工程造价的不确定性因素贯穿整个过程的风险项目。因此，企业必须构筑市场竞争环境下的工程项目的内部控制。

7.2.1 工程项目概述

1. 工程项目的定义

工程项目是指需要一定量的投资，经过决策、设计、施工等一系列程序，在一定的约束条件下，以形成固定资产为明确目标的一次性任务。工程项目可以企业自行或者委托其他单位进行建造、安装。具体而言，工程项目是以工程建设为载体的项目，是作为被管理对象的一次性工程建设任务。它以建筑物或构筑物为目标产出物，需要支付一定的费用、按照一定的程序、在一定的时间内完成，并应符合质量要求。重大的工程项目，在调整经济结构、转变经济发展方式、促进产业升级和技术进步中起到关键作用。

二维码 56　扩展阅读　福建泉州欣佳酒店"3·7"重大坍塌事故

2. 工程项目业务流程

工程项目是在一个总体设计及总概算范围内，由一个或者若干个互有联系的单项工程组成的，建设中实行统一核算、统一管理的投资建设工程。工程项目的特征主要表现为：建设目标的明确性、建设项目的整体性和一次性、建设过程的程序性及建设项目的约束性。

工程项目包括工程立项、工程设计、工程招标、工程建设、竣工验收和后评估等环节。工程项目业务流程如图 7-2 所示。

3. 企业工程项目应关注的风险

按工程项目的业务流程，企业工程项目应当关注以下几阶段的风险。

（1）工程立项阶段

工程项目立项阶段是非常重要的，立项决策正确与否直接关系到项目的成败。如果立项缺乏可行性研究或者可行性研究流于形式，决策不当，项目盲目上马，则可能导致难以实现预期效益或项目失败。

（2）工程设计阶段

设计单位资质不达标，设计出现较大疏漏，未进行多方案比对，设计深度不够，都会影响施工。工程项目的技术含量高，工期要求紧，可能导致工程造价信息不对称；技术方案不落实，概预算脱离实际，可能导致项目投资失控。

（3）工程招标阶段

采用招标方式进行交易活动的显著特征是引入竞争机制。引入竞争机制有利于招标方提高工程项目的经济效益。如果工程项目在招标过程中暗箱操作，招标人与投标人串通、存在商业贿赂，则可能导致中标人实质上难以承担工程项目、中标价格失实及相关人员涉案。

（4）工程建设阶段

工程建设阶段关系到工程的质量、进度、安全与效益。如果工程物资质次价高，工程监理不到位，则可能导致工程质量低劣，一旦质量失控，势必影响进度。如果项目资金不落实，进度延迟或中断，则必然影响投资计划的完成。

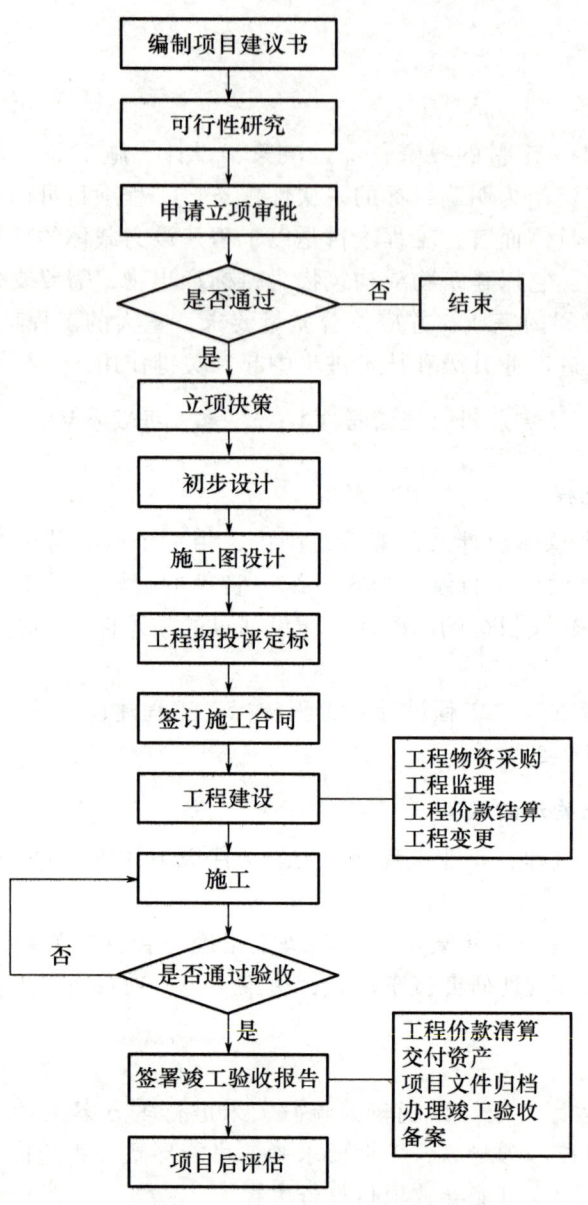

图 7-2 工程项目业务流程

（5）竣工验收阶段

竣工验收不规范，质量把关不严，导致工程交付使用后存在重大隐患；竣工决算审核不严，相关资料不齐全；虚报项目投资完成额，虚列建设成本或隐匿结余资金，形成虚假的竣工决算。

4. 工程项目内部控制的总体要求

首先，企业应当按照工程立项、招标、造价、建设、验收等环节的风险点，建立和完善工程项目各项管理制度；其次，企业应明确相关部门和岗位的职责权限，做好可行性研究与决策、概预算编制与审核、项目实施与价款支付、竣工决算与审计等不相容职务相互分离等工作，强化工程建设全过程的监控，确保工程项目的质量、进度和资金安全，防范商业贿赂等舞弊行为。

案例 7-3

上海市长宁区厂房"5·16"坍塌重大事故

2019年5月16日11时10分前后，上海市长宁区昭化路148号1幢厂房发生局部坍塌，造成12人死亡，10人重伤，3人轻伤，直接经济损失约3430万元。事故发生原因是厂房一层承重墙（柱）本身承载力不足，施工过程中未采取维持墙体稳定措施，南侧承重墙在改造施工过程中承载力和稳定性进一步降低，施工时承重墙（柱）瞬间失稳后部分厂房结构连锁坍塌，生活区设在施工区内，导致群死群伤。

主要教训：一是企业安全生产主体责任落实不到位，现场管理混乱；二是企业内部审批流程管理不到位；三是行业监管部门监督检查不到位。

追责情况：给予相关单位通报批评、约见警示谈话和罚款、吊销资质、吊销安全生产许可证等处理；对24名有关责任人依法依规追究责任。

资料来源：https://www.thepaper.cn/newsDetail_forward_10509530　[2024-05-15]

7.2.2　工程项目的内部控制措施

1. 工程立项阶段

工程立项程序主要包括：编制项目建议书、可行性研究、立项评审和立项决策。

（1）编制项目建议书

项目建议书是企业（项目建设单位）根据工程投资意向，综合考虑产业政策、发展战略、经营计划等提出的建设某一工程项目的建议文件，是对拟建项目提出的框架性总体设想。对于非重大项目，也可以不编制项目建议书，但仍需开展可行性研究。

项目建议书的主要内容包括：项目的必要性和依据、产品方案、拟建规模、建设地点、投资估算、资金筹措、项目进度安排、经济效果和社会效益的估计、环境影响的初步评价等。

（2）可行性研究

企业应当根据批准的项目建议书控制可行性研究，编制可行性研究报告。企业可以委托具有相应资质的专业机构开展可行性研究。

可行性研究报告的内容主要包括：项目概况，项目建设的必要性，市场预测，项目建设选址及建设条件论证，建设规模和建设内容，项目外部配套建设，环境保护，劳动保护与卫生防疫，消防、节能、节水，总投资及资金来源，经济效益和社会效益，项目建设周期及进度安排，招投标法规定的相关内容等。

项目建议书和可行性研究报告中的投资估算，是项目立项的重要依据，也是研究和分析项目投资经济效果的重要条件。可行性研究报告一经批准，投资估算就是具体项目投资的最高限额，其误差一般应控制在10%以内。

(3) 立项评审

企业应当组织规划、工程、技术、财会、法律等部门的专家对项目建议书和可行性研究报告进行充分论证和评审，出具评审意见，作为项目决策的重要依据。为了确保项目评审的客观和公平，项目评审组成员不得参与可行性研究；评审组的决策机制不能简单采取"少数服从多数"原则，而要充分兼顾项目投资、质量、进度各方面的不同意见；项目评审应实行问责制，评审组成员要对其出具的评审意见承担责任。

(4) 立项决策

企业应当按照规定的权限和程序对工程项目进行决策，决策过程应有完整的书面记录。对于重大工程项目的立项，应当报经董事会或类似权力机构集体审议批准。总会计师或分管会计工作的负责人应当参与项目决策。任何个人不得单独决策或者擅自改变集体决策意见。工程项目决策失误应当实行责任追究制度。

二维码 57

二维码 57　扩展阅读　工程造价全过程管理的重点

2. 工程设计阶段

(1) 工程设计的基本要求

工程设计是对工程项目进行计量与计价，并在实施中控制支付的一种工程管理技术。根据国家有关规定，工程设计一般可按初步设计和施工图设计两个阶段进行。相应地，工程造价也划分为初步设计概算和施工图预算。

对于技术复杂、在设计上有一定难度的工程，可以按初步设计、技术设计和施工图设计三个阶段进行。对于大型建设项目，如大型矿区、油田等的设计，除按上述规定分为三个阶段外，还应进行总体规划设计或总体设计。对于小型工程项目，可以简化为施工图设计一个阶段。

(2) 工程设计的内部控制措施

企业应当加强工程设计管理，明确初步设计概算和施工图预算的编制方法，按照规定的权限和程序进行审核批准；为了确保概预算科学合理，企业可以委托具备相应资质的中介机构开展工程造价咨询工作。

初步设计是整个设计构思基本形成的阶段，该阶段应明确拟建工程在指定地点和规定期限内建设的技术可行性和经济合理性，同时确定主要技术方案、工程总造价和主要技术经济指标。建设单位可以自行完成初步设计或委托其他单位进行初步设计。

初步设计概算是在投资估算的控制下由设计单位根据初步设计的图纸及说明，利用国家或地区发布的概算指标、概算定额或综合指标预算定额、设备材料预算价格等资料，运用科学的方法计算和确定建筑安装工程全部建设费用的经济文件。初步设计概算是编制项目投资计划、确定和控制项目投资的依据，也是签订施工合同的基础依据。

初步设计概算是投资控制的最高限额，一般不得突破。企业应当向招标确定的设计单位提供详细的设计要求和基础资料。例如，企业向设计单位提供《初步设计概算编制原则》，明确在初步设计阶段工程概算编制的定额依据，人工费、机械费、材料费的价格水平和取费标准，以及对概算编制准确度的要求等，进行有效的技术交流和经济交流。

施工图设计主要通过图纸把设计者的意图和全部设计结果表达出来，作为施工建造的依据。施工图设计深度及图纸交付进度应当符合项目要求，防止因设计深度不足或存在设计缺陷，而造成施工组织、工期、工程质量、投资的失控，以及生产运行成本过高等问题。

与施工图设计直接关联的是施工图预算。施工图预算是在施工图设计完成后、工程开工前，根据已批准的施工图纸、现行的预算定额、费用定额和所在地区人工、材料、设备等资源的价格，按照规定的计算程序确定工程造价的技术经济文件。一般而言，初步设计概算与施工图预算之间的误差范围在10%内。对建设单位而言，施工图预算是确定工程招标控制价的依据，也是拨付工程款及办理工程结算的依据。对施工单位而言，施工图预算是施工单位投标报价的参考依据，也是安排调配施工力量和组织材料供应的依据。

企业应当建立设计变更管理制度。设计单位应当提供全面、及时的现场服务，以避免设计与施工相脱节的现象发生，减少设计变更的发生。对确需进行的变更，应尽量控制在设计阶段，采用层层审批等方法，使投资得到有效控制。因过失造成设计变更的，应当实行责任追究制度。

企业应当组织工程、技术、财会等部门的相关专业人员或委托具有相应资质的中介机构对编制的概预算进行审核，重点审查编制依据、项目内容、工程量的计算、定额套用等是否真实、完整和准确。工程项目概预算按照规定的权限和程序审核批准后执行。

3. 工程招标阶段

（1）工程招标程序

招标是指在市场经济条件下，进行项目采购（包括货物购买、工程的发包和服务的采购）时所采用的一种交易方式。根据《中华人民共和国招标投标法》，大型基础设施、公用事业等关系社会公共利益、公众安全的项目，全部或者部分使用国有资金投资或者国家融资的项目，使用国际组织或者外国政府贷款、援助资金的项目，必须进行招标。根据国家发展计划委员会文件，符合招标范围的建设项目，达到下列标准之一的，必须进行招标：施工单项合同估算价在200万元人民币以上的；重要设备、材料等货物的采购，单项合同估算价在100万元人民币以上的；勘察、设计、监理等服务，单项合同估算价在50万元人民币以上的；单项合同估算价低于前三项规定的标准，但项目总投资在3000万元人民币以上的。

招标程序包括招标、投标、开标、评标和定标五个主要环节，如图7-3所示。

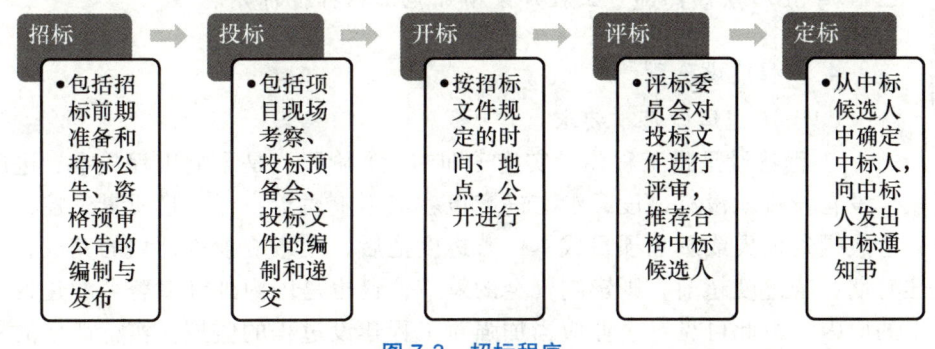

图7-3 招标程序

（2）工程招标控制措施

招标方式包括公开招标和邀约招标。公开招标是指招标人在指定的报刊、电子网络或其他媒体上发布招标公告,吸引众多的投标人参加投标竞争,招标人从中择优选择中标单位的招标方式。邀请招标也称选择性招标,是指由招标人根据自己的经验和有关供应商、承包商资料,如企业信誉、设备性能、技术力量、以往业绩等情况,选择一定数目的企业(一般应邀请5～10家,不能少于3家),向其发出投标邀请书,邀请他们参加投标竞争的招标方式。

企业的工程项目一般应当采用公开招标的方式。在某些特定情况下,如由于项目技术复杂或有特殊要求、涉及专利权保护、受自然资源或环境限制、新技术或技术规格事先难以确定等原因,可供选择的具备资格的投标单位数量有限,实行公开招标不适宜或不可行时,企业可选用邀请招标方式。

企业应当依照《中华人民共和国招标投标法》的规定,遵循公开、公正、平等竞争的原则,发布招标公告,提供载有招标工程的主要技术要求、主要合同条款、评标的标准和方法,以及开标、评标、定标的程序等内容的招标文件。企业不得违背工程施工组织设计和招标设计计划,不得将应由一个承包单位完成的工程肢解为若干部分发包给几个承包单位。企业可以根据项目特点决定是否编制标底。需要编制标底的,标底编制过程和标底应当严格保密。

投标阶段包括现场考察、投标预备会以及投标文件的编制和送达。在确定中标人前,企业不得与投标人就投标价格、投标方案等实质性内容进行谈判。招标人应当对投标人的信息采取严格的保密措施,防止投标人之间串通舞弊;应按照招标公告或资格预审文件中的投标人资格条件,对投标人进行严格审查,预防借假资质中标或串标。

企业应当依法组织工程招标的开标、评标和定标,并接受有关部门的监督。开标应当公开进行,所有的潜在投标人或其代表均可参加开标。

企业应当依法组建评标委员会,评标委员会应当客观、公正地履行职务,遵守职业道德,对所提出的评审意见承担责任。评标委员会应当按照招标文件确定的标准和方法,对投标文件进行审查、评价,择优选择中标候选人。企业应及时向中标人发出中标通知书,在规定的期限内与中标人订立书面合同,明确双方的权利、义务和违约责任。企业和中标人不得再行订立背离合同实质性内容的其他协议。

二维码58

二维码58　法规速递　工程建设项目施工招标投标办法

4. 工程建设阶段

(1) 工程建设基本要求

工程建设是指工程建设实施(即施工)阶段,是影响工程成本、进度和质量的重要阶段。没有投资就没有进度,没有进度也就谈不上质量,而一旦质量失控,势必影响施工进度,造成投资损失或影响项目成本;若进度拖后,则影响投资计划的完成,错过项目投产的最佳时期;若进度超前,则影响资金的筹措,这也是国内外许多著名的建设项目不要求提前完工的原因。由此可见,企业应当加强对工程建设过程的监控,实行严格的概预算管理,切实做到及时备料、科学施工、保障资金、落实责任,确保工程项目达到设计要求。

(2) 工程建设内部控制措施

工程建设阶段包括工程物资采购、工程监理、工程价款结算及工程变更。

企业按照合同约定自行采购工程物资的，可参考本书第 6 章采购业务相关内容。由承包单位采购工程物资的，企业应当加强监督，确保工程物资采购符合设计标准和合同要求，严禁不合格工程物资投入工程项目建设。重大设备和大宗材料的采购应当根据有关招标采购的规定执行。

企业应当实行严格的工程监理制度，委托经过招标确定的监理单位进行监理。工程监理是指具有相关资质的监理单位受建设单位的委托，依据国家批准的工程项目建设文件、有关工程建设的法律法规和工程建设监理合同及其他工程建设合同，代替建设单位对承建单位的工程建设的质量、工期、进度、安全和资金使用等方面实施监控的一种专业化服务活动。工程监理人员应遵守职业操守，客观公正地开展监理工作；对施工中不符合设计要求、标准或合同约定的事项，应及时要求承包单位改正；发现工程设计不符合工程质量标准或者合同约定的，应报告企业并要求设计单位改正。未经工程监理人员签字，工程物资不得在工程上使用或者安装，不得进行下一道工序施工，不得拨付工程价款，不得进行竣工验收。

工程价款结算包括：工程预付款结算、工程进度款结算、工程竣工价款结算。施工合同签订后，建设单位一般先向承包单位支付一笔工程预付款，然后按周期或项目目标拨付工程进度款。实际工作中，工程进度款大部分按月结算，年终或工程竣工后进行清算。

建设单位应建立完善的工程价款结算制度，财会部门应当加强与承包单位的沟通，准确掌握工程进度，根据合同约定，按照规定的审批权限和程序办理工程价款结算，不得无故拖欠。关于价款结算可参考本书第 6.1 节资金活动相关内容。

企业应当建立工程项目变更审批制度，严格控制工程变更，确需变更的，应当按照规定的权限和程序进行审批。重大项目的变更应当按照项目决策和概预算控制的有关程序和要求重新履行审批手续。工程变更等原因造成价款支付方式及金额发生变动的，应当提供完整的书面文件和其他相关资料，并对工程变更价款的支付进行严格审核。

5. 工程验收阶段

（1）竣工验收程序

竣工验收指工程项目竣工后，由建设单位会同设计、施工、监理单位以及工程质量监督部门等，对该项目是否符合规划设计要求以及建筑施工和设备安装质量进行全面检验的过程。竣工验收一般建立在分阶段验收的基础之上，原则上前一阶段已经完成验收的工程项目在全部工程验收时不再重新验收。

企业收到承包单位的工程竣工报告后，应当及时编制竣工决算表，开展竣工决算审计，并组织设计、施工、监理等有关单位进行竣工验收。验收合格的工程项目，应当编制交付使用财产清单，及时办理交付使用手续。

（2）竣工验收的内部控制措施

在竣工验收环节，除了对工程质量进行验收，还包括竣工结算和竣工决算两项重要工作。竣工结算是指承包单位按照合同规定的内容全部完成所承包的工程，经验收质量合格并符合合同要求之后，与建设单位进行的最终工程价款结算。竣工结算由承包单位编制，建设单位可直接进行审查，也可以委托具有相应资质的工程造价咨询机构进行审查。竣工结算办理完毕，建设单位应根据确认的竣工结算书在合同约定时间内向承包单位支付工程竣工结算价款。竣工决算是以实物数量和货币指标为计量单位，综合反映竣工项目从筹建开始到项目竣工交付使用为止的全部建设费用、财务情况和投资效果的总结性文件。建设单位应在收到工程竣工验收报告后，及时编制竣工决算。竣工决算是办理固定资产交付使用手续的依据。竣工决算的主要风险：竣工验收不规范，质量检验不够严格，可能导致工程存在重大质量隐患；虚报项目投资完成额、虚列建设成本或隐匿结余资金，导致虚假竣工决算；固定资产达到预计可使用状态后，未及时进行估价、结转等。

竣工验收的内部控制措施主要包括以下几项。

第一，企业应当健全竣工验收各项管理制度，明确竣工验收的条件、标准、程序、组织管理和责任追究等。

第二，企业应当建立竣工决算审计制度，竣工决算审计是依据《审计法》和审计署发《基本建设竣工决算审计工作要求》进行，审计内容包括：竣工决算编制依据、项目建设及概（预）算执行情况、建设成本、交付使用资产、尾工工程、结余资金、基建收入、投资包干结余和投资效益评价等。企业应当加强竣工决算审计，未实施竣工决算审计的工程项目，不得办理竣工验收手续。

第三，企业应当按照国家有关档案管理的规定，及时收集、整理工程建设各环节的文件资料，建立完整的工程项目档案。

企业应当按照国家有关档案管理的规定，及时收集、整理工程建设各环节的文件资料，建立完整的工程项目档案。

二维码59　扩展阅读　建筑工程竣工验收程序

二维码59

6. 工程项目后评估阶段

项目后评估是工程项目竣工投产、生产经营一段时间后，再对项目从立项决策、设计、施工、竣工投产、生产经营等全过程进行系统评价的技术经济活动。企业应当建立完工项目后评估制度，重点评价工程项目预期目标的实现情况和项目投资效益等，以此作为绩效考核和责任追究的依据，并为今后类似的工程项目决策提供依据。

7.3　担保业务内部控制

在经济活动中，一些企业由于各种原因，需要开展各种类型的担保业务。如何对担保业务进行有效控制管理，切实防范经营风险，已成为企业必须高度重视的问题。企业为其他单位提供债务担保，如果被担保单位不能在债务到期时偿还债务，则担保企业需要履行偿还债务的连带责任。因此，债务担保有可能成为企业的一项或有负债，企业承担着履行担保责任的潜在风险。基于此，为了保障企业的投资者和债权人的利益，企业应当加强对担保业务的管理，防范担保业务的风险，对担保业务实施有效的内部控制。

7.3.1　担保业务概述

1. 担保的定义

担保是指企业作为担保人，按照公平、自愿、互利的原则与债权人约定，当债务人不履行债务时，依照法律规定和合同协议承担相应法律责任的行为。根据《中华人民共和国民法典》，担保包括保证、抵押、质押、留置和定金五种方式。

具体而言，担保这一概念包含以下几层含义。

第一，担保的目的是保障特定债权人债权的实现。比如，某银行向企业发放贷款，为了确保企业能够到期还贷，银行要求该企业以其财产提供抵押担保。如果企业不能还贷，那么银行就有权利通过拍卖或者变卖抵押财产实现其利益。

第二，担保的标的物可以是债务人或者是第三人的特定财产，也可以是第三人的信用，但不能是债务人的信用。例如，甲公司卖给乙企业一批货物。为了能够按时收回货款，甲公司要求乙企业提供担保。乙企业既可以用自己的财产，也可以用他人的财产提供抵押或者质押担保，还可以用他人的信用（而不是特定财产）提供保证担保。由于乙企业本来就负有以自己的信用履行合同的法定义务，所以不能用自己的信用提供担保。

第三，担保是对债权效力的加强与补充。产生债权债务关系后，债务人就有了履行的义务。债权人之所以要求债务人在合同之外另行提供担保，其目的就是加强对债权的保护，为自己债权的实现提供双重保障。在实践中，有些企业不了解担保的风险，随意为他人做担保，从而导致需要承担重大经济损失的后果。

企业可能会出于多种原因为其他企业提供担保，被担保对象主要包括：子公司、合营企业、联营企业；长期稳定的主要客户、主要供应商、与本企业经济利益有密切关系的其他企业。但对于股东、股东的控股子公司、股东的附属企业及个人债务，企业一般不能为其提供担保。

二维码 60　法规速递　最高人民法院关于适用《中华人民共和国民法典》有关担保制度的解释

二维码 60

2. 担保的特点

担保是为了保障债权的实现而设立的，相对于企业的购销业务而言，担保具有风险性、被动性、合法性等特点。

（1）风险性

风险性是指企业为他人提供担保，一旦被担保人不履行付款责任，担保人便需要承担连带责任，从而给自身带来较为严重的后果，且担保业务通常涉及的担保金额较大、当事人较多，因而具有较大的风险性。

（2）被动性

被动性是指企业一旦签订了对外担保合同或协议，其是否需要履行担保责任，被动地决定于被担保人是否履行偿债义务。

（3）合法性

合法性是指担保业务必须符合《中华人民共和国民法典》等相关法律法规的规定。因此，对外担保的直接后果是形成企业的一项或有负债，企业承担着履行担保责任的潜在风险。

3. 担保的业务流程

企业担保业务流程由调查评估与审批和执行与监控两部分组成，具体包括：受理申请、调查评估、审批、签订担保合同、日常管理和担保终止等环节。担保业务流程如图7-4所示。

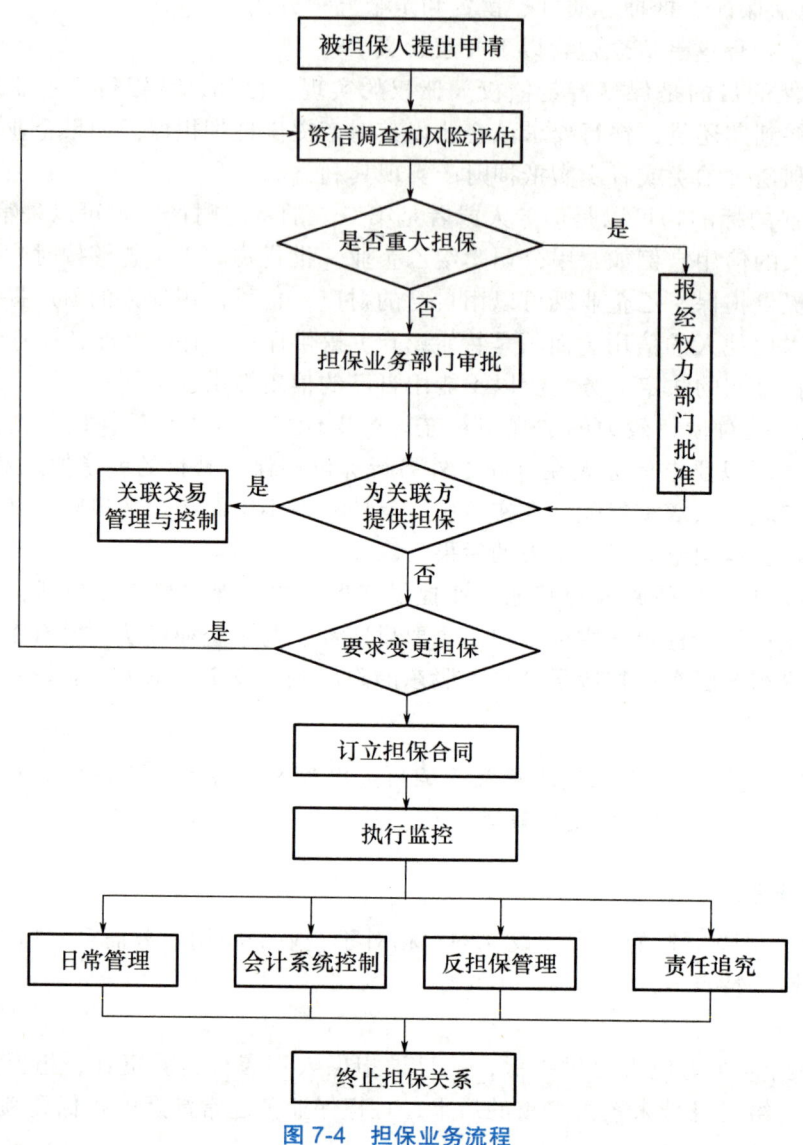

图 7-4 担保业务流程

4. 担保业务应关注的风险

企业应当依法制定和完善担保业务政策及相关管理制度，明确担保的对象、范围、方式、条件、程序、担保限额和禁止担保等事项，规范调查评估、审核批准、担保执行等环节的工作流程，按照政策、制度、流程办理担保业务，定期检查担保政策的执行情况及执行效果，切实防范担保业务风险。按照担保业务流程，企业在办理担保业务的各阶段应关注的主要风险如下。

（1）受理申请阶段

企业担保政策和管理制度不规范，或者虽然建立了担保政策和管理制度，但对担保申请审查不严，导致受理申请流于形式。

（2）调查评估阶段

对担保申请人的资信调查不深入、不透彻，对担保项目的风险评估不全面、不科学，导致企业担保决策失误或遭受欺诈，为担保业务埋下巨大隐患。

（3）审批阶段

授权审批制度不健全，导致对担保业务的审批不规范；审批不严格或者越权审批，导致担保决策出现重大疏漏，可能引发严重后果；审批过程存在舞弊行为，可能导致经办审批等相关人员涉案或企业利益受损。

（4）签订担保合同阶段

未经授权对外订立担保合同，或者担保合同内容存在重大疏漏和欺诈，可能导致企业诉讼失败，权利追索被动，经济利益、形象和信誉受损。

（5）日常管理阶段

重合同签订，轻后续管理，对担保合同履行情况疏于监控或监控不当，导致企业不能及时发现和妥善应对被担保人的异常情况，可能延误处置时机，加剧担保风险，加重经济损失。会计系统控制不力，可能导致担保业务记录残缺不全，日常监控难以奏效；或者担保会计处理和信息披露不符合有关监管要求，可能引发行政处罚。

（6）担保终止阶段

违背担保合同约定不履行代为清偿义务，可能被银行等债权人诉诸法律成为连带被告，影响企业形象和声誉；承担代为清偿义务后向被担保人追索权利不力，可能造成较大经济损失。

案例 7-4

涉嫌资金占用、违规担保——ST 八菱原重要股东被罚 200 万

ST 八菱原持股 5% 以上股东，北京弘润天源基因生物有限公司（ST 八菱控股子公司，以下简称弘润天源）股东、法定代表人、董事长兼总经理、海南弘润天源基因生物技术有限公司（以下简称海南弘天，弘润天源全资子公司）法定代表人、执行董事兼总经理王某某违反规定程序，未经过公司同意，于 2019 年 10 月 28 日、10 月 29 日及 2020 年 1 月 8 日擅自将海南弘天 4.66 亿元银行存款定期存单对外质押担保，构成违规担保。海南弘天 4.66 亿元质押存单实际上是为王某某的个人借款提供担保，构成了关联方非经营性资金占用。

证券监管机构做出处罚决定，对 ST 八菱责令改正，给予警告，并处以 200 万元罚款；对王某某给予警告，并处以 200 万元罚款；对 ST 八菱董事长兼总经理顾某给予警告，并处以 200 万元罚款；对 ST 八菱财务总监、副总经理兼董事会秘书给予警告，分别处以 100 万元罚款。

资料来源：https://finance.sina.com.cn/tech/2021-07-12/doc-ikqciyzk5073376.shtml ［2024-05-16］

7.3.2 担保业务的内部控制措施

1. 受理担保申请

受理担保申请是企业办理担保业务的开始,企业应当指定相关部门严格按照担保政策和相关管理制度对担保申请进行审核。比如,审核担保申请人是否属于可以提供担保的对象;审核担保申请人的整体实力、经营状况、信用水平等;审核担保申请人申请资料是否完备等。

2. 调查评估

企业可自行对担保申请人进行资信调查和风险评估,也可委托中介机构对担保业务进行资信调查和风险评估。

企业自行对担保申请人进行调查评估时,应委派具备良好职业道德和专业胜任能力的人员,并严格遵守职务分离原则,确保调查评估人员与担保业务审批人员的职务分离。企业也可以根据自身情况或担保业务的规模,选择具备专业胜任能力的中介机构对担保申请人进行资信调查和风险评估。

无论是自行调查评估还是委托中介机构调查评估,都应出具书面调查评估报告。一般地,担保业务调查评估报告至少应包括以下内容:担保申请人的基本情况、资产质量、经营情况、行业前景、信用状况、偿债能力、反担保事项、风险揭示和调查结论等。

企业在对担保申请人进行资信调查和风险评估时,应当重点关注以下事项。一是担保业务是否符合国家法律法规和本企业担保政策等相关要求。二是担保申请人的资信状况,一般包括基本情况、资产质量、经营情况、偿债能力、盈利水平、信用程度、行业前景等。三是担保申请人用于担保和第三方担保的资产状况及其权利归属。四是企业要求担保申请人提供反担保的,还应当对与反担保有关的资产状况进行评估。

担保业务属于高风险业务,企业应谨慎对待。企业对出现以下情形之一的担保申请人,不得提供担保。

(1)担保项目不符合国家法律法规和本企业担保政策的。
(2)已进入重组、托管、兼并或破产清算程序的。
(3)财务状况恶化、资不抵债、管理混乱、经营风险较大的。
(4)与其他企业存在较大经济纠纷、面临法律诉讼且可能承担较大赔偿责任的。
(5)与本企业已经发生过担保纠纷且仍未妥善解决的,或不能及时足额交纳担保费用的。

3. 担保业务的授权审批制度

企业应当建立和完善担保业务的授权审批制度,规定担保业务的授权批准方式、权限、程序、责任和相关控制措施,在授权范围内进行审批,不得超越权限审批。

对于一般业务,企业应当设置逐级上报审核流程,明确享有各级审核权限的人员审核时应关注的重点,以及具有审批权限人员的审批额度限制。例如:调查评估人员需签署调查意见,提出审批申请;财务部负责人审核的内容为担保金额与企业财务指标的比例、财务承受能力、保费收取情况等;法律部负责人审核的内容为相关法律性文件是否能够充分保护企业的合法权益;分管副总审核的内容为担保事项总体情况,分管副总须全面衡量风险控制能力;明确规定总经理审批额度,超过该额度,应上报董事会审批等。经办人员应当在职责范围内，按照审批人员的批准意见办理担保业务。审批人超越权限审批的担保业务，经办人员应当拒绝办理。

重大担保业务，应当报经董事会或类似权力机构批准。企业应将超过一定金额的担保事项列入重大事项，实行集体决策审批或者联签制度，任何个人不得单独进行决策或者擅自改变集体决策。上市公司的重大对外担保，应取得董事会全体三分之二以上成员签署同意或者经股东大会批准，未经董事会或者类似权力机构批准，不得对外提供重大担保。

被担保人如果要求变更担保时间、期限、金额、资金用途或反担保措施等关键担保事项的，企业应当重新履行调查评估，编写调查报告，执行审批程序。

4. 对子公司、关联方及境外企业担保的控制

（1）对子公司担保的控制

企业应当采取合法有效的措施加强对子公司担保业务的统一监控。企业内设机构未经授权不得办理担保业务。如要求子公司对担保业务建立上报审批制度，子公司应定期上报对外担保情况，被担保人出现经营风险或出现无法按期偿还债务预兆，应及时上报母公司；规定子公司最高担保额度，超过规定额度的担保事项，要上报母公司审批，审批通过方可提供担保。同时，企业还应定期对子公司担保事项进行检查或审计，及时发现违规担保，追究相关人员责任，防范风险。

（2）对关联方担保的控制

企业为关联方提供担保的，与关联方存在经济利益或近亲属关系的有关人员在评估与审批环节应当回避。

（3）对境外企业担保的控制

对境外企业进行担保的，应当遵守外汇管理规定，并关注被担保人所在国家的政治、经济、法律等因素对担保业务的影响。

5. 签订担保合同

企业应当根据相关部门审核批准的担保业务订立担保合同。所谓担保合同，是指为促使债务人履行其债务，保障债权人的债权得以实现，而在债权人（同时也是担保权人）和担保人之间，或在债权人、债务人和第三人（即担保人）之间协商形成的，当债务人不履行或无法履行债务时，以一定方式保证债权人债权得以实现的协议。担保合同是主合同的从合同，如主合同无效，则担保合同无效。

以借款担保为例，担保合同作为借款合同的从合同，通常情况下是由债权人与担保人签订的。担保合同旨在明确担保权人和担保人之间的权利、义务关系，保障债权人的债权得以实现。此外，企业在选择保证为担保方式时，还应在保证合同中明确承担的是一般保证还是连带责任保证。如果未对保证方式进行约定或者约定不明确，则按照连带责任保证承担保证责任。

一般保证和连带责任保证的区别是，一般保证的保证人在主合同纠纷未经审判或者仲裁，并就债务人财产依法强制执行仍不能履行债务前，对债权人可以拒绝承担保证责任；连带责任保证的债务人在主合同规定的债务履行期届满没有履行债务的，债权人可以要求债务人履行债务，也可以要求保证人在其保证范围内承担保证责任。

企业作为担保人应与被担保人（债务人）签订委托担保合同及相关的反担保合同，该类合同中应约定被担保人的权利、义务、违约责任等相关内容，并要求被担保人定期提供财务报告与有关资料，及时通报担保事项的实施情况。

担保申请人同时向多方申请担保的，企业应当在担保合同中明确约定本企业的担保份额和相应的责任。例如：A、B、C 三家企业同时为甲企业 1500 万元的债务提供保证担保，A、B、C 作为甲方，应在合同中明确承担担保责任的份额，经与债权人协商一致三个担保人各承担三分之一，即如果甲企业不能到期偿还债务，A、B、C 三个担保人应分别代偿 500 万元债务。

对于企业订立担保合同的相关事宜，还可以参考《企业内部控制应用指引第 16 号——合同管理》。

6. 反担保财产管理

反担保是指为债务人担保的第三人，为了保证其追偿权的实现，要求债务人提供的担保。在债务清偿期届满，债务人未履行债务时，由第三人承担担保责任后，第三人即成为债务人的债权人，第三人对其代债务人清偿的债务，有向债务人追偿的权利。当第三人行使追偿权时，有可能因债务人无力偿还而使追偿权落空，为了保证追偿权的实现，第三人在为债务人做担保时，可以要求债务人为其提供担保，这种债务人反过来又为担保人提供的担保称反担保。反担保的目的是确保第三人追偿权的实现。

企业应当加强对反担保财产的管理，妥善保管被担保人用于反担保的权利凭证，定期核实财产的存续状况和价值，发现问题及时处理，确保反担保财产安全完整。

7. 担保的责任追究制度

担保业务本身就是高风险业务，为了有效防范担保业务中存在的风险，企业应当建立担保业务责任追究制度，对在担保中出现重大决策失误、未履行集体审批程序或不按规定管理担保业务的部门及人员，应当严格追究相应的责任。

8. 担保业务终止

企业应当在担保合同到期时，全面清查用于担保的财产、权利凭证，按照合同约定及时终止担保关系。被担保人在担保期间如果顺利履行了对银行等债权人的偿债义务，且向担保人及时、足额地支付了担保费用，担保合同一般应予终止，担保双方可以解除担保权利责任。如果被担保人无法偿还到期债务，则担保人不得不按照担保合同约定承担清偿债务的责任。为此，担保人在代为清偿后应依法主张对被担保人的追索权。

企业应当妥善保管担保合同、与担保合同相关的主合同、反担保函或反担保合同，以及抵押、质押的权利凭证和有关原始资料，切实做到担保业务档案完整无缺。

二维码 61

二维码 61　扩展阅读　4.21 亿违规担保东窗事发，超讯通信一夜惊变 ST

7.4　业务外包内部控制

随着全球经济一体化及国际产业分工呈细化趋势，企业竞争日趋激烈，传统竞争战略的缺陷逐渐显露，职能外包战略不仅在信息系统领域，同时也在生产、物流、营销等众多领域被广泛使用,以促进企业资源的有效分配,进一步帮助企业提升核心竞争力。企业可以通过业务外包整合外部企业优秀的专业化资源,从而降低成本、提高效率、充分发挥自身核心竞争力和增强企业对环境的迅速应变能力。为了加强业务外包管理,规范业务外包行为,防范业务外包风险,企业需要对业务外包进行有效的内部控制。

7.4.1 业务外包概述

1. 业务外包的定义

业务外包,即企业把内部的一部分业务承包给外部专门机构,就是企业充分利用当今社会专业化分工优势,将日常经营中的部分业务委托给本企业以外的专业服务机构或其他经济组织(以下简称承包方)完成的经营行为,其实质是企业的重新定位。企业重新配置各种资源,将资源集中于最能反映企业相对优势的领域,塑造和发挥企业独特的、难以被其他企业模仿或替代的核心业务,构筑竞争优势,获得持续发展的能力。本节不涉及工程项目外包。

企业业务外包具有两大显著优势:一是业务外包能够使企业专注核心业务;二是业务外包能够使企业提高资源利用率。例如,世界最大的飞机制造公司之一——波音公司只生产座舱和翼尖;全球最大的运动鞋制造公司之一——耐克公司却从未生产过一双鞋;等等。业务外包不仅可以降低企业的生产成本,提高经营效率,而且可以推动企业不断顺应市场需求嬗变的态势,降低风险,从而营造企业高度弹性化运行的竞争优势。

二维码 62 扩展阅读 各类外包词汇的本质分析

2. 业务外包的特点

(1)外包偏向于后台业务

新经济时代,市场瞬息万变,企业生存的基本准则就是能及时获取终端信息,随市而变。为了把握终端市场,把准市场脉搏,许多企业对前台业务都是亲力亲为、强化服务,而将后台业务、离市场较远的业务外包出去。

(2)外包偏向于重复性业务

信息社会,产品的生命周期缩短、品种增加、批量减小,而顾客对产品的交货周期、价格和质量的要求却越来越高。在这种背景下,满足个性化需求是企业的重中之重。为此,企业可将机械性、重复性的业务,通过数字化、软件化外包出去。

(3)外包偏向于非现场业务

企业的重要业务需要现场作业,必须由企业自己完成,对于那些非现场的或者以网络为平台的业务,可实施外包。企业与合作伙伴之间可以通过互联网及信息技术实现彼此的资料互换、信息共享。

二维码 63 扩展阅读 深度分析:小米是怎样的商业模式

3. 业务外包的流程

业务外包流程主要包括制订实施方案、审核批准实施方案、选择承包方、签订合同、实施业务外包和验收业务外包等六个环节,如图 7-5 所示。

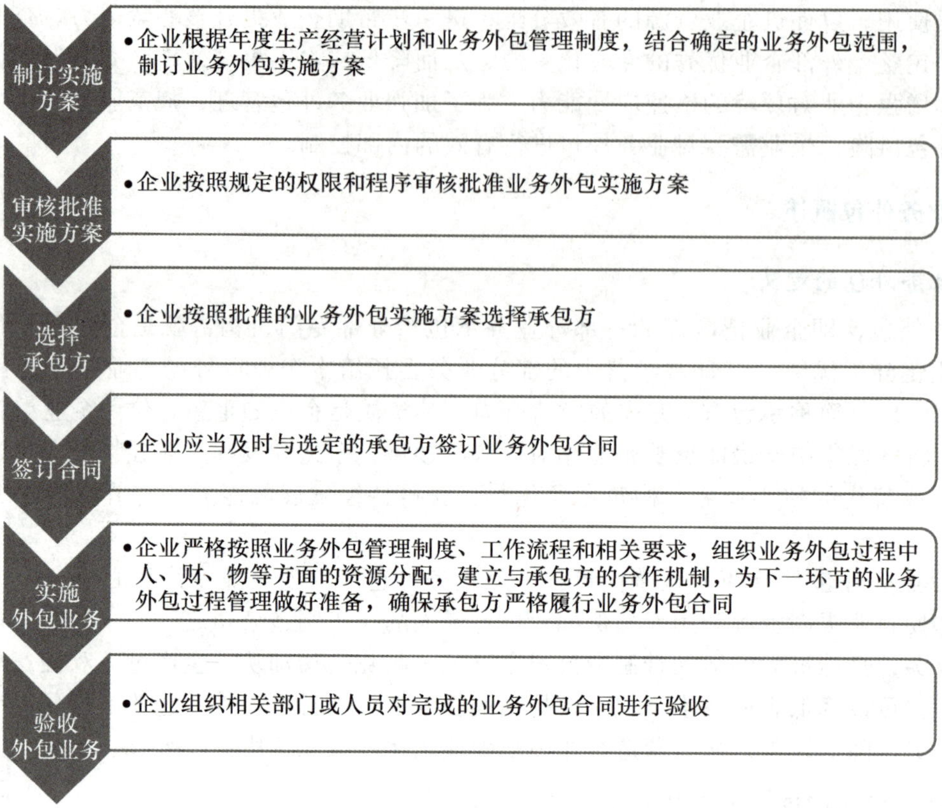

```
制订实施方案 → 企业根据年度生产经营计划和业务外包管理制度,结合确定的业务外包范围,制订业务外包实施方案

审核批准实施方案 → 企业按照规定的权限和程序审核批准业务外包实施方案

选择承包方 → 企业按照批准的业务外包实施方案选择承包方

签订合同 → 企业应当及时与选定的承包方签订业务外包合同

实施外包业务 → 企业严格按照业务外包管理制度、工作流程和相关要求,组织业务外包过程中人、财、物等方面的资源分配,建立与承包方的合作机制,为下一环节的业务外包过程管理做好准备,确保承包方严格履行业务外包合同

验收外包业务 → 企业组织相关部门或人员对完成的业务外包合同进行验收
```

图 7-5 业务外包流程

4. 业务外包的分类

根据不同的标准,业务外包可以划分为不同种类。

(1) 按重要程度分类

业务外包按重要程度不同,可以划分为重大外包业务和一般外包业务。其中,重大外包业务是指对企业生产经营有重大影响的外包业务。

(2) 按业务领域分类

按业务领域不同,业务外包通常包括:研发、资信调查、可行性研究、委托加工、物业管理、客户服务、IT 服务等。

(3) 按业务活动的完整性分类

按业务活动的完整性可以将业务外包分为部分外包和整体外包。所谓部分外包,是指企业根据需要将业务各组成部分分别外包给该领域的优秀服务供应商。一般来说,部分外包的业务主要是与核心业务无关的辅助性活动,如临时性服务等。而整体外包是企业将业务的所有流程,从计划、安排、执行到业务分析全部外包,由外包供应商管理整个业务流程,并根据企业的需要进行调整。在这种外包模式下,企业必须与承包商签订合同,合同内容应包括产品质量、交货期、技术变动,以及相关设备性能指标的要求。整体外包强调企业之间的长期合作,长期合作关系将在很大程度上抑制机会主义行为的产生,因为一次性的背叛和欺诈在长期合作中将导致针锋相对的报复和惩罚。外包伙伴可能会失去相关业务,因此,这种合作关系会使因机会主义而产生的交易费用降到最低限度。

（4）按与外包供应商的合作关系分类

按与外包供应商的合作关系，可以将业务外包分为利用中介的外包和无中介服务的外包。在利用中介的外包模式中，企业和外包供应商并不直接接触，双方与中介组织签订契约，由中介组织去匹配交易信息，中介组织通过收取佣金获利。这种利用中介组织的外包模式可以大大降低厂商和外包供应商的搜索成本，提高交易的效率。麦当劳在我国许多城市雇用员工就是采用这种模式。而在无中介的外包模式中，企业和外包供应商的合作可以借助于互联网进行，如美国 CISCO 公司将 80% 的产品生产和配送业务通过其"生产在线"网站进行外包，获得 CISCO 授权的供应商可以进入 CISCO 数据库，获取承包供货的信息。

企业通过对业务外包实施分类管理，实现对不同类型的外包业务，根据其各自的特点和风险，采取有效的控制措施。

5. 业务外包应关注的风险

按照业务外包的流程分析，企业的业务外包应当关注以下阶段的风险。

（1）制订实施方案阶段

企业缺乏业务外包管理制度，导致制订实施方案时无据可依；业务外包管理制度未明确业务外包范围，可能导致有关部门在制订实施方案时，将不宜外包的核心业务进行外包；实施方案不合理、不符合企业生产经营特点或实施方案内容不完整，可能导致业务外包失败。

（2）审核批准实施方案阶段

审批制度不健全，导致对业务外包的审批不规范；审批不严格或者越权审批，导致业务外包决策出现重大疏漏，从而引发严重后果；未能对业务外包实施方案是否符合成本效益原则进行合理审核以及做出恰当判断，导致业务外包不经济。

（3）选择承包方阶段

承包方不是合法设立的法人主体，缺乏应有的专业资质，从业人员也不具备应有的专业技术资格，缺乏从事相关项目的经验，导致企业遭受损失甚至陷入法律纠纷；外包价格不合理，业务外包成本过高导致难以发挥业务外包的优势；存在商业贿赂等舞弊行为，导致相关人员涉案。

（4）签订合同阶段

合同条款未能针对业务外包风险做出明确的约定，对承包方的违约责任界定不够清晰，导致企业陷入合同纠纷和诉讼；合同约定的业务外包价格不合理或成本费用过高，导致企业遭受损失。

（5）实施外包业务阶段

组织实施业务外包的工作不充分或未落实到位，影响下一环节业务外包过程管理的有效实施，导致难以实现业务外包的目标。承包方在合同期内因市场变化等不能保持履约能力，无法继续按照合同约定履行义务，导致业务外包失败和本企业生产经营活动中断；承包方出现未按照业务外包合同约定的质量要求持续提供合格的产品或服务等违约行为，导致企业难以发挥业务外包优势，甚至遭受重大损失；管控不力，导致商业秘密泄露。

（6）验收外包业务阶段

验收方式与业务外包成果交付方式不匹配，验收标准不明确，验收程序不规范，使得验收工作流于形式，不能及时发现业务外包质量低劣等情况，可能导致企业遭受损失。

6. 业务外包控制的总体要求

企业应当建立和完善业务外包管理制度，规定业务外包的范围、方式、条件、程序和实施等相关内容，明确相关部门和岗位的职责权限，强化对业务外包全过程的监控，防范外包风险，充分发挥业务外包的优势。此外，企业应当权衡利弊，避免核心业务外包。

案例 7-5

松下业务外包为"瘦身"

据日媒报道，松下电器公司与 TCL 达成协议，把面向东南亚、印度等市场的电视量产机型的生产委托给 TCL，自主生产仅保留大尺寸液晶电视、OLED 电视等高端机型。

电视机生产曾是长期引领松下家电部门的明星业务，但近年来迫于消费需求变化和市场竞争等压力，其盈利能力减弱。截至 2019 财年（2019 年 4 月至 2020 年 3 月），松下的电视机业务连续两个财年亏损。为了改善公司电视机生产这一"结构性亏损业务"，2021 财年之前，松下采取了关闭部分工厂、出售业务板块及开展外部合作等一系列"瘦身"举措进行止损。

由于受新冠疫情带来的宅家需求，松下电视机业务部门保持了盈利，但公司认为，这是短期特定环境因素所致，不亏损的状况要想持续，亟须同外部展开合作。松下需要通过与其他厂商进行合作实现互补，降低目前持有的资产规模。

把电视机业务委托给代工企业生产，对松下而言，的确有利于削减成本，也有利于扩大规模。有调查显示，在供货量方面，2020 年 TCL 电视全球销售量达 2393 万台，占全球电视机总销量的 10.7%，位居全球第三。

将部分生产外包，只保留利润率更高的产品，或者只锁定日本国内市场的做法就能确保公司高枕无忧吗？未必。无论是消费者还是供应商，市场一直都在变化。一方面，随着生产规模的缩减，公司在盈利产品的种类和数量方面所受限制会越来越大，很难满足市场需求。另一方面，在技术创新日新月异的今天，高端产品市场的竞争尤为激烈，很难说有哪一家企业能在技术层面处于"唯我独尊"的地位。看来，要想按预期实现稳定盈利，下一步，松下或将进一步推进结构性改革。

资料来源：https://baijiahao.baidu.com/s?id=1719161130824235100&wfr=spider&for=pc [2024-05-16]

7.4.2 业务外包的内部控制措施

1. 业务外包实施方案和审核批准制度

企业应当根据年度生产经营计划，结合确定的业务外包范围，拟订实施方案。对于拟订的业务外包实施方案，按照规定的权限和程序审核批准。总会计师或分管会计工作的负责人应当参与重大业务外包的决策，对业务外包做出经济评价。重大业务外包方案，应当提交董事会或类似权力机构审批。

2. 承包方选择条件

企业应当按照批准的业务外包实施方案选择承包方。承包方至少应当具备下列条件。

（1）承包方是依法成立和合法经营的专业服务机构或其他经济组织，具有相应的经营范围和固定的办公场所；应当具备相应的专业资质，其从业人员符合岗位要求和任职条件，并具有相应的专业技术资格，技术及经验水平符合本企业业务外包的要求。

（2）业务外包应遵循成本效益原则，严格控制业务外包成本，合理确定外包价格。

（3）企业应当引入竞争机制，遵循公开、公平、公正的原则，采用适当方式，择优选择外包业务的承包方。采用招标方式选择承包方的，应当符合招标投标法的相关规定。企业及相关人员在选择承包方的过程中，不得收受贿赂、回扣或者索取其他好处。承包方及其工作人员不得利用向企业及其工作人员行贿、提供回扣或者给予其他好处等不正当手段承揽业务。

（4）需要保密的企业外包业务，应当在业务外包合同或者另行签订的保密协议中明确规定承包方的保密义务和责任，要求承包方向其从业人员提示保密要求和应承担的责任。

3. 签订业务外包合同

企业应当按照规定的权限和程序从候选承包方中确定最终承包方，并签订业务外包合同。业务外包合同内容主要包括：外包业务的内容和范围，双方的权利和义务，服务和质量标准，保密事项，费用结算标准和违约责任等事项。业务外包合同的管理可参考《企业内部控制应用指引第16号——合同管理》。

4. 业务外包实施

企业在组织开展业务外包时，应当按照业务外包制度、工作流程和相关要求，制定业务外包实施的管控措施，包括落实与承包方之间的资金投入、相关资产管理、信息资料管理、人力资源管理、安全保密管理等机制；明确承包方提供服务或产品的工作流程、模式、职能架构、项目实施计划等内容，确保承包方在履行业务外包合同时有章可循。

（1）与承包方建立有效的沟通机制

企业应当做好与承包方的对接工作，加强与承包方的沟通与协调，及时收集相关信息，发现和解决外包业务日常管理中存在的问题。对于重大业务的外包，企业应当密切关注承包方的履约能力，建立相应的应急机制，避免业务外包失败造成本企业生产经营活动中断。

（2）完善业务外包的会计核算

企业应当根据国家统一的会计准则制度，加强对外包业务的核算与监督，全面真实地记录和反映企业业务外包各环节的资金流和实物流情况，避免企业资产流失或贬损。在向承包方结算费用时，应当依据验收证明，严格按照合同约定的结算条件、方式和标准办理支付，做好业务外包费用结算工作。

（3）对承包方履约能力的持续评估

企业应当对承包方的履约能力进行持续评估，有确凿证据表明承包方存在重大违约行为，导致业务外包合同无法履行的，应当及时终止合同。承包方违约并造成企业损失的，企业应当按照合同对承包方进行索赔，并追究责任人责任。

企业必须与承包商签订合同，形成一种合作关系，以合同来约束的合作关系将在很大程度上抑制机会主义行为的产生，使因机会主义而产生的交易费用降到最低限度。但是，由于外部环境是不断变化的，导致承包方持续履行合约的条件可能发生变化，因此，企业应当定期或不定期地对承包方的履约能力进行持续的评估，以保证外部业务的顺利实施。如果承包方的履约能力下降且影响到企业的发展，企业应及时启动相应的应急方案，避免因外部业务失败导致企业经营活动中断。如果有确凿证据表明承包方存在重大违约行为，导致业务外包合同无法履行的，应当及时终止合同，并指定有关部门按照法律程序向承包方索赔。

5. 业务外包验收

业务外包合同执行完成后，需要验收的，企业应当组织相关部门或人员对完成的业务外包合同进行验收，出具验收证明。

（1）验收方式

企业应根据承包方业务外包成果交付方式的特点，采用不同的验收方式。一般而言，可以对最终产品或服务进行一次性验收，也可以在整个外包过程中分阶段验收。

（2）确定验收标准

企业应根据业务外包合同的约定，结合日常绩效评价对外包业务质量是否达到预期目标进行评价，确定验收标准。

（3）出具验收证明

企业应组织有关职能部门、财会部门、质量控制部门的相关人员，严格按照验收标准对承包方交付的产品或服务进行审查和全面测试，确保产品或服务符合需求，并出具验收证明。

（4）处理异常情况

企业在验收过程中发现异常情况，应当立即报告，查明原因，视问题的严重性与承包方协商采取恰当的补救措施，并依法索赔。

（5）总体评价

企业应根据验收结果对业务外包是否达到预期目标做出总体评价，据此对业务外包管理制度和流程进行改进和优化。

7.5 财务报告内部控制

财务报告是企业经营活动的缩影，是传递会计信息的工具。尤其是随着当今社会经济的快速发展，企业规模日益庞大，业务活动复杂多变，财务报告已成为反映企业各项经营活动与财务活动的高技术、多功能报告。因此，企业必须建立市场竞争环境下的财务报告内部控制，规范财务报告的编制、披露，使财务报告成为帮助使用者做出决策的有用工具。

7.5.1 财务报告概述

1. 财务报告的定义

财务报告是反映企业某一时点财务状况和某一会计期间的经营成果、现金流量等会计信息的文件。它对企业投资者、债权人及其他利益相关者了解企业及做出各种决策具有重要作用。财务报告由基本财务报表和其他应该在财务报告中披露的相关信息和资料（如报表附注、企业经营状况描述、重要职务人员履职情况、审计报告等）组成。

财务报告根据使用对象的不同可以分为内部财务报告与外部财务报告两大类。内部财务报告的目标是由反映各种潜在需要的内部需要推进的，包括企业的战略方向、经营计划、企业各级的绩效指标以及具体的管理需求等；外部财务报告的目标主要是由会计机构、其他准则制订机构及资本市场监管机构规定的法律法规、准则推进的。内部财务报告的使用者主要是企业管理层，外部财务报告的使用者主要是投资者、债权人等外部使用者。本节所定义的财务报告是指企业对外提供的财务报告，即外部财务报告，属于狭义上的财务报告的定义。

对于上市公司而言，最重要的外部财务报告就是企业年度财务报表、中期财务报表和业绩报告。此外，企业还需要向政府监管部门提交大量的涉及财务事项的报告。政府监管部门、投资者依赖于企业公布的财务报告。如果这些财务报告具有误导性、没有及时发布，甚至存在欺诈，就会导致他们做出错误的决策。可见，财务报告的质量和完整性直接影响企业内部控制质量，反之，无效的内部控制也可能导致有问题的财务报告流出。

2. 财务报告的流程

企业财务报告流程包括编制、对外披露和分析利用三个阶段，具体如图 7-6 所示。财务报告编制阶段主要包括财务报告信息的生成、传递、记录和核算过程，它是财务报告对外披露阶段及分析阶段的基础。COSO 框架在三个维度上的所有要素都强调在外部财务报告编制和披露过程中建立有效的内部控制的重要性。外部财务报告是企业在公共媒体中披露的企业盈余和财务状况，任何错误都可能导致企业受到法律诉讼或产生公共危机。因此，加强财务报告编制阶段的内部控制是财务报告内部控制的核心。

3. 财务报告的相关风险

企业在财务报告的编制、提供和分析利用的过程中应当关注以下风险。

（1）编制财务报告违反会计法律法规和国家统一的会计准则制度，可能导致企业承担法律责任和声誉受损。《中华人民共和国会计法》第四十三条规定："伪造、变造会计凭证、会计账簿，编制虚假财务会计报告，构成犯罪的，依法追究刑事责任。"第四十四条规定："隐匿或者故意销毁依法应当保存的会计凭证、会计账簿、财务会计报告，构成犯罪的，依法追究刑事责任。"

（2）企业对外提供的财务报告应该是企业经营活动的真实反映，如果企业对财务报告审核不严，提供虚假财务报告，可能误导财务报告使用者决策失误，甚至干扰市场秩序。

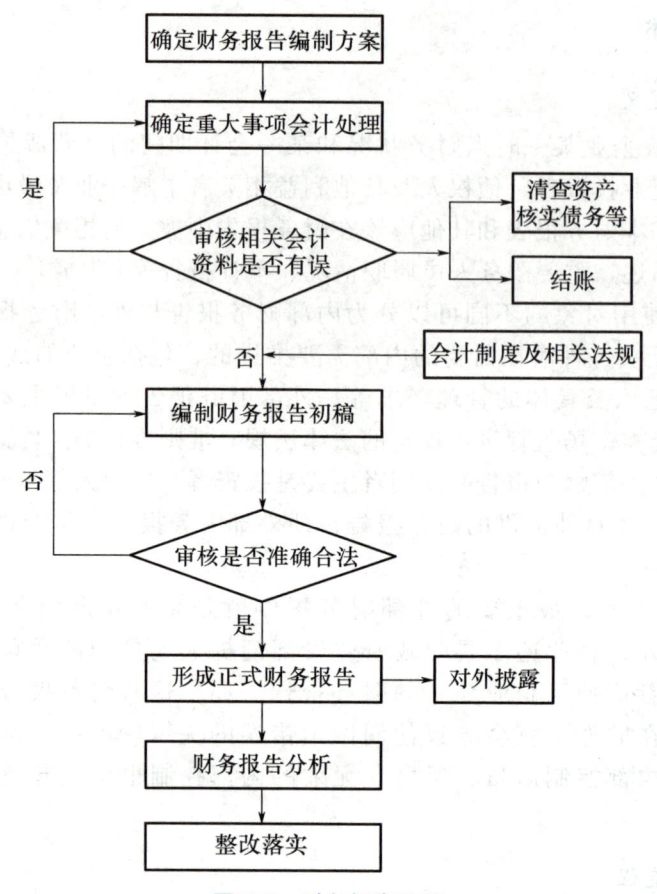

图 7-6 财务报告流程

（3）不能有效利用财务报告，难以及时发现企业经营管理中存在的问题，可能导致企业财务和经营风险失控。

二维码 64　法规速递　财政部、证监会：加强上市公司收入舞弊风险的评估与控制

二维码 64

7.5.2　财务报告的内部控制要求和一般原则

1. 总体要求

根据《企业财务会计报告条例》第十七条规定，企业编制财务报告，应当根据真实的交易、事项，以及完整、准确的账簿记录等资料，并按照国家统一的会计制度规定的编制基础、编制依据、编制原则和方法。任何组织或者个人不得授意、指使、强令企业违反本条例和国家统一的会计制度规定，改变财务报告的编制基础、编制依据、编制原则和方法。

企业应当严格执行会计法律法规和国家统一的会计准则制度，加强对财务报告编制、对外披露和分析利用全过程的管理，明确相关工作流程和要求，落实责任制，确保财务报告合法合规、真实完整和有效利用；规范会计信息的生成过程，保证会计信息及其他各项管理信息的真实可靠，并及时提供控制成本费用的建议，提高企业盈利能力；及时发现各种错误和弊端，采取正确的措施降低企业的风险和损失。

2. 一般原则

企业应加强对财务报告编制、对外披露和分析利用全过程的管理，即企业应当建立一套健全的工作流程和内部控制机制。财务报告全流程内部控制一般原则包括以下几项。

（1）建立授权制度，对内部控制所涉及的各岗位明确规定授权的对象、条件、范围和额度等，任何组织和个人不得超越授权做出风险性决定。总会计师或分管会计工作的负责人负责组织财务报告的编制、对外披露和分析利用等相关工作。

（2）建立审批制度，对内部控制所涉及的重要事项，明确规定批准的程序、条件、范围和额度、必备文件以及有权批准的部门和人员及其相应责任；企业负责人对财务报告的真实性、完整性负责。企业负责人主要包括企业全体董事、监事和高级经理。

（3）建立责任制度，按照权责统一原则，明确规定各有关部门和业务单位、岗位、人员应负的责任和奖惩制度。

（4）建立内部控制审计制度，明确规定审计的对象、内容、方式和负责审计的部门等。

（5）建立重要岗位权力制衡制度，明确规定不相容职务的分离，主要包括授权批准、业务经办、会计记录、财产保管和稽核检查等职务。

通过遵循内部控制一般原则，可以确保财务报告的编制与报出和审核工作能够实现相互分离、制约和监督。

7.5.3 财务报告的内部控制措施

1. 财务报告编制阶段

（1）制订财务报告编制方案

企业应按照国家会计法律法规、会计准则和最新监管要求，及时更新企业内部会计规章制度和财务报告编制流程；明确职务分工，总会计师或分管副总负责组织领导工作，财务部门负责具体编制，各部门积极配合，及时提供财务报告编制所需信息，并保证内容完整、数字真实、计算准确，不得漏报或者随意进行取舍。按报送要求倒排时间节点，严格执行，确保进度。

（2）建立对重大交易和事项的审批制度

企业应当制定对财务报告产生重大影响的交易和事项的审批制度，明确对财务报告产生重大影响的交易和事项的判断标准。重点关注变更会计政策、调整会计估计，以及对财务报告产生重大影响的交易和事项的处理，按照规定的权限和程序提交董事会及其审计委员会进行审批。企业不得随意变更会计政策以及调整会计估计事项。

（3）核实资产、负债

首先，企业应当按会计准则规定对各项资产、负债及所有者权益进行计量。其次，制订资产、负债核实计划并认真执行。通过银行对账、现金盘点、固定资产盘点，明确资产权属；通过函证与债权债务单位进行结算款项核查。如果发现账实不符，应查明原因，并进行相应的账务处理。最后，企业应按会计准则规定进行减值测试，确认减值损失，计提减值准备，确保账实相符。

（4）对账与结账

企业应核对各种账簿记录之间是否勾稽相符；进行发生额和余额的试算平衡；按权责发生制和会计准则的要求调整收入和费用；按规定结账，不能因赶报表而提前结账或把本期事项延至下期，也不能先编表后结账；关账之后如需重新开启，须填写申请表，并经总会计师或分管领导审批。

（5）编制个别财务报告

企业按经批准的财务报告编制方案编制个别财务报告。第一，按会计准则和监管要求选用财务报告格式；第二，审核个别财务报告的内容，校验报表项目与账户的对应关系，以及报表项目之间、前后期之间、报表项目与附注之间的勾稽关系；第三，按会计准则要求编制报表附注，并与报表项目建立对应或索引关系；第四，相关负责人审批财务报告，确保不存在重大漏报和错报。具体控制措施如下所示。

① 各项资产计价方法不得随意变更，如有减值，应当合理计提减值准备，严禁虚增或虚减资产。

② 各项负债应当反映企业的现时义务，不得提前、推迟或不确认负债，严禁虚增或虚减负债。

③ 所有者权益应当反映企业资产扣除负债后由所有者享有的剩余权益，由实收资本、资本公积、留存收益等构成。企业应当做好所有者权益保值增值工作，严禁虚假出资、抽逃出资、资本不实。

④ 各项收入的确认应当遵循规定的标准，不得虚列或者隐瞒收入，不得推迟或提前确认收入。

⑤ 各项费用、成本的确认应当符合规定，不得随意改变费用和成本的确认标准或计量方法，不得虚列、多列、不列或者少列费用和成本。

⑥ 利润由收入减去费用后的净额、直接计入当期利润的利得和损失等构成。不得随意调整利润的计算、分配方法，编造虚假利润。

⑦ 企业财务报告列示的各种现金流量由经营活动、投资活动和筹资活动的现金流量构成，企业应当按照规定划清各类交易和事项的现金流量的界限。

二维码 65　扩展阅读　*STWH（002586）违规信息披露

（6）编制合并财务报表

合并财务报表是指反映母公司和其全部子公司形成的企业集团的整体财务状况、经营成果和现金流量的财务报表。企业编制合并财务报表的主要控制措施如下所示。

① 按照会计准则要求，明确合并财务报表的合并范围和合并方法。

② 统一集团内母子公司的会计政策，如果子公司的财务报告按不同会计政策编制，应按会计准则规定处理。

③ 审核子公司财务报告。

④ 汇总内部交易和事项的核对表，报财务部门负责人审批后，下发给纳入合并范围的各单位进行核对。

⑤ 编制的合并抵销分录应有相应的文件和证据支持，并提交复核人审核，确保其正确性。

⑥ 对母子公司报表项目进行合并，计算合并后的金额，形成合并财务报告，并经审核与批准。

二维码66　扩展阅读　福建福晟信息披露违法违规案

二维码66

案例 7-6

A 股奇葩：三大高管"无法保证年报真实"

2019年4月29日，赫美集团（002356）发布2018年年报及退市风险警示公告。公告显示，自2019年5月6日被实施"退市风险警示"特别处理，股票简称已由"赫美集团"变更为"*ST 赫美"（以下统称赫美集团）。

让人震惊的是，在同一天发布的2018年年报中，公司总经理、副总经理、财务总监均表示无法保证年报内容的真实、准确和完整，并对公司2018年年报不承担个别和连带的法律责任。三位高管给出了各自的理由，具体如下。

总经理：由于公司债务纠纷及公章管理不善，本人无法确定是否尚有未经过董事会审议但对公司可能产生重大影响的合同及协议。

副总经理：由于本人2018年处于长期休假状态，难以全面获悉公司经营管理资料。

但值得注意的是，虽然副总经理自称长期休假，但他2018年的年薪却是众多高管中最高的，从公司获得的税前报酬总额为61.17万元，甚至比总经理的61万元还高。

财务总监：公司2018年度财务报告被广东正中珠江会计师事务所（特殊普通合伙）出具无法表示意见。

近期频繁出现上市公司的高管对公司年报出具了无法保证内容真实、准确和完整的意见。

如果投资者能够更早得知上市公司年报的真实性没有保证的事实，或许不是一件坏事，这样可以让投资者更早地根据高管提供的意见做出相应的投资决策。让人气愤的是，通常都是上市公司各种问题到了无法解决的最后时刻，公司高管才站出来说年报有问题，让投资者没有时间和机会挽回投资损失。

如果上市公司的高管都无法保证财务报告的真实性，那么谁能保证财务报告的真实性呢？谁又能为投资者负责呢？

资料来源：https://finance.ifeng.com/c/7mW8DpWQ9aK　[2024-07-24]

2. 财务报告对外披露阶段

（1）财务报告对外披露的时间

企业应当依照法律法规，及时对外披露财务报告。根据中国证监会《上市公司信息披露管理办法》的规定，上市公司应当披露的定期报告包括年度报告、中期报告和季度报告。凡是对投资者作出投资决策有重大影响的信息，均应当披露。年度报告应当在每个会计年度结束之日起 4 个月内，中期报告应当在每个会计年度的上半年结束之日起 2 个月内（即七、八月份），季度报告应当在每个会计年度第 3 个月、第 9 个月结束后的 1 个月内（即第一季报在四月份，第三季报在十月分）编制完成并披露。企业对外披露的财务报告应当及时整理归档，并按有关规定妥善保存。

（2）财务报告对外披露前的审核

根据《企业财务会计报告条例》第三十一条，企业对外披露的财务会计报告应当依次编定页数、加具封面、装订成册、加盖公章。封面上应当注明企业名称、企业统一代码、组织形式、地址、报表所属年度或者月份、报出日期，并由企业负责人和主管会计工作的负责人、会计机构负责人（会计主管人员）签名并盖章；设置总会计师的企业，还应当由总会计师签名盖章，董事会或类似权力机构批准对外发布。

（3）财务报告对外披露前的审计

企业应选择具备资质的会计师事务所对财务报告进行审计，审计过程中不得干扰审计人员工作，应认真落实审计意见。注册会计师及其所在的事务所出具的审计报告，应当随同财务报告一并对外披露。

二维码 67

二维码 67　扩展阅读　上市公司 2022 年年度财务报告会计监管报告（节选）

3. 财务报告分析利用阶段

（1）建立财务报告分析制度

企业应当重视财务报告分析工作，明确财务分析目的，运用正确的分析方法，充分利用财务信息、非财务信息及外部信息，全面分析企业的生产经营和管理状况、存在的问题，为改善管理提供线索；对企业未来的风险做出预测，为财务报告使用者提供决策有用信息。总会计师或分管会计工作的负责人应当在财务报告分析利用工作中发挥主导作用。

（2）定期编写财务报告分析

财务报告分析是一项专业性较强的工作，分析人员的专业知识水平及实务工作经验直接影响着财务报告信息的可利用程度。因此，企业应当建立一套适合本企业的指标体系，全面客观地分析与评价企业财务报告信息。一般而言，财务报告分析包括以下内容。

① 对资产负债表的分析

企业应当分析企业的资产分布、负债水平和所有者权益结构；企业应通过资产负债率、流动比率、资产周转率等指标分析企业的偿债能力和运营能力；企业应分析企业净资产的增减变化，了解和掌握企业规模和净资产的不断变化过程。

② 对利润表的分析

企业应当分析各项收入、费用的构成及其变动情况；企业应当通过净资产收益率、每股收益等指标，分析企业的盈利能力和发展能力；企业应当了解和掌握当期利润变化的原因和未来发展趋势。

③ 对现金流量表的分析

企业应当分析经营活动、投资活动、筹资活动现金流量的运转情况；企业应当重点关注现金流量能否保证生产经营过程的正常运行，防止现金短缺或闲置。

结合现金流量表中的指标对其他财务指标分析结论进行补充和验证，有利于提高财务报告分析的可靠性。但需要注意的是，管理者应当关注企业的现金流而非仅仅是现金流总额。企业处于不同的发展期，相应的现金流在经营活动、投资活动、筹资活动的运转情况也有所不同，如表 7-1 所示。

表 7-1　企业不同时期的现金流表现

企业所处的发展期	初创期	成长期	成熟期	衰退期
经营活动产生的净现金流	负数	正数	正数	负数
投资活动产生的净现金流	负数	负数	正数	正数
筹资活动产生的净现金流	正数	正数	负数	负数

（3）定期召开财务分析会议

财务报告反映的是企业的整体状况，财务部门只是企业财务信息的归口管理部门，财务报告中反映的内容与企业各个部门紧密相关。因此，企业财务分析会议应当吸收各部门的负责人共同参加，加强部门间的交流沟通，从而不断改进企业经营管理水平。

（4）及时传递财务报告分析结果

企业的财务报告分析结果应当及时传递给企业内部有关管理层级，充分发挥财务报告在企业生产经营管理中的重要作用。

和任何其他信息一样，会计信息也具有时效性，这就需要财务报告必须满足及时性的要求，包括及时分析与及时传递两个方面。及时分析是指对财务资料及时进行分析；及时传递是指将财务分析报告及时传递报出。也就是说，财务分析报告结果应当及时传递给企业内部有关管理层级。及时分析是及时传递的前提，只有及时分析才能及时传递；及时传递是财务报告分析信息时效性的重要保证。如果不能及时传递，那么即使分析得很及时的财务分析报告也会失去时效性。只有将两者很好地结合起来，才能有效发挥财务报告分析信息的作用。企业应当建立灵敏的财务信息反馈机制，充分发挥财务分析报告的"导航器"作用，以提高管理者的决策水平和管理效率。

本章小结

本章包括研究与开发、工程项目、担保业务、业务外包和财务报告的内部控制。研究与开发是指企业为获取新产品、新技术、新工艺等所开展的各种研发活动。研发与开发内部控制主要包括：研发立项申请与评估控制、审批控制、研究过程控制、研发成果验收控制和核心研发人员控制、研发成果开发控制、研发成果保护控制及研发活动评估控制。

工程项目与其他业务活动相比具有固定性、整体性、不可逆转性、建设周期长和协作要求高等特点，实施工程立项内部控制的目的是确保工程质量达标、工程进度合理和工程设计适当。

担保作为信用经济的一种有效的制度安排，在我国市场经济中发挥着越来越重要的作用，企业应依法制定和完善担保业务政策及内部控制措施，加强担保业务管理，防范担保业务风险。

业务外包作为一种新的经营模式，在企业生产经营中发挥着重要作用。业务外包内部控制由制订实施方案、选择承包方、签订合同、实施和验收等组成。

企业对外披露的财务报告包括年度财务报表、中期财务报表和企业业绩报告，有效的内部控制可以增加企业财务报告的完整性和可靠性，帮助财务报告使用者有效决策。

1. 简述企业研发活动应关注的主要风险。
2. 简述企业研发活动的关键内部控制。
3. 企业工程项目应关注的风险有哪些？
4. 简述企业工程招标的内部控制。
5. 简述企业工程项目建设过程的关键内部控制。
6. 企业不得提供担保的事项包括哪些？
7. 企业对子公司、关联方及境外企业担保应采取哪些控制措施？
8. 何谓业务外包？企业业务外包应关注哪些风险？
9. 企业业务外包过程应采取哪些控制措施？
10. 简述企业财务报告内部控制的总体要求。
11. 企业对外披露的财务报告应遵循的时间要求是什么？

一、单项选择题

1. 企业应当根据实际需要，结合研发计划，提出研究项目立项申请，开展可行性研究，编制（　　）。
  A. 可行性研究报告　　　　B. 成本分析报告
  C. 预算分析报告　　　　　D. 利润预算报告

2. 研发项目立项在研发管理中具有至关重要的作用，它是研发业务活动决策的起点，也从根本上决定研发投资的成败。因此，企业的重大研发项目应当报经（　　）。
  A. 总经理审批
  B. 董事长审批
  C. 董事会或类似权力机构集体审议决策
  D. 审计委员会审批

3. 工程价款结算是指对建设工程的发包承包合同价款进行约定和依据合同约定进行结算的活动。下列不属于工程价款结算的是（　　）。
  A. 工程预付款　　B. 工程进度款　　C. 工程竣工价款　　D. 企业自行采购工程物资款

4. 下列关于担保的解释错误的是（　　）。
  A. 担保的目的是保障特定债权人债权的实现
  B. 担保的标的物可以是债务人或者是第三人的特定财产

C. 担保的标的物可以是第三人的信用，也可以是债务人的信用

D. 担保是对债权效力的加强与补充

5. 若涉及企业变更会计政策，调整会计估计事项，企业应当按照规定的程序提交（　　）进行审批。

A. 股东大会　　　　　　　　　B. 董事会及其审计委员会

C. 总经理　　　　　　　　　　D. 财务负责人

6. 企业应当综合考虑内外部因素，对业务外包的人工成本、营销成本、业务收入、人力资源等指标进行测算分析，合理确定外包价格，严格控制业务外包成本，切实做到符合（　　）。

A. 成本效益原则　B. 竞争原则　　C. 保密原则　　D. 专业胜任原则

7. 企业年度财务报告应于年度终了后（　　）内对外披露。

A. 1个月　　　　B. 2个月　　　C. 3个月　　　D. 4个月

8. 下列不属于企业财务报告业务流程的是（　　）。

A. 财务报告编制　　　　　　　B. 财务报告对外披露

C. 财务报告审计　　　　　　　D. 财务报告分析利用

9. 下列不属于外包业务验收阶段的风险的是（　　）。

A. 验收方式与业务外包成果交付方式不匹配

B. 验收标准不明确

C. 验收程序不规范，不能及时发现业务外包质量低劣

D. 合同约定的业务外包价格不合理或成本费用过高，导致企业遭受损失

10. 企业应当根据相关部门审核批准的担保业务订立担保合同。下列描述正确的是（　　）。

A. 担保合同是指为促使债务人履行其债务，保障债权人的债权得以实现，而在债权人与债务人之间协商签订的合同

B. 担保合同是指为促使债务人履行其债务，保障债权人的债权得以实现，而在债务人与担保人之间协商签订的合同

C. 担保合同是独立的合同，其效力不受其他合同影响

D. 担保合同是主合同的从合同，主合同无效，担保合同无效

二、多项选择题

1. 自主研发是指企业依靠自身的科研力量，独立完成项目。为了确保研发项目的正常开展，研究过程管理的主要控制措施包括（　　）。

A. 建立研发人员的岗位责任制　　　　B. 建立研发项目的跟踪检查制度

C. 建立科技开发费用报销制度　　　　D. 签订合同，确保项目按期完成

E. 对参与人员展开尽职调查

2. 研发过程是企业研发活动的核心环节，实务中，企业的研发活动按执行机构的不同，通常包括（　　）。

A. 自主研发　　　　　B. 委托研发　　　　C. 合作研发

D. 外包研发　　　　　E. 独立研发

3.工程项目是一个复杂的系统工程,主要涉及工程立项、(　　)等业务流程。
A.工程招标　　　　　B.工程造价　　　　　C.工程建设
D.竣工验收　　　　　E.后评估

4.根据《中华人民共和国招标投标法》规定,在中华人民共和国境内进行(　　)工程建设项目,必须进行招标。
A.大型基础设施、公用事业等关系社会公共利益及公众安全的项目
B.全部使用国有资金投资或者国家融资的项目
C.部分使用国有资金投资或者国家融资的项目
D.使用国际组织援助资金的项目
E.使用外国政府贷款的项目

5.担保业务属于高风险业务,企业应谨慎对待。企业对出现以下情形之一的担保申请人,不得提供担保(　　)。
A.担保项目不符合国家法律法规和本企业担保政策的
B.已进入重组、托管、兼并或破产清算程序的
C.财务状况恶化、资不抵债、管理混乱、经营风险较大的
D.与其他企业存在较大经济纠纷,面临法律诉讼且可能承担较大赔偿责任的
E.与本企业已经发生过担保纠纷且仍未妥善解决的,或不能及时足额交纳担保费用

6.企业应当采取合法有效的措施加强对子公司担保业务的统一监控。下列说法正确的是(　　)。
A.要求子公司对担保业务建立上报审批制度
B.企业应定期对子公司担保事项进行检查或审计
C.规定子公司最高担保额度
D.子公司应定期上报对外担保情况
E.超过规定额度的担保事项,要上报母公司审批,审批通过方可提供担保

7.选择承包方阶段的主要风险包括(　　)。
A.承包方不是合法设立的法人主体
B.承包方缺乏应有的专业资质,从业人员也不具备应有的专业技术资格
C.外包价格不合理,业务外包成本过高导致难以发挥业务外包的优势
D.存在商业贿赂等舞弊行为,导致相关人员涉案
E.企业缺乏业务外包管理制度,导致制订实施方案时无据可依

8.企业财务部门在编制年度财务报告前应当制订财务报告编制方案,明确财务报告的(　　)。
A.审批权限　　　　　B.编制方法　　　　　C.编制程序
D.职责分工　　　　　E.时间安排

9.下列各项属于业务外包合同主要内容的是(　　)。
A.外包业务的内容和范围　　　　　B.双方的权利和义务
C.服务和质量标准　　　　　　　　D.费用结算标准
E.保密事项和违约责任

10. 财务报告编制环节是财务报告生产的基础，编制环节内部控制主要包括（　　）。
A. 制订财务报告编制方案
B. 建立健全对重大交易和事项的处理的审批制度
C. 核实资产、负债
D. 编制个别财务报告
E. 编制合并财务报表

三、判断题

1. 由独立的专业机构对研发项目进行评估可以有效规避专业风险。（　　）
2. 研发项目立项在研发管理中具有至关重要的作用，研发项目立项失误不仅会使企业耗费大量的资源，还会使企业错过一些可能的发展机会。因此，研发项目应当按照特别授权进行审批。（　　）
3. 采用招标方式进行交易活动的最显著特征是将低成本机制引入交易过程，有利于招标方提高经济效益，有效防范工程项目中的不正当竞争行为。（　　）
4. 根据《中华人民共和国招标投标法》规定，在中华人民共和国境内进行工程建设项目，包括项目的勘察、设计、施工、监理以及与工程建设有关的重要设备、材料等的采购，必须进行公开招标。（　　）
5. 项目建设阶段的投资控制、进度控制和质量控制三者是不可分离的，如果三项控制有一项失控，就会导致工程项目偏离预期的目标。（　　）
6. 初步设计概算是投资控制的最高限额，一般不得突破。（　　）
7. 工程监理人员应当具备良好的职业操守，客观公正地执行监理任务，发现工程施工不符合设计要求、施工技术标准和合同约定的，可以要求更换承包单位。（　　）
8. 企业应依法组建评标委员会，评标委员会由企业的代表和有关技术、经济、法律方面的专家组成，人数一般在5人左右。（　　）
9. 企业内部机构不得在未经授权的情况下对外提供担保。（　　）
10. 企业实施业务外包，可以将核心业务转移出去，借助外部资源的优势来弥补和改善自己的弱势。（　　）

第8章

内部监督

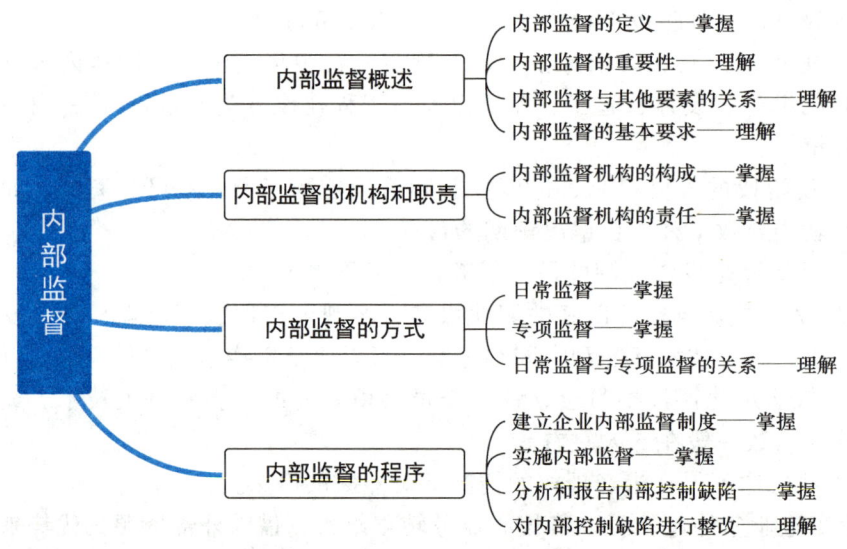

西南能矿：探索建立内部监督联席会议制度 强化监督效果

西南能矿集团公司纪委（专员办）立足"监督的再监督"职能职责，探索建立内部监督联席会议制度，通过整合监督力量，加强内部监督，确保监督提质增效，为西南能矿集团公司健康可持续发展提供坚强纪律保障。

2020年年初，西南能矿集团公司及时制定下发《西南能矿集团党委关于加强监督工作的实施意见（试行）》以及《西南能矿集团股份有限公司内部监督工作联席会议制度（试行）》等文件，提出整合集团公司纪检监察、财务、审计、风险、法务等监督力量集中开展监督检查的意见，通过统筹协调、提出监督意见建议以及督促整改落实等措施，着力整治影响集团公司发展以及员工反映强烈的突出问题，大力弘扬"创业、创新、跨越、卓越"的企业精神，督促企业干部职工凝心聚力、务实创新、苦干实干。

为进一步加强内部监督，形成部门监督合力，集团按照内部监督工作联席会议制度及时组织召开专题会议，收到明显成效，为集团健康发展奠定坚实基础。

根据内部监督工作联席会议制度相关规定，集团公司纪委（专员办）进一步抓好日常监督，实现重点人、重要事以及关键环节监督的全覆盖，同时聚焦突出问题开展专项监督，受理来信、来访、来电和网络举报等问题。

根据专项监督发现的问题及时下达督办意见，督促相关责任部门将问题整改落实，确保监督取得实效。扎实开展监督执纪问责工作，为集团公司中心工作有序推进提供坚强纪律保障。

资料来源：https://news.sina.com.cn/c/2020-04-15/doc-iirczymi6367211.shtml ［2024-05-17］

8.1 内部监督概述

企业可以通过内部监督活动对其他内部控制要素以及内部控制目标的有效性进行评估，内部监督是组织评价内部控制有效性的重要工具。基于2013版的COSO内部控制框架，人们通常认为内部审计和高级管理层对已有的内部控制程序进行监督即可满足企业的内部控制需要。但随着新兴技术的不断出现，企业形式不断发展创新，组织结构变得更加复杂，企业内部控制环境也在不断变化。面对这些变化，设立有效的内部监督程序也变得更加困难。尽管如此，有效的内部监督仍是企业内部控制不可缺少的重要一环。

8.1.1 内部监督的定义

内部监督是企业对建立和实施的内部控制进行监督检查，采用日常监督和专项监督方式，以确定内部控制各要素的有效性，发现内部控制的缺陷，及时采取纠正措施并向管理层报告。

对内部监督的定义进行分析可知：实施内部监督的主体是企业的内部机构；内部监督的对象是企业建立和实施的内部控制；监督方式包括日常监督和专项监督；内部监督的目的是评价内部控制的有效性，针对存在的内部控制缺陷采取改进措施。

内部监督是企业内部控制五要素之一，是内部控制的重要组成部分，同时又对内部控制的其他要素进行监控，是保障内部控制体系有效运行和逐步完善的重要措施，是内部控制体系不可缺少的环节。

8.1.2 内部监督的重要性

党的二十大报告指出："推进政治监督具体化、精准化、常态化，增强对'一把手'和领导班子监督实效。发挥政治巡视利剑作用，加强巡视整改和成果运用。落实全面从严治党政治责任，用好问责利器。"内部控制作为企业各层级员工共同参与的系统，是一个不断调整、完善和优化的动态过程，但其自身也具有一定的局限性，很可能因技术进步、业务流程再造、管理层超越权限、合谋舞弊等因素影响，导致内部控制失效，因此企业特别需要有相对独立于其设计者和执行者的监督体系作为保障。以中航油新加坡公司巨亏事件为例，尽管该公司有完善的风险管理制度，而且其内部控制制度还是由国际四大会计师事务所之一的安永制定，在风险管理委员会设置、内部控制流程等方面的制度都比较完备，但由于这些制度未得到有效的遵守，高管人员超越权限，又缺乏必要的监督，公司内部控制体系形同虚设，最终给公司造成了超过5亿美元的巨额损失。

内部监督的重要性体现在以下三方面。

1. 及时识别并纠正内部控制缺陷

由于企业内部控制设计者自身认识存在局限性，可能导致控制活动本身有缺陷，重大风险缺乏应有的控制；由于企业内外部经营环境的变化，或者因企业经营业务的变化带来新的风险，内部控制制度没有得到有效执行，或使原有控制活动失效，新的控制活动没有及时实施；还可能由于控制执行人的变化，如新员工加入等，影响了内部控制体系的有效性。因此，应通过内部监督，在控制缺陷造成损失前，发现并及时加以改进。

2. 促进内部控制有效运行

不受监督的内部控制往往会随时间流逝而过时或失效，如果通过内部监督及时发现某项内部控制的异常情况，可能说明企业该项内部控制运行已失效。同样地，如果内部控制责任人知道其工作受到监督，可能会更好地履行职责。内部监督作为内部控制框架中的重要一环，对内部控制的有效运行起着重要作用。

3. 帮助企业提升整体效率

通过实施内部监督，及时发现内部控制设计或运行中已经发生的或者可能发生的变化，帮助企业识别和整改内部控制缺陷。总之，有效的内部监督有助于企业积极主动地发现问题并解决问题，从而提高企业的总体运行效率。

8.1.3 内部监督与其他要素的关系

内部监督以内部环境为基础，并与其有极强的互动关系。管理层如果对内部控制极其重视，对于发现的内部控制缺陷积极地采取措施，则内部监督能更加容易开展工作。相应地加大内部监督的力度，对于企业内部环境的优化可以起到积极的作用，也为实现控制目标提供了更好的保障。

内部监督与风险评估、控制活动形成三位一体的闭环控制系统。企业根据风险评估结果和应对策略，制订并实施控制程序，通过事前、事中和事后的内部监督，对风险评估的适当性和控制活动的有效性进行检查与优化，进而形成一套适用于该企业的闭环控制系统。

内部监督与控制活动的区别是控制活动可以降低具体风险，而内部监督评估控制活动在运行中能否起到应有的作用。表8-1以应收账款对账过程为例，具体展示了控制活动与内部监督的关系。

表 8-1 控制活动与内部监督的关系

控制活动	内部监督
负责应收账款的部门定期将应收账款总账与明细账进行核对，及时发现并调节差异	由独立于执行具体控制活动的管理层实施监督；检查涉及所有部门和子公司的应收账款差异调节的相关文档记录；研究应收账款差异调节事项的数量、质量和趋势；管理层应判断用于应收账款差异调节的信息来源和质量
应收账款主管定期审查与批准应收账款明细账与总账的调节事项	管理层应定期评估应收账款主管是否具备相关能力，审查和审批流程是否得到适当控制

日常监督是内部监督的主要部分。识别内部控制缺陷并与相关部门沟通是内部监督的一部分。内部监督离不开信息与沟通要素的支持，企业应通过适当的渠道将内部监督发现的问题及时报告给有关方面以促进其整改。

8.1.4 内部监督的基本要求

1. 对监督机构和监督人员的要求

履行内部监督职能的机构和人员应具有独立性和胜任能力。监督职能依赖监督机构和监督人员来实施，因此监督机构设置和监督人员配备是影响内部监督有效性的重要因素。

独立性是指在不考虑可能的个人后果，而且不会为了追求个人利益或者自我保护而操纵结果时，负责监督的部门或人员执行监督和提供信息的公允程度。一般而言，独立性程度按照自我监督、同级监督、上级监督和完全独立监督而逐级增强。例如，只有保证审计委员会中各委员的独立性，才能保证他们在履行监督责任时做出客观、公正的评价，才能促进监督工作的有效进行。

胜任能力是对监督人员在内部控制和相关业务流程方面的知识、技能和经验的要求。随着企业规模的扩大和业务复杂程度的提高，控制活动会越来越复杂多变，因此需要对监督人员进行培训来提高其对控制活动的认识，只有充分理解控制活动的要求，才能胜任监督工作。

监督机构具有独立性，监督人员具有专业胜任能力及职业操守，以及监督机构及监督人员被适当授权，是形成有效监督的重要基础。

2. 识别关键控制

企业应根据风险评估的结果识别内部控制中的关键控制，收集判断内部控制有效性的相关证据，确定需采取的监督程序以及监督执行的频率。识别关键控制所需的信息，必须是相关的、可靠的、及时的和充分的。识别关键控制时应考虑以下因素：复杂程度较高的控制；需要较高判断力的控制；已知的控制失败；相关人员缺乏实施某一控制所必需的资质和经验；管理层凌驾于某一控制活动之上；某一项控制失败是重大的，且无法被及时识别并改正。

8.2 内部监督的机构和职责

由于企业在最初设计内部控制制度时会存在认识的缺陷或受到外部环境等因素影响，内部控制制度不可能在设立时就完美无缺。企业在实际运营中，会面对瞬息万变的实际情况，风险无处不在，而内部控制可能因为各种原因不能发挥其最佳的作用，如员工对内部控制制度理解存在偏差等。因此，为提高企业的内部控制水平，企业必须合理设置相应的机构来执行内部监督。

8.2.1 内部监督机构的构成

内部监督机构是执行监督活动的主体，应遵循有关法律法规的要求，结合企业的实际情况，由企业相关部门和人员组成。通常企业可以设置专职的内部监督机构和其他监督机构。根据我国有关法律法规规定，企业内部监督机构分为：内部审计机构、审计委员会和监事会。

内部监督以适当的程序和方法，持续评价和完善企业内部控制，是内部控制体系的重要环节，企业必须足够重视。

1. 专职的内部监督机构

一般情况下，大多数企业会授权企业的内部审计机构来承担内部控制的监督职能。若企业内部审计机构因人力资源不足、权力不够等原因无法有效对内部控制进行监督，企业也可以成立专门的内部监督机构，或授权其他监督机构（如监察部门）来履行内部监督的职责。

专职的内部监督机构根据企业具体需要开展日常监督和专项监督，对内部控制有效性做出整体评价，提出整改计划，督促其他相关人员及机构进行整改。

2. 其他监督机构

内部监督并非内部审计机构的特权，企业内部任何一个机构或个人在控制执行时，都应该承担起相应的内部监督职责。企业应当在组织架构设计和业务活动运行环节明确内部各机构和岗位的内部监督关系，便于监督职能的履行。例如，财务部门的负责人对本部门的资产、人事和业务活动具有监督职责；财务部门的会计岗和出纳岗具有相互监督的职责；财务部门对销售部门的赊销行为负有财务方面的监督职责等。

8.2.2 内部监督机构的责任

1. 内部审计机构

内部审计是企业内部的一种独立而客观的监督、评价和咨询活动,其作用是增加价值并改善组织的运营。内部审计通过采用系统的、规范的方法,评价经营活动及内部控制,改善风险管理、控制及治理过程的效果,实现企业的发展目标。

实施内部监督一直是内部审计的主要职责,根据《企业内部控制基本规范》的规定,内部审计机构是内部监督的主体,其主要负责监督内部控制的有效性,发现内部控制设计和执行中存在的缺陷,并及时反馈相关信息,进一步优化内部控制,实现价值增值。企业应重视内部审计在内部监督中的作用和地位,确保内部审计机构的职责、权限和人员配备,使内部审计人员能够具备相应的胜任能力和独立性。例如,内部审计部门根据风险评估结果,对某一特定领域实施专项监督,再根据专项监督发现的内部控制缺陷问题,实施二次审计。除非管理层向内部审计部门提出特殊要求,专项监督和二次审计中不会再有来自内部审计的监督活动。内部审计在监督检查中发现的内部控制缺陷,应按企业内部审计工作程序报告;对发现的内部控制重大缺陷,内部审计机构有权直接向董事会及其审计委员会、监事会报告。

二维码68

二维码69

二维码68 法规速递 关于深化中央企业内部审计监督工作的实施意见

二维码69 文案范本 晶澳科技(002459):内部审计管理制度

案例 8-1

以高质量审计工作护航集团高质量发展

审计就像体检,不仅是为了查病,更是为了治已病、防未病。做好内部审计工作,构建集中统一、全面覆盖、权威高效的内部审计监督体系,是提升现代企业治理管理能力水平、打造世界一流工业集团的内在要求。

一是提高认识,准确把握内部审计工作方向。内部审计要围绕集团中心工作和发展的目标,敢于担当,主动作为,通过揭示苗头性问题、风险隐患,促进完善内部控制制度,防范化解风险,避免重大损失的发生。

二是督促整改,强化内部审计的成果运用。要切实压紧压实整改责任,创新整改方式,将整改效果纳入绩效考核,形成倒逼整改机制。把查问题、提建议、抓整改,同完善制度、促进管理、推动改革结合起来,持续提升整改效果。

三是严肃追责,健全用好追责体系。对有令不行、有禁不止的重大违规事项予以重点查办,提升追责的针对性。坚持发现一起、查处一起,增强追责震慑力。强化追责成果运用,促进完善相应的管理制度。做好警示教育工作,强化监督震慑。

四是加强协同,积极配合国家审计和出资人监督。认真接受审计署、国资委和国防科工局的指导和监督,与国家审计、出资人监督相向而行,共同发力,借监督指导之力,不断提升管理水平。

五是加强组织领导，提升内部审计工作效能。各单位负责人要把内部审计作为全面加强管理、促进单位规范运作和提高经营发展质量效益的重要抓手，配齐配强审计力量，加强审计队伍建设，赋予必要的职责权限，加大对内部审计工作的领导和支持力度，促进内部审计工作高质量发展。

资料来源：https://m.thepaper.cn/baijiahao_11796894　[2024-05-20]

2.审计委员会

我国《上市公司治理准则》和《企业内部控制基本规范》中确立了董事会下设的审计委员会在企业内部监督体系中的重要地位。董事会下设的审计委员会是专门履行内部监督职能的工作机构，主要负责与企业内外部审计机构的沟通、监督和核查工作。审计委员会一般由董事会成员组成，这些成员并不在企业管理部门任职，因而在调解控制机构和解决经理层与外部审计人员之间的争议方面能发挥更好的作用。审计委员会在企业内部监督中承担的职责一般包括以下几项。

（1）审核、监督企业内部控制有效性和内部控制自我评价情况，向董事会报告。

（2）指导、监督检查企业内部审计机构工作和内部审计制度建设情况。

（3）处理有关投诉与举报，帮助企业建立畅通的投诉与举报途径。

（4）审核企业财务报告及其相关的信息披露内容。

（5）负责内部审计与外部审计之间的沟通与协调。

审计委员会成员大多是独立董事，缺少对企业信息的了解，与企业经营者之间存在信息不对称，因此，审计委员会应与内部审计人员、经理层之间进行定期的、开放式的沟通，创造良好的内部控制环境。审计委员会的主要职责是督促企业提供有效的财务报告，评估企业内部控制的有效性。审计委员会本身无法监督所有的风险，所以审计委员会应与董事会下设的其他委员会等机构共同合作。

案例 8-2

2020 浙数文化审计委员会年度工作情况

一、与外部审计机构的沟通工作

1.在会计师事务所进场前，审计委员会与负责年审的天健会计师事务所注册会计师召开了沟通会，认真听取、审阅了该所对2019年年报审计的工作计划及相关资料，就公司经营业绩和成果进行了沟通，就总体审计策略提出了具体的意见和建议，并明确了相关的时间安排。

2.在审计过程中，审计委员会与年审会计师保持了密切的联系，随时关注审计进度和审计中发现的重大事项，及时磋商，并两次发函确认年审进度。

3.审阅会计师事务所出具的2019年度内控审计报告初稿和财务报表审计报告初稿。

4.审阅审计报告初稿后，就2019年年报审计及内部控制审计情况召开了审计委员会、独立董事与会计师事务所的沟通会，对审计工作进行了总结回顾，对审计过程中涉及的重大事项进行分析，对审计报告初稿进行了最终沟通。

二、审阅上市公司的财务报告并发表意见

2020年1月20日，审计委员会审阅了2019年度未经审计的财务报表，并出具了《关于2019年度财务会计报表的首次审阅意见》，认为公司已根据企业会计准则的要求编制了2019年财务会计报表，同意将财务会计报表及相关资料提交年审注册会计师审计。

三、指导内部审计工作

2020年3月13日，审计委员会审阅了《内部审计部2019年度工作总结》和《内部审计部2020年审计工作计划》，对内部审计部2019年的工作给予了肯定，并对2020年的工作提出了意见和建议。

四、评估内部控制的有效性

2020年4月27日，审计委员会审议通过了公司《2019年度内部控制自我评价报告》，认为该报告真实客观地反映了公司目前的内部控制体系建设、内部控制制度执行的实际情况。

五、总体评价

报告期内，审计委员会恪尽职守、勤勉尽责，尤其在有效监督公司外部审计和指导公司内部审计工作、促进公司建立有效的内部控制并提供真实、准确、完整的财务报告等方面发挥了重要作用。2021年度，审计委员会将继续按照《上海证券交易所上市公司董事会审计委员会运作指引》及《浙报数字文化集团股份有限公司董事会审计委员会工作制度》等规定，进一步规范运作，履行职责，发挥专业作用，促进公司完善治理。

资料来源：http://www.600633.cn/tzzgx/gszd/　[2024-05-20]

3. 监事会

《中华人民共和国公司法》《上市公司治理准则》和《企业内部控制基本规范》对监事会的监督职能均有明确规定，可见监事会在我国内部控制监督体系中的重要地位。

2023年修订的《中华人民共和国公司法》第七十六条规定："监事会成员为三人以上。监事会成员应当包括股东代表和适当比例的公司职工代表，其中职工代表的比例不得低于三分之一，具体比例由公司章程规定。监事会中的职工代表由公司职工通过职工代表大会、职工大会或者其他形式民主选举产生。"第七十八条规定：监事会行使下列职权：

（一）检查公司财务；

（二）对董事、高级管理人员执行职务的行为进行监督，对违反法律、行政法规、公司章程或者股东会决议的董事、高级管理人员解任罢免的建议；

（三）当董事、高级管理人员的行为损害公司的利益时，要求董事、高级管理人员予以纠正；

（四）提议召开临时股东会会议，在董事会不履行本法规定的召集和主持股东会会议职责时召集和主持股东会会议；

（五）向股东会会议提出提案；

（六）依照本法第一百八十九条的规定，对董事、高级管理人员提起诉讼；

（七）公司章程规定的其他职权。

我国《企业内部控制基本规范》第十一条提出："监事会对股东（大）会负责，监督企业董事、经理和其他高级管理人员依法履行职责。"《企业内部控制基本规范》第十二条提出："监事会对董事会建立与实施内部控制进行监督，经理层负责组织领导企业内部控制的日常运行。"这明确了监事会在企业内部控制的建立、实施及日常工作中的重要作用。

案例 8-3

海南海德资本管理股份有限公司内部监督管理制度（节选）

第二章　监督管理事项及方式

第六条　公司监事会作为专门的监督管理机构，负责监督管理事务。

第七条　监督管理机构应当对公司信息披露、公司治理、投资者关系管理等事项以及公司董事、监事、高级管理人员的行为进行全面的监督管理，监督过程中发现问题的或公司被中国证券监督管理委员会及其派出机构采取行政监管措施、行政处罚措施，被深圳证券交易所、上市公司行业自律组织采取自律监管措施的，应当及时按照相关规定将相关责任人员移交至相关机构或部门进行处理。

……

第十条　对财务会计管理的监督，应主要关注是否存在以下问题：

（一）虚构财务凭证、财务数据、财务账册的；

（二）公司及下属子公司的资金违规体外循环，公司资金管理出现重大风险的；

（三）公司财务管理制度不完善或不能有效执行，公司存在重大财务风险的；

（四）未按规定履行决策程序，擅自改变公开发行证券募集资金的用途或以其他方式违规使用募集资金的；

（五）公司财务信息披露出现重大差错的；

（六）财务信息系统管理混乱或出现重大漏洞，导致公司遭受利益损失或存在重大风险的；

（七）以虚构业务、合同等方式违规拆借资金或变相委托理财的；

（八）业绩预告修正达两次以上或前后两次业绩预告盈亏方向相反的；

（九）公司资金变相违规进入股市的；

（十）其他违反上市公司财务管理相关规定的情形。

……

第十三条　内部监督管理应当遵守相关法律法规和公司内部管理制度规定。

第十四条　公司任何部门和个人均有权向公司监事会举报监督核查对象不履行职责或不正确履行职责的情况。举报应当确有依据，不得捏造事实进行诬陷。

第十五条　公司监事会就相关事项进行监督核查的，被监督核查人应当配合，提供真实情况，不得以任何方式阻碍、干涉，也不得以任何形式打击报复检举、举报的部门或个人。

第十六条　在监督核查过程中要充分保证被监督核查人的申辩权，被监督核查人有权提出申辩意见。

资料来源：https://static.cninfo.com.cn/finalpage/2021-10-26/1211370200.PDF　[2024-05-20]

需要注意的是，内部监督主体由企业按照内部控制监督、检查与评价独立于内部控制设计和运行的原则，根据自身情况进行选择。但由于多元监督的存在，企业应明确各个监督机构的监督权限，确定各自的监督重点，确保各个监督主体发挥各自的监督作用，确保内部控制监督的有效运行，避免各个监督机构职权交叉造成的监督成本增加，以及监督范围模糊造成的监督不到位等问题。

8.3　内部监督的方式

内部监督方式是实现监督目标的技术手段，在监督活动中起着重要作用。《企业内部控制基本规范》将内部监督分为日常监督和专项监督，企业应结合实际情况，采用日常监督、专项监督，或将二者结合，对内部控制的有效性进行自我评价，以提高内部控制设计与运行的有效性，促进内部控制目标的实现。

8.3.1　日常监督

日常监督是指企业对建立与实施内部控制的情况进行常规、持续的监督检查。企业根据需要对建立和实施内部控制的整体情况进行连续的、全面的、系统的、动态的监督。日常监督通常存在于企业基层管理活动之中，能较快地辨别问题，快速地做出动态反应。日常监督的范围越大、程度越高，企业所需要的专项监督就越少。日常监督的主体包括管理层监督、单位（机构）监督、内部控制机构监督和内部审计监督。

1. 管理层监督

董事会和管理层应充分利用内部信息与沟通机制，获取充分、适当的相关信息来验证内部控制是否设计合理和运行有效，并对日常经营管理活动进行持续监督。管理层监督包括但不限于以下措施。

董事会召开董事会会议或专业委员会会议，获取来自管理层的风险评估与控制活动信息。同时，董事会可以利用内部审计、外聘专家、外部审计师及政府监管的力量，也可以通过询问非管理层员工、客户、供应商等方式持续监督经理层权力的行使情况。

管理层召开经理办公会、生产例会、经营活动分析例会等，收集汇总内部各机构的经营管理信息，持续监督内部各机构的工作进展、风险评估和控制情况。管理层听取员工的合理化建议，不断完善员工合理化建议机制，明确相应的责任部门、征集方式、评审办法、奖励措施等内容，对员工提出的问题给予及时解决。

董事会或授权审计委员会、管理层组织实施内部控制评价，听取内部控制评价报告，获取内部控制设计和运行中存在的缺陷，积极采取整改措施并督促整改，促进实现内部控制目标。

2. 单位（机构）监督

企业所属单位及内部各机构定期对职权范围内的经济活动实施自我监督，由管理层直接负责，包括但不限于以下措施。

企业所属单位及内部各机构召开部门例会或运营分析会等，汇集来自本单位（机构）内外部的有关信息，分析并报告存在的问题，对日常经营管理活动进行监控。

企业所属单位及内部各机构对内部控制设计与运行情况开展自我测评，至少每年测评一次。企业所属单位及内部各机构对于本单位（机构）环境变化、相关的新增业务单元以及业务性质变化、业务变更等导致重要性改变的业务活动进行跟进确认，进一步评价并完善相关的内部控制。

3. 内部控制机构监督

企业可以根据需要设置专门的内部控制机构，根据风险评估结果，对企业认定的重大风险领域开展持续性的监督。

内部控制机构还可以使用自我评估的方法，通过面谈、讨论、问卷调查和管理结果分析等方式进行监督测试。但自我评估存在一定的局限性，由评估人员评估自己日常负责的内部控制，未必能得到一个真正客观的评价。因此，使用自我评估方式时，应该慎重考虑评估结果的权重和价值。

4. 内部审计监督

内部审计机构接受董事会或管理层委托，对日常生产经营活动实施审计监督，包括但不限于以下措施。

制订内部审计计划，定期组织生产经营审计、内部控制专项审计和专项调查等，主要对企业董事、高级管理人员和下属单位负责人的廉洁从业状况、管理制度落实情况、内部控制的实际效果等进行监督检查，并向董事会和管理层提出管理建议。

内部审计机构对审计中发现的违反国家法律法规和企业规章制度的事项提出审计建议，做出审计决定，并对审计建议和审计决定的落实情况进行跟踪监督。

内部审计机构应当接受审计委员会的监督指导，定期（或应要求）向董事会及其审计委员会、监事会、管理层报告工作。

 案例 8-4

构建"大监督"格局　激活监督执纪"神经末梢"

"这个问题的定性建议再斟酌一下，是否作为重大风险防控方面的问题更合适？'内部竞聘提拔'说法不严谨，建议核实是组织提拔还是竞争上岗……"这些直击"痛处"的建议，发生在河南投资集团"大监督"联席工作会上。

近年来，河南投资集团纪委深化"大监督"模式，整合巡察、纪检监察、财务、审计等职能部门监督资源，建立各负其责、上下联动、条块结合、分工明确的"5+N"大监督格局，逐步实现对企业生产经营管理全方位、全过程监督，切实将监督力量转化为企业治理的实际效能。

推动监督信息互通共享，是提升发现问题精准度的关键一招。河南投资集团纪委充分运用"大监督"信息共享机制，与相关部门共享巡察监督、执纪监督、审计监督中发现的问题，及时下发《"5+N"大监督问题整改通知书》《"5+N"大监督发现问题转办函》，既找"病灶"，又开"药方"。同时，河南投资集团纪委灵活运用"会商"机制，每季度至少召开一次"大监督"联席会，通过沟通、会商、报告、交流等，不断汇聚大监督合力。

攥指成拳、协同联动是"5+N"大监督"盯"住问题、解决问题的有效途径。河南投资集团纪委紧盯关键节点易发、多发的"四风"问题，巡察、纪检监察、工程等部门协同联动，对10家企业进行突击检查，提出招投标、车辆管理等方面问题9项，促进相关领域和单位管理不断规范。

资料来源：https://www.hnsjw.gov.cn/sitesources/hnsjct/page_pc/gzdt/jcfc/article3147097177234c258b7a3b79ba9a1e78.html?from=groupmessage

8.3.2 专项监督

专项监督是指在企业发展战略、组织结构、经营活动、业务流程、关键岗位员工等发生较大调整或变化的情况下，对内部控制建立与实施的某个特定方面或某些方面的特定情况进行不定期的、有针对性的监督检查。对于及时发现内部控制的缺陷，进一步完善内部控制系统，专项监督具有不可替代的作用。

1. 专项监督的主体

专项监督通常是由企业内部指定相应的监督机构进行。例如，内部审计机构是单位进行内部控制的主要部门。内部审计从一个新的视角对内部控制系统的有效性直接进行评价，是十分有益的。这提供了一个机会来考虑日常监督程序的连续有效性。同时，企业的财务机构和其他内部机构都有权参与专项监督工作，也可以聘请外部中介机构参与其中。不管是内部的监督还是外部的监督，都是为了实现企业内部控制的有效运行。

二维码70　扩展阅读　精准有效开展专项监督

2. 专项监督的范围和频率

虽然日常监督可以持续地提供内部控制其他组成要素是否有效的信息，但是针对重要业务和事项而实施的控制活动进行重点监督也是必不可少的。日常监督的有效性和风险评估的结果决定了专项监督的范围和频率。一般来说，风险水平高且重要的内部控制，专项监督的频率就高。影响专项监督范围和频率的因素包括以下几项。

（1）风险评估的结果

重要业务、事项和高风险领域所需要的专项监督频率较高；对风险发生的可能性较低但影响程度较大的业务、事项或突发事件进行日常监督的成本很高，应更多地依赖专项监督。

（2）变化发生的性质和程度

当内部控制各要素发生变化，可能对内部控制的有效性产生较大影响时，企业应当组织实施独立的专项监督，专门就该变化的影响程度进行分析研究。如有重大政策变动、管理层变动、重大收购或处置、重大的运营方式改变或财务信息处理方式改变等，就需要对整体内部控制制度进行监督。

（3）日常监督的有效性

如果日常监督持续有效，可以迅速应对环境的变化，那么对专项监督的需要程度就低；反之，对专项监督的需要程度就高。

二维码71

二维码71　扩展阅读　让日常监督长牙带电

3. 专项监督的重点

专项监督主要关注高风险且重要的项目和内部控制环境变化这两个方面。

（1）高风险且重要的项目

内部审计部门要依据日常监督的结果，对风险较高且重要的项目进行专项监督。根据成本效益原则，对风险很高但不重要的项目或很重要但风险很小的项目，可以减少专项监督的次数，应该将高风险且重要的项目作为单独监督的对象。

（2）内部控制环境变化

当企业内部控制环境发生变化时，需要进行专项监督，以确定内部控制是否还能适应新的环境变化。例如，当企业业务流程改变或关键员工发生变化时，就要进行专项监督，以确保内部控制体系能够正常运行。

4. 专项监督的步骤

专项监督一般包括三个步骤。

（1）计划阶段

计划阶段的主要任务包括：规定监督的目标和范围；确定具有该项监督权力的主管部门和人员；确定监督小组、辅助人员和主要业务单元的联系人；规定监督方法、时间、实施步骤；就监督计划达成一致意见等。

（2）执行阶段

执行阶段的主要任务包括：了解业务单元或业务流程活动；了解业务单元或流程的内部控制程序是如何设计运作的；应用可比的、一致的方法评价内部控制程序；通过与企业内部审计标准的比较来分析结果，并在必要时采取后续措施；记录内部控制缺陷和拟纠正措施，与适当的人员复核并验证调查结果。

（3）报告与纠正措施阶段

报告与纠正措施阶段的主要任务包括：与业务单元或业务流程的负责人员以及其他适当的管理人员复核评价结果，从业务单元或业务的管理人员处获得情况说明和纠正措施，将管理人员的反馈写入最终的评价报告。

8.3.3 日常监督与专项监督的关系

日常监督是专项监督的基础，专项监督是日常监督的补充。日常监督和专项监督应该有机结合。企业应将经常性的专项监督纳入日常监督。日常监督和专项监督的有机结合可以合理地确保企业内部控制在一定期间内保持有效性。

日常监督植根于企业日常经营活动之中。与专项监督所实施的程序相比，日常监督程序是实时实施的，动态地应对着环境的变化，并且已在企业中固化，因而显得更加有效。而专项监督往往发生在事实出现之后，其通过持续的日常监督程序，可以更快地发现问题。尽管如此，一些日常监督较为完善的企业也会每隔几年便对其整个内部控制系统或其中的部分系统进行专项监督。而那些经常需要进行专项监督的企业，更应重点关注增强其日常监督的途径，从而将专项监督"植根于"而不是"添加在"内部控制活动中。

8.4 内部监督的程序

内部监督的目的是检查内部控制是否存在缺陷，评价内部控制的执行效果。内部监督的最终结果是服务于内部控制目标。企业应结合自身的经营特点和管理要求，充分考虑各种影响因素，合理设计和执行监督程序，评价企业的内部控制能否预防和发现错误与舞弊，能否帮助企业实现经营目标，是否有助于节约与有效使用资源等。

8.4.1 建立企业内部监督制度

设计、执行和维护必要的内部控制是企业高层的责任，企业高层对内部控制及监督要素重要性的认识，直接影响内部控制的有效性。企业董事、监事的言论会影响管理层执行监督以及对监督的反应方式，管理层的言行举止同样也会影响员工的行为。企业高层应诚实守信、以身作则、恪尽职守，依据规章和制度实施管理，尊重和支持内部监督机构的工作，积极沟通和反馈监督结果。同时，企业高层应建立良好的沟通机制，确保沟通渠道畅通，使监督结果能够得到及时反馈。此外，企业还应建立举报制度和反腐机制，以有效发现和阻止企业内部的不当和违规行为。

健全的内部监督制度的主要内容包括但不限于：明确监督机构的组织架构、岗位设置、岗位职责、相关权限、工作方法、信息沟通方式、纪录和报告监督结果等信息。

8.4.2 实施内部监督

内部监督主要是对企业内部控制的建立与实施情况进行监督检查，查找企业内部控制存在的缺陷和薄弱环节。实施内部监督的内容包括：理解与把握内部控制有效性的依据和标准、风险排序、识别关键控制点和执行监督程序。

1. 理解与把握内部控制有效性的依据和标准

有效性是指内部控制对控制目标实现的合理保证程度。监督内部控制的有效性应从内部控制的设计和执行两个方面进行，监督的内容应结合内部控制目标和内部控制整体框架。

内部监督的内容应涵盖内部环境、风险评估、控制活动及信息与沟通等要素，重点关注：内部控制各要素是否存在并有效运行；是否系统地梳理了各业务环节的主要风险；是否针对风险设置了合理的细化控制目标；是否针对细化的控制目标及风险实施了具体的控制活动；相关控制活动是如何运行的、是否持续运行；实施控制活动的人员是否具备权限和能力；

是否存在超越授权或不按制度及流程执行的情况。明确内部控制有效性的判断标准是有效执行内部监督的基础。

2. 风险排序

风险是不确定事件发生的概率及其影响目标实现的因素的组合。企业应从整体层面、业务单元、分支机构及子公司四个层面系统地梳理各业务、各活动、各环节的风险点，进行风险识别、分析和排序。内部监督以风险评估结果为依据，关注存在重大风险的控制活动，确定监督活动的类型、时间、范围和资源配置。

3. 识别关键控制点

按照从目标、风险到控制的逻辑关系，风险点是企业设置控制点、实施控制活动的依据，企业应依据风险评估结果确定关键控制点，内部监督应围绕主要风险点和关键控制点进行。控制点是在业务流程运行过程中能抑制风险发生或减少风险损失，帮助企业实现控制目标以及保证前一步骤正确性的操作环节、步骤和过程。关键控制点应设置在最有效的控制点上，必须能够预防、规避和控制企业面临的主要风险，并且该控制点对应的风险没有其他控制点可以控制。如果关键控制点失效，则会对企业的经营效率、报告质量、合规责任等产生重大影响。

4. 执行监督程序

（1）在日常活动中获取内部控制执行的证据

在企业员工实施日常生产经营活动时，负责运营的管理层取得必要的、相关的内部控制执行的证据，以证明内部控制系统是否持续发挥作用。表明内部控制执行的证据包括：企业管理层收集汇总的各部门信息及出现的问题，经营信息与财务数据存在的差异，相关职能部门进行自我检查、监督时发现问题的记录及解决方案等。

（2）内外信息印证

内外信息印证是指来自外部信息方的信息支持内部产生的结果或反映出内部的问题，主要包括：企业接受监管部门的监督，汇总分析监管反馈信息，并制订整改措施，以及通过各种方式与客户沟通所收集的信息制订整改措施。例如，通过与外部有关监管部门沟通，验证企业是否遵循各项法律法规；通过定期与客户沟通，验证企业销售交易处理是否正确，验证应收账款记录是否完整正确。

（3）会计记录与实物资产的核对

企业应定期将会计记录的数据与实物资产进行比较，做到账实相符。例如对库存商品，应定期进行盘点，将盘点的数据与会计记录的数据进行对比，记录存在的差额，并对产生差额的原因进行分析。

（4）对内外部审计关于加强内部控制的措施做出响应

内部或外部审计人员评估内部控制的设计并测试其有效性，识别潜在的缺陷，并向管理层提出加强和完善内部控制的建议，同时为企业做出决策提供有用的信息。企业应对这些建议做出积极的响应，并根据实际情况提出整改方案并监督该方案的执行。

（5）管理层对内部控制执行的监督

管理层主要通过以下渠道对内部控制执行进行监督：审计委员会接收、保留及处理各种投诉及举报，并履行保密原则；管理层在培训、会议等活动中了解内部控制的执行情况，这些会议不仅可以指出内部控制中存在的某些问题，还可以增强参与者的内部控制意识。

管理层定期要求企业员工说明他们是否理解并遵循了企业的员工行为守则，同时也可以要求经营及财务人员说明某些内部控制程序是否正常实施，管理层和内部审计人员可以对这些说明进行核实。

8.4.3 分析和报告内部控制缺陷

内部控制缺陷是指内部控制的设计存在漏洞，不能有效防范错误与舞弊，或者内部控制的运行存在问题和偏差，不能及时发现并纠正错误与舞弊的情形。内部控制缺陷按严重程度可分为重大缺陷、重要缺陷和一般缺陷。内部监督的基本要求是查找内部控制缺陷。明确内部控制缺陷的认定标准是内部监督工作的关键步骤，它直接影响内部监督工作的效率和效果。

内部控制缺陷还可以从定量方面和定性方面制定确认标准。定量方面，可以依据缺陷导致的可能损失占资产、收入或利润等的比率确定。定性方面，可以依据缺陷潜在负面影响的性质、范围等因素确定。

监督者发现内部控制缺陷时，应该向与该缺陷直接相关的责任单位、负责执行整改的人员、责任单位的上级单位进行报告，以便及时采取纠正措施。监督者应编制内部控制缺陷认定汇总表，对内部控制缺陷及其成因、表现形式和整改方案等进行综合分析与全面复核，并以书面形式向有关方面报告。对于重大缺陷，应当依据已建立的报告制度直接上报董事会、审计委员会和最高管理层；对于涉及董事和高管的缺陷，应与监事会沟通。

无论是专项监督还是日常监督，都要就监督结果给出结论。在实施并完成监督程序后，企业应根据监督结果和纠正情况，对内部控制设计和运行的有效性进行全面评价，形成内部控制有效性结论，并出具监督评价报告。

8.4.4 对内部控制缺陷进行整改

通过内部监督，对发现的内部控制缺陷进行整改，促进内部控制系统的改进，也更好地体现了内部监督的价值。

对于所有影响企业发展和目标实现的内部控制缺陷，都应该及时与相关管理人员进行沟通，并采取纠正措施。内部控制缺陷通常既要向负责采取纠正措施的人员报告，也要向其上级汇报。这样上级管理者可以提供必要的支持，并监督相关人员采取纠正措施。如果内部控制缺陷涉及不同部门或组织，那么应该向所有相关人员及其上级进行汇报，推动纠正措施的实施。

本章小结

有效的内部监督是企业内部控制系统的重要组成部分，与内部控制其他要素相互作用、相互联系并且互为补充，可以共同促进企业实现控制目标。

我国企业内部控制监督机构由审计委员会、监事会和内部审计机构共同组成。实施内部监督是内部审计的主要职责。内部监督的方式可以分为日常监督和专项监督两种。日常监督与专项监督的关系表现为，日常监督是专项监督的基础，专项监督是日常监督的补充。企业应将经常性的专项监督纳入日常监督。企业内部监督程序包括：建立企业内部监督制度、实施内部监督、分析和报告内部控制缺陷，以及对内部控制缺陷进行整改。有效的监督可以帮助企业积极主动地发现问题并解决问题，从而提高企业的总体运行效率。

论述题

1. 什么是内部监督？
2. 简述内部监督和内部控制其他要素的关系。
3. 我国内部监督体系由哪些机构构成？其具体职责是什么？
4. 内部监督的基本要求是什么？
5. 内部监督程序包括哪些？
6. 什么是日常监督和专项监督？两者的关系是什么？
7. 日常监督的主体有哪些？日常监督的具体方式是什么？
8. 如何确定专项监督的重点、范围和频率？

自测题

一、单项选择题

1. 我国内部监督体系的构成不包括（   ）。
   A. 股东大会　　　B. 审计委员会　　　C. 内部审计机构　　D. 监事会
2. 内部控制缺陷应按严重程度的不同确定报告层级，对于（   ），内部监督机构有义务直接上报董事会、审计委员会及最高管理层。
   A. 一般缺陷　　　B. 重大缺陷　　　C. 重要缺陷　　　　D. 设计缺陷
3. 下列关于日常监督描述不正确的是（   ）。
   A. 日常监督是指企业对建立与实施内部控制的情况进行常规、持续的监督检查
   B. 日常监督的范围越大、程度越高，企业所需要的专项监督就越少
   C. 实施日常监督的主体只能是内部审计机构
   D. 日常监督通常存在于企业基层管理活动之中，能较快地辨别问题，快速地做出动态反应
4. 内部控制机构还可以使用（   ）的方法，召集有关管理层和员工就企业内部控制制度设计和执行中存在的特定问题进行面谈和讨论。
   A. 询问　　　　　B. 分析程序　　　C. 观察　　　　　　D. 自我评估
5. 内部控制缺陷报告对象不包括（   ）。
   A. 与该缺陷直接相关的责任单位　　　B. 负责执行整改的人员
   C. 责任单位的上级单位　　　　　　　D. 造成缺陷的责任人

6. (　　)对内部控制及监督要素重要性的认识，直接影响内部控制的有效性。
   A. 企业管理层　　B. 内部审计人员　　C. 企业高层　　D. 企业经营业务执行层面人员
7. 管理层对内部控制执行的监督渠道不包括(　　)。
   A. 管理层在培训、会议等活动中了解内部控制的执行情况
   B. 审计委员会接收、保留及处理各种投诉及举报
   C. 注册会计师出具的审计报告
   D. 管理层审核的员工提出的各项合理建议
8. 下列不属于专项监督重点的是(　　)。
   A. 高风险项目　　　　　　　　B. 重要项目
   C. 常规采购业务　　　　　　　D. 关键岗位员工变化
9. 下列不属于日常监督主体的是(　　)。
   A. 管理层　　　　　　　　　　B. 单位（机构）
   C. 内部审计机构　　　　　　　D. 外部审计机构
10. 下列不属于在日常活动中获取内部控制执行的证据的是(　　)。
    A. 企业管理层收集汇总的各部门信息及出现的问题
    B. 经营信息与财务数据存在差异
    C. 相关职能部门进行自我检查、监督时发现问题的记录及解决方案
    D. 与外部有关监管部门沟通，以验证企业遵循各项法律法规的情况

二、多项选择题

1. 内部监督要求识别关键控制，识别关键控制时应考虑的因素包括(　　)。
   A. 复杂程度较高的控制
   B. 需要较高判断力的控制
   C. 相关人员缺乏实施某一控制所必需的资质和经验
   D. 某一项控制失败是重大的，且无法被及时识别并改正
   E. 管理层凌驾于某一控制活动之上
2. 根据我国相关法律法规的规定，我国企业内部控制监督体系主要由(　　)共同组成。
   A. 审计委员会　　　　B. 监事会　　　　C. 内部审计
   D. 股东大会　　　　　E. 职工代表大会
3. 审计委员会在企业内部监督中承担的职责一般包括(　　)。
   A. 审核企业内部控制及其实施情况，监督内部控制的有效性和内部控制自我评价情况，并向董事会做出报告
   B. 指导企业内部审计机构工作，监督检查企业内部审计制度及其实施情况
   C. 处理有关投诉与举报，帮助企业建立畅通的投诉与举报途径
   D. 审核企业财务报告及其相关的信息披露内容
   E. 负责内部审计与外部审计之间的沟通与协调
4. 企业内部监督程序一般可以分为(　　)等基本环节。
   A. 建立企业内部监督制度　　　　　　　　B. 实施内部监督

C. 分析与报告内部控制缺陷　　　　　　D. 缺陷整改
E. 明确监督机构的组织架构

5. 按缺陷的严重程度，内部控制缺陷可分为（　　）。
   A. 设计缺陷　　　　B. 运行缺陷　　　　C. 重大缺陷
   D. 重要缺陷　　　　E. 一般缺陷

6. 实施日常监督的主体可以是（　　）。
   A. 管理层　　　　　B. 单位或机构　　　C. 内部控制机构
   D. 内部审计部门　　E. 财务部门

7. 日常监督的具体方式主要包括（　　）。
   A. 在日常活动中获取内部控制执行的证据
   B. 内外信息印证
   C. 会计记录与实物资产的核对
   D. 对内外部审计关于加强内部控制的措施做出响应
   E. 管理层对内部控制执行的监督

8. 专项监督的范围和频率取决于以下（　　）因素的影响。
   A. 风险评估的结果　　　　　　　　B. 变化发生的性质和程度
   C. 日常监督的有效性　　　　　　　D. 计划的充分性
   E. 证据的充分与适当

9. 专项监督的步骤包括（　　）。
   A. 准备阶段　　　　B. 计划阶段　　　　C. 执行监督
   D. 评价监督　　　　E. 报告和纠正措施阶段

10. 下列关于日常监督和专项监督的关系的表述，正确的是（　　）。
    A. 日常监督是专项监督的基础
    B. 专项监督是日常监督的有效补充
    C. 日常监督有效性高时，可以不设置专项监督
    D. 经常性的专项监督应纳入日常监督
    E. 日常监督和专项监督应该有机地结合

三、判断题

1. 内部监督应能做到独立客观地对企业的内部控制制度进行评价，独立于企业内部控制执行的机构进行内部监督是最好的选择。所有企业都是授权内部审计机构承担内部控制的监督职能。（　　）

2. 公司的监事发现公司经营情况异常，可以进行调查，必要时可以聘请会计师事务所等协助其工作，费用由自己承担。（　　）

3. 监事会可以要求董事、高级管理人员、内部及外部审计人员等列席监事会会议，回答所关注的问题。（　　）

4. 如果企业内部控制存在一个或多个重大缺陷，应认定为内部控制无效。（　　）

5. 企业内部监督的类型、时间、范围和监督资源配置等因素，受风险评估活动结果的影响，内部监督应根据风险评估的结果，把监督的重点放在存在风险的控制活动上。（　　）

6. 专项监督的范围和频率主要取决于对风险的评价和日常监督执行的效率，日常监督的有效性越高，对专项监督的需要程度就越低。（　　）

7. 无论是专项监督还是日常监督，监督者都应努力针对关键控制点获取"充分且适当"的信息以支持监督结论。（　　）

8. 参与专项监督的人员必须具备相关专业知识和一定的工作经验，并可以对自身负责的业务活动进行评价。（　　）

9. 一般来说，风险水平较高并且重要的控制，对其进行专项监督的频率应该较高。（　　）

10. 如果日常监督有效，可以应对环境的变化，对专项监督的需要程度就高；反之，对专项监督的需要程度就低。（　　）

第9章

内部控制评价

学习目标

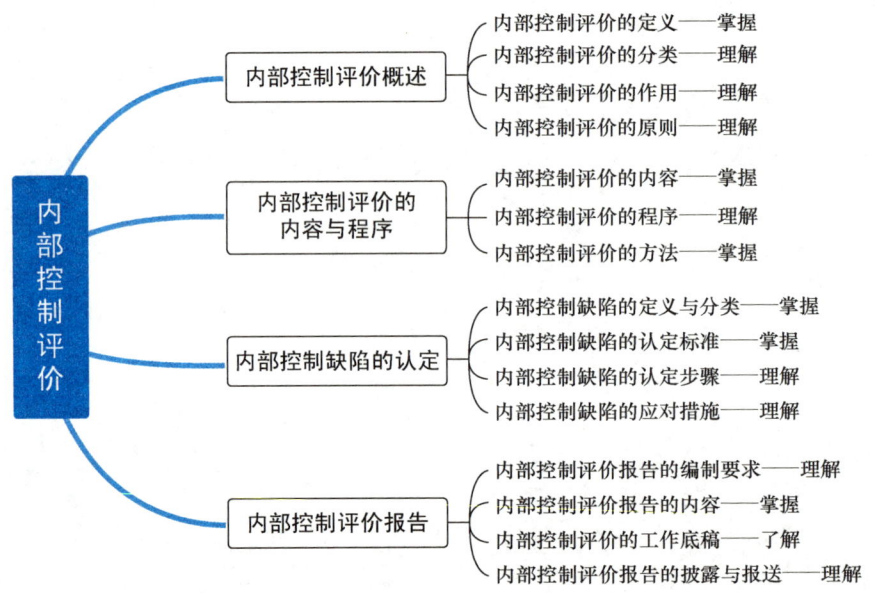

引入案例

2021 年度上市公司内部控制评价报告情况分析

1. 内部控制评价报告披露情况

2021 年，共有 4467 家上市公司披露了年度内部控制评价报告，占披露年度报告的 A 股上市公司数量的 93.9%；未披露年度内部控制评价报告的公司有 290 家，占比 6.1%。数据显示，2018 年以来，上市公司内部控制评价报告的披露占比一直稳定在 95% 左右。

2. 存在的主要问题

内部控制信息披露质量有待提升，信息披露未实现应披尽披，信息披露完整性有待提高、准确性有待加强、充分性有待提升；内部控制制度建设及执行亟待加强；会计师事务所"看门人"职责有待强化，会计师事务所出具的内部控制审计报告质量有待提升，整合审计优势未充分利用；内部控制信息披露监管口径有待统一；原深中小板上市公司内部控制规范体系实施力度有待加强等。

2021 年上市公司内部控制缺陷主要集中在资金活动、资产管理、采购业务、销售业务、财务报告、合同管理、组织架构、工程项目、关联交易、人力资源等领域。其中，资金活动相关缺陷主要表现为控股股东、实际控制人及其关联方存在非经营性资金占用、对外投资管理制度不完善、大额应收款项未能有效回收等；资产管理相关缺陷主要表现为未定期进行资产盘点或资产盘点不到位、未及时完整记录资产出入库信息、存货核算不准确等；采购业务相关缺陷主要表现为供应商准入评审不规范、供应商费用结算管理疏漏、采购部门与财务部门对账不及时、采购验收资料不完备等；销售业务相关缺陷主要表现为销售人员代收代付款、销售记录资料不完整、定价管理不清晰等。与此同时，财务报告、合同管理领域的内部控制缺陷较上年有所增多，组织机构、关联交易、人力资源的内部控制缺陷较 2020 年有所下降。

3. 政策建议

针对 2021 年度上市公司内部控制信息披露及内部控制建设中存在的问题，提出了五方面政策建议，以优化完善上市公司内部控制体系。

一是以数智化赋能监管，提升内部控制整体水平。《中国上市公司 2022 年内部控制白皮书》建议在日常监管工作中充分引入和利用大数据等技术，构建形成"事前有标准、事中有执行、事后有评价、持续有改进"的内部控制监管体系，充分发挥内部控制在上市公司财务报告中的控制关口前移、提升披露透明度、保护投资者权益等重要作用。

二是逐步规范统一信息披露准则要求，提高内部控制信息披露质量。建议逐步构建统一的内部控制信息披露框架体系，形成统一的披露准则，规范内部控制、强化信息披露，提升内部控制信息披露质量和规范可用性。

三是充分发挥日常监督的作用，构建重大、重要缺陷专项评价及内部控制责任回溯机制。建议上市公司强化内部审计监督和外审监督职能，定期开展缺陷整改有效性专项评价工作，建立内部控制缺陷数据库和缺陷整改台账，监促整改责任部门及相关责任人及时整改。同时，实施内部控制责任可回溯的管理机制。

四是强化内部控制审计质量管理体系，提升审计执业水平。建议会计师事务所严把"看门人"职责，将作风正派、责任心强、业务素质高的干部充实到各级会计师队伍中。同时，建议各部门加强统筹协调与监督合力，及时规范内部控制审计或整合审计实施过程中遇到的新情况、新问题，并予以指导。

五是加强对原中小板上市公司的内控监督，进一步扩展内部控制体系强制性实施范围。

资料来源：https://news.cnstock.com/news，bwkx-202210-4970490.htm　[2024-05-20]

9.1　内部控制评价概述

有效的内部控制制度可以帮助企业走向成功，无效或是低效的内部控制则有可能让企业走向灭亡。事实上，许多企业并不是没有设计良好的内部控制制度，而是企业内部控制制度在实际运行的过程中没有得到合理的遵循，导致内部控制制度形同虚设。虽然日常监督和专项监督是构成内部控制五要素中内部监督的重要内容，但要了解企业内部控制制度是否健全有效，仅靠内部监督是不够的。对企业而言，内部控制评价是发现问题、整改问题、持续改进企业内部控制的重要手段。对企业投资者和其他利益相关者而言，企业发布内部控制评价报告有助于信息使用者了解内部控制的设计和运行情况，评估内部控制是否为实现战略目标、经营合法合规、财务报告及相关信息真实可靠、资产安全、提高管理的效率和效果五个目标的实现提供合理保证。

9.1.1　内部控制评价的定义

内部控制评价是由企业董事会或类似权力机构实施的，对内部控制设计与运行的有效性进行评价，形成评价结论，出具评价报告的过程。内部控制评价既是优化企业内部控制自我监督机制的一项重要制度安排，也是内部控制体系的重要组成部分。

根据一定的客观标准对企业内部控制制度的设计与运行进行评价，是内部控制评价得以存在的客观需求。内部控制评价是一个过程，即内部控制评价需要遵循一定的流程来进行。内部控制评价工作不是一蹴而就的，它是一个涵盖计划、实施、编报等多个阶段，包含多个步骤的动态过程。

1. 内部控制评价的主体

内部控制评价的主体是董事会或类似权力机构。董事会是负责制定企业战略的部门，由董事会或类似权力机构对内部控制进行评价，可以有效防范偏离目标的各种风险。

董事会或类似权力机构是内部控制设计和运行的责任主体，董事会可指定审计委员会来承担对内部控制评价的组织、领导和监督职责，并授权内部审计部门或独立的内部控制评价机构来执行内部控制评价的具体工作，但董事会仍对内部控制评价承担最终责任，对内部控制评价报告的真实性负责。

2. 内部控制评价的客体

内部控制评价的客体是对内部控制的有效性发表意见。所谓内部控制的有效性，是指企业设计与执行内部控制对实现控制目标提供合理保证的程度。从控制过程的视角看，内部控制的有效性包括内部控制设计的有效性和内部控制运行的有效性。

内部控制设计的有效性即健全性，是指为实现控制目标所必需的内部控制要素都存在并且设计恰当。评价内部控制设计的有效性，可以从三个方面进行：一是内部控制的设计是否做到了以内部控制的基本原理为前提，以《企业内部控制基本规范》及其配套指引为依据；二是内部控制的设计是否覆盖了所有关键的业务与环节，对董事会、监事会、经理层和员工具有普遍的约束力；三是内部控制的设计是否与企业自身的经营特点、业务模式及风险管理要求相匹配。

内部控制运行的有效性即遵循性，是指现有内部控制按照规定程序得到了正确执行。评价内部控制运行的有效性，也可以从三个方面进行：一是相关控制在评价期间是如何运行的；二是相关控制是否得到了持续一致的运行；三是实施控制的人员是否具备必要的权限和能力。

内部控制设计的有效性与内部控制运行的有效性是不可分离的。无论内部控制运行得多有效，如果最初的内部控制设计有缺陷，那么就不可以认为该内部控制是有效的。同理，如果内部控制评价表明内部控制的设计是有效的，但在运行时没有严格按照设计执行，则可以认定该内部控制程序不符合运行的有效性。需要说明的是，由于内部控制评价受其固有的局限性影响，如评价人员的职业判断，因此内部控制评价只能为内部控制目标的实现提供合理保证而非绝对保证。

9.1.2 内部控制评价的分类

1. 按照评价主体分类

企业内部控制评价按照评价主体的不同，可以分为自我评价和外部注册会计师评价。由企业的董事会或类似权力机构进行的内部控制评价属于内部控制的自我评价。管理层可以通过对内部控制设计和运行的有效性进行自我评价并对外界进行披露来解除受托责任。董事会虽然可以聘请会计师事务所对企业内部控制的有效性进行审计，但董事会承担的责任不会因此而减轻。注册会计师对内部控制执行的是审计程序，出具的是内部控制审计报告，不能替代董事会应该承担的责任。

2. 按照评价期间分类

企业内部控制评价按照评价期间的不同，可以分为年度评价和日常监督评价。年度评价是指企业根据内部控制目标，对企业某一年度建立与实施内部控制的有效性进行的评价。例如，按照国家有关法律法规的要求，企业每年都必须进行内部控制自我评价并出具内部控制自我评价报告。日常监督评价是指企业根据内部控制目标，由内部控制评价部门对企业日常业务活动内部控制的执行情况进行检查监督并定期向管理层或董事会报告。

3. 按照评价范围分类

企业内部控制评价按照评价范围的不同，可以分为全面内部控制评价和专项内部控制评价。全面内部控制评价是指对企业所有业务和管理活动的内部控制进行全面的评价。专项内部控制评价是指针对企业的某项业务或管理活动的内部控制进行评价。例如，对企业货币资金内部控制的有效性进行专项评价。

案例 9-1

珠海格力电器股份有限公司内部控制评价范围

公司按照风险导向原则确定纳入评价范围的主要单位、业务和事项以及高风险领域。纳入评价范围的主要单位包括：格力电器母公司及主要子公司，纳入评价范围单位资产总额占公司合并财务报表资产总额96%，营业收入合计占公司合并财务报表营业收入总额的97%。纳入评价范围的主要业务和事项包括：发展战略、组织架构、人力资源、企业文化、社会责任、财务管理、预算管理、资产管理、资金活动、财务报告、研究与开发、采购业务、生产管理、销售业务、工程项目、担保业务、外包业务、合同管理、内部信息传递、信息系统等。重点关注的高风险领域主要包括：财务管理、资产管理、资金活动、采购业务、生产管理、销售业务和工程项目等。

上述纳入评价范围的单位、业务和事项以及高风险领域涵盖了公司经营管理的主要方面，不存在重大遗漏。

资料来源：https://gree.com/about/investo　[2024-07-11]

9.1.3　内部控制评价的作用

内部控制评价对于内部控制程序的运行至关重要，有效的内部控制评价能够促进企业完善其内部控制制度，产生积极的内部与外部效应。

1. 促进企业内部控制体系的完善

内部控制评价是一个持续地对内部控制运行进行自我完善的过程，通过查找、评价、分析、反馈和报告企业内部控制缺陷，有针对性地督促落实、修改，及时堵塞漏洞和防范偏离目标的各种风险，从设计和执行等方面全方位地健全优化管控制度，从而促进企业内部控制体系的不断完善。

2. 提升企业的公众认可度

企业若开展内部控制评价，则需要形成评价结论，最终出具相关的内部控制评价报告。内部控制评价报告将企业的风险管理水平、内部控制状况以及与此相关的发展战略、竞争优势、可持续发展能力公布于众，有助于企业树立诚信、透明、负责的形象，获得投资者、债权人以及其他利益相关者的信任和认可，为自身创造更为有利的外部环境，促进企业的可持续发展。

二维码72

二维码72　扩展阅读　内部控制评价的五维度法

9.1.4　内部控制评价的原则

企业开展内部控制评价活动应当遵循以下三项基本原则。

1. 全面性原则

全面性原则强调的是内部控制评价所涵盖的范围应当尽量全面，具体指内部控制评价工作应当包括内部控制的设计与运行，涵盖范围应包括企业和企业所属单位的各种业务和事项。

2. 重要性原则

重要性原则是指内部控制评价在全面性原则的基础上，应当对重大风险及事项进行特别关注，具体体现在制订和实施评价工作方案、分配评价资源的过程中，要坚持以风险导向为基础进行内部控制评价，着重关注影响内部控制目标实现的高风险领域和风险点，着重关心重要业务事项、关键控制环节和重要业务单位。

重要业务事项是指企业的重大投资决策项目，如兼并重组、资产调整、产权转让、金融衍生项目、融资、担保、重大生产经营安排、重要设备技术引进、采购大宗物资、重大工程建设等事项。

重要业务单位可以有不同的判定标准，如以资产、收入、利润等作为判定标准。重要业务单位可以是集团总部、资产占合并资产总额比重较高的分公司和子公司、营业收入占合并营业收入比重较高的分公司和子公司，以及利润占合并利润比重较高的分公司和子公司等。

3. 客观性原则

内部控制评价活动应当从客观的角度出发，如实地反映内部控制设计与运行的有效性，准确地揭示经营管理活动中可能面对的风险。与内部监督活动相同，只有在内部控制评价方案的制订和实施过程中始终贯彻客观性原则，才能保证内部控制评价结果的客观。

二维码 73

二维码 73　　扩展阅读　　上市公司和拟上市企业须强化内控建设

9.2　内部控制评价的内容与程序

内部控制评价的内容就是对内部控制的有效性进行评价。内部控制评价的具体内容应围绕内部环境、风险评估、控制活动、信息与沟通、内部监督等五要素，对内部控制设计与运行的情况进行全面评价。

9.2.1　内部控制评价的内容

1. 内部环境评价

内部环境是内部控制其他构成要素的基础。内部环境会影响企业战略与目标设定、风险应对策略的制订、控制措施的选择，以及信息与沟通体系和内部监督体系的设计与运行。企业应当以组织架构、发展战略、人力资源、企业文化、社会责任等应用指引为依据，组织开展内部环境评价。组织架构的评价可以重点关注组织架构的设计和运行；发展战略的评价可以重点关注战略的合理制订、有效实施和适当调整；人力资源评价可以重点关注企业人力资源引进结构的合理性、开发机制、激励约束机制等；企业文化评价可以重点关注文化的建设和评估；社会责任评价可以重点关注安全生产、环境保护、员工权益保护等方面。

2. 风险评估评价

企业开展风险评估评价，应当依照《企业内部控制基本规范》及各项应用指引中有关风险评估的要求，结合本企业的内部控制制度，对日常经营管理过程中的目标设定、风险识别、风险分析、应对策略等进行认定和评价。

3. 控制活动评价

控制活动是风险应对策略的具象化，企业开展控制活动评价，应当以《企业内部控制基本规范》及各项应用指引中的控制措施为依据，结合本企业的内部控制制度，对相关控制措施的设计和运行情况进行认定和评价。控制活动评价可重点关注授权、业绩评价、信息处理、实物控制和职责分离等相关控制活动。

4. 信息与沟通评价

企业的信息系统会直接影响到企业内外部利益相关者的决策。企业开展信息与沟通评价，应当以内部信息传递、财务报告、信息系统等相关指引为依据，结合本企业的内部控制制度，对信息收集、处理和传递的及时性，反舞弊机制的健全性，财务报告的真实性，信息系统的安全性，以及利用信息系统实施内部控制的有效性进行认定和评价。

5. 内部监督评价

企业组织开展内部监督评价，应当以《企业内部控制基本规范》及各项应用指引中对于内部监督的要求为依据，结合本企业的内部控制制度，对内部监督机制的有效性进行认定和评价，重点关注监事会、审计委员会、内部审计机构等是否在内部控制设计和运行中有效发挥监督作用。对内部监督要素进行评价应从日常监督、专项监督、报告缺陷等方面入手。

9.2.2 内部控制评价的程序

内部控制评价的程序包括制订评价工作方案、组成评价工作组、实施现场测试、汇总评价结果、编制评价报告以及报告反馈与追踪等环节。

1. 制订评价工作方案

企业内部控制评价工作方案是由内部控制评价部门拟订的，旨在明确评价范围、工作任务、人员组织、进度安排等相关内容的工作方案。内部控制评价工作方案需报经董事会或其授权机构审批后才能实施。评价工作方案对于整个评价工作的顺利完成具有重要意义，合理的评价工作方案有助于评价人员关注企业面临的风险，及时发现内部控制缺陷，提高评价过程的效率和效果。

2. 组成评价工作组

根据经批准的评价工作方案，由内部控制、风险管理、内部审计或其他负责内部控制工作的部门牵头，组成内部控制评价工作组。评价工作组应当吸收企业内部相关机构熟悉情况的业务骨干参加。内部控制评价成员必须具备两个基本条件：一是能够独立对内部控制系统建立与运行的过程及结果进行测试，有足够的权威性来保证内部控制评价工作的顺利开展；二是具备与监督和评价内部控制系统相适应的专业胜任能力和职业道德素养，在效率、效果上满足企业对内部控制系统进行监督与评价的有关要求。

评价工作组成员对本部门的内部控制评价工作应当实行回避制度，委托第三方实施内部控制评价的企业也应遵循回避制度，不得同时为同一企业提供内部控制评价和内部控制审计服务。

3. 实施现场测试

评价工作组根据初步了解的内部控制情况，按照评价工作组成员的具体分工，综合运用个别访谈、调查问卷、专题讨论、穿行测试、实地查验等评价方法，充分收集被评价单位内部控制设计和运行是否有效的证据，按照评价的具体内容，如实填写评价工作底稿，记录相关测试结果，研究、分析内部控制缺陷。评价人员应遵循"客观、公正、公平"原则，如实反映检查测试中发现的问题，并及时与被评价单位进行沟通。企业内部控制评价工作组应当建立评价质量交叉复核制度，评价工作组负责人应当对评价工作底稿进行严格审核并签字确认，形成现场评价报告，向被评价单位通报，由被评价单位相关责任人签字确认后，提交内部控制评价机构。

4. 汇总评价结果

企业内部控制评价部门应对评价工作组的评价结果进行汇总，对工作组现场初步认定的内部控制缺陷进行全面复核，采用定性和定量的方法综合分析控制缺陷的成因、表现形式及风险程度，按照对目标的影响程度确定缺陷等级，编制内部控制缺陷认定汇总表，结合日常监督和专项监督发现的内部控制缺陷及其持续改进情况，提出认定意见，并以适当的形式向董事会、监事会或者经理层报告。董事会对发现的重大缺陷予以最终认定。

5. 编制评价报告

内部控制评价机构根据汇总的评价结果和认定的内部控制缺陷，遵循"客观、公正、公平"原则，综合内部控制工作整体情况，完整地编制内部控制评价报告，并报送企业董事会、监事会及管理层，由董事会最终审定后对外披露。

6. 报告反馈与追踪

对于认定的内部控制缺陷，内部控制评价机构应当结合董事会和审计委员会的要求，提出整改建议，要求责任单位及时整改，并跟踪其整改落实情况，对已经造成损失或负面影响的企业应当追究相关人员的责任。

案例 9-2

平安银行内部控制评价程序（节选）

平安银行是一家总部设在深圳的全国性股份制商业银行（SZ000001）。以下内容节选自平安银行股份有限公司 2021 年度内部控制评价报告。

法律合规部门负责全行操作风险与内部控制自我评估（以下简称管理层自评）工作的组

织、实施与跟踪。管理层自评是在充分整合操作风险管理、内部控制评价、部门控制检查体系的方法和资源基础上，以风险为本，结合智能化应用和大数据分析，建立完善主动化、常态化的内控管理机制。由全行各部门、各事业部和各分行通过识别和评估业务流程风险点，分析和测试现有控制活动的执行情况，评估设计有效性及运行有效性，评价剩余风险水平等一系列工作，对覆盖公司层面、流程层面及信息科技的所有业务和管理流程开展自我评估，同时建立整改管理流程，加强对内部控制缺陷整改的日常督办。工作流程覆盖计划准备、风险控制矩阵更新及部门控制检查体系清单制订、控制执行有效性测试及评估、结果运用及整改跟踪四个阶段。

稽核监察部组织实施内部控制稽核独立评价，对管理层自评工作成果进行检视；通过对内部控制的充分性和有效性进行独立监督评价，发现内部控制缺陷，督促相关问题整改，并以此促进平安银行内部控制目标的实现。稽核独立评价在原有流程、方法的基础上，通过整合常规审计和专项审计成果，结合持续审计新机制，联动部门各分部、室以协同方式开展风险控制矩阵检视，并对纳入独立评价范围的主要单位、业务和事项开展穿行测试和运行测试。内部控制稽核独立评价工作程序包括项目计划、非现场分析、内部控制有效性测试、问题归因分析与缺陷认定、整改跟踪以及内部控制评价报告六个阶段。

资料来源：平安银行股份有限公司2021年度内部控制评价报告

9.2.3 内控制评价的方法

内部控制评价方法通常包括个别访谈法、调查问卷法、专题讨论法、穿行测试法、实地查验法、抽样法和比较分析法等方法。下面对几种方法进行简单介绍。

1. 个别访谈法

个别访谈法是指企业根据检查与评价的需要，对被评价单位的负责人或员工进行单独访谈，以获取内部控制体系的建立与执行情况。个别访谈法主要用于了解企业内部控制的现状，适合在公司层面和业务层面评价的初级阶段使用。在进行访谈前，应该根据企业的内部控制评价需求做好计划和准备，形成访谈提纲；在访谈过程中，应该做好记录；在结束访谈后，应做好归纳总结，撰写访谈纪要。为了保证访谈结果的真实性，应尽量访谈不同岗位的人员以获得更可靠的证据，不能因为某个人的一面之词而草率地形成结论。比如，可以对人力资源部主管和基层员工分别进行访谈，询问公司是否建立了员工培训机制，培训能否满足员工和具体业务的需求。人力资源部主管和基层员工对同一个问题可能会有不同的答案，访谈人员需要遵循内部控制评价的客观性原则，仔细甄别他们给出的答案，分析相关内部控制是否存在缺陷。

2. 调查问卷法

调查问卷法是指企业设置调查问卷，分别针对不同岗位、不同层级的员工进行问卷调查，并根据调查结果对相关项目进行评价。调查问卷法主要应用于企业层面评价，是常用的一种评价方法。调查问卷法成本较低，使用时应尽量扩大评价对象的范围，覆盖企业各个层级的员工。为了避免员工对调查问卷提前进行准备，影响调查结果的真实性，发布问卷前应该保密，问卷题目也不可过于复杂，可以使用简单的是非题形式。例如，答案可以为

"是""否""有""没有""不适用"等。

3. 专题讨论法

专题讨论法是通过集中与业务流程有关的专业人员就内部控制执行情况或内部控制缺陷进行分析的一种评价方法。该方法不仅是内部控制评价的手段，也是进行缺陷整改的途径。对于同时涉及多方面影响的内部控制缺陷，如财务、业务、信息技术等，由内部控制管理部门组织召开专题讨论会议是比较有效的方法，可以通过专题讨论会议综合各机构和专家的意见，更好地确定缺陷整改方案。

4. 穿行测试法

穿行测试法是指在内部控制系统中任意选取一笔交易作为样本，追踪该交易从开始到最终在财务报表或其他经营管理报告中反映出来的过程，即该流程从起点到终点的全过程，以此来了解整个业务流程状况，识别出其中的关键控制环节，评估相关控制设计与运行的有效性。

案例 9-3

穿行测试评价法的具体步骤

穿行测试关注业务流程的每个步骤的具体工作内容、控制活动、证据表单和频率的符合性。

（1）测试目的：验证控制描述或流程描述中所记录的控制内容是否正确，各环节是否按照其相关规定运行，是否存在控制设计及运行缺陷。

（2）测试对象：所有控制点。

（3）测试频率：穿行测试每年进行一次。如组织结构、业务流程发生调整，可适当更改频率。

（4）测试独立性原则：测试执行人员需要严格贯彻内部控制测试的独立性原则，即某一控制的实际操作人员需要回避相关控制的任何测试。

（5）样本选取原则：样本必须能够代表该领域或该子流程的典型业务及操作流程；样本需要尽可能覆盖该领域或该子流程的所有控制点；对于那些确实无法被覆盖的控制点，可以单独选取额外样本进行测试；必须随机选取样本。

（6）样本数量：在每个子流程中的控制点中选取一个样本进行测试。

（7）记录样本：对于穿行测试过程中取得的所有样本资料，可根据需要进行复印、编号，并单独存档保管；记录测试结果（异常/无异常/不适用）；对于出现异常的控制点，需要详细描述样本的异常特征，并标注相应留档纸质文档编号。

资料来源：http://static.cninfo.com.cn/finalpage/2015-12-15/1201833562.PDF　[2024-05-21]

5. 实地查验法

实地查验法是指针对业务层面的控制，通过使用统一的测试工作表单，实地检查业务流程的各控制环节，实施控制测试的方法。实地查验法适合测试一些没有留下痕迹的控制以及测试控制执行是否到位的情景。为取得真实合理的效果，评价工作应在尽可能不被评价人员事先察觉的情况下进行。例如，对存货出、入库环节进行查验。

6. 抽样法

抽样法是指通过样本测试判断总体属性的测试方法。抽样法通常针对具体的内部控制流程，按照业务发生频率和固有风险的高低，从确定总体中抽取一定比例的业务样本，检查其是否遵循内部控制的政策与程序。

使用抽样法必须保证样本的完整性，样本库应包含控制测试的所有样本。抽取的样本应该充分，样本的数量应该能检验所测试控制点的有效性。同时，抽取的样本还应适当，获取的证据应当与所测试控制点的设计和运行相关，并能可靠地反映控制的实际运行情况。

7. 比较分析法

比较分析法是指通过比较和分析数据间的关系、趋势或比率来获取评价证据的方法，可以是当期数据与历史数据、行业标准数据或行业最优数据进行比较和分析。例如，通过对具体客户的应收账款周转率进行横向和纵向的比较，分析存在异常的应收账款客户，进而对该客户的赊销管理控制进行检查。

二维码 74

二维码 74　文案范本　贵州轮胎（000589）：内部控制评价办法

9.3　内部控制缺陷的认定

9.3.1　内部控制缺陷的定义与分类

1. 内部控制缺陷的定义

内部控制缺陷是指企业内部控制在设计和运行中可能存在的缺点或不足，该缺点或不足导致内部控制无法为实现控制目标提供合理保证。无论内部控制设计与运行做得多好，都不可能保证能够应对所有风险。相同地，也不可能存在没有任何瑕疵的内部控制。对于企业内部控制的有效性而言，缺点和不足会不同程度地影响企业内部控制目标的实现。内部控制缺陷的评估与认定是内部控制评价的重要环节，查找内部控制在设计或运行环节是否存在重大缺陷是衡量内部控制有效性的关键步骤。

内部控制缺陷通常被认为是内部控制有效性的一个负向维度，换句话说，内部控制存在重大缺陷意味着该企业的内部控制可能是无效的。企业开展内部控制评价的主要任务就是对内部控制缺陷进行识别，并对存在的缺陷进行有针对性的整改。

2. 内部控制缺陷的分类

内部控制缺陷可以按照内部控制缺陷的成因、性质和形式来进行分类。

（1）按内部控制缺陷成因分类

按内部控制缺陷成因分类，内部控制缺陷可以分为设计缺陷和运行缺陷。设计缺陷是指企业内部控制在设计上存在根本的缺陷，导致企业缺少相应的为实现控制目标所需要的控制措施。现存的控制措施可能会因为设计得不适当，导致即使企业正常运行也无法达到控制目的。运行缺陷是指内部控制在不存在设计缺陷的前提下，因为运行不当而导致控制目标无法实现。不恰当的人执行内部控制、不按设计的方式运行控制措施、运行控制措施的时间或频率不当、未一贯有效地运行控制措施等都可能导致运行缺陷。内部控制存在设计和运行缺陷会影响内部控制的有效性。

（2）按内部控制缺陷性质分类

按内部控制缺陷性质分类，内部控制缺陷可以分为重大缺陷、重要缺陷和一般缺陷。重大缺陷是指企业存在一个控制缺陷，也可能存在多个控制缺陷的组合，导致企业严重偏离其控制目标。如果企业存在内部控制重大缺陷，那么通常可以得出内部控制无效的结论。重要缺陷是指严重程度低于重大缺陷，但仍可能导致企业偏离控制目标的缺陷。重要缺陷对企业整体内部控制有效性不会有严重的影响，但董事会和管理层应该充分关注重要缺陷。重大缺陷和重要缺陷以外的会使企业偏离控制目标的缺陷统称为一般缺陷，一般缺陷不会对企业整体内部控制有效性有严重的影响。

（3）按内部控制缺陷形式分类

按内部控制缺陷的具体表现形式分类，内部控制缺陷可分为财务报告缺陷和非财务报告缺陷。财务报告缺陷是指对企业财务报告的可靠性造成影响的内部控制缺陷。这些缺陷不能保证企业财务报告的可靠性，或不能及时发现纠正财务报告错报。财务报告缺陷以外的内部控制缺陷都属于非财务报告缺陷。

9.3.2 内部控制缺陷的认定标准

对内部控制缺陷的认定，是指对内部控制缺陷的重要程度进行识别和确定的过程，即判断一项缺陷是属于重大缺陷、重要缺陷还是一般缺陷的过程。内部控制缺陷一旦被认定为重大缺陷，投资者和其他利益相关者会对企业的财务报告及经营管理存疑，从而影响其投资决策。企业若存在重大内部控制缺陷，那么该缺陷也是企业内部控制最薄弱的环节，需要企业管理层关注并需要针对该缺陷做出整改。对内部控制缺陷的严重程度进行认定是内部控制评价的重要组成部分，它直接关系到外界利益相关者对企业的认可程度，也对企业明确未来内部控制工作重点有帮助。要对内部控制缺陷进行正确的认定，企业就必须综合考虑内外部环境及利益相关者的需求，要有一套系统的、可行的认定标准，使企业的内部控制系统处于不断优化的过程之中。

1. 影响缺陷认定标准的因素

内部控制评价是根据五要素评价内部控制的有效性并发表评价意见。对内部控制有效性的评价，不能简单地理解为对控制活动有效性的评价。在以目标为导向构建内部控制框架的过程中，内部环境、风险评估、控制活动、信息与沟通及内部监督是密不可分的结合体。对五要素的评价应从设计和运行两方面进行。

由于企业的经营环境、组织结构、经营规模及盈利模式等处于变化之中，企业的内部控制系统在不同时期的运行效果是不同的。在某一时期运行有效的内部控制，在另一时期可能变得无效；在某一时期经济适用的内部控制，在另一时期可能变得冗余。企业在确定内部控制评价标准时，应考虑上述因素的变化。

在企业内部控制优化过程中，既有来自企业内部的动因，也有来自企业外部的动因，这是管理者、投资者和监管者博弈后达成的均衡。对管理者而言，通过内部控制评价，可以帮助企业发现内部控制在设计和运行中存在的缺陷，提高企业抵抗风险的能力，为企业内部控制目标的实现提供合理保证。对投资者而言，内部控制设计和运行状况的好坏是衡量被投资企业运营规范化与否，判断投资风险大小和投资回报程度的重要依据。对监管者而言，内部控制评价对提高企业内部控制建设中的主动性和约束性，树立投资者对资本市场的信心，加大监管力度和投资者保护力度等起着重要作用。

按照对财务报告内部控制目标和非财务报告内部控制目标实现的影响不同，以下将分别阐述内部控制缺陷的认定标准。

2. 财务报告缺陷的认定标准

财务报告缺陷的认定标准主要取决于缺陷的重要程度，而其重要程度表现在两个方面：第一，该缺陷是否具备合理可能导致内部控制不能及时防止、发现并纠正财务报表错报；第二，该缺陷单独或连同其他缺陷可能导致的潜在错报金额的大小。

企业在区分重大缺陷、重要缺陷和一般缺陷时，重要性水平的确定至关重要。重要性水平的标准应该是一条明确的分隔线。如高于该标准，则可认定为重大缺陷；如低于该标准，则可认定为重要缺陷或一般缺陷。企业也可以使用绝对金额法来确定重要性水平。例如，规定金额超过100000元的错报应认定为重大错报。或使用相对比例法来确定重要性水平，如规定超过利润5%的错报应当认定为重大错报。企业存在一项重大缺陷便可得出企业的财务报告内部控制是无效的结论。重要性水平的确定与内部控制评价人员的职业判断有很大的关系，评价人员的职业判断在同一时期应始终保持一致。

重要缺陷或一般缺陷，并不会影响企业财务报告内部控制整体有效性，应当及时向董事会和经理层报告。对缺陷的认定是相对的，下属单位存在重大缺陷不能表明集团公司也有重大缺陷。下属单位的重要缺陷需要通过分析其对集团公司的影响程度来认定是否也属于集团公司的重要缺陷。下属单位无论是存在重要缺陷还是重大缺陷，都应该向集团公司董事会、管理层进行汇报。

存在以下迹象之一，通常可表明企业财务报告内部控制可能存在重大缺陷。
（1）董事、监事和高级管理人员进行舞弊。
（2）企业对已发布的财务报告进行更正。
（3）外部审计师发现财务报表存在重大错报，而企业内部控制未能识别该错报。
（4）企业审计委员会和内部审计机构对内部控制的监督无效。

案例 9-4

××公司财务报告缺陷认定标准

××公司确定的财务报告缺陷评价的定量标准如表9-1所示。

表 9-1　财务报告缺陷评价的定量标准

项　　目	重大缺陷	重要缺陷	一般缺陷
资产总额	错报＞资产总额的 2%	资产总额的 0.5%＜错报≤资产总额的 2%	错报≤资产总额的 0.5%
营业收入	错报＞营业收入的 1%	营业收入的 0.5%＜错报≤营业收入的 1%	错报≤营业收入的 0.5%
利润总额	错报＞利润总额的 5%	利润总额的 3%＜错报≤利润总额的 5%	错报≤利润总额的 3%
所有者权益	错报＞所有者权益的 1%	所有者权益的 0.5%＜错报≤所有者权益的 1%	错报≤所有者权益的 0.5%

3. 非财务报告缺陷的认定标准

非财务报告缺陷是指财务报告目标之外的与其他内部控制目标相关的内部控制缺陷。战略内部控制缺陷、经营内部控制缺陷、合法合规内部控制缺陷、资产内部控制缺陷等都属于非财务报告缺陷。非财务报告缺陷认定的特点是其涉及面广和认定难度较大。例如，企业往往会受到许多不可控的外界因素影响而无法实现战略目标和经营目标，而内部控制仅能合理保证董事会和管理层了解这些目标的实现程度。

在认定非财务报告缺陷时，不仅需要考虑缺陷带来的影响和结果，还需要考虑企业战略的制定、经营活动的开展和控制活动等对内部控制的要求。不适当的内部控制制度对于战略目标和经营目标的影响往往比内部控制缺陷带来的后果更严重。

定性和定量两种方法同样适用于对非财务报告缺陷进行认定。企业应根据自身的情况合理地确认非财务报告缺陷认定标准。例如，可以根据造成直接财产损失的绝对金额，或根据直接损失占企业资产的比重来制定定量标准。定性标准则可根据非财务报告缺陷带来的直接或潜在的负面影响的性质、影响范围等来制定。

存在下列迹象之一，通常可表明企业非财务报告内部控制存在重大缺陷。

（1）存在违反法律法规的行为。

（2）除政策性亏损外，企业连续多年亏损，影响企业持续经营。

（3）重要业务缺乏制度控制或制度系统性失效。

（4）并购重组失败。

（5）新扩充的下属单位难以经营。

（6）子公司缺乏管理，缺乏内部控制；企业高层管理人员相继离职，关键技术岗位人员流失严重。

（7）负面新闻频繁被曝光，引起公众关注，企业声誉受损。

（8）以往内部控制评价的重大缺陷和重要缺陷未得到整改。

在实务中，对财务报告缺陷和非财务报告缺陷很难进行严格的区分，如内部环境、重大安全事故等。若难以对以上两种内部控制缺陷进行准确区分，应以是否影响财务报告目标来制定认定标准。企业内部控制评价人员应该使用交叉复核的方式进行评价，评价工作组负责人对评价的工作底稿进行严格审查，对所认定的评价结果签字确认后再提交企业内部控制评价部门。对于认定的重大缺陷，企业应该给予重视，及时地采取应对措施，将风险控制在可接受范围之内，并对相关的人员或机构进行追责。

案例 9-5

××公司非财务报告缺陷评价的定性标准

××公司确定的非财务报告缺陷评价的定性标准如下。

（1）出现以下情形的，应认定为重大缺陷：严重违反国家法律法规；"三重一大"决策制度缺失；关键岗位管理人员和技术人员流失严重；媒体负面新闻频现；重要业务缺乏制度控制或制度系统性失效；内部控制评价的结果特别是重大缺陷或重要缺陷未得到整改。

（2）出现以下情形的，应认定为重要缺陷：被公开警告或被政府质疑调查；中度影响运营体系；负面消息在某区域或当地局部流传，对企业声誉造成中等损害；长期影响一位或多位员工或公民的健康；环境污染和破坏在可控范围内，未造成永久的环境影响。

（3）出现以下情形的，应认定为一般缺陷：口头警告；对运营体系造成轻度影响；负面消息在企业内部流传，企业声誉几乎未受损；短暂影响员工或公民的健康；轻微环境污染。

9.3.3 内部控制缺陷的认定步骤

1. 财务报告缺陷的认定步骤

（1）确定重要性水平和一般水平，以此作为判断缺陷类型的临界值，可以采用绝对金额法或相对比例法进行确定。

（2）按照业务发生频率的高低和账户的重要性确定抽样数量。

（3）根据控制点错报样本数量和样本量，在潜在错报率对照表中查找对应的潜在错报率，之后统计出相应账户的同向累计发生额，计算潜在错报金额。潜在错报金额计算公式为：

$$潜在错报金额 = 潜在错报率 \times 相应账户的同向累计发生额$$

（4）如果重要性水平和一般水平是绝对金额，那么可直接将潜在错报金额合计数与其进行比较，判断缺陷类型；如果重要性水平和一般水平是相对数，那么需进一步计算错报指标，再进行比较判断。错报指标的计算公式为：

$$错报指标 = 潜在错报金额合计数 / 当期主营业务收入（期末总资产）$$

其中，分母所选用的指标应与确定重要性水平的指标保持一致。

2. 非财务报告缺陷的认定步骤

（1）结合相关迹象判断是否可能存在非财务报告缺陷。

（2）采用定性或定量的方法确定认定标准。

（3）根据标准，分别对每起事故进行认定。

9.3.4 内部控制缺陷的应对措施

企业应建立内部控制缺陷分级授权认定制度及整改责任落实制度,并将其嵌入内部控制评价组织体系。缺陷认定与负责采取整改措施两者间要权责对应,对于不同严重程度的缺陷,由于风险、控制层次、整改难度存在差别,需要由企业不同层级来确认和承担整改责任。对于属于设计环节的缺陷,应在采取整改措施的同时,着手修改内部控制设计;对于属于运行环节的缺陷,应通过加强监督、提高执行力度的方法加以解决。内部控制缺陷严重程度、认定标准与应对措施之间的对应关系如表 9-2 所示。

表 9-2 内部控制缺陷严重程度、认定标准与应对措施之间的对应关系

缺陷严重程度	认定标准	认定机构	应对措施
一般缺陷	对存在的问题不采取任何行动,可能导致较小范围的目标偏离	内部控制评价部门	给予常规性的关注,将目前的状况调整至可接受水平
重要缺陷	对存在的问题不采取任何行动,有一定的可能导致较大的负面影响	经理层	经理层应采取行动或者督促有关部门采取行动,解决存在的问题,阻止对控制目标产生较大负面影响的事件发生;对于属于设计环节的缺陷,应在采取纠正措施的同时,着手修改内部控制设计
重大缺陷	对存在的问题不采取任何行动,有较大的可能导致严重偏离控制目标	董事会	董事会给予关注并督促有关部门立即进行原因分析,采取纠正措施;对于属于设计环节的缺陷,应在采取纠正措施的同时,着手修改内部控制设计

9.4 内部控制评价报告

9.4.1 内部控制评价报告的编制要求

企业应明确编制内部控制评价报告的总体要求,即企业应当根据《企业内部控制基本规范》、应用指引和评价指引,设计内部控制评价报告的种类、格式和内容,明确内部控制评价报告编制程序和要求,按照规定的权限报经批准后对外报出。

内部控制评价报告可以分为对内报告和对外报告两种形式。对内报告,主要目的是满足管理层改善企业内部控制的需要,内容、格式、时间都可以由企业自行决定,不具有强制性。对外报告,主要目的是满足外部信息使用者的需求,按照相关法律法规确定的内容、格式和时间进行披露,具有强制性。

内部控制评价报告可以分为定期报告和不定期报告两种形式。因外部环境和内部条件的变化,企业内部控制系统不可能是一成不变的,而是一个不断更新和自我完善的动态系

统。因此对内部控制需要经常开展评价，在实务工作中可以采用定期和不定期相结合的方式。对内报告一般采用不定期的方式，即企业可以持续地开展对内部控制的监督与评价，并根据结果的重要性随时向董事会（审计委员会）或经理层报送评价报告。例如，企业针对发现的内部控制重大缺陷等向董事会（审计委员会）或经理层报送的内部报告属于不定期报告。

对外报告一般采用定期的方式，企业编制的年度内部控制评价报告经董事会审议通过，并按定期报告相关要求审核后，与年度报告一并对外披露。年度内部控制评价报告应当以12月31日为基准日。

9.4.2 内部控制评价报告的内容

内部控制评价报告是内部控制评价工作的主要组成部分，是董事会或类似权力机构以报告的形式对内部控制评价状况出具评价意见并提供给相关信息使用者的一种书面文件。

《企业内部控制评价指引》第二十一条、第二十二条中对内部控制评价报告的范围提出具体要求，并对内部控制评价报告应该披露的具体内容进行规范，要求企业应对内部控制评价过程、内部控制缺陷认定及整改情况、内部控制有效性的结论等相关内容做出披露。企业的内部控制评价报告应当披露以下内容。

1. 内部控制评价的依据

说明企业内部控制评价所遵循的标准，包括法律、法规、公司章程等。

2. 董事会对内部控制报告真实性的重要声明

明确董事会及全体董事对报告内容的真实性、准确性、完整性承担个别及连带责任，保证报告内容真实可靠，无重大遗漏、虚假记载和误导性陈述。

3. 内部控制评价目标及局限性

明确内部控制的目标是合理保证经营管理合法合规、资产安全、财务报告及相关信息真实完整，提高经营效率和效果，促进实现发展战略。由于内部控制存在固有局限性，故仅能为实现上述目标提供合理保证。此外，由于情况的变化可能导致内部控制变得不恰当，或对控制政策和程序遵循的程度降低，根据内部控制评价结果推测未来内部控制的有效性具有一定的风险。

4. 内部控制有效性的结论

如果企业不存在重大内部控制缺陷，则可以得出内部控制有效的结论。相反，如果企业存在重大内部控制缺陷，则不能做出内部控制有效的结论，并且需要描述该重大缺陷的性质及其对控制目标的影响程度及对公司未来生产经营带来的风险。

自内部控制评价报告基准日至内部控制评价报告发出日之间发生重大缺陷的，企业需要责成内部控制评价机构予以核查，并根据核查结果对评价结论进行相应的调整，说明董事会将采取的内部控制措施。

5. 内部控制评价的范围

描述内部控制评价涵盖的范围，包括被评价单位、部门，以及纳入评价范围的业务事项、高风险领域等。如果内部控制评价的范围有不能评价的问题，应在报告中说明原因和影响。

6. 内部控制评价的程序和方法

描述内部控制评价工作所遵循的基本流程，评价内部控制评价过程中使用到的主要方法和方式。

7. 内部控制缺陷及其认定情况

需要在内部控制评价报告中描述企业的内部控制缺陷的具体认定标准，并声明该标准与前年度保持一致或做出调整的原因。根据内部控制缺陷认定标准，对企业期末存在的重大缺陷、重要缺陷和一般缺陷进行认定。

8. 内部控制缺陷的整改情况及重大缺陷拟采取的整改措施

若企业在期末存在内部控制缺陷，则需要对公司拟采用的整改措施及预期效果进行报告。针对评价期间发现的期末已完成整改的重大缺陷，说明企业有相关证据显示整改后的内部控制设计和运行对此重大缺陷是有效的。

虽然企业对内部控制评价报告的具体格式没有强制性的要求，但为了便于外部信息使用者对内部控制信息的使用，企业应该尽量按照统一的格式编制内部控制评价报告。

二维码75　扩展阅读　海南航空控股股份有限公司董事会关于2020年度否定意见内部控制审计报告的专项说明

二维码75

案例 9-6

福成股份更正内部控制评价为"有重要缺陷"

河北福成五丰食品股份有限公司（以下简称福成股份）实际控制人李福成违规干预上市公司生产经营管理及财务、会计活动，上市公司与控股股东、实际控制人未能实行财务分开、业务独立，反映出福成股份在公司治理和内部控制独立性上存在重大缺陷，但福成股份在2021年年度报告和《2021年度内部控制评价报告》中未如实披露。上述行为违反了《上市公司信息披露管理办法》第三条第一款的规定。

在《2021年度内部控制评价报告（更正后）》中，福成股份在重点关注的高风险领域中，增加了采购风险及人力资源风险。

此外，福成股份将报告期内公司是否存在财务报告内部控制重要缺陷，由"否"改为"是"，并表示报告期内公司财务报告内部控制存在一个重要缺陷——活牛采购活动较大数量发票与资金流不一致，影响合理保证2021年财务报表编制的真实、准确的目标。公司公告的整改措施为在适当增加采购成本的情况下，在活牛采购活动中要求发票与资金流一致。

资料来源：https://finance.sina.com.cn/stock/relnews/cn/2022-05-24/doc-imizirau4524510.shtml　[2024-05-21]

9.4.3 内部控制评价的工作底稿

企业内部控制评价部门应结合内部控制缺陷的认定和整改结果,形成一系列工作底稿,详细记录企业执行评价工作的内容,包括评价要素、主要风险点、采取的控制措施、有关证据资料以及认定结果等,并据此形成内部控制评价报告。

内部控制评价工作底稿应当设计合理、证据充分、简便易行、便于操作。一般来说,企业的评价工作底稿包括业务流程评价表、内部控制要素评价表和内部控制评价汇总表三个层次。

1. 业务流程评价表

业务流程评价表一般是对企业多个业务流程进行评价,包括采购、销售、研发、工程项目、担保业务等流程。企业应根据自身的业务特点,设计符合企业目标的业务流程模块,由相对独立的评价小组对每个业务流程进行测试评价。

各类业务流程评价应包括设计有效性和执行有效性。业务流程评价表具体应包括:评价指标(对控制点的描述),评价标准(检查是否符合控制要求),评价证据(如××规定或实施办法或抽取的样本对应的凭证号等),评价结果(评价得分),不能有效执行的原因等,表9-3所示为××公司业务流程评价工作底稿。

表9-3　××公司业务流程评价工作底稿

被评价部门				
业务循环名称:			附件共　　页	
控制环节			日期	
评价期间		评价人		
评价方法		复核人		
关键风险点				
现状描述	控制措施			
	岗位责任			
	控制文档			
	控制发生频率			
评价记录				
控制缺陷				
改进建议				
整改责任岗位				

2. 内部控制要素评价表

内部控制要素评价表一般是对企业的内部环境、风险评估、控制活动、信息与沟通、内部监督等五要素进行评价，形成评价表。其中内部环境、风险评估、信息与沟通、内部监督的评价表是根据现场评价结果直接形成的，控制活动评价表则是根据业务流程评价表汇总而成的。内部控制要素评价表的内容包括：评价指标、评价标准、评价结果和评价得分等。

某企业内部环境评价表（节选），如表 9-4 所示。

表 9-4 某企业内部环境评价表（节选）

编号	关键控制点	内部控制缺陷描述	缺陷等级
1	组织结构	审计委员会与内部审计部门的关系尚未理顺	一般缺陷
		总部对所属单位内部控制可能无效	重大缺陷
		不能及时对内部或外部环境的变化做出适当调整	重大缺陷
		未根据部门设置、人员编制和岗位设置的要求安排人员，未对人力资源的充足性进行全面考核	一般缺陷
2	董事会、监事会和审计委员会	审计委员会的职责尚未发挥	重要缺陷
		缺少董事会对内部检查中发现问题跟进措施的证据	一般缺陷
		高级管理人员的选择标准需具体化	一般缺陷
3	诚信和道德观念	对诚信和道德观念的宣传并未制度化	一般缺陷
		对员工道德行为缺少具体的要求	一般缺陷
4	管理风格和经营理念	管理层未经授权从事期货交易	重大缺陷
		管理层未按规定授权处置资产	一般缺陷
5	职责权限分配	未能对完成各个工作岗位所需的技术和经验要求进行全面系统的考查	一般缺陷
		尚无系统的授权体系或授权指引	一般缺陷
		各部门职责地位不够清晰	一般缺陷
6	人力资源政策	员工激励制度需完善	一般缺陷
		对与员工相关信息的收集和整理不充分	一般缺陷
		尚无对各工作岗位所需员工的经验和技术能力的分析	重大缺陷
		人力政策设计中缺少补救措施和处罚手段	重要缺陷
内部环境有效性综合评价			

3. 内部控制评价汇总表

内部控制评价汇总表是形成内部控制评价报告的直接依据，是由内部控制要素评价表和内部控制缺陷认定汇总表汇总生成的。通过对内部控制五要素进行评价，可以将提取出的内部控制缺陷用内部控制缺陷认定汇总表进行汇总，如表 9-5 所示。

表 9-5　内部控制缺陷认定汇总表

被评价部门名称：　　　　　编制人：　　　日期：　　　索引号：
评价期间：　　　　　　　　复核人：　　　日期：　　　页次：

经内部控制评价小组判定，存在缺陷合计 × 个，其中：一般缺陷 × 个；重要缺陷 × 个；重大缺陷 × 个。

缺陷事项描述	判定依据（流程/控制点/判定相关资料及原因）	缺陷等级

内部控制评价汇总表（表 9-6）包括了企业内部控制五要素的评价及评分，以及对于内部控制缺陷的认定和评分。缺陷的认定需要作为单列项目，分类反映缺陷数量、等级等项目，作为对最后评价得分的减分项，可以帮助企业更清楚地了解缺陷的基本情况。

表 9-6　内部控制评价汇总表

被评价部门名称：　　　　　编制人：　　　日期：　　　索引号：
评价期间：　　　　　　　　复核人：　　　日期：　　　页次：

业务活动	风险点序号	控制措施	控制文档	责任部门	评价程序	评价记录	评价结论

9.4.4　内部控制评价报告的披露与报送

《企业内部控制基本规范》要求企业强制进行内部控制评价并对外披露内部控制评价报告，企业应当以 12 月 31 日作为年度内部控制评价报告的基准日，并于基准日后 4 个月内报出，即次年 4 月 30 日之前报出。企业内部控制评价部门应当关注内部控制评价报告基准日至内部控制评价报告发出日之间是否有影响内部控制有效性的因素，并根据其性质和影响程度对评价结论进行相应调整。

企业内部控制评价报告应当报经董事会或类似权力机构批准后对外披露或报送相关部门。企业内部控制评价报告应按规定报送有关监管部门：对于国有控股企业，应按要求报送国有资产监督管理部门和财政部门；对于金融企业，应按规定报送金融监督管理部门；对于公开发行证券的企业，应报送证券监督管理部门。

本章小结

内部控制评价是企业内部控制体系的重要组成部分，是由企业董事会或类似权力机构对内部控制有效性进行评价，并出具评价报告的过程。内部控制评价方法主要包括个别访谈法、调查问卷法、专题讨论法、穿行测试法、实地查验法、抽样法和比较分析法等。内部控制评价的具体内容应围绕内部环境、风险评估、控制活动、信息与沟通、内部监督等五要素来进行确定，从而对内部控制设计与运行情况做出全面评价。

通过内部控制评价发现内部控制在设计和运行中可能存在的缺陷。由于内部控制缺陷的重要性和影响程度是相对于内部控制目标而言的，按照对财务报告目标和其他内部控制目标实现的影响不同，将内部控制缺陷划分为财务报告缺陷和非财务报告缺陷，并以定量和定性方法确定缺陷的认定标准。

企业应以每年12月31日为年度内部控制评价报告的基准日，于基准日后4个月内报出内部控制评价报告，经董事会或类似权力机构批准后对外披露或报送相关部门。

 论述题

1. 简述内部监督和内部控制其他要素的关系。
2. 企业内部监督体系一般包括哪些机构？
3. 什么是企业的日常监督和专项监督？两者的关系是什么？
4. 企业内部控制评价应遵循哪些原则？
5. 企业内部控制评价方法包括哪些？
6. 企业内部控制评价内容有哪些？
7. 简述企业内部控制评价程序。
8. 内部控制缺陷如何分类？
9. 企业财务报告缺陷认定的标准是什么？
10. 企业内部控制评价报告的内容包括哪些？

 自测题

一、单项选择题

1. 内部控制评价是由企业（   ）实施的，对企业内部控制有效性进行评价，形成评价结论，出具评价报告的过程。

A. 董事会或类似权力机构　　　B. 财务部门
C. 外部审计　　　　　　　　　D. 综合办公室

2. 董事会可指定（   ）来承担对内部控制评价的组织、领导和监督职责。

A. 内部审计部门　　　　　　　B. 风险管理部门
C. 审计委员会　　　　　　　　D. 财务部门

3. 内部控制评价的客体是对内部控制（   ）发表意见。

A. 完整性　　B. 有效性　　C. 准确性　　D. 合理性

4. 企业应当按照相关规定，有序开展内部控制评价工作。通常企业内部控制评价工作的起点是（   ）。

A. 组成评价工作组　　　　　　B. 明确内部控制目标
C. 确定评价方法　　　　　　　D. 制订内部控制评价方案

5. 下列不属于评价内部控制运行有效性时应关注的内容的是（   ）。
   A. 相关控制在评价期间内是如何运行的
   B. 相关控制是否得到了持续一致的运行
   C. 实施控制的人员是否具备必要的权限和能力
   D. 是否与企业自身的经营特点、业务模式以及风险管理要求相匹配

6. 在内部控制系统中任意选取一笔交易作为样本，追踪该交易从开始到最终在财务报表或其他经营管理报告中反映出来的过程，即该流程从起点到终点的全过程，以此来了解整个业务流程状况，识别出其中的关键控制环节，评估相关控制设计与运行的有效性的方法是（   ）。
   A. 穿行测试法   B. 个别访谈法   C. 实地查验法   D. 专题讨论法

7. 如果发现企业的董事、监事和高级管理人员有舞弊行为，通常表明该企业内部控制可能存在（   ）。
   A. 一般缺陷   B. 重要缺陷   C. 重大缺陷   D. 严重缺陷

8. 调查问卷法由于使用成本较低，因此，使用时应该尽量地扩大评价对象的范围。此方法主要应用于（   ）的评价。
   A. 业务流程层面   B. 企业层面   C. 个别业务   D. 重要业务

9. 对于内部控制评价工作组成员而言，如果涉及对本部门的内部控制评价工作应（   ）。
   A. 实行回避制度
   B. 积极参与
   C. 有足够的权威性来保证内部控制评价工作的顺利开展
   D. 有足够的经验来保证内部控制评价工作的顺利开展

10. 内部控制评价机构完成内部控制评价后，应客观、公正、完整地编制内部控制评价报告，该报告最终由（   ）审定后对外披露。
    A. 企业总经理   B. 董事会
    C. 监事会   D. 内部控制评价部门负责人

二、多项选择题

1. 从控制过程的视角看，内部控制有效性包括（   ）。
   A. 设计的有效性   B. 运行的有效性   C. 设计的完整性
   D. 运行的合理性   E. 设计的适当性

2. 对企业内部控制体系进行全面评价，具体包括（   ），并对企业的所有业务和管理活动的内部控制进行全面的评价。
   A. 控制环境   B. 风险评估   C. 控制活动
   D. 信息与沟通   E. 内部监督

3. 企业开展内部控制评价活动应当遵循的基本原则包括（   ）。
   A. 适应性原则   B. 准确性原则   C. 全面性原则
   D. 重要性原则   E. 客观性原则

4. 内部控制评价工作组在进行现场测试时，可以综合运用（   ）、比较分析法等方

法，允分收集被评价单位内部控制是否有效的证据。

  A.个别访谈法   B.调查问卷法   C.专题讨论法
  D.穿行测试法   E.实地查验法

  5.根据内部控制评价过程中获取的证据，对内部控制缺陷进行初步认定，并按其影响程度将缺陷划分为（ ）。

  A.普通缺陷   B.一般缺陷   C.重要缺陷
  D.重大缺陷   E.特别缺陷

  6.按内部控制缺陷的具体表现形式进行分类，内部控制缺陷可分为（ ）。

  A.财务报告缺陷   B.一般缺陷   C.重要缺陷
  D.重大缺陷   E.非财务报告缺陷

  7.如果企业存在以下（ ）迹象，通常表明企业的财务报告内部控制可能存在重大缺陷。

  A.董事、监事和高级管理人员进行舞弊
  B.企业对已发布的财务报告进行更正
  C.注册会计师发现财务报表存在重大错报，而内部控制在正常运行的过程中未能识别该错报
  D.企业审计委员会和内部审计机构对内部控制的监督无效
  E.负面新闻频繁被曝光

  8.一般来说，企业内部控制评价工作底稿主要包括（ ）。

  A.业务流程评价表 B.控制要素评价表 C.内部控制评价汇总表
  D.内部控制评价方案 E.内部控制评价报告

  9.内部控制评价程序一般包括制订评价工作方案以及（ ）等环节。

  A.组成评价工作组 B.实施现场测试   C.认定控制缺陷
  D.汇总评价结果   E.编报评价报告

  10.存在下列迹象（ ），通常表明企业的非财务报告内部控制可能存在重大缺陷。

  A.存在违反法律法规的行为
  B.除政策性亏损外，企业连续多年亏损，影响企业持续经营
  C.并购重组失败
  D.企业管理层人员相继离职，关键岗位人员流失严重
  E.以往内部控制评价的重大缺陷和重要缺陷未得到整改

三、判断题

  1.委托会计师事务所进行内部控制评价时，企业可以聘请同一家事务所为企业提供内部控制评价服务和内部控制审计服务。（ ）

  2.如果企业内部控制存在重大缺陷，则内部控制评价报告就应该做出"内部控制无效"的结论。（ ）

  3.对重大缺陷合理可能的理解与内部控制评价人员的职业判断有很大的关系，评价人员的职业判断应该在不同的评价时期始终保持一致。（ ）

  4.为了满足外部信息使用者的需求，内部控制评价报告应依照相关的法律法规确定披

露的内容,并在规定的时间内自愿进行对外披露。(　　)

5. 企业针对发现的内部控制重大缺陷等向董事会(审计委员会)或经理层报送的内部报告属于定期的报告。(　　)

6. 企业应当以12月31日作为年度内部控制评价报告的基准日,内部控制评价报告应于基准日后3个月内报出。(　　)

7. 对于非财务报告缺陷进行认定,企业主要使用定性认定标准。(　　)

8. 重要缺陷不同于重大缺陷,并不会影响企业财务报告内部控制的整体有效性,对于此类缺陷应当及时向董事会和经理层进行报告。(　　)

9. 重大缺陷指的是那些可能导致企业严重偏离其控制目标的缺陷,通常表现为多个控制缺陷的组合。(　　)

10. 评价工作组将评价结果向被评价单位进行通报,由被评价单位相关责任人签字确认后,提交内部控制评价机构。(　　)

第 10 章

内部控制审计

学习目标

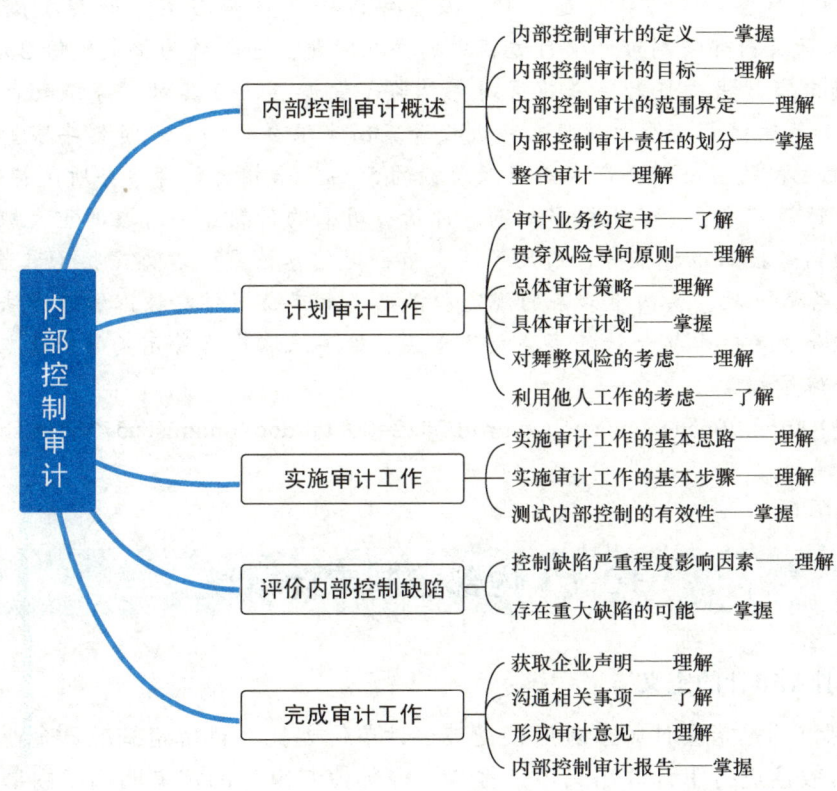

内部控制存在重大缺陷导致事务所及注册会计师被出具警示函

2022年4月29日，福成股份在2021年年报"重要提示"中披露"主管会计工作负责人程某未签署年度报告中财务报告书面确认意见，不保证年度报告中财务报告的真实、准确和完整"。为此，2022年5月5日，福成股份收到河北证监局的问询函，要求福成股份就相关问题进行说明，要求福成股份采取包括完善公司治理、建立健全相关内部控制、加强对董事、监事和高级管理人员培训等有效措施消除上述违规事项对公司的不利影响。福成股份6月8日发布系列公告，对2021年年报及2021年内部控制评价报告进行更正，承认报告期内财务报告存在内部控制重要缺陷。

永拓会计师事务所（特殊普通合伙）及签字注册会计师万某、徐某在执行福成股份2021年年报审计及内部控制审计项目过程中也存在问题：一是作为福成股份2021年年报审计机构，在确定审计报告日时，未获得财务总监等管理层认可其对财务报表负责的审计证据；二是2021年度福成股份控股股东福成投资集团有限公司相关人员签字审批的采购付款金额达4.09亿元，约占公司全部采购付款总额的50%。永拓会计师事务所（特殊普通合伙）及签字注册会计师万某、徐某未恰当识别、评估公司采购付款业务存在的重大缺陷，出具了无保留意见的内部控制审计报告，违反了《上市公司信息披露管理办法》（证监会令第182号）第四十五条第一款、第四十六条的规定。根据《上市公司信息披露管理办法》第五十五条，河北证监局决定对永拓会计师事务所及万某、徐某采取出具警示函的行政监管措施，并记入证券期货诚信档案。

资料来源：https://finance.sina.com.cn/roll/2022-06-08/doc-imizmscu5796016.shtml ［2024-05-21］

10.1 内部控制审计概述

10.1.1 内部控制审计的定义

内部控制审计是指会计师事务所接受被审计单位委托，对特定基准日企业内部控制设计与运行的有效性进行审计并出具审计报告。内部控制审计的定义明确了内部控制审计的实施主体是会计师事务所及其注册会计师，客体（即审计对象）是企业特定基准日的内部控制，审计目标是内部控制的设计及运行是否有效。

内部控制审计是会计师事务所的一项专门鉴证业务，由注册会计师承担评价企业内部控制有效性的责任。《企业内部控制基本规范》第十条明确规定："接受企业委托从事内部控制审计的会计师事务所，应当根据本规范及其配套办法和相关执业准则，对企业内部控制的有效性进行审计，出具审计报告。会计师事务所及其签字的注册会计师应当对发表的内部控制审计意见负责。为企业内部控制提供咨询的会计师事务所，不得同时为同一企业提供内部控制审计服务。"因此，企业与会计师事务所要正确处理内部控制审计与内部控制咨询的关系，注册会计师要保持应有的独立性。会计师事务所应当事先与委托人就内部控制审计范围达成一致意见，并签订业务约定书。审计工作应依据业务约定书确定的内部控制审计范围进行。

二维码76　扩展阅读　2024年报起上市公司及IPO申报企业均需提供内部控制审计报告

10.1.2　内部控制审计的目标

《企业内部控制审计指引》规定，注册会计师应当对财务报告内部控制的有效性发表审计意见。财务报告内部控制的有效性可以理解为，如果企业的财务报告内部控制为财务报告的可靠性和对财务报表的编制是否符合公认的原则提供了合理保证，就可以认为是有效的。一般来说，财务报告内部控制的有效性包括设计和运行两个方面。

1. 内部控制设计的有效性

内部控制设计的有效性是指企业是否设计了能够防止或发现财务报表中存在重大错报的一系列政策和程序。判断内部控制设计是否有效的标准是对内部控制目标的实现程度。"实现程度"本身包含两方面的内容：一是对于目标实现的契合性，即内部控制设计要与内部控制目标相一致；二是内部控制实现的效率。内部控制设计的有效性是指通过内部控制要素之间及其与外部环境之间、内部控制与相关执行人员之间的良好契合，发挥内部控制的合理功能，从而实现内部控制目标的程度。设置有效的财务报告内部控制，有助于及时发现或防止财务报告的重大错报或舞弊。

2. 内部控制运行的有效性

内部控制运行的有效性是指有关的政策和程序能否如其设计的一样发挥作用，具体涉及企业是如何运用及由谁来执行该政策和程序。例如，通过权力与职责配置、风险控制、监督激励、信息沟通等管理活动的开展与执行，使内部控制得以良好地运行，从而实现内部控制目标的程度。

10.1.3　内部控制审计的范围界定

1. 内部控制审计的业务范围界定

内部控制审计的业务范围决定着注册会计师的工作范围，也决定着审计的质量、成本、责任以及审计的可行性。内部控制贯穿于企业的业务活动和管理过程，其目标包括财务和非财务等方面，涵盖的内容十分广泛，边界也比较模糊。以整个内部控制作为内部控制审计的范围，既不明确又不经济，同时还会影响审计的可行性。

美国《萨班斯法案》第404条款规定，公司管理层和外部审计师应对与财务报告有关的内部控制有效性和充分性发表意见。第404条款之所以将审计师对企业内部控制的审计限定在与财务报表相关的内部控制，主要原因包括：一是对于企业运营效率的评估很难有统一的标准；二是现在一般的注册会计师并没有足够的能力进行全方位的内部控制审计；即使注册会计师有能力进行全方位的内部控制审计，其审计成本也是非常高的，这样会增加企业的负担。

我国《企业内部控制审计指引》要求实施内部控制审计的会计师事务所及注册会计师"对财务报告内部控制的有效性发表审计意见",其附录的内部控制审计报告模板也载明"我们审计了××股份有限公司(以下简称××公司)××××年××月××日的财务报告内部控制有效性",这表明我国内部控制审计的范围同样限定在财务报告内部控制。

但是,如果企业仅关注财务报告内部控制,则不利于内部控制规范的全面实施,以及企业风险管控能力的提升。因此,我国《企业内部控制审计指引》第四条第二款规定,注册会计师应当对财务报告内部控制的有效性发表审计意见,并对内部控制审计过程中关注到的非财务报告内部控制的重大缺陷,在内部控制审计报告中增加"非财务报告内部控制重大缺陷"描述段予以披露。

可见,目前我国内部控制审计的定位主要是对企业财务报告内部控制的有效性发表审计意见,同时,也合理涵盖了非财务报告内部控制。

2. 内部控制审计的时间范围界定

注册会计师执行内部控制审计的时间范围限于"特定基准日"。特定基准日即某一"时点",通常是会计年度结束日(12月31日)。从财务报告内部控制审计服务于财务报告可靠性这一内部控制目标来看,对"时点"内部控制有效性进行报告,可以满足证券市场信息使用者的需求,且成本较低,更具有现实意义。

采用"特定基准日"的概念并不意味着注册会计师仅对12月31日的内部控制进行审计。因为内部控制被定义为一个过程,要得出某一特定时点内部控制有效性的结论,内部控制审计测试的范围绝不可能仅限于某一特定时点,而是应在接近此日期之前的一段时间内对内部控制进行了解和测试,并对该日期的内部控制的有效性发表审计意见。

对整个年度的内部控制做出评价,其成本是极其高昂的,也是无法实现的。考虑到企业内部控制具有一定的持续性,并不经常变化,《企业内部控制审计指引》指出,从程序上要求注册会计师应在特定期间对内部控制进行了解和有限测试,从结果上要求注册会计师对特定时点的内部控制有效性发表意见。综合以上分析可知,对某个时点的内部控制发表审计意见是可行的。

按照配套指引中《企业内部控制审计指引》的要求,注册会计师在确定测试的时间安排时,应当尽量接近企业内部控制自我评价基准日,实施的测试需要涵盖足够长的时间。

企业应按照要求及时委托会计师事务所开展内部控制审计业务,保证按期对外披露或报送内部控制审计报告。首次进行内部控制审计时,企业和注册会计师应在当期会计年度的上半年即开始准备该年度的内部控制审计工作,从而保证整改后的控制有足够长的运行时间。对于认定为缺陷的业务,如果企业在基准日前对其进行了整改,但整改后的业务控制尚没有运行足够长的时间,注册会计师应当将其认定为内部控制在审计基准日存在缺陷。注册会计师在接受或开展内部控制审计业务时,应当尽早与企业沟通内部控制审计计划,并合理安排内部控制测试的时间。

在连续进行内部控制审计的过程中,注册会计师应当考虑以前年度执行内部控制审计时所了解的情况以及当年企业发生的相关变化,在该基础上确定适当的内部控制审计工作方案和时间安排。

10.1.4 内部控制审计责任的划分

注册会计师的责任是在实施审计工作的基础上对内部控制的有效性发表审计意见。注册会计师在执行内部控制审计业务时,应将《企业内部控制审计指引》与中国注册会计师执行准则体系中的相关准则结合使用。

企业董事会的责任是指董事会应按照我国有关法律法规的要求,建立健全和有效实施内部控制,并评价内部控制的有效性。内部控制审计不能减轻被审计单位董事会对内部控制的责任。

注册会计师在执行内部控制审计的过程中,为明确被审计单位对建立健全内部控制并保持其有效性的责任,要求被审计单位董事会就内部控制的有效性提供书面认定。

案例 10-1

内部控制审计报告披露情况

截至2021年4月30日,3558家上市公司聘请会计师事务所对内部控制有效性进行审计,出具内部控制审计报告,占披露年度报告的A股上市公司数量的74.80%;未披露内部控制审计报告的公司1199家,占披露年度报告的A股上市公司数量的25.20%。未单独披露内部控制审计报告的上市公司中,376家上市公司因首年上市和1家上市公司存在重大资产重组等事项而豁免披露;225家深市原中小板上市公司在过渡期间遵循原深交所规定,至少每两年对内部控制有效性进行一次审计或者鉴证,因其2020年已实施内部控制鉴证或审计,本年度未聘请事务所对内部控制有效性进行审计或鉴证。上市公司未单独披露内部控制审计报告的原因还包括:年报提示已披露但在指定网站未见披露,年报未说明是否披露且指定网站未见披露及延期披露等。从内部控制审计报告历年披露情况来看,2007年至2021年期间,上市公司披露内部控制审计报告的比例在不断变化,总体上呈上升趋势。2007年至2015年大幅上升,随后趋于稳定,维持在75%左右。

资料来源:中国上市公司内部控制白皮书2022年

10.1.5 整合审计

所谓整合审计,是指由同一家会计师事务所对被审计单位进行财务报表审计和内部控制审计,通过设置一套审计程序、方法和流程,有效地进行资源整合,对重复的步骤予以删减,实现财务报表的公允合法和内部控制有效性这两种审计目标。

整合审计并不是一种新的审计方式,它合并两种审计,简化复杂的流程,更加合理地设计审计程序,对审计资源进行优化整合,有效保证了两种审计目标的最终实现。将财务报表审计与内部控制审计实施整合审计,也是国际上的一个大趋势。

整合审计在理论上是可行的,同一会计师事务所为某被审计单位执行财务报表审计和内部控制审计,审计主体和审计客体相同,两个审计报告的预期使用者也基本相同,如股东、潜在的投资者、债权人及相关监管机构等。此外，两种审计模式相同，即通过利用风险导向审计模式来降低审计风险，提高审计效率，可以减少由于两种审计分开而产生的不必要的重复审计程序和审计费用，降低两者的成本，提高两者的质量。

在整合审计中，注册会计师通过实施内部控制审计获取的证据，可以支持财务报表审计中对内部控制的评估结果，并调整实质性程序的性质、时间和范围。例如，注册会计师对内部控制总体风险和财务报表层面的控制风险的测试结果，会直接影响注册会计师对重点账户和业务流程执行的实质性测试程序。同时，财务报表审计中获取的审计证据，可以支持内部控制审计中对内部控制有效性发表的意见。例如，在确定重要性水平方面，财务报表审计确定的重要性水平，在内部控制审计中可以作为判断是否存在重大缺陷的认定标准，还可以判断该重要性水平是否影响了内部控制的运行效果。

10.2 计划审计工作

凡事预则立、不预则废，内部控制审计工作也不例外。计划审计工作对于注册会计师能否顺利完成审计工作和控制审计风险具有非常重要的意义。合理的审计计划有助于注册会计师关注重点审计领域，及时发现和解决潜在问题，以及恰当地组织和管理审计工作，从而使审计工作更加有效。

在计划审计工作阶段，首先会计师事务所与被审计单位签订业务约定书，然后遵循风险导向审计原则，计划内部控制审计工作。计划审计工作具体包括制订总体审计策略和具体审计计划。

注册会计师需要根据所了解的控制环境及其对财务报表和内部控制具有重大影响的事项，以风险评估为基础制订审计计划，确定项目负责人和项目组成员，制订审计方案，明确内部控制测试程序、方法和报告要求等。在此过程中，注册会计师需要确定可接受的审计风险和重要性水平、配备具有专业胜任能力的项目组成员，对助理人员进行适当的督导，并考虑利用其他相关人员的工作。

10.2.1 审计业务约定书

只有当内部控制审计的前提条件得到满足，并且注册会计师符合独立性要求，具备专业胜任能力时，会计师事务所才能接受或保持内部控制审计业务。

1. 内部控制审计的前提条件

在确定内部控制审计的前提条件是否得到满足时，注册会计师应当：
（1）确定被审计单位采用的内部控制标准是否适当；
（2）与治理层和管理层就被审计单位认可并理解其责任达成一致意见。
被审计单位的责任包括下列内容。
（1）按照适用的内部控制标准，建立健全和有效实施内部控制，以使财务报表不存在由于舞弊或错误导致的重大错报。
（2）对内部控制的有效性进行评价并编制内部控制评价报告。
（3）向注册会计师提供必要的工作条件，包括允许注册会计师接触与内部控制审计相关的所有信息（如记录、文件和其他事项），允许注册会计师在获取审计证据时不受限制地接触其认为必要的内部人员和其他相关人员等。

2. 签订单独的内部控制审计业务约定书

如果决定接受或保持内部控制审计业务，会计师事务所应当与被审计单位签订单独的内部控制审计业务约定书。审计业务约定书应当至少包括下列内容。

（1）内部控制审计的目标和范围。
（2）注册会计师的责任。
（3）被审计单位的责任。
（4）指出被审计单位采用的内部控制标准。
（5）提及注册会计师拟出具的内部控制审计报告的形式和内容，以及对在特定情况下出具的内部控制审计报告可能不同于预期形式和内容的说明。
（6）审计收费。

3. 审计业务约定书的格式和内容

内部控制审计业务约定书的格式和内容可能因被审计单位和业务的具体情况而存在差异，如果需要，内部控制审计业务约定书还可以包括其他条款。例如，详细说明审计工作范围（包括提及适用的法律法规、内部控制审计标准）；说明内部控制的固有局限性，存在不能防止和发现错报的可能性，由于情况变化可能导致内部控制变得不恰当，或对控制政策和程序的遵循程度降低，根据内部控制审计结果推测未来内部控制的有效性具有一定风险；计划和执行内部控制审计工作安排，包括项目组的构成；企业确认将提供必要的声明书；管理层同意告知注册会计师在被审计单位评价基准日后至审计报告日之前内部控制是否发生变化，或出现可能对内部控制产生重要影响的其他因素等。

二维码77　文案范本　内部控制审计业务约定书

二维码77

10.2.2 贯彻风险导向原则

1. 风险评估程序

注册会计师应当充分认识风险评估在内部控制审计中的作用，以风险评估为基础，选择拟测试的控制，确定测试所需收集的证据。《企业内部控制审计指引》第八条规定，在内部控制审计中，注册会计师应当以风险评估为基础，确定重要账户、列报及其相关认定，选择拟测试的控制，以及确定针对所选定控制所需收集的证据。

在进行风险评估以及确定必要的程序时，注册会计师应当考虑企业组织结构、业务流程的复杂程度可能产生的重要影响和作用。企业组织结构、业务流程的复杂程度可能影响企业实现控制目标的方式。企业的规模和复杂程度也可能影响错报风险以及应对该风险所需实施的控制。注册会计师应当根据企业情况调整工作范围，以获取充分、适当的证据，形成恰当的审计结论。可见，对于某项内部控制而言，如果该控制不能防止或发现重大错报，那么该控制存在重大缺陷的风险就越高，注册会计师应对该控制实施更多的测试。

2. 评估重要事项及其影响

在计划审计工作时，注册会计师应当评价下列事项对内部控制、财务报表以及审计工作的影响。

（1）与企业相关的风险。
（2）相关法律法规和行业概况。
（3）企业组织结构、经营特点和资本结构等相关重要事项。
（4）企业内部控制最近发生变化的程度。
（5）与企业沟通过的内部控制缺陷。
（6）重要性、风险等与确定内部控制重大缺陷相关的因素。
（7）对内部控制有效性的初步判断。
（8）可获取的、与内部控制有效性相关的证据的类型和范围。

10.2.3 总体审计策略

总体审计策略中应体现下列内容。

1. 确定审计范围

注册会计师应根据被审计单位采用的内部控制标准、注册会计师预期内部控制审计工作涵盖的范围、对组成部分注册会计师工作的参与程度、注册会计师对被审计单位内部控制评价工作的了解以及拟利用被审计单位内部相关人员工作的程度等，确定审计范围。举例如下。

（1）对于按照权益法核算的投资，内部控制审计范围应当包括针对权益法下相关会计处理而实施的内部控制，但通常不包括针对权益法下被投资方的内部控制。

（2）内部控制审计范围应当包括被审计单位在内部控制评价基准日（最近一个会计期间截止日，以下简称基准日）或在此之前收购的实体，以及在基准日作为终止经营进行会计处理的业务。注册会计师应当确定是否有必要对与这些实体或业务相关的控制实施测试。

（3）如果法律法规的相关豁免规定允许被审计单位不将某些实体纳入内部控制评价范围，注册会计师可以不将这些实体纳入内部控制审计的范围。

2. 计划审计的时间安排和所需沟通的性质

根据被审计单位对外公布或报送内部控制审计报告的时间，注册会计师与管理层和治理层讨论内部控制审计工作的性质、时间安排和范围，及拟出具内部控制审计报告的类型、时间安排和需要沟通的其他事项等。

3. 充分利用职业判断

职业判断贯穿于整个审计过程，注册会计师需要对被审计单位财务报表整体的重要性水平和实际执行的重要性水平、初步识别的可能存在重大错报的风险领域、内部控制最近发生变化的程度、与被审计单位沟通过的内部控制缺陷、对内部控制有效性的初步判断、信息技术和业务流程的变化等进行职业判断，用以指导项目组工作的方向。

4. 考虑初步业务活动的结果

考虑初步业务活动的结果,并考虑对被审计单位执行其他业务时获得的经验是否与内部控制审计业务相关(如适用)。

5. 人员安排

确定执行内部控制审计业务所需资源的性质、时间安排和范围。例如,要求项目组成员熟悉企业内部控制相关规定,具有复杂企业内部控制审计经验和拥有被审计单位所处行业相关知识,具有一定的职业判断能力等。

10.2.4 具体审计计划

注册会计师的具体审计计划中应包括下列内容:了解和识别内部控制审计程序的性质、时间安排和范围;测试内部控制设计有效性审计程序的性质、时间安排和范围;测试内部控制运行有效性审计程序的性质、时间安排和范围。

10.2.5 对舞弊风险的考虑

在计划和实施内部控制审计工作时,注册会计师应当考虑财务报表审计中对舞弊风险的评估结果。在识别和测试企业层面控制以及选择其他控制进行测试时,注册会计师应当评价被审计单位的内部控制是否足以应对识别出的、由于舞弊导致的重大错报风险,并评价为应对管理层和治理层凌驾于控制之上的风险而设计的控制。被审计单位为应对这些风险可能设计如下控制。

(1)针对重大的非常规交易的控制,尤其是针对导致会计处理延迟或异常的交易的控制。

(2)针对期末财务报告流程中编制的分录和做出相应调整的控制。

(3)针对关联方交易的控制。

(4)与管理层的重大估计相关的控制。

(5)能够减弱管理层和治理层伪造或不恰当操纵财务结果的动机和压力的控制。

如果在内部控制审计中识别出旨在防止或发现并纠正舞弊的控制存在缺陷,注册会计师应当按照《中国注册会计师审计准则第1141号——财务报表审计中与舞弊相关的责任》的规定,在财务报表审计中制订重大错报风险的应对方案时考虑这些缺陷。

10.2.6 利用他人工作的考虑

为了实现内部控制审计,如果利用他人的工作可以提供内部控制有效性的证据,注册会计师应当考虑利用企业内部审计人员、内部控制评价人员和其他相关人员的工作,或直接接受他们的帮助。

注册会计师利用企业内部审计人员、内部控制评价人员和其他相关人员的工作,应当对其专业胜任能力和客观性进行充分评价,判断其工作结果是否可以利用以及可利用的程度。

在内部控制审计中,注册会计师可以利用其他人员工作的程度还受到与被测试控制的风险的影响,与某项控制相关的风险越高,可利用他人工作的程度就越低,注册会计师对该项控制就应当更多地进行亲自测试。

值得注意的是，注册会计师应当对发表的审计意见独立承担责任，其责任不因为利用企业内部审计人员、内部控制评价人员和其他相关人员的工作而减轻。

10.3 实施审计工作

10.3.1 实施审计工作的基本思路

在内部控制审计的实施阶段，注册会计师应当按照自上而下的方法开展审计工作。自上而下是注册会计师识别风险、选择拟测试控制的基本思路。

内部控制审计中，自上而下的方法始于财务报表层次。注册会计师首先从财务报告内部控制整体风险层的了解开始，识别、了解和测试企业整体层面内部控制，然后将工作逐渐下移至重要账户、列报及其相关认定，了解错报的可能来源，选择执行相应的控制测试。

注册会计师应当针对评估的财务报表层次重大错报风险确定总体应对措施，并针对评估的认定层次的重大错报风险设计和实施控制测试程序，将审计风险降低到可接受的水平。

对企业内部控制有效性的测试可分为企业层面控制测试和业务层面控制测试。注册会计师在实施审计工作时，可以将企业层面控制和业务层面控制的测试结合进行。

10.3.2 实施审计工作的基本步骤

1. 识别、了解和测试企业层面内部控制整体风险

注册会计师应当识别、了解和测试对内部控制有效性有重要影响的企业层面内部控制整体风险。注册会计师对企业层面内部控制的评价，可能增加或减少本应对其他控制进行的测试。

（1）企业层面内部控制对其他控制及其测试的影响

不同的企业层面内部控制在性质和精确度上存在差异，注册会计师应当考虑这些差异对其他控制及其测试的影响，如与控制环境相关的控制，对及时防止或发现并纠正相关认定的错报的可能性有重要影响。虽然这种影响是间接的，但这些内部控制仍然可能影响注册会计师拟测试的其他控制的性质、时间安排和范围。

某些企业层面内部控制旨在识别其他控制可能出现的失效情况，能够监督其他控制的有效性，但还不足以精确到及时防止或发现并纠正相关认定的错报。当这些内部控制运行有效时，注册会计师可以减少对其他控制的测试。

某些企业层面内部控制本身能够精确到足以及时防止或发现并纠正相关认定的错报。如果一项企业层面内部控制足以应对已评估的错报风险，那么注册会计师就不必测试与该风险相关的其他控制。

（2）企业层面内部控制的内容

注册会计师测试企业层面的内部控制，应当遵循重要性原则，至少关注以下内容：与内部环境相关的控制；针对董事会、经理层凌驾于控制之上的风险而设计的控制；企业的风险评估过程；对内部信息传递和财务报告流程的控制；对控制有效性的内部监督和自我评价。

2. 对期末财务报告流程的评价

期末财务报告流程对内部控制审计和财务报表审计有重要影响，注册会计师应当对期末财务报告流程进行评价。期末财务报告流程包括：将交易总额记入总分类账的程序；与会计政策的选择和运用相关的程序；总分类账中会计分录的编制、批准等处理程序；对财务报表进行调整的程序；编制财务报表的程序。

注册会计师应当从以下几个方面评价期末财务报告流程。

（1）被审计单位财务报表的编制流程，包括输入、处理及输出。

（2）期末财务报告流程中运用信息技术的程度。

（3）管理层中参与期末财务报告流程的人员。

（4）纳入财务报表编制范围的组成部分。

（5）调整分录及合并分录的类型。

（6）管理层和治理层对期末财务报告流程进行监督的性质及范围。

3. 识别重要账户、列报及其相关认定

注册会计师应当基于财务报表层次识别重要账户、列报及其相关认定，对生产经营活动中的重要业务与事项的控制进行测试。如果某账户或列报可能存在一个错报，该错报单独或连同其他错报将导致财务报表发生重大错报，则该账户或列报为重要账户或列报。判断某账户或列报是否重要时，应当依据其固有风险，而不应考虑相关控制的影响。

如果某财务报表认定可能存在一个或多个错报，这些错报将导致财务报表发生重大错报，则该认定为相关认定。判断某认定是否为相关认定时，应当依据其固有风险，而不应考虑相关控制的影响。

为识别重要账户、列报及其相关认定，注册会计师应当从下列方面评价财务报表项目及附注的错报风险因素：账户的规模和构成；易于发生错报的程度；账户或列报中反映的交易的业务量、复杂性及同质性；账户或列报的性质；与账户或列报相关的会计处理及报告的复杂程度；账户发生损失的风险；账户或列报中反映的活动引起重大或有负债的可能性；账户记录中是否涉及关联方交易；账户或列报的特征与前期相比发生的变化；信息系统对内部控制及风险评估的影响。

在识别重要账户、列报及其相关认定时，注册会计师还应当确定重大错报的可能来源。注册会计师可以通过考虑在特定的重要账户或列报中错报可能发生的领域和原因，确定重大错报的可能来源。

在内部控制审计中，注册会计师在识别重要账户、列报及其相关认定时应当评价的风险因素，与财务报表审计中考虑的因素相同。因此，在这两种审计中识别的重要账户、列报及其相关认定应当相同。

如果某账户或列报的各组成部分存在的风险差异较大，被审计单位可能需要采用不同的控制以应对这些风险，注册会计师应当分别予以考虑。

4. 了解潜在错报的来源并识别相应的控制

注册会计师应当实现下列目标，以进一步了解潜在错报的来源，并为选择拟测试的控制奠定基础：了解与相关认定有关的交易的处理流程，包括这些交易如何生成、批准、处理

及记录；验证注册会计师识别出的业务流程中可能发生重大错报（包括由于舞弊导致的错报）的环节；识别被审计单位用于应对这些错报或潜在错报的控制；识别被审计单位用于及时防止或发现并纠正未经授权的、导致重大错报的资产取得、使用或处置的控制。

注册会计师应当执行能够实现上述目标的程序，或对提供直接帮助的人员的工作进行督导。

穿行测试通常是实现上述目标的最有效方式。穿行测试是指追踪某笔交易从发生到最终被反映在财务报表中的整个处理过程。注册会计师在执行穿行测试时，通常需要综合运用询问、观察、检查相关文件及重新执行等程序。

在执行穿行测试时，针对重要处理程序发生的环节，注册会计师可以询问被审计单位员工对规定程序及控制的了解程度。实施询问程序及穿行测试中的其他程序，可以帮助注册会计师充分了解业务流程，识别必要控制设计无效或出现缺失的重要环节。为有助于了解业务流程处理的不同类型的重大交易，在实施询问程序时，注册会计师不应局限于关注穿行测试所选定的单笔交易。

5. 选择拟测试的控制

注册会计师应当针对每一相关认定获取控制有效性的审计证据，以便对内部控制整体的有效性发表意见，但没有责任对单项控制的有效性发表意见。

注册会计师应当对被审计单位的内部控制是否足以应对评估的每个相关认定的错报风险形成结论。因此，注册会计师应当选择对形成这一评价结论具有重要影响的控制进行测试。

对特定的相关认定而言，可能有多项控制用以应对评估的错报风险；反之，一项控制也可能应对评估的多项相关认定的错报风险。注册会计师没有必要测试与某项相关认定有关的所有控制。

在确定是否测试某项控制时，注册会计师应当考虑该项控制单独或连同其他控制，是否足以应对评估的某项相关认定的错报风险，而不论该项控制的分类和名称如何。

10.3.3 测试内部控制的有效性

1. 测试内部控制设计的有效性

注册会计师应当测试内部控制设计的有效性。如果被审计单位的某项控制措施由具有专业胜任能力的人员按规定的程序和要求执行，并顺利实现控制目标，则表明该项控制的设计是有效的，可以防止或发现并纠正可能导致财务报表发生重大错报的错误或舞弊。

2. 测试内部控制运行的有效性

注册会计师应当测试内部控制运行的有效性。如果被审计单位的某项控制正在按照设计运行，执行人员具备相应的专业胜任能力，能够实现控制目标，则表明该项控制的运行是有效的。

如果被审计单位利用第三方的帮助完成一些财务报告工作，注册会计师在评价负责财务报告及相关控制的人员的专业胜任能力时，可以一并考虑第三方的专业胜任能力。

注册会计师获取的有关控制运行有效性的审计证据包括：控制在所审计期间的相关时

点是如何运行的;控制是否得到一贯执行和控制由谁执行或以何种方式执行。

3. 测试控制有效性的程序

注册会计师通过测试控制有效性获取的审计证据,取决于其实施程序的性质、时间安排和范围的组合。此外,就单项控制而言,注册会计师应当根据与控制相关的风险对测试程序的性质、时间安排和范围进行适当的组合,以获取充分、适当的审计证据。

注册会计师测试控制有效性的程序包括询问、观察、检查和重新执行等。实施不同的审计程序,其审计证据的效力也不尽相同。某些控制可能存在于反映控制有效性的文件记录中,而另外一些控制,如管理理念和经营风格,可能没有书面的运行证据。对缺乏正式的控制运行证据的被审计单位或业务单元,注册会计师可以通过询问并结合运用其他程序,如观察活动、检查非正式的书面记录和重新执行某些控制,获取有关控制是否有效的充分、适当的审计证据。注册会计师执行穿行测试通常足以评价控制设计的有效性。

4. 控制测试的涵盖期间

对控制有效性的测试涵盖的期间越长,提供的控制有效性的审计证据越多。对内部控制审计业务而言,注册会计师应当获取内部控制在基准日之前一段足够长的期间内有效运行的审计证据。在整合审计中,控制测试所涵盖的期间应当尽量与财务报表审计中拟信赖内部控制的期间保持一致。

注册会计师执行内部控制审计业务旨在对基准日内部控制的有效性出具报告。如果已获取有关控制在期中运行有效性的审计证据,注册会计师应当确定还需要获取哪些补充审计证据,以证实剩余期间控制的运行情况。

5. 控制测试的时间安排

对控制有效性的测试的实施时间越接近基准日,提供的控制有效性的审计证据越有力。为了获取充分、适当的审计证据,注册会计师应当在下列两个因素之间做出平衡,以确定测试的时间:尽量在接近基准日实施测试;实施的测试需要涵盖足够长的期间。

只有整改后的内部控制在基准日之前运行足够长的时间,注册会计师才能得出整改后的内部控制是否有效的结论。因此,在接受或保持内部控制审计业务时,注册会计师应当尽早与被审计单位沟通这一情况,并合理安排控制测试的时间,留出提前量。例如,注册会计师在基准日前3个月完成期中测试工作。此外,由于对企业层面控制的评价结果将影响注册会计师测试其他控制的性质、时间安排和范围,注册会计师可以考虑在执行业务的早期阶段对企业层面控制进行测试。

6. 控制测试的范围

控制测试的范围主要是指某项控制活动的测试次数。注册会计师应当设计控制测试,以获取控制有效运行的充分、适当的审计证据。在确定某项控制的测试范围时,注册会计师通常考虑下列因素。

(1) 执行控制的频率

在整个拟信赖的期间,被审计单位执行控制的频率。控制执行的频率越高,控制测试的范围越大。

（2）在所审计期间，注册会计师拟信赖控制运行有效性的时间长度

拟信赖控制运行有效性的时间长度不同，在该时间长度内发生的控制活动次数也不同。注册会计师需要根据拟信赖控制运行有效性的时间长度确定控制测试的范围。拟信赖控制运行有效性的时期越长，控制测试的范围越大。

（3）证据的相关性和可靠性

审计证据的相关性和可靠性是指为证实控制能够防止或发现并纠正认定层次重大错报，所需获取审计证据的相关性和可靠性。对审计证据的相关性和可靠性要求越高，控制测试的范围越大。

（4）通过测试与认定相关的其他控制获取的审计证据的范围

针对同一认定，可能存在不同的控制。当针对其他控制获取审计证据的充分性和适当性较高时，测试该控制的范围可适当缩小。

（5）在风险评估时拟信赖控制运行有效性的程度

注册会计师在风险评估时对控制运行有效性的拟信赖程度越高，需要实施控制测试的范围越大。

（6）控制的预期偏差

预期偏差可以用控制未得到执行的预期次数与控制应当得到执行次数的比率加以衡量。考虑该因素，是因为在考虑测试结果是否可以得出控制运行有效性的结论时，不可能只要出现任何控制执行偏差就认定控制运行无效，所以需要确定一个合理水平的预期偏差率。控制的预期偏差率越高，需要实施控制测试的范围越大。如果控制的预期偏差率过高，则注册会计师应当考虑控制可能不足以将认定层次的重大错报风险降至可接受的低水平，因而针对某一认定实施的控制测试可能是无效的。

7. 评估控制风险并获取审计证据

在测试控制有效性时，注册会计师需要根据与控制相关的风险确定所需获得的证据。与控制相关的风险包括一项控制可能无效的风险，以及如果该控制无效，可能导致重大缺陷的风险。与控制相关的风险越高，注册会计师需要获取的审计证据就越多。下列因素会影响与某项控制相关的风险：该项控制拟防止或发现并纠正的错报的性质和重要程度；相关账户、列报及其认定的固有风险；交易的数量和性质是否发生变化，进而可能对该项控制设计或运行的有效性产生不利影响；相关账户或列报是否曾经出现错报；企业层面控制（特别是监督其他控制的控制）的有效性；该项控制的性质及其执行频率；该项控制对其他控制（如控制环境或信息技术一般控制）有效性的依赖程度；执行该项控制或监督该项控制执行的人员的专业胜任能力，以及其中的关键人员是否发生变化；该项控制是人工控制还是自动化控制；该项控制的复杂程度，以及在运行过程中依赖判断的程度。

8. 对连续审计风险的特殊考虑

在连续审计中，注册会计师在确定测试的性质、时间安排和范围时，应当考虑以前年度执行内部控制审计时了解的情况。下列因素可能影响连续审计中与某项控制相关的风险：以前年度审计程序的性质、时间和范围；以前年度控制测试的结果；上一次审计后，控制或其运行流程是否发生变化。

在考虑上述风险因素以及连续审计中可获取的进一步信息后，如果认为与控制相关的风险水平比以前年度有所下降，注册会计师在本年度审计中可以减少测试。

在连续审计中，由于完全自动化的应用控制通常不会因人为失误而失效，因此，注册会计师可以考虑对自动化应用控制实施与基准相比较的策略。

与基准相比较的策略，是指如果认为程序变更、访问权限及计算机操作方面的一般控制有效，且可持续对其进行测试，并能证实自动化应用控制自最近一次测试之后未发生变化，则可将最近一次测试设为基准，在以后年度测试时，注册会计师不必重复执行测试，只需将该年的情况与基准相比较，以确定自动化应用控制是否持续有效。

自动化应用控制能否一贯有效地运行可能取决于所使用的相关文件、表格、数据和参数的正确性。例如，计算利息收入的自动化应用控制，其运行的有效性可能取决于使用的利率表的正确性。

在一段时期之后，注册会计师应当重新设置自动化应用控制运行的基准。在确定何时重设基准时，注册会计师应当考虑下列因素。

（1）信息技术控制环境的有效性，包括针对应用及操作系统和数据库系统的取得与维护、访问权限以及计算机操作而实施的控制的有效性。

（2）如果包含控制的具体程序发生变化，注册会计师应对该变化进行了解。

（3）其他相关测试的性质和时间。

（4）相关应用控制发生错误导致的后果。

（5）控制是否易于受到其他可能变化的经营因素的影响。

10.4　评价内部控制缺陷

10.4.1　控制缺陷严重程度的影响因素

注册会计师应当评价其识别的各项内部控制缺陷的严重程度，以确定这些缺陷单独或组合起来，是否构成重大缺陷。控制缺陷的严重程度取决于以下因素：一是企业内部控制是否存在无法防止或发现账户余额或列报错报的合理可能性；二是因一项或多项（控制）缺陷导致的潜在错报的重要程度。对于错报的重要程度，应当考虑受控制缺陷影响的财务报表金额或交易总额，以及受本期已发生或预计未来期间可能发生的控制缺陷影响的账户余额或某类交易所涉及的活动数量。

特别需要指出，控制缺陷的严重程度与错报是否发生无关，而取决于控制不能防止或发现并纠正错报的可能性的大小。在评价一项控制缺陷或多项控制缺陷的组合是否可能导致账户或列报发生错报时，注册会计师应当考虑以下风险因素。

（1）所涉及的账户、列报及其相关认定的性质。

（2）相关资产或负债易于发生损失或舞弊的可能性。

（3）确定相关金额时所需判断的主观程度、复杂程度和范围。

（4）该项控制与其他控制的相互作用或关系。

（5）控制缺陷之间的相互作用。

（6）控制缺陷在未来可能产生的影响。

评价控制缺陷是否可能导致错报时，注册会计师无须将错报发生的概率量化为某特定的百分比或区间。如果多项控制缺陷影响财务报表的同一账户或列报，错报发生的概率会增加。在存在多项控制缺陷时，即使这些缺陷从单项看不重要，但组合起来也可能构成重大缺陷。因此，注册会计师应当确定，对同一重要账户、列报及其相关认定或内部控制要素产生影响的各项控制缺陷，组合起来是否构成重大缺陷。

在评价潜在错报的金额大小时，账户余额或交易总额的最大多报金额通常是已记录的金额，但其最大少报金额可能超过已记录的金额。通常，小金额错报比大金额错报发生的概率更高。

注册会计师在评价被审计单位一项内部控制缺陷或多项内部控制缺陷的组合是否构成内部控制重大缺陷时，应当考虑其补偿性控制的影响。若存在补偿性控制，注册会计师应当考虑补偿性控制是否有足够的精确度以防止或发现并纠正可能发生的重大错报。补偿性控制也称替代性控制，是指企业为弥补重大控制缺陷而设置的控制措施。企业执行的补偿性控制应当与正常的内部控制具有同样的效果。

10.4.2 存在重大缺陷的可能

如果注册会计师确定发现的一项控制缺陷或多项控制缺陷的组合将导致审慎的管理人员在执行工作时，认为自身无法合理保证按照适用的财务报告编制基础记录交易，应当将这一项控制缺陷或多项控制缺陷的组合视为存在重大缺陷的迹象。

案例 10-2

上市公司内部控制审计缺陷披露情况

2021年，注册会计师在执行企业内部控制审计过程中，共识别出189项缺陷，涉及116家上市公司，其中重大缺陷126项，重要缺陷9项，一般缺陷11项，未区分等级的缺陷43项。从具体的缺陷内容来看，上市公司内部控制重大缺陷涉及的业务活动主要集中在资金活动、组织架构、关联交易、信息披露、财务报告、资产管理、担保业务、采购业务、销售业务和工程项目等领域，其中，接近三分之一为资金活动缺陷。

进一步分析发现，资金活动缺陷主要表现在票据和印章管理不规范，应收账款缺少与客户的对账与催款记录，未对款项的可回收性进行有效风险评估，对账催收未采取及时有效的法律追偿手段等。投资活动缺陷表现为投资活动缺乏有效的投前尽职调查与投后管理；组织架构缺陷主要表现为未能获取下属子公司相关资料，对子公司的有效管控失效等；关联交易缺陷主要表现为公司实际控制人不遵守公司关联交易相关制度，未履行必要的审批流程和信息披露义务、关联方非经营性占用资金等；对外担保缺陷主要表现为未履行审议程序和信息披露义务，未能有效识别被担保方的风险等；财务报告缺陷主要表现为未能正确运用会计准则进行计量、会计核算方法运用不恰当，未能及时识别前期重大会计差错，以及财务报告编制流程未有效执行导致财务信息准确性存在重大疑虑等。

资料来源：中国上市公司内部控制白皮书 2022 年

10.5 完成审计工作

内部控制审计工作完成阶段,包括获取被审计单位的书面声明、与被审计单位沟通审计过程中识别的内部控制缺陷、形成审计意见并出具内部控制审计报告。

10.5.1 获取企业书面声明

注册会计师完成审计工作后,应当取得经被审计单位签署的书面声明。注册会计师应当按照《企业内部控制审计指引》的规定,确定声明书的签署者、涵盖的期间以及何时获取更新的声明书等。书面声明的内容因审计类型不同而不同,通常书面声明应当包括下列内容。

(1)被审计单位董事会认可其对建立健全和有效实施内部控制负责。

(2)被审计单位已对内部控制有效性进行了自我评价,并编制了内部控制评价报告。

(3)被审计单位没有利用注册会计师在内部控制审计和财务报表审计中执行的程序及其结果作为评价的基础。

(4)被审计单位根据内部控制标准评价内部控制有效性得出的结论。

(5)被审计单位已向注册会计师披露识别出的所有内部控制缺陷,并单独披露其中的重大缺陷和重要缺陷。

(6)被审计单位已向注册会计师披露导致财务报表发生重大错报的所有舞弊,以及其他不会导致财务报表发生重大错报,但涉及管理层、治理层和其他在内部控制中具有重要作用的员工的所有舞弊。

(7)注册会计师在以前年度审计中识别出的且已与被审计单位沟通过的重大缺陷和重要缺陷是否已经得到解决,以及哪些缺陷尚未得到解决。

(8)在基准日后,内部控制是否发生变化,或者是否存在对内部控制产生重要影响的其他因素,包括被审计单位针对重大缺陷和重要缺陷采取的所有纠正措施。

如果被审计单位拒绝提供或以其他不当理由回避书面声明,注册会计师应当将其视为审计范围受到限制,解除业务约定或出具无法表示意见的内部控制审计报告。此外,注册会计师应当评价拒绝提供书面声明这一情况对其他声明(包括在财务报表审计中获取的声明)的可靠性的影响。

10.5.2 沟通相关事项

对于重大缺陷和重要缺陷,注册会计师应当以书面形式与管理层和治理层沟通。书面沟通应当在注册会计师出具内部控制审计报告之前进行。

注册会计师应当以书面形式与管理层沟通其在审计过程中识别的所有其他内部控制缺陷,并在沟通完成后告知治理层。在进行沟通时,注册会计师无须重复自身、内部审计人员或被审计单位其他人员以前书面沟通过的控制缺陷。

虽然并不要求注册会计师执行足以识别所有控制缺陷的程序,但是,注册会计师应当沟通其注意到的内部控制的所有缺陷。内部控制审计不能保证注册会计师能够发现严重程度低于重大缺陷的所有控制缺陷。注册会计师不应在内部控制审计报告中声明,在审计过程中没有发现严重程度低于重大缺陷的控制缺陷。

如果发现被审计单位存在或可能存在舞弊或违反法规行为，注册会计师应当按照《中国注册会计师审计准则第 1141 号——财务报表审计中与舞弊相关的责任》《中国注册会计师审计准则第 1142 号——财务报表审计中对法律法规的考虑》的规定，确定并履行自身的责任。

10.5.3　形成审计意见

注册会计师应当评价从各种来源获取的审计证据，包括对控制的测试结果、财务报表审计中发现的错报以及已识别的所有控制缺陷，形成对内部控制有效性的意见。在评价审计证据时，注册会计师应当查阅本年度涉及内部控制的内部审计报告或类似报告，并评价这些报告中指出的控制缺陷。

只有在审计范围没有受到限制时，注册会计师才能对内部控制的有效性形成意见，如果审计范围受到限制，注册会计师可解除业务约定或出具无法表示意见的内部控制审计报告。

10.5.4　内部控制审计报告

1. 内部控制审计报告构成要素

标准内部控制审计报告应当包括下列要素。

（1）标题

审计报告的标题应统一规范为"内部控制审计报告"。

（2）收件人

内部控制审计报告的收件人是指注册会计师按照业务约定书的要求报送审计报告的对象（一般是指审计业务的委托人）。内部控制审计报告应当载明收件人的全称。例如，ABC 股份有限公司全体股东。

（3）引言段

内部控制审计报告的引言段应当说明企业的名称和内部控制已经审计，并指出内部控制审计依据的审计标准，提及管理层对内部控制的评估报告，指明内部控制的评估截止日期。

（4）管理层对内部控制的责任段

管理层对内部控制的责任段应当说明，按照国家有关法律法规的要求，设计、实施和维护有效的内部控制，并评估其有效性是企业董事会的责任。

（5）注册会计师的责任段

注册会计师的责任是在实施审计工作的基础上对内部控制有效性发表审计意见。

（6）内部控制固有局限性的说明段

内部控制固有局限性的说明段应当说明，内部控制具有固有局限性，存在错误或舞弊导致的错报未被发现的可能性。

由于企业内外部环节的变化可能导致内部控制变得不恰当，可能降低对控制政策、程序的遵循程度，由此推测未来内部控制有效性具有一定的风险。

（7）财务报告内部控制审计意见段

财务报告内部控制审计意见段应当说明，企业于特定日期是否按照适当的控制标准的要求，在所有重大方面是否保持有效的内部控制。

（8）非财务报告内部控制重大缺陷描述段

非财务报告内部控制重大缺陷描述段应当说明非财务报告内部控制存在的重大缺陷，其目的在于提醒报告的使用者关注企业可能存在的风险，本段内容并不影响对财务报告内部控制有效性发表的审计意见。

（9）注册会计师的签名和盖章

内部控制审计报告应当由注册会计师签名并盖章。

（10）会计师事务所的名称、地址及盖章

内部控制审计报告应当载明会计师事务所的名称和地址，并加盖会计师事务所公章。

（11）报告日期

内部控制审计报告应当注明报告日期。报告的日期不应早于注册会计师获取充分、适当的证据（包括管理层认可对内部控制及评估报告的责任且已批准评估报告的证据），并在此基础上对内部控制形成审计意见的日期。

注册会计师在完成内部控制审计和财务报表审计后，分别对内部控制和财务报表出具审计报告，并签署相同的日期。

2. 内部控制审计报告类型

内部控制审计报告包括四种意见类型：无保留意见内部控制审计报告、带强调事项段的无保留意见内部控制审计报告、否定意见内部控制审计报告和无法表示意见内部控制审计报告。

（1）无保留意见内部控制审计报告

符合下列所有条件的，注册会计师应当对财务报告内部控制出具无保留意见内部控制审计报告：一是企业按照《企业内部控制基本规范》《企业内部控制应用指引》《企业内部控制评价指引》以及企业自身内部控制制度的要求，在所有重大方面保持了有效的内部控制；二是注册会计师已经按照《企业内部控制审计指引》的要求计划和实施审计工作，在审计过程中未受到限制。

注册会计师出具的无保留意见内部控制审计报告，通常称为标准内部控制审计报告。无保留意见是指不附加强调事项段或任何修饰性用语。

二维码78　文案范本　标准内部控制审计报告

（2）带强调事项段的无保留意见内部控制审计报告

带强调事项段的无保留意见内部控制审计报告的条件：注册会计师认为财务报告内部控制虽不存在重大缺陷，但仍有一项或者多项重大事项需要提请内部控制审计报告使用者注意的，应当在内部控制审计报告中增加强调事项段予以说明。

注册会计师应当在强调事项段中指明，该段内容仅用于提醒内部控制审计报告使用者关注，并不影响对财务报告内部控制发表的审计意见。

二维码79　文案范本　带强调事项段内部控制审计报告

二维码78

二维码79

案例 10-3

永拓会计师事务所对延安必康公司 2020 年度内部控制审计报告（节选）

四、财务报告内部控制审计意见

我们认为，延安必康公司按照《企业内部控制基本规范》和相关规定在所有重大方面保持了有效的财务报告内部控制。

五、强调事项

延安必康公司内部控制存在控股股东及其关联方非经营性占用资金。延安必康公司于 2020 年 8 月 18 日披露了《关于收到中国证券监督管理委员会陕西监管局〈行政处罚事先告知书〉的公告》，中国证券监督管理委员会陕西监管局认为公司控股股东新沂必康新医药产业综合体投资有限公司及其关联方存在占用公司非经营性资金累计 44.97 亿元的情形。具体情况详见公司于 2020 年 8 月 18 日在巨潮资讯网披露的《关于收到中国证券监督管理委员会陕西监管局〈行政处罚事先告知书〉的公告》（公告编号：2020-113）。

截至 2020 年 9 月 17 日，延安必康公司累计已收到延安必康公司控股股东及其关联方现金归还的 44.97 亿元非经营性占用资金，至此，延安必康公司控股股东及其关联方已通过现金的方式全部归还非经营性占用资金。

公司于上述款项归还后，经企业自查和审计师核查发现，控股股东及其关联方归还上述非经营性占用资金过程中，存在归还不规范的行为，涉及金额 8000 万元，对此事项需要整改。

控股股东新沂必康新医药产业综合体投资有限公司承诺于 2021 年 5 月 15 日，对归还 8000 万元不规范还款完成整改。

本强调事项段不影响本报告所发表的意见类型。

（3）否定意见内部控制审计报告

注册会计师认为财务报告内部控制存在一项或多项重大缺陷的，除非审计范围受到限制，否则应当对财务报告内部控制发表否定意见。

如果重大缺陷尚未包含在企业内部控制评价报告中，注册会计师应当在内部控制审计报告中说明重大缺陷已经识别、但没有包含在企业内部控制评价报告中。如果企业内部控制评价报告中包含了重大缺陷，但注册会计师认为这些重大缺陷未在所有重大方面得到公允反映，注册会计师应当在内部控制审计报告中说明这一结论，并公允表达有关重大缺陷的必要信息。此外，注册会计师还应当就这些情况以书面形式与治理层沟通。

如果对内部控制的有效性发表否定意见，注册会计师应当确定该意见对财务报表审计意见的影响，并在内部控制审计报告中予以说明。

注册会计师出具否定意见的内部控制审计报告，还应当包括下列内容：重大缺陷的定义；重大缺陷的性质及其对财务报告内部控制的影响程度。

二维码80　文案范本　否定意见内部控制审计报告

在否定意见内部控制审计报告披露的主要事项中，具有代表性的情形包括：公司连续两年对业绩预告进行更正，表明公司针对重大会计事项的判断的内部控制存在重大缺陷，与之相关的财务报告内部控制失效；公司在对子公司的管控中存在重大缺陷，致使其控股子公司财务报表未纳入合并财务报表范围，从而导致公司该年度财务报表所反映的经营成果未包含对该控股子公司的投资损益，同时影响财务报表中长期股权投资的计价，导致相关的财务报告内部控制执行失效；管理层凌驾于内部控制之上，董事长主导多项对外投资、签署业务合同并支付相关款项、私自使用公司及相关子公司公章违规代表公司签订对外担保协议等行为，导致内部控制失效，致使公司产生重大损失；公司财务核算存在重大缺陷，导致前期重大会计差错更正。

案例 10-4

新光圆成股份有限公司 2020 年度内部控制鉴证报告（节选）

四、导致否定意见的事项

重大缺陷是内部控制中存在的、可能导致不能及时防止或发现并纠正财务报表出现重大错报的一项控制缺陷或多项控制缺陷的组合。

本次内部控制鉴证中，我们注意到新光圆成公司的财务报告内部控制存在以下重大缺陷。

（一）违规对外提供担保

2018年度新光圆成公司控股股东在向金融机构融资及向其他企业或个人拆借资金的过程中，违规使用新光圆成公司公章签署担保合同、共同借款协议，以及违规办理房产抵押手续，涉及违规担保总额为27.81亿元。上述违规担保事项一直未得到妥善解决，截至2020年12月31日，新光圆成公司仍存在违规为控股股东及其关联方的270267.83万元借款提供担保或作为共同借款人（其中共同借款8000.00万元）的情况。

上述担保及共同借款事项未履行新光圆成公司审议程序及未及时履行信息披露义务，表明其对外担保等内部控制制度的执行存在重大缺陷，与之相关财务报告内部控制运行失效。截至2020年12月31日，新光圆成公司违规为控股股东及其关联方提供担保的问题尚未解决，上述违规担保问题对新光圆成财务报表的影响持续存在。

（二）控股股东非经营性占用资金

新光圆成公司控股股东未履行相应内部审批决策程序，以新光圆成公司名义对外借款，新光圆成公司收到借款后，于2018年5月4日将借款本金66000.00万元、利息1522.78万元，本息合计共67522.78万元汇入控股股东指定账户，但控股股东并未将该款项归还至原借款人账户，因此造成控股股东占用资金。计算上述款项至控股股东破产重整日的利息及控股股东向债权人偿还的部分款项，截至2020年12月31日，控股股东非经营性占用资金尚余 69372.42 万元。

新光圆成公司子公司浙江万厦房地产开发有限公司（以下简称万厦房产）与南国红豆控股有限公司（以下简称红豆公司）于 2017 年 5 月签署合作意向协议，万厦房产拟出资取得红豆公司所属子公司房地产项目股权。2018 年 5 月，万厦房产向红豆公司支付 76000.00 万元股权转让款，同时，新光圆成公司控股股东分批次向红豆公司关联方无锡源石投资管理有限公司借入资金 76000.00 万元。鉴于上述资金的实际流向，且万厦房产尚未取得红豆公司所属子公司房地产项目股权，新光圆成公司按照谨慎原则将上述 76000.00 万元列入控股股东占用资金。

2020 年 11 月金华中院通过淘宝网司法拍卖网络平台拍卖了新光圆成公司三级子公司义乌世茂名下坐落于义乌市福田街道世贸中心的 20 套房产，扣除相关税费后，发放给申请执行人浙商银行执行款 9472.41 万元，该执行款 9472.41 万元发放给浙商银行后，计入控股股东占用资金。

新光圆成公司未履行相关的审议程序，表明其资金管理等内部控制存在重大缺陷，与之相关的财务报告内部控制运行失效。截至 2020 年 12 月 31 日，新光圆成公司控股股东非经营性占用资金余额为 154844.83 万元，新光圆成公司尚未解决上述资金占用问题，上述资金占用问题对新光圆成公司财务报表的影响持续存在。

五、财务报告内部控制审计意见

我们认为，由于存在上述重大缺陷及其对实现控制目标的影响，新光圆成公司未能按照《企业内部控制基本规范》和相关规定在所有重大方面保持有效的财务报告内部控制。

资料来源：中兴华审字（2021）第 470235 号《内部控制鉴证报告》

（4）无法表示意见内部控制审计报告

无法表示意见内部控制审计报告的条件：注册会计师审计范围受到限制的，应当解除业务约定或出具无法表示意见内部控制审计报告，并就审计范围受到限制的情况，以书面形式与董事会进行沟通。

注册会计师在出具无法表示意见内部控制审计报告时，应当在内部控制审计报告中指明审计范围受到限制，无法对内部控制的有效性发表意见。

注册会计师在已执行的有限程序中发现财务报告内部控制存在重大缺陷的，应当在内部控制审计报告中对重大缺陷做出详细说明。

二维码 81

二维码 81　文案范本　无法表示意见内部控制审计报告

案例 10-5

河南华英农业公司 2020 年内部控制审计报告（节选）

三、导致无法表示意见的事项

在审计过程中，我们获取的审计证据发现，华英农业公司与货币资金、存货、其他应收款及借款相关的内部控制存在重大缺陷，以上重大缺陷导致的审计范围受限使我们无法对已获取的审计证据的真实性、有效性进行评价，无法对华英农业公司的持续经营能力进行评价，无法判断已获取的审计证据是否充分、适当。因此，我们无法对华英农业公司2020年12月31日财务报告内部控制的有效性进行评价。

资料来源：亚太（集团）会计师事务所对河南华英农业发展股份有限公司2020年度财务报告内部控制审计报告。

3. 非财务报告内部控制缺陷的处理

注册会计师对在审计过程中注意到的非财务报告内部控制缺陷，应当区别具体情况予以处理。

（1）注册会计师认为非财务报告内部控制缺陷为一般缺陷的，通常与企业进行沟通，提醒企业加以改进，无须在内部控制审计报告中说明。

（2）注册会计师认为非财务报告内部控制缺陷为重要缺陷的，可以与企业董事会和经理层以书面形式沟通，提醒企业加以改进，无须在内部控制审计报告中说明。

（3）注册会计师认为非财务报告内部控制缺陷为重大缺陷的，可以与企业董事会和经理层以书面形式沟通，提醒企业加以改进；同时应当在内部控制审计报告中增加非财务报告内部控制重大缺陷描述段，对重大缺陷的性质及其对实现相关控制目标的影响程度进行披露，提示内部控制审计报告使用者注意相关风险。

4. 期后事项的处理

期后事项是指在企业内部控制自我评价基准日并不存在，但在企业内部控制自我评价基准日至审计报告日之间，内部控制发生重大变化或出现对内部控制产生重要影响的事项。

注册会计师应当询问是否存在这类变化或影响因素，并获取企业关于这些情况的书面声明。

注册会计师知悉对企业内部控制自我评价基准日内部控制有效性有重大负面影响的期后事项的，应当对财务报告内部控制发表否定意见。

注册会计师不能确定期后事项对内部控制有效性的影响程度的，应当出具无法表示意见内部控制审计报告。

5. 其他信息

如果企业内部控制评价报告中除包括法定要求的信息外，还包括其他信息，且该报告的使用者有理由认为该报告包括这些其他信息，注册会计师应当在内部控制审计报告中指明不对这些其他信息发表意见。

如果认为其他信息含有对事实的重大错报，注册会计师应当就此与管理层进行讨论。如果讨论后仍认为存在对事实的重大错报，注册会计师应当以书面形式将其看法告知管理层和治理层。

如果其他信息未包含在企业内部控制评价报告中，而是包含在年度财务报告中，注册会计师无须在内部控制审计报告中指明不对其发表意见。但是，如果注册会计师认为其他信息中存在对事实的重大错报，应当按照上述要求办理。

 **本章小结**

内部控制审计的定义明确了其审计主体是会计师事务所及其注册会计师，客体是企业的内部控制，包括内部控制的设计是否适当和运行是否有效，即内部控制审计的工作中心是内部控制的设计与运行的有效性。我国内部控制审计定位于财务报告内部控制，但也合理涵盖了非财务报告内部控制。注册会计师可以将内部控制审计与财务报表审计整合进行，即整合审计。

内部控制审计程序包括计划审计、实施审计和报告审计阶段。计划审计阶段的工作具体包括：签订业务约定书后，贯彻风险导向原则，制订总体审计策略和具体审计计划。实施审计阶段的工作具体包括：在初步了解内部控制整体风险的基础上，识别、了解和测试企业层面的内部控制，进一步关注重要账户、列报及其相关认定；了解潜在错报并识别相应的控制并执行测试，获取有关控制是否有效的充分、适当的审计证据。报告审计阶段的工作具体包括：获取企业声明，与企业沟通审计过程中识别的内部控制缺陷，最终形成审计意见并出具审计报告。

内部控制审计报告包括无保留意见内部控制审计报告、带强调事项段的无保留意见内部控制审计报告、否定意见内部控制审计报告和无法表示意见内部控制审计报告四种。

 论述题

1. 什么是内部控制审计？如何界定内部控制审计的业务范围和时间范围？
2. 如何理解整合审计？
3. 注册会计师在执行内部控制审计时应如何贯彻风险评估原则？
4. 注册会计师在实施审计阶段的基本思路是什么？
5. 注册会计师应当从哪些方面审计期末财务报告流程？
6. 内部控制审计报告分为哪几种类型？
7. 标准内部控制审计报告包括哪些内容？
8. 注册会计师对非财务报告内部控制缺陷应如何处理？

 自测题

一、单项选择题

1. 关于内部控制审计，下列说法错误的是（　　）。
   A. 内部控制审计的实施主体是会计师事务所及其注册会计师
   B. 客体即审计对象是企业特定基准日的内部控制
   C. 审计目标是内部控制的设计及运行是否有效
   D. 注册会计师对企业内部控制有效性的负责
2. 注册会计师可以接受被审计单位的委托，同时进行内部控制审计与财务报表审计，这种审计称（　　）。

A. 内部控制审计　B. 财务报告审计　C. 整合审计　D. 财务报告与内部控制审计

3. 注册会计师在实施内部控制审计阶段，应当按照（　　）的方法实施审计工作。

A. 自上而下　B. 自下而上　C. 平行原则　D. 重点突出

4. 注册会计师实施内部控制有效性的程序，按提供审计证据的效力，由弱到强排序通常为（　　）。

A. 观察、询问、检查和重新执行　B. 检查、询问、观察和重新执行
C. 询问、观察、检查和重新执行　D. 询问、重新执行、观察和检查

5. 被审计单位财务报告内部控制虽不存在重大缺陷，但仍有一项或者多项重大事项需要提请内部控制审计报告使用者注意的，注册会计师应当在内部控制审计报告中增加（　　）段予以说明。

A. 关键事项　B. 强调事项　C. 其他事项　D. 解释说明

6. 如果被审计单位财务报告内部控制存在一项或多项（　　）的，除非审计范围受到限制，注册会计师应当对财务报告内部控制发表否定意见。

A. 运行缺陷　B. 重大缺陷　C. 重要缺陷　D. 设计缺陷

7. 注册会计师在与企业沟通审计过程中识别的重大缺陷和重要缺陷，应当以（　　）与董事会和经理层沟通。

A. 书面形式　B. 口头形式　C. 书面或口头形式　D. 电话会议形式

8. 注册会计师在测试企业层面控制和业务层面控制时，应当评价内部控制是否足以应对（　　）。

A. 重大错报风险　B. 舞弊风险　C. 特别风险　D. 控制风险

9. 注册会计师要求解除业务约定或出具无法表示意见内部控制审计报告，是因为存在（　　）。

A. 一般缺陷　B. 重要缺陷　C. 重大缺陷　D. 审计范围受限

10. 注册会计师对被审计单位存在的非财务报告内部控制缺陷，处理错误的是（　　）。

A. 非财务报告内部控制缺陷为一般缺陷的，应当与企业进行沟通，提醒企业加以改进，但无须在内部控制审计报告中说明

B. 非财务报告内部控制缺陷为重要缺陷的，应当以书面形式与企业董事会和经理层沟通，提醒企业加以改进，但无须在内部控制审计报告中说明

C. 非财务报告内部控制缺陷为重大缺陷的，应当以书面形式与企业董事会和经理层沟通，提醒企业加以改进

D. 非财务报告内部控制缺陷为重大缺陷的，应当出具否定意见内部控制审计报告

二、多项选择题

1. 关于内部控制审计范围界定，下列说法正确的是（　　）。

A. 外部审计师应对与财务报告有关的内部控制的有效性发表意见

B. 一般的注册会计师并没有足够的能力进行全方位的内部控制审计

C. 注册会计师对内部控制进行审计的时间范围限于"特定基准日"

D. 注册会计师进行内部控制审计时，仅需对某一特定时点的内部控制进行审计

E. 内部控制审计测试的范围仅限于某一特定时点

2. 下列属于内部控制审计业务约定书内容的是（　　）。

A. 内部控制审计的目标和范围

B. 注册会计师和被审计单位的责任

C. 被审计单位采用的内部控制标准

D. 提及注册会计师拟出具的内部控制审计报告的形式和内容

E. 审计收费

3. 注册会计师测试企业层面控制，根据重要性原则，应当关注的内容包括（　　）。

A. 与内部环境相关的控制

B. 针对董事会、经理层凌驾于控制之上的风险而设计的控制

C. 企业的风险评估过程

D. 对内部信息传递和财务报告流程的控制

E. 对控制有效性的内部监督和自我评价

4. 下列事项属于企业期末财务报告流程的是（　　）。

A. 将交易总额记入总分类账的程序

B. 与会计政策的选择和运用相关的程序

C. 总分类账中会计分录的编制、批准等处理程序

D. 对财务报表进行调整的程序

E. 编制财务报表的程序

5. 注册会计师应当从下列（　　）方面评价期末财务报告流程。

A. 被审计单位财务报表的编制流程，包括输入、处理及输出

B. 期末财务报告流程中运用信息技术的程度

C. 管理层中参与期末财务报告流程的人员

D. 纳入财务报表编制范围的组成部分

E. 管理层和治理层对期末财务报告流程进行监督的性质及范围

6. 在确定某项控制的测试范围时，注册会计师通常考虑下列因素（　　）。

A. 执行控制的频率　　　　　B. 拟信赖控制运行有效性的时间长度

C. 证据的相关性和可靠性　　D. 控制的预期偏差

E. 在风险评估时拟信赖控制运行有效性的程度

7. 注册会计师应当对企业内部控制自我评价工作进行评估，判断是否利用企业（　　）工作以及可利用的程度，相应减少可能本应由注册会计师执行的工作。

A. 内部审计人员　　　　　　B. 内部控制评价人员

C. 其他注册会计师　　　　　D. 财务人员

E. 其他相关人员

8. 注册会计师应当以书面形式与董事会和经理层沟通的内容包括（　　）。

A. 审计过程中识别的所有控制缺陷　B. 审计过程中识别的重大缺陷

C. 审计过程中识别的重要缺陷　　　D. 监督无效的审计委员会

E. 监督无效的内部审计

9. 内部控制审计报告的意见类型包括（　　）内部控制审计报告。

A. 无保留意见　　　　　　　　B. 带强调事项段的无保留意见
C. 保留意见　　　　　　　　　D. 否定意见
E. 无法表示意见

10. 注册会计师对财务报告内部控制出具无保留意见的内部控制审计报告应符合（　　）条件。

A. 企业按照相关规定和企业自身内部控制制度的要求，在所有重大方面保持了有效的内部控制

B. 企业按照相关规定及企业自身内部控制制度的要求，在所有方面保持了有效的内部控制

C. 注册会计师已经按照《企业内部控制审计指引》的要求计划和实施审计工作

D. 注册会计师在审计过程中未受到限制

E. 非财务报告内部控制缺陷为一般缺陷

三、判断题

1. 会计师事务所可以同时为同一企业提供内部控制咨询和内部控制审计服务。（　　）

2. 我国注册会计师执行内部控制审计的定位，就是针对财务报告内部控制执行审计，并不涉及非财务报告内部控制。（　　）

3. 注册会计师是在实施审计工作的基础上发表审计意见，表明注册会计师的责任是对内部控制的有效性负责。（　　）

4. 一般情况下，内部控制审计与财务报告审计是可以同时进行的，因此由注册会计师一同进行两种审计，可以降低审计成本，提高审计质量。（　　）

5. 注册会计师可以要求被审计单位董事会就内部控制的有效性提供书面认定。（　　）

6. 注册会计师在整合审计中，从财务报表审计中获取充分、适当的证据，不可以支持内部控制审计中对内部控制的有效性发表意见。（　　）

7. 注册会计师执行内部控制审计，应当贯彻控制导向审计的思路，应恰当地计划内部控制审计工作，制订总体审计策略和具体审计计划。（　　）

8. 企业内部控制的特定领域存在重大缺陷的风险越高，注册会计师对该领域的审计关注就越多。（　　）

9. 与某项控制相关的风险越高，该项控制可利用程度就越低，注册会计师应当较少地对该项控制进行测试。（　　）

10. 当注册会计师出具的无保留意见内部控制审计报告不附加强调事项段或任何修饰性用语时，该报告称为标准内部控制审计报告。（　　）